MATTHES & SEITZ BERLIN

PAPERBACK

René Girard

IM ANGESICHT DER APOKALYPSE

Clausewitz zu Ende denken

Gespräche mit Benoît Chantre
Mit einem Nachwort von Benoît Chantre
Aus dem Französischen
von Stefanie Günther

Matthes & Seitz Berlin

»Es gibt einen langen und seltsamen Kampf, wenn die Gewalt die Wahrheit zu unterdrücken sucht. Doch alle Anstrengungen der Gewalt können die Wahrheit nicht schwächen und dienen nur dazu, ihren Glanz zu erhöhen. Alles Licht der Wahrheit vermag der Gewalt keinen Einhalt zu tun; es reizt nur noch mehr ihren Zorn. Wenn Macht gegen Macht kämpft, dann vernichtet die stärkere die schwächere; wenn Rede gegen Rede steht, dann wird die wahrheitsgetreue und überzeugende die zuschanden machen, die nur Eitelkeit und Lüge ist. Jedoch ist daraus nicht zu folgern, sie seien einander ebenbürtig. Es besteht zwischen ihnen vielmehr die große Verschiedenheit, dass die Gewalt nur begrenzte Dauer hat, da Gottes Ordnung ihre Wirkungen zum Ruhme der angegriffenen Wahrheit lenkt, während die Wahrheit ewig währt und schließlich den Sieg über ihre Feinde davonträgt, weil sie wie Gott selber ewig und allmächtig ist.« (Blaise Pascal)

INHALT

EINFÜHRUNG

Dies ist ein sonderbares Buch. Auf den ersten Blick handelt es sich um eine Exkursion nach Deutschland und um eine Erkundung der deutsch-französischen Beziehungen der letzten beiden Jahrhunderte. Gleichzeitig bringt es jedoch Dinge zur Sprache, die noch nie mit der nötigen Eindringlichkeit und in der erforderlichen Klarheit ausgesprochen wurden. Ein Ende Europas, der abendländischen, ja der ganzen Welt ist *möglich*. Diese Möglichkeit steht heute sehr real vor uns. Mit anderen Worten: Es handelt sich hier um ein apokalyptisches Buch.

Meine bisherige Arbeit näherte sich dem archaisch Religiösen über den Umweg einer vergleichenden Anthropologie. Sie zielte darauf ab, den sogenannten Prozess der Hominisation zu erhellen, jenen faszinierenden Übergang vom Tiersein zum Menschsein vor Tausenden von Jahren. Dabei ging ich von der Mimetik aus: Weil die Menschen sich gegenseitig mehr nachahmen, als dies die Tiere tun, mussten sie ein Mittel finden, die um sich greifende Ähnlichkeit so gut wie möglich zu begrenzen. Denn ihr Überhandnehmen hätte die menschliche Gesellschaft schlicht und ergreifend ausgelöscht. Ein dazu geeigneter Mechanismus, der die Differenz dort wieder einführte, wo jeder dem anderen zu gleichen begann, war das Opfer. Der Mensch ist dem Opfer entsprungen, ist also Kind der Religion. Was ich im Anschluss an Freud den Gründungsmord nenne – die Opferung eines stellvertretenden Sündenbocks, der Schuld an der Unordnung trägt, die Ordnung aber zugleich wiederherzustellen vermag – wurde in den Riten am Ursprung unserer Gesellschaften immer wieder aufs Neue durchgespielt. Seit Anbeginn der Menschheit sind so Millionen Unschuldiger geopfert worden, um ihren Artgenossen das Zusammenleben zu ermöglichen oder vielmehr um ihre Selbstzerstörung zu verhindern. Genau darin besteht die unversöhnliche Logik des Sakralen, die von den Mythen umso weniger verschleiert wird, je mehr der Mensch ein Bewusstsein seiner selbst erlangt. Den entscheidenden Augenblick innerhalb dieser Entwicklung markiert die christliche Offenbarung, eine Art göttliche Sühne, bei der Gott die Menschen in Gestalt seines Sohnes um Verzeihung dafür bittet, ihnen die Mechanismen ihrer Gewalt erst so spät offenbart zu haben. Nachdem die Riten die Menschen Schritt für Schritt geschult hatten, mussten diese fortan ohne sie auskommen.

Das Christentum hat das Religiöse entmystifiziert. Diese Entmystifizierung, die in der Ordnung des Absoluten gutgeheißen werden kann, hat sich in der Ordnung des Relativen als schlecht erwiesen, denn wir waren nicht darauf vorbereitet, ihre Folgen zu tragen. Wir sind nicht christlich genug. Man kann dieses Paradox auch anders formulieren: Das Christentum ist die einzige Religion, die ihr eigenes Scheitern vorausgesehen hat. Dieses Vorherwissen ist unter dem Namen Apokalypse bekannt. In der Tat sind es die apokalyptischen Texte, in denen sich das Wort Gottes am kraftvollsten Gehör verschafft; ganz im Gegensatz zu den Verirrungen, wie sie allein den Menschen zuzuschreiben sind, wenn diese immer weniger bereit sind, sich den Mechanismen ihrer Gewalt zu stellen. Je mehr wir im Zustand der Verkennung verharren, desto eindrücklicher wird Gottes Stimme aus der Verwüstung hervordringen. Aus diesem Grund möchte niemand die apokalyptischen Texte lesen, von denen es in den synoptischen Evangelien und den Paulusbriefen nur so wimmelt. Aus eben diesem Grund will auch niemand anerkennen, dass diese Texte vor unseren Augen Wirklichkeit werden, weil die christliche Offenbarung missachtet worden ist. Einmal wurde in unserer Geschichte die Wahrheit ausgesprochen, dass alle Menschen sich im Grunde gleichen. Aber die Menschen wollten diese Wahrheit nicht hören; stattdessen klammerten sie sich immer besessener an ihre falschen Unterschiede.

Zwei Weltkriege, die Erfindung der Atombombe, mehrere Genozide und eine drohende ökologische Katastrophe haben nicht ausgereicht, die Menschheit davon zu überzeugen – und die Christen am allerwenigsten –, dass sich die apokalyptischen Texte auf das gegenwärtige Desaster beziehen, auch wenn sie möglicherweise keinen prognostischen Wert besitzen. Was also soll man tun, um ihnen Gehör zu verschaffen? Man hat mir vorgeworfen, dass ich mich zu oft wiederhole, dass ich an meiner Theorie wie an einem Fetisch festhalte und alles mit ihr erklären will. Immerhin konnte diese Theorie Mechanismen darlegen, die durch neue Erkenntnisse der Neurologie bestätigt werden: Bei der Nachahmung handelt es sich um ein Primärphänomen. Sie ist nicht so sehr etwas Erworbenes als vielmehr die wesentliche Voraussetzung für das Lernen. Wir können der Mimetik nur dann entkommen, wenn wir ihre Gesetzmäßigkeiten begreifen. Nur wenn es uns gelingt, die Gefahren der Nachahmung zu verstehen, werden wir eine authentische Identifikation mit dem anderen überhaupt zu denken in der Lage sein. Allerdings wird uns dieser Vorrang der moralischen Beziehung erst zu einer Zeit bewusst, in der die Atomisierung der Individuen an ihr Ende gelangt und die Gewalt ein ungeahntes Ausmaß an Intensität und Unvorhersehbarkeit erreicht.

Wir haben es heute mit einer zügellosen, die ganze Erde umspannenden Gewalt zu tun, mit einer Gewalt, die verwirklicht, was die apokalyptischen Texte einst ankündigten: eine Gemengelage von Naturkatastrophen und hausgemachten Katastrophen, eine Vermischung von Natürlichem und Künstlichem. Globale Erwärmung und Ansteigen des Meeresspiegels sind heute keine bloßen Metaphern mehr. Die Gewalt, die einst das Sakrale hervorbrachte, bringt heute nurmehr sich selbst hervor. Nicht ich wiederhole mich. Vielmehr macht sich die Realität daran, eine Wahrheit einzuholen, die keineswegs erfunden ist, sondern bereits vor zweitausend Jahren ausgesprochen wurde. Dass die Realität diese Wahrheit nun bestätigt, können und wollen wir in unserer krankhaften Fixierung auf Widerspruch und Innovation nicht zur Kenntnis nehmen.

Das Paradox besteht darin, dass man sich auf das Omega zubewegt, je näher man dem Alpha kommt; dass man, je besser man den Ursprung versteht, jeden Tag ein wenig mehr gewahr wird, dass dieser Ursprung auf uns zukommt. Die Passion hat den Riegel vor dem Gründungsmord beiseitegeschoben und dadurch eine Gewalt freigesetzt, die gegenwärtig den gesamten Planeten heimsucht. Was einst entfesselt wurde, lässt sich heute nicht mehr in Ketten legen, auch wenn wir jetzt wissen, dass die Sündenböcke unschuldig sind. Die Passion hat ein für alle Mal enthüllt, dass die Menschheit aus dem Opfer hervorgegangen ist. Sie hat das Sakrale demontiert, indem sie die in ihm steckende Gewalt zum Vorschein brachte.

Zugleich hat Christus aber *auch* das allen Religionen inhärente Göttliche bestätigt. Das unglaubliche Paradox, das niemand akzeptieren will, liegt darin, dass die Passion sowohl die Gewalt als auch das Heilige freigesetzt hat – und zwar gleichzeitig. Das Sakrale, das seit zweitausend Jahren »wiederkehrt«, ist also kein archaisches Sakrales, sondern ein »satanisiertes« Sakrales, satanisiert, weil man um es weiß. Gerade durch seine Exzesse ist es Vorbote der bevorstehenden Parusie. So lässt sich auch das, was wir als das Ursprüngliche zu beschreiben versuchen, mehr und mehr auf gegenwärtige Ereignisse beziehen. Dieses *mehr und mehr* ist das Gesetz, das unseren Beziehungen zugrunde liegt, und zwar in dem Maße, in dem die Gewalt in der Welt wächst – auf die Gefahr hin, dass sie die Welt dieses Mal zerstört. »Krieg ist aller Dinge Vater, aller Dinge König«, heißt es bei Heraklit.[1]

Dieses Gesetz der menschlichen Beziehungen hat man einige Jahre nach dem Sturz Napoleons in einem Büro der Allgemeinen Kriegsschule zu Berlin auf eine neue Formel gebracht: »Steigerung bis zum Äußersten«. Die Formel bezeichnet das Unvermögen der Politik, das reziproke mimetische Anschwellen der Gewalt im Zaum zu halten. Ihr Autor, Carl von Clausewitz (1780–1831), konzipierte ein Buch zu diesem Thema, das wegen seines Todes jedoch unvollendet blieb.[2] Möglicherweise handelt es sich um das bedeutendste Buch, das je über den Krieg geschrieben wurde, eine Abhandlung, die in England, Deutschland, Frankreich, Italien, Russland und China seit Ende des 19. Jahrhunderts immer wieder neu gelesen wird. Auf den ersten Blick wirkt die posthume Abhandlung *Vom Kriege* wie ein strategisches Werk. Es behandelt das zu seiner Zeit aktuellste Beispiel einer Steigerung bis zum Äußersten, die sich – wie stets – ohne das Wissen der beteiligten Akteure vollzog. Dieser Trend hat Europa zerstört und bedroht heute die Welt.

Clausewitz unterrichtet uns über sein Spezialgebiet ganz so, als ob es nicht mit allem anderen verknüpft wäre, wo es doch in Wirklichkeit Implikationen birgt, die über das Thematisierte weit hinausreichen. Er formuliert, was man als »Preußentum« in seiner unheimlichsten Ausgestaltung bezeichnen könnte, allerdings ohne die Konsequenzen der Steigerung bis zum Äußersten zu bedenken, die ihn nicht genügend ängstigte, deren Modalitäten er jedoch gedanklich zu erfassen hilft. Mit Clausewitz lassen sich die deutsch-französischen Beziehungen in ihrem konkreten Verlauf umfassend verstehen – von der Niederlage Preußens im Jahre 1806 bis zum Zusammenbruch Frankreichs im Jahre 1940. Sein Buch bezieht sich auf jene Epoche, in der die europäischen Kriege auf mimetische Weise immer grausamer wurden und sich bis zur Katastrophe steigerten. Es wäre also ganz und gar scheinheilig, *Vom Kriege* lediglich als militärstrategisches Buch zu lesen. Was geschieht, wenn man dieses Äußerste erreicht, das Clausewitz zwar erahnt, um es dann allerdings sofort wieder hinter strategischen Überlegungen zu verbergen? Clausewitz gibt darauf keine Antwort. Aber genau diese Frage müssen wir uns heute stellen.

Wagen wir also zu behaupten, dass wir, Deutsche und Franzosen, für die sich gegenwärtig abspielende Verwüstung verantwortlich sind, weil *unser* Äußerstes die ganze Welt geworden ist. *Wir* haben die Lunte ans Pulverfass gelegt. Hätte man uns vor dreißig Jahren gesagt, dass der Islamismus die Nachfolge des Kalten Krieges antreten würde, hätten wir darüber gelacht. Hätte man vor dreißig Jahren behauptet, die Evangelien hätten die militärischen Ereignisse sowie die Umweltkatastrophen vorausgesagt, oder hätte man erklärt, die Apokalypse habe in Verdun begonnen, wäre man für einen Zeugen Jehovas gehalten worden. Trotzdem war der Krieg der einzige Motor des technischen Fortschritts. Sein Verschwinden als Institution, wie es mit der Konskription und der totalen Mobilmachung einhergeht, hat die Welt mit Krieg überzogen. Wenn wir weiterhin die Augen davor verschließen, verstärken wir mehr und mehr diese Dynamik in Richtung auf das Schlimmere.

Clausewitz hatte also eine spontane Eingebung hinsichtlich des plötzlich beschleunigten Gangs der Geschichte, kaschierte sie jedoch auf der Stelle wieder, um seinem Buch einen technischen und wissenschaftlichen Anstrich zu geben. Deshalb müssen wir Clausewitz *zu Ende denken*, indem wir der von ihm selbst abgebrochenen Bewegung bis zum Ende folgen. Zu diesem Zweck haben wir uns jene Texte vorgenommen, die niemand zu lesen scheint: zuallererst den von Clausewitz selbst und anschließend die apokalyptischen Texte. Gerade durch den ersten tritt die Relevanz der letzteren mit größerer Eindringlichkeit hervor.

Wir werden den Clausewitz nicht zum Sündenbock stempeln, wie es einst Liddell Hart – einer seiner berühmtesten Kommentatoren – und Stalin taten; wir werden es aber auch nicht bei der Zurückhaltung belassen, mit der ihn Raymond Aron zu rehabilitieren versuchte. Dass seine Schrift *Vom Kriege* immer noch nicht ihrer ganzen Bedeutung nach verstanden ist, liegt wohl daran, dass man sie zu sehr angegriffen bzw. zu sehr verteidigt hat. Und es sieht ganz so aus, als hätte man die Hauptintuition, die der Text zu verbergen sucht, gar nicht verstehen wollen. Dieses beständige Leugnen hat unsere Neugierde geweckt. Clausewitz ist *besessen*, wie alle großen Schriftsteller des Ressentiments. Gerade weil er rationaler sein wollte als die Strategen vor ihm, rührte er unversehens an einen vollkommen irrationalen Aspekt der Realität. In der Folge wich er zurück und begann, die Augen davor zu verschließen.

Die Abhandlung *Vom Kriege* zu Ende interpretieren, heißt zu erkennen, dass ihr Sinngehalt religiös ist und dass allein eine religiöse Interpretation – hoffentlich – eine Aussicht hat, das Wesentliche zu erfassen. Clausewitz *denkt* die mimetischen Beziehungen zwischen den Menschen, obwohl er in philosophischer Hinsicht von der aufklärerischen Vernunft geprägt war. Er gibt uns alle Mittel an die Hand, die erforderlich sind, um zu der Einsicht zu gelangen, dass die Welt immer schneller auf das Äußerste zusteuert. Gleichwohl wurden seine Intuitionen beständig von seiner Einbildungskraft konterkariert und limitiert. Clausewitz und seine Kommentatoren wurden durch ihren Rationalismus gebremst. Dies könnte ein Beweis dafür sein – wenn es eines solchen Beweises bedürfte –, dass man an eine andere Form von Rationalität appellieren muss, um die Wirklichkeit dessen zu begreifen, was Clausewitz nur erahnte. Wir sind die erste Gesellschaft, die weiß, dass sie sich ein für alle Mal zerstören kann. Und dennoch fehlt uns der Glaube, der dieses Wissen untermauern könnte.

Nicht die Theologen haben uns auf die Spur dieser neuen Form von Rationalität gebracht, sondern ein mit einundfünfzig Jahren am Unverständnis seiner Umgebung zugrunde gegangener Lehnstuhlstratege, ein Militärtheoretiker, den man in Frankreich, England und der Sowjetunion verabscheute, ein flammender Autor, der niemanden gleichgültig ließ. Seine expliziten Thesen werden keine Zukunft haben. Der Subtext, den man zu lesen verstehen muss, kann jedoch eine verdeckte Realität enthüllen, wie zum Beispiel in dieser noch unvollkommenen Formulierung: »Durch die Wechselwirkung wieder das Streben nach dem Äußersten.«[3] Ohne sich dessen bewusst zu sein, hat Clausewitz nicht nur die Formel für das Apokalyptische entdeckt, sondern auch bemerkt, dass diese Formel mit der mimetischen Rivalität zusammenhängt. Wie aber kann man diese Wahrheit in einer Welt vernehmen, in der die unkalkulierbaren Konsequenzen der mimetischen Rivalität auch weiterhin nicht zur Kenntnis genommen werden? Clausewitz hatte nicht nur gegen Hegel und die gesamte moderne Weisheit recht.

Vielmehr birgt das, worin er recht hatte, schreckliche Implikationen für die gesamte Menschheit. Dieser Bellizist hat Dinge erkannt, die außer ihm niemand erkannt hat. Ihn zu verteufeln hieße daher, auf einem Vulkan einzuschlafen.

Ich denke, wie schon Hölderlin dachte, dass nur Jesus Christus uns ermöglicht, dieser Realität entgegenzutreten, ohne wahnsinnig zu werden. Die Apokalypse verheißt nicht einfach nur das Ende der Welt. Sie begründet auch eine Hoffnung. Wer plötzlich die Realität *sieht*, stürzt nicht in die absolute Hoffnungslosigkeit der modernen Gedankenleere, sondern findet eine Welt wieder, in der die Dinge einen Sinn haben. Die Hoffnung ist nur dann möglich, wenn wir es wagen, die Gefahren der Stunde zu denken. Aber dazu müssen wir sowohl den Nihilisten, für die alles nur Sprache ist, als auch den Realisten, die der Intelligenz das Vermögen absprechen, an die Wahrheit zu rühren, eine Abfuhr erteilen: den Herrschenden, den Bankiers, den Militärs, die uns zu retten vorgeben, während sie uns in Wirklichkeit nur jeden Tag ein Stück weiter in die Verwüstung treiben.

Indem er sich kreuzigen ließ, brachte Jesus ans Licht, was »seit der Grundlegung der Welt verborgen«[4] geblieben war: eben diese Grundlegung selbst, den einmütigen Mord, der am Kreuz zum ersten Mal offen zutage tritt. Um zu funktionieren, müssen die archaischen Religionen ihren Gründungsmord, so wie er sich in den rituellen Opferungen unablässig wiederholte und dadurch die menschlichen Gesellschaften vor ihrer eigenen Gewalt schützte, vor sich selbst verbergen. Indem das Christentum den Gründungsmord offenbarte, zerstörte es die Unwissenheit und den Aberglauben, die für diese archaischen Religionen unerlässlich sind. Das Christentum ließ also ein Wissen entstehen, das man sich zuvor nicht hatte vorstellen können. Der von den Opferzwängen befreite menschliche Geist ersann die Wissenschaft, die Techniken sowie das Beste und Schlimmste der Kultur. Unsere Zivilisation ist die kreativste, die mächtigste Zivilisation aller Zeiten, zugleich aber auch die fragilste und am stärksten bedrohte, denn sie verfügt nicht mehr über die Schutzvorrichtung des archaisch Religiösen. In Ermangelung des Opfers im weiteren Sinn läuft sie Gefahr, sich selbst zu zerstören, wenn sie nicht aufpasst, was sie offenkundig nicht tut.

War Paulus größenwahnsinnig, als er im Ersten Brief an die Korinther schrieb: »Sie [die Weisheit Gottes] hat keiner der Herrscher dieser Weltzeit je erkannt, denn hätten sie sie erkannt, hätten sie den Herrn der Herrlichkeit nicht gekreuzigt« (1. Kor 2,8)? Ich denke nicht. Was Paulus »Herrscher dieser Weltzeit« oder auch »Mächte und Gewalten« nennt, waren staatliche Strukturen, die auf dem Gründungsmord beruhten, der seine Wirkung entfaltete, weil er verborgen war. Im vorliegenden Fall war diese Führungsmacht das Römische Reich, absolut betrachtet durch und durch schlecht, relativ betrachtet jedoch unverzichtbar und immer noch besser als die totale Zerstörung, vor der uns die christliche Offenbarung warnt. Noch einmal: Das soll nicht heißen, dass die christliche Offenbarung schlecht ist. Sie ist ganz und gar gut. Wir jedoch sind nicht fähig, sie zu ertragen.

Ein Sündenbock ist so lange ein probates Mittel, wie man an seine Schuld glaubt. Einen Sündenbock zu haben, heißt, nicht zu wissen, dass man ihn hat. Herauszufinden, dass man einen hat, heißt, diesen Sündenbock auf immer zu verlieren und sich den unlösbaren mimetischen Konflikten auszusetzen. Darin besteht das unerbittliche Gesetz der Steigerung bis zum Äußersten. Dieses Schutzsystem der Sündenböcke wurde schließlich durch die Kreuzigungsberichte zerstört, da sich in ihnen die Unschuld Jesu und ganz allmählich die Unschuld aller vergleichbarer Opfer offenbarte. Der Erziehungsprozess weg von der Logik des gewaltsamen Opfers ist also im Gange, allerdings schreitet er sehr langsam voran und verläuft fast immer unbewusst. Erst heute zeitigt er Ergebnisse, die im Hinblick auf unser Wohlergehen zwar immer bemerkenswerter sind, aber umso gefährlicher für das zukünftige Leben auf unserem Planeten werden.

Um die Offenbarung zu etwas uneingeschränkt Gutem werden zu lassen, zu etwas, dem nichts Bedrohliches mehr anhaftet, müssten die Menschen nichts weiter tun, als das von Christus gepredigte Verhalten anzunehmen. Sie müssten vollständig auf Vergeltungsmaßnahmen verzichten und der Steigerung bis zum Äußersten abschwören. Denn wenn diese Eskalation noch eine Weile länger währt, wird sie uns geradewegs zur Auslöschung jeglichen Lebens auf dem Planeten führen. Genau diese Möglichkeit hat Raymond Aron bei seiner Clausewitz-Lektüre kurz aufleuchten sehen. Darauf schrieb er dann eine beeindruckende Summa, um die apokalyptische Logik aus seinen Gedanken zu verbannen und sich mit aller Macht einzureden, das Schlimmste ließe sich vermeiden, die »Abschreckung« werde immer triumphieren. Diese aufkeimende religiöse Klarsicht geht weit über das hinaus, was die meisten Menschen zu denken vermögen. Dennoch ist sie unzulänglich. Man muss die Interpretation noch weitertreiben. Man muss Clausewitz *zu Ende denken*.

Seit der »romanesken Konversion« von *Figuren des Begehrens*[5] sind alle meine Bücher mehr oder weniger explizite Apologien des Christentums. Dieses hier soll noch expliziter sein. Was ich vortrage, wird mit der Zeit verständlicher werden, denn wir bewegen uns ganz offensichtlich immer schneller auf die Zerstörung der Welt zu. Das Christentum ist ein Gründungsmord unter umgekehrten Vorzeichen: es erhellt, was unbedingt verborgen bleiben musste, damit rituelle, auf dem Opferkult basierende Religionen entstehen konnten. Paulus verglich das Christentum mit einer Erwachsenenspeise im Gegensatz zur Kindernahrung, wie sie die archaischen Religionen noch darstellten.[6] Auch Nietzsche hatte bisweilen in dieselbe Richtung weisende Ideen zum »kindlichen Charakter« der Griechen geäußert. Um die Situation noch irrsinniger zu machen: Die christliche Offenbarung ist das paradoxe Opfer jenes Wissens, das sie liefert. Absurderweise hält man sie für einen Mythos, was sie in keiner Weise ist. Die christliche Offenbarung wird von beiden verkannt, von ihren Feinden wie von ihren Verfechtern, wobei Letztere dazu neigen, sie mit einer der von ihr entmystifizierten archaischen Religionen zu verwechseln. Und doch geht alle Entmystifizierung vom Christentum aus. Mehr noch: Das einzig wahre Religiöse ist dasjenige, das die archaischen Religionen entmystifiziert.

Christus hat den Platz des Opfers eingenommen. Er hat sich ins Zentrum des Systems gestellt, um dessen verborgene Antriebskräfte zu enthüllen. Der »zweite Adam« – um den Ausdruck des Heiligen Paulus aufzugreifen – hat uns offenbart, wie der erste entstanden ist. Die Passion lehrt uns, dass die Menschheit vom Opfer abstammt, dass sie zusammen mit dem Religiösen geboren wurde. Allein das Religiöse konnte die Konflikte in Schach halten, an denen sich die ersten menschlichen Gemeinschaften andernfalls aufgerieben hätten. Aber die Offenbarung hat das Religiöse nicht zerstört. Die mimetische Theorie ist nicht darauf aus, die Nichtigkeit des Mythos zu beweisen, sondern sie will *eine fundamentale Diskontinuität und zugleich eine fundamentale Kontinuität zwischen der Passion und dem archaisch Religiösen* zutage fördern. Die Göttlichkeit Jesu, die der Kreuzigung vorausgeht, führt zu einem radikalen Bruch mit dem Archaischen. Seine Wiederauferstehung hingegen steht in vollkommener Kontinuität zu allen Formen des Religiösen, die ihr vorausgegangen sind. Das ist der Preis für den Ausgang aus dem Religiösen. Eine gute Theorie vom Menschen setzt eine gute Theorie von Gott voraus.

Müssen die dem Opfermechanismus verhafteten Menschen nicht verwirrt glauben, dass derjenige, der die »Sache«, den Lynchmord am Opfer, organisiert hat, lebendig ist? Denn, nachdem Er zuerst alle gegeneinander gestellt hat, versöhnt Er sie nun miteinander. Er ist auferstanden, weil sie nicht gestorben sind. Die im Erziehungsprozess befindlichen und noch nicht vollständig zu Menschen gereiften Menschen können reife Menschen nur dadurch werden, dass sie sich das Göttliche zum Maßstab nehmen. Es kommt also eine Zeit, in der Gott sich ihnen voll und ganz offenbaren kann. So wird verständlich, dass Christus seinen Jüngern

Furcht einflößte. Zugleich ist er aber auch das einzige Vorbild – dasjenige, das die Menschen in den richtigen Abstand zum Göttlichen bringt. Jesus offenbarte, dass sein Reich nicht von dieser Welt ist, aber dass die Menschen, wenn sie erst einmal den Mechanismus ihrer eigenen Gewalt begriffen haben, eine treffende Vorstellung von dieser jenseitigen Welt erlangen können. Wir können alle an der Göttlichkeit Jesu Christi teilhaben, vorausgesetzt wir schwören unserer Gewalt ab. Heute wissen wir jedoch – teilweise dank Clausewitz –, dass die Menschen der Gewalt nicht abschwören werden. Und so will es das Paradox, dass wir die Botschaft der Evangelien just in dem Moment zu erfassen beginnen, in dem sich die Steigerung bis zum Äußersten als alleiniges Gesetz der Geschichte durchsetzt.

Die christliche Offenbarung hat alle Religionen in ihrer Beziehung zu dem von der modernen Welt geleugneten Göttlichen bestätigt. Sie *bestätigt*, was diese Religionen nur geahnt haben. Auf gewisse Weise ist Jesus gerade deshalb wirklich auferstanden, weil er sich in die Serie der falschen Wiederauferstehungen eingereiht hat. Die Nutznießer der archaischen Wiederauferstehungen, die Ruhe und Ordnung wiederherstellten, standen in einem wirklichen Bezug zum Göttlichen. In allen Mythen steckte bereits etwas Christliches. Aber dadurch, dass sie die Unschuld des Opfers enthüllt, wendet die Passion ins Positive, was in den Mythen noch negativ war: Seither weiß man, dass kein Opfer jemals schuldig ist. Satan wird so zum Namen eines durch die Intervention Jesu offenbarten und entwerteten Sakralen. Aus eben diesem Grund vollbrachte das Zweite Vatikanische Konzil eine entscheidende Tat, als es zwar die Gewalt Gottes ausmerzte, nicht aber die Wirklichkeit des Bösen.

Gerade heute wettern die »Weisen und Gelehrten« – die Universität, wie ich vermute – immer wütender gegen das Christentum und beglückwünschen sich einmal mehr zu seinem baldigen Untergang. Aber die Unglücklichen bemerken gar nicht, dass ihr Skeptizismus selbst nur ein Nebenprodukt der christlichen Religion ist. Sicher ist es gut und richtig, sich von der früheren Opfereinfalt zu lösen, um den Fortschritt, den »Vormarsch« zu beschleunigen, um die Erfindung und Produktion all dessen zu erleichtern, was unser Dasein – zumindest im Abendland – reichhaltiger und bequemer macht. Gleichwohl hinderte uns gerade diese Opfereinfalt daran, die Mittel, uns gegenseitig umzubringen, immer weiter zu vervollkommnen. Paradoxerweise fehlt sie uns gegenwärtig am allermeisten.

Die einzigen Christen, die immer noch von der Apokalypse sprechen, sind die Fundamentalisten, allerdings haben sie eine vollständig mythologische Konzeption von ihr. Sie glauben, dass die Gewalt am Ende der Zeiten von Gott selbst ausgehen wird. Sie kommen nicht ohne einen grausamen Gott aus. Seltsamerweise erkennen sie nicht, dass die Gewalt, die wir selbst anhäufen und die sich über unseren Köpfen zusammenbraut, schon völlig ausreicht, um das Schlimmste auszulösen. Sie haben keinerlei Sinn für Humor.

Dieses Buch ist auf der Grundlage von langen Gesprächen mit Benoît Chantre entstanden, der es vollständig konzipiert und redigiert hat. Die endgültige Fassung haben wir gemeinsam erarbeitet. Wir lehnen uns sehr eng an den Text von Clausewitz an. Die Gnade des Gesprächs besteht darin, dass es Überraschungen bereithält und zufällige Begegnungen ermöglicht. Nach und nach mussten wir erkennen, dass verschiedene Autoren, Dichter oder außergewöhnliche Persönlichkeiten für unsere Gespräche von zentraler Bedeutung waren. Schlussendlich zeichnete sich eine ganze Konstellation von Schriftstellern und Denkern ab. Es ähnelte ein wenig der von mir so bezeichneten Kommunion der Heiligen. Die wichtigen Fragestellungen, wie wir sie ausgehend von einem einzigen Text aufgeworfen haben, riefen diese Figuren auf den Plan, wobei dem Dichter Hölderlin unserer Auffassung nach ein besonderer Platz gebührt. Dieser unmittelbare Zeitgenosse Clausewitz' und Hegels ist unleugbar derjenige, der inmitten der europäischen Konflikte bemerkte, dass sich das für die Zukunft der Welt Entscheidende in der Konfrontation zwischen der Passion und dem archaisch Religiösen, in der Konfrontation zwischen Jesus Christus und den Griechen abspielen würde.

Dieser apokalyptische Augenblick bildet so den Dreh- und Angelpunkt zwischen einem bestimmten Thema in Clausewitz' Abhandlung und darüber hinausgehenden Überlegungen zum Schicksal Europas. Bei unseren Analysen greifen wir auf das Instrumentarium der Anthropologie, der Geschichte, der Literaturgeschichte, der Psychologie, der Philosophie und der Theologie zurück. In der Stunde der so schwierigen Konstruktion der europäischen Einheit plädieren wir für einen authentischen Dialog zwischen Frankreich und Deutschland, denn der rätselhafte Hass zwischen diesen beiden Ländern wird das Alpha und Omega Europas gewesen sein.

Im Verlauf dieser Gespräche betonen wir immer wieder, dass die Beziehung ihren Ort im Herzen der Reziprozität hat und die Versöhnung den negativen Sinn *offenbart*, den der Krieg der Beziehung verleiht. Es sind gerade die »Zeichen der Zeit«, wenn das Zukünftige im Gegenwärtigen lesbar wird. Der Prophet, ebenso wie der Stratege, muss sich darauf verstehen, die Zeichen des Zukünftigen zu lesen. Die Gewalt aber ist ein schrecklicher Gegner, denn sie triumphiert immer. Den Krieg zu wollen – nach Clausewitz die für den Verteidiger charakteristische Einstellung – gegen denjenigen, der den Frieden will – das heißt die Lüge und die Herrschaft –, kann so zu einer spirituellen Haltung werden. Lädt Jesus Christus nicht selbst dazu ein, listiger zu sein als die Schlange? Zu einer Zeit, da der Krieg schon nicht mehr existiert, befinden wir uns also mehr denn je im Kriegszustand. Wir müssen eine schrankenlose und unbeherrschbare Gewalt bekämpfen. Aber was, wenn nicht der Triumph das Wesentliche wäre? Was, wenn die Schlacht selbst mehr zählte als der Sieg?

Der Vorrang des Sieges ist der Triumph der Schwachen. Der Vorrang der Schlacht hingegen ist das Präludium zur einzigen Konversion, die zählt. Darin besteht die heroische Haltung, die wir neu zu definieren versucht haben. Sie allein kann Gewalt und Versöhnung verknüpfen – oder, genauer gesagt, zugleich die Möglichkeit eines Weltendes *und* einer Aussöhnung der Menschen greifbar werden lassen. Dieser Ambivalenz können wir nicht entrinnen. Mehr denn je bin ich davon überzeugt, dass die Geschichte einen Sinn hat und dass dieser Sinn zum Fürchten ist:

> »Wo aber Gefahr ist, wächst
> Das Rettende auch.«[7]

I. STEIGERUNG BIS ZUM ÄUSSERSTEN

»Der Krieg ist nichts als ein erweiterter Zweikampf«

Benoît Chantre: René Girard, Ihr Werk fußt auf der Literaturkritik, der Erforschung des Religiösen in den archaischen Gesellschaften sowie einer anthropologischen Relektüre der Evangelien und der jüdischen Prophetentradition. Grundsätzlich waren Sie also alles andere als prädestiniert dafür, sich für die Schriften eines preußischen Generals zu begeistern, der einigermaßen unbeachtet 1831 in Berlin starb. Wodurch ist dieses Interesse für Carl von Clausewitz bei Ihnen geweckt worden?

René Girard: Ich interessiere mich noch nicht allzu lange für Clausewitz, genaugenommen erst, seit ich auf eine gekürzte amerikanische Ausgabe seines Traktats *Vom Kriege* stieß. Da wurde mir schlagartig klar, dass die Intuitionen dieses, wie Sie ihn nennen, preußischen Generals meinen eigenen sehr nahekommen. Seine Ideen erlaubten es mir, schlussendlich die grundlegenden Prinzipien meiner mimetischen Theorie mit Bezug auf die Geschichte zu formulieren, insbesondere im Hinblick auf die Geschichte der beiden letzten Jahrhunderte. Natürlich schneide ich das Thema Krieg in meinen Büchern an, vor allem in *Das Heilige und die Gewalt*,[9] allerdings aus rein anthropologischer Perspektive. Ich konnte den Krieg nicht theoretisch behandeln, wie es alle großen Strategen taten, von Sunzi über Machiavelli bis Jacques Antoine Guibert, von Johann Georg von Sachsen über Antoine-Henri Jomini bis zu Mao Tse-tung. Im Ensemble dieser Strategen gebührt Clausewitz meiner Ansicht nach gleichwohl ein besonderer Platz, denn er steht an der Schwelle zwischen zwei Epochen des Krieges, und legt Zeugnis ab von einer neuen Qualität der Gewalt. In dieser Hinsicht ist seine Herangehensweise an das Phänomen sehr viel tiefgründiger und sehr viel weniger technisch als bei anderen. Ich habe also erst vor Kurzem begonnen, das *Ende des Krieges* als eigenständiges Thema zu begreifen. Der Niedergang einer Institution, die auf die Regulierung und Eindämmung der Gewalt zielte, untermauert in der Tat meine zentrale Hypothese, nämlich die Annahme, dass wir seit ungefähr drei Jahrhunderten einem Verfall aller Rituale und Institutionen beiwohnen. Mittels seiner Regeln und Codes hat auch der Krieg an der Erzeugung von Sinn mitgewirkt, indem er neue Gleichgewichte herstellte, und dies auf einem immer größer werdenden geografischen Gebiet. Diese Funktion kann er heute, grob gesagt seit Ende des Zweiten Weltkrieges, nicht mehr ausüben. Wodurch ist dieses Kräftespiel aus dem Ruder gelaufen? Wie kam es dazu, dass die politische Vernunft am Ende ohnmächtig wurde? So lauten die Fragen, die uns im höchsten Maße beschäftigen werden.

Bei der eingehenderen Lektüre der Abhandlung – in der ungekürzten französischen Übersetzung, die ich mir sofort besorgt hatte[10] – faszinierte mich dann mehr und mehr der Umstand, dass hier, auf diesen dichten und bisweilen trockenen, scheinbar ausschließlich der Militärtheorie gewidmeten Seiten, das Drama der modernen Welt zur Sprache kam. Selbstverständlich hatte ich Raymond Arons Buch *Clausewitz. Den Krieg denken* quergelesen, als es Mitte der 1970er Jahre erschien, aber ich war damals noch zu sehr mit meinen eigenen Forschungen beschäftigt, um ihm größere Aufmerksamkeit zu schenken. Heute weiß ich, dass diese mangelnde Aufmerksamkeit auch darauf zurückzuführen ist, dass mir Arons *rationalistische* Lektüre den Zugang zu Clausewitz' Text verstellte. Clausewitz sagt nämlich etwas völlig anderes als das, was Aron ihn sagen lassen möchte. Man kann Arons wirklich brillantem Essay nicht zum Vorwurf machen, Produkt seiner Zeit zu sein, der Epoche des Kalten Krieges, in der man an die atomare Abschreckung und auch noch an den Sinn von Politik glaubte. Heute bringt die

Politik aber nicht mehr allzu viel zustande. Ich bin daher davon überzeugt, dass wir in eine Ära eingetreten sind, in der die Anthropologie zu einem relevanteren Instrument werden wird als die Politikwissenschaft. Wir werden unsere Interpretation der Ereignisse radikal ändern und damit aufhören müssen, als Menschen der Aufklärung zu denken. Wir werden die Radikalität der Gewalt endlich in Betracht ziehen und eine ganz andere Form von Rationalität konstituieren müssen. Die Ereignisse erfordern dies. Genau dazu fordert die Lektüre von Clausewitz heute auf. Andere werden dann, so hoffe ich, auf der Baustelle weiterarbeiten, die ich durch unsere Gespräche eröffnen möchte.

B.C.: Stecken wir doch, wenn es Ihnen recht ist, bevor wir uns Clausewitz' *Vom Kriege* widmen, zunächst kurz den historischen Rahmen ab. Carl von Clausewitz (1780–1831) war preußischer Offizier, Sohn eines Militärs und ist nie wirklich aus dem militärischen Umfeld herausgekommen. Er war voller Stolz auf sein erst vor Kurzem erstarktes Vaterland und erlebte die Niederlage von Jena im Jahre 1806 gegen die Armee Napoleons wie alle seine Kollegen als eine Katastrophe. Dieses Debakel (König Friedrich Wilhelm III. flüchtete nach Ostpreußen, während die französischen Armeen das ganze Land besetzten) rief bei den Offizieren die Erinnerung an die Demütigung von Valmy wach, als Friedrich Wilhelm II. – Nachfolger seines Onkels Friedrich des Großen (ein Freund Voltaires) – am 20. September 1792 miterleben musste, wie der Herzog von Braunschweig angesichts eines neuartigen Phänomens den Rückzug anordnete: ein Volksheer, das die Berufsarmee unterstützte (die Allianz von »culs-blancs« und »bleuets«), was die revolutionäre Expansion in ganz Europa einleitete.

R.G.: Vergessen wir nicht, dass Clausewitz in Valmy bereits der Armee des Herzogs von Braunschweig angehörte! Ich habe einmal irgendwo gelesen, ihm sei die Bedeutung dieser Schlacht, die im Grunde ja nur eine Kanonade war, sofort klar gewesen. Denn zum ersten Mal legte die französische Armee ein revolutionäres Verhalten an den Tag. Anstatt in Panik zu fliehen, wie bei zwei oder drei Gelegenheiten zuvor, hielten die Franzosen diesmal stand. Am Ende trat vielmehr der Herzog von Braunschweig den Rückzug an, wenn auch ohne große Verluste. Hierüber herrscht unter den Historikern, denke ich, Konsens. Einig ist man sich auch darin, dass dieses Ereignis als außerordentlich bedeutsam zu bewerten ist, da die Revolutionsarmee genau von diesem Zeitpunkt an wehrhaft wurde. Die Marseillaiser Bürger, die in Valmy ein Berufsheer unterstützten, haben Frankreich nicht nur seine Nationalhymne beschert. Vielmehr waren sie die Vorboten eines neuen Zeitalters, des Zeitalters der totalen Mobilisierung. Die Schlacht bei Jena sollte im Übrigen einer der schnellsten Siege Napoleons sein. Letztlich war die Sache innerhalb von drei Minuten entschieden!

B. C.: Clausewitz hat also sehr schnell begriffen, dass es sich beim Volk in Waffen, bei der Konskription um ein vollkommen neuartiges Phänomen handelte. Erinnern wir uns: Das Prinzip der revolutionären Expansion wurde am 17. November 1792 im Nationalkonvent beschlossen. Es ging der Politik des Wohlfahrtsausschusses voraus (»Keine Freiheit für die Feinde der Freiheit«, proklamierte Saint-Just), die den Revolutionsarmeen ab März 1793 gestatten sollte, Belgien sowie das Rheinland zu besetzen. Das starre Festhalten an der Eroberungspolitik, das zu den ausschlaggebenden Gewinnen der Revolution führen sollte, prägte dann die gesamte Politik Napoleons: seine Flucht nach vorn, die darauf zielte, eine von Russland bis nach Spanien reichende Kontinentalsperre gegen England und dessen hegemoniale Handelsbestrebungen zu errichten.

R. G.: Diese Ereignisse muss man sich in Erinnerung rufen, will man das Trauma von Jena im Jahre 1806 verstehen. Das vom militärischen Stolz eines Emporkömmlings zehrende Preußen sah sein System politischer Zentralisierung mit einem Schlag zusammenbrechen. Alles musste wieder aufgebaut, alles musste neu gegründet werden. Clausewitz, den die zeitweilige Allianz des Preußenkönigs mit Napoleon dazu bewog, von 1811 bis 1814 sein Vaterland zu verlassen und in die Armee des Zaren Alexander I. einzutreten, hegte bis an sein Lebensende die Hoffnung auf eine Militärreform, wie sie von Scharnhorst auf den Weg gebracht worden war. Diese Reform wurde durch die reaktionäre Politik Friedrich Wilhelms III. nach dem Wiener Kongress vereitelt. Preußen erhielt keine Verfassung. Die philosophischen Träume Friedrichs des Großen, des »aufgeklärten Despoten« des 18. Jahrhunderts, wurden endgültig begraben.

Clausewitz soll Kutusows Strategie beeinflusst haben. Seine Laufbahn endete jedoch einigermaßen trist – als Direktor der Allgemeinen Kriegsschule zu Berlin, an der er zum Schluss nicht einmal mehr lehren durfte. Seine Kollegen haben ihm nie verziehen, dass er den Krieg zu Recht fortgeführt und sich dieser Einsatz als legitim erwiesen hatte. Clausewitz hat nicht die politische Rolle spielen können, die er sich ersehnt hatte. Und so zog er die Lehren aus den außergewöhnlichen militärischen Ereignissen und beschäftigte sich bis zu seinem Tod mit seiner unvollendet bleibenden Abhandlung, die seine Ehefrau dann posthum publizierte. Nur das erste Kapitel des ersten Buches soll er als abgeschlossen betrachtet haben. Zitiert werden daher oft nicht mehr als die ersten Seiten aus diesem ersten Kapitel des ersten Buches, das »Die Natur des Krieges« zum Thema hat und das gesamte Werk zusammenfasst.

B. C.: Dieses erste, mit »Was ist der Krieg?« überschriebene Kapitel ist tatsächlich von grundlegender Bedeutung. Einige Jahre vor seinem Tod im Jahr 1831 überarbeitete Clausewitz dieses Kapitel, und Raymond Aron wollte daraus Clausewitz' Willen herauslesen, alles in einem viel politischeren und weniger kriegerischen Sinn neu zu durchdenken. Aron ging sogar so weit zu behaupten, zwischen dem ersten Kapitel des Ersten Buches und dem Rest der Abhandlung bestehe ein Bruch und dieses erste Kapitel bilde ein in sich abgeschlossenes Ganzes.

R.G.: Eine Annahme, die, wie Sie sehen werden, zu schwerwiegenden Problemen führt. Wir werden die Beharrlichkeit hinterfragen müssen, mit der dieser »Bruch« betont wird. Es sieht ganz so aus, als wollte Raymond Aron die Einheit des Werkes nicht wahrhaben, die meines Erachtens auch durch die späteren Überarbeitungen nicht infrage gestellt wird. Ich denke, man erkennt schon in diesem ersten Kapitel ohne Weiteres den Ton der gesamten Abhandlung. Dieser Ton macht sogar den wesentlichen Reiz dieses Kapitels aus und bringt dessen ganze Spannung zum Ausdruck.

B.C.: Clausewitz beginnt mit einer Definition des Krieges …

R.G.: … als einem Zweikampf.

B.C.: Geben wir sie doch im Wortlaut wieder:

> »Wir wollen hier nicht erst in eine schwerfällige publizistische Definition des Krieges hineinsteigen, sondern uns an das Element desselben halten, an den Zweikampf. Der Krieg ist nichts als ein erweiterter Zweikampf. Wollen wir uns die Unzahl der einzelnen Zweikämpfe, aus denen er besteht, als Einheit denken, so tun wir besser, uns zwei Ringende vorzustellen. Jeder sucht den andern durch physische Gewalt zur Erfüllung seines Willens zu zwingen; sein *nächster* Zweck ist, den Gegner *niederzuwerfen* und dadurch zu jedem fernern Widerstand unfähig zu machen.
> *Der Krieg ist also ein Akt der Gewalt, um den Gegner zur Erfüllung unseres Willens zu zwingen.*«[11]

R.G.: Auf diese Definition, auf die wir später noch einmal zurückkommen werden müssen, folgt eine Anmerkung, die den Leser alles anderes als beruhigen soll:

> »Nun könnten menschenfreundliche Seelen sich leicht denken, es gebe ein künstliches Entwaffnen oder Niederwerfen des Gegners

ohne zuviel Wunden zu verursachen, und das sei die wahre Tendenz der Kriegskunst. Wie gut sich das auch ausnimmt, so muß man doch diesen Irrtum zerstören, denn in so gefährlichen Dingen, wie der Krieg eins ist, sind *die* Irrtümer, welche aus Gutmütigkeit entstehen, grade die schlimmsten.«[12]

Was teilt Clausewitz uns hier mit? Zweierlei. Zunächst einmal, dass er in einem Zeitalter lebt, in dem der Kabinettskrieg des 18. Jahrhunderts überholt ist, und dann, dass die indirekte Strategie (die mehr auf Manöver denn auf Schlachten setzt) ein »Irrtum aus Gutmütigkeit« ist. Diese letzte Behauptung beweist – und dies ist nicht weiter überraschend –, dass Clausewitz die chinesische Strategie, die ja gerade darauf abzielt, eine Schlacht zu gewinnen, bevor man sie überhaupt begonnen hat, nicht kannte. Andererseits gibt er ein klares Urteil ab: Der Vorrang der indirekten Strategie ist oft ein Eingeständnis der Ohnmacht. Die Intelligenz muss also der Gewalt dienen, denn es geht nicht länger darum, die Gewaltanwendung zu zügeln:

> »Da der Gebrauch der physischen Gewalt in ihrem ganzen Umfange die Mitwirkung der Intelligenz auf keine Weise ausschließt, so muß der, welcher sich dieser Gewalt rücksichtslos, ohne Schonung des Blutes bedient, ein Übergewicht bekommen, wenn der Gegner es nicht tut. Dadurch gibt er dem andern das Gesetz, und so steigern sich beide bis zum Äußersten, ohne daß es andere Schranken gäbe als die der inwohnenden Gegengewichte.«[13]

Diese eindrucksvolle Definition des Zweikampfes als »Steigerung bis zum Äußersten« ließ mich sofort an den von mir so genannten mimetischen Konflikt denken. Die tatsächlichen Gegebenheiten des Krieges führen dazu, dass das »feindselige Gefühl« (die kriegerische Leidenschaft) letztlich immer »die feindselige Absicht« (die überlegte Entscheidung für den Kampf) überwältigt:

> »Wir wiederholen also unsern Satz: Der Krieg ist ein Akt der Gewalt, und es gibt in der Anwendung derselben keine Grenzen; so gibt jeder dem andern das Gesetz, es entsteht eine Wechselwirkung, die dem Begriff nach zum Äußersten führen muß. Dies ist die erste Wechselwirkung und das erste Äußerste worauf wir stoßen.«[14]

Das ist die Passage, mit der mich Clausewitz im wahrsten Sinne des Wortes gepackt hat. Ich hatte plötzlich das Gefühl, dass kein Weg an ihm vorbeiführt, will man das Drama der modernen Welt verstehen. Clausewitz ist ein wichtiger Autor, davon bin ich heute überzeugt, aber aus völlig anderen als den von Aron angeführten Gründen. Ich muss zugeben, dass mich diese Definition des Zweikampfes gleichermaßen fasziniert wie erschreckt. Sie deckt sich nämlich mit meinen Analysen; sie bezieht diese Analysen auf die Geschichte, und zwar mit einer Überzeugungskraft, wie ich sie mir zuvor gar nicht habe vorstellen können.

B.C.: Schrankenlose Anwendung der Gewalt ist die erste Wechselwirkung, die Clausewitz bei seiner Definition des Zweikampfes anführt. Anschließend nennt er zwei weitere Typen von Wechselwirkungen, die ihrerseits zu zwei weiteren Extremen führen, nämlich das »Ziel, den Feind wehrlos zu machen« (das beide Lager in exponentieller Weise verfolgen), und die »äußerste Anstrengung der Kräfte« (der sich steigernde gegenseitige Zerstörungswille).

R.G.: In Paragraf II jedoch scheint Clausewitz dieser ersten apokalyptischen Definition plötzlich widersprechen zu wollen. Oder er behauptet vielmehr, eine derartige Auffassung vom Krieg (die er umstandslos als »optimistisch« bezeichnet) impliziere eine solche Spannung und treibe die Vorstellungskraft so sehr zum Äußersten, dass einem der Sinn für die Realität abhandenkomme. Dies ist sehr überraschend. Plötzlich bewegen wir uns nicht mehr auf der Ebene der Idee oder des Begriffs, sondern steigen zur Wirklichkeit hinunter; wir sind nicht mehr bei der gewaltsamen

Wechselwirkung des Zweikampfes, sondern bei der friedlichen Wechselwirkung dessen, was Clausewitz die »bewaffnete Beobachtung«[15] nennt. Von diesem Moment an versucht Clausewitz, die von ihm verursachten Brüche zu kitten. Die »Steigerung bis zum Äußersten« wird nun zur »logischen Träumerei«[16] erklärt, zu einer bloßen Idee, die in der geschichtlichen Wirklichkeit keine Entsprechung fände. Halten wir ganz nebenbei fest, dass Clausewitz dies zu bedauern scheint! Er trennt den Begriff von seiner Wirklichkeit, und zwar aus theoretischen Gründen. Denn dadurch lässt sich die ganze Bandbreite von Konflikten, von den rein kriegerischen bis hin zu den ganz und gar politischen, unter den Begriff des »absoluten Krieges« subsumieren. Der Begriff des Krieges als Zweikampf wird so zu einem Bezugspunkt. Hier zeigt sich deutlich die ganze Ambivalenz von Clausewitz' Denken. Denn Clausewitz behauptet ja nicht, dass die Wirklichkeit von ihrem Begriff getrennt ist, sondern dass die realen Kriege *auf eine solche Trennung zusteuern*.

Dennoch stützt Raymond Aron seine Beweisführung auf die Annahme, dass der »absolute Krieg« nichts als ein Begriff sei: Dadurch reißt er eine unüberbrückbare Kluft zwischen dem Begriff des Krieges und den Kriegen in der Wirklichkeit auf. Aron schreibt im Jahre 1976, als das letzte Jahrzehnt des Kalten Krieges gerade angebrochen war – zu einer Zeit also, in der es der Politik gelang, die nukleare Apokalypse in Schach zu halten. Arons Interpretation spiegelt seine Zeit wider, nicht aber die Clausewitzschen Gedanken. In dieser Selbstbehauptung der Vernunft begegnen wir dem letzten Widerschein der Aufklärung: ohne jeden Zweifel bewundernswert, aber irreal.

B.C.: Trotzdem hielt sich Raymond Aron sehr genau an den Text. Es sieht doch in der Tat so aus, als sei der menschliche Geist, hier in Gestalt von Clausewitz' eigenem Denken, nicht fähig, sich das Schlimmste vorzustellen, nicht fähig, die Kriegskunst in den Zustand ihrer »Vollendung« zu überführen, sodass es unausweichlich wird, die Wechselwirkung »wirklicher« Kriege in Raum und Zeit zu betrachten.

R.G.: Genau. Dieser abrupte Übergang von einem Extrem ins andere, vom Begriff zur Wirklichkeit, von der gewaltsamen Wechselwirkung zur friedlichen Wechselwirkung ist ziemlich rätselhaft. Raymond Arons Interpretation dieses Übergangs überzeugt mich jedoch ganz und gar nicht. Man könnte auch sagen, dass die Bedingungen für eine »Steigerung bis zum Äußersten« zu Clausewitz' Zeiten noch nicht erfüllt waren, dass man damals nicht der Apokalypse entgegensah, dass wir aber dem vollkommenen Zustand, von dem in Clausewitz' erster Definition des Krieges die Rede ist, mehr und mehr zustreben. Man könnte sagen, dass die Menschen in gewisser Hinsicht noch nicht fähig sind, den realen Krieg mit seinem Begriff zur Deckung zu bringen, aber dass ihnen dies eines Tages gelingen wird! So sieht eine mögliche Interpretation des Textes aus. Das habe ich sofort gespürt. Deshalb habe ich auch das seltsame Gefühl, Clausewitz kehre nach dieser kurzen und schrecklichen apokalyptischen Erleuchtung wie ernüchtert zur traurigen Wirklichkeit zurück:

> »Anders aber gestaltet sich alles, wenn wir aus der Abstraktion in die Wirklichkeit übergehen. Dort mußte alles dem Optimismus unterworfen bleiben, und wir mußten uns den einen wie den andern denken, nicht bloß nach dem Vollkommenen strebend, sondern auch es erreichend. Wird dies jemals in der Wirklichkeit auch so sein? Es würde so sein, wenn:
> 1. der Krieg ein ganz isolierter Akt wäre, der urplötzlich entstünde und nicht mit dem frühern Staatsleben zusammenhinge;
> 2. wenn er aus einer einzigen oder aus einer Reihe gleichzeitiger Entscheidungen bestünde;
> 3. wenn er eine in sich vollendete Entscheidung enthielte, und nicht der politische Zustand, welcher ihm folgen wird, durch den Kalkül schon auf ihn zurückwirkte.«[17]

Erstens also ist der Krieg »nie ein isolierter Akt«, weil man den Gegner kennt, weil man sich bereits eine Meinung über ihn gebildet hat und ihn nicht als eine Abstraktion betrachtet. Zweitens besteht der Krieg

> »nicht aus einem einzigen Schlag ohne Dauer [...] also schon darum werden beide Gegner in ihrer Wechselwirkung hinter der Linie einer äußersten Anstrengung zurückbleiben, und also nicht sogleich alle Kräfte aufgeboten werden.«[18]

Später präzisiert Clausewitz, dass es in der »Natur« der vorhandenen Kräfte (der Streitkräfte, des Terrains, der Bundesgenossen) und ihres Einsatzes liege, »daß sie nicht alle zugleich in Wirksamkeit treten *können*«,[19] weshalb *»eine vollkommene Vereinigung der Kräfte in der Zeit«*[20] der Natur des Krieges zuwiderlaufe. Und er fügt an:

> »Nun könnte dies an und für sich kein Grund sein, die Steigerung der Anstrengungen für die erste Entscheidung zu ermäßigen [...]; allein die Möglichkeit einer spätern Entscheidung macht, daß der menschliche Geist sich in seiner Scheu vor allzugroßen Anstrengungen da hinein flüchtet [...].«[21]

Was geschieht hier? Ganz einfach – die Gegner *imitieren* einander, »und so wird durch diese Wechselwirkung wieder das Streben nach dem Äußersten auf ein bestimmtes Maß der Anstrengung zurückgeführt«.[22]

Schließlich, und das ist der dritte Punkt, führt der Krieg nicht zu einer absoluten Entscheidung, sondern stets zu einem relativen Ausgang. Die Wahrscheinlichkeitsgesetze treten also an die Stelle der apokalyptischen Einbildungskraft: Man richtet sein Handeln an den Anhaltspunkten aus, die man »dem Charakter, den Einrichtungen, dem Zustande, den Verhältnissen des Gegners«[23] abzugewinnen weiß.

B.C.: Kann man daraus nicht schließen, dass es in einem realen Krieg darum geht, die Differenzen, die Verschiedenheit des jeweiligen Gegners zu erfassen, während diese Differenzen in einem »theoretischen« Krieg, in dem Kriegswirklichkeit und Begriff des Krieges deckungsgleich wären und das Gesetz der »Steigerung bis zum Äußersten« maßgeblich wäre, gerade verschwimmen und dadurch – wenn man so sagen kann – zugleich die Einheit der Zeit sowie des Ortes denkbar machten?

R. G.: Genau so ist es. Die »Steigerung bis zum Äußersten« ist in der Tat nur »theoretisch« vorstellbar, das heißt, wenn sich die Gegner hundertprozentig gleichen. Präzisieren wir diese Idee in den Begriffen der mimetischen Theorie, so können wir sagen, dass die Bedingungen dieser Entdifferenzierung[24] zu Clausewitz' Zeiten noch nicht erfüllt waren – dass sie es aber möglicherweise eines Tages sein werden. Daher sieht Clausewitz sich genötigt, eben jene Gesetze herauszuarbeiten, die für reale Kriege gelten, in denen »der politische Zweck des Krieges« wieder hervortritt. Offensichtlich strengt sich Clausewitz hier gewaltig an; er versucht, seinem eigenen Wesen entgegenzuarbeiten und seine Leser in gewisser Weise zu beruhigen. Auf eben diese Korrekturen stützte sich Raymond Aron bei seinem Versuch, die übrigen Teile der Abhandlung zu rekonstruieren, so wie Clausewitz sie *geschrieben hätte*, wäre er nicht 1831 an der Cholera gestorben. Sie müssen zugeben, dass dies wirklich atemberaubend ist! Im Übrigen zeigt sich hier Raymond Arons ganzes Vertrauen auf den Humanismus, aber auch die Begrenztheit seiner Darlegungen.

Deshalb müssen wir uns wieder dem Text zuwenden, besonders dem Paragrafen 11 des ersten Kapitels, in dem Clausewitz schreibt, dass »der politische Zweck des Krieges« wieder hervortritt, wenn die »logische Träumerei«[25] der Steigerung bis zum Äußersten *ad acta* gelegt ist. In seinem überarbeiteten Text versucht Clausewitz also, dem von der Politik betriebenen Einhegen des Krieges Rechnung zu tragen, aber es wird doch sehr deutlich, dass der Krieg die

Oberhand zurückgewinnt, um es einmal so zu sagen. Nehmen Sie den ersten und den letzten Abschnitt dieses Paragrafen und achten Sie einmal auf die Veränderung des Tons. Zunächst also die Wiederkehr der Politik:

> »Hier drängt sich nun von selbst ein Gegenstand von neuem in die Betrachtung, den wir (s. Nr. 2) daraus entfernt hatten: es ist der *politische Zweck des Krieges*. Das Gesetz des Äußersten, die Absicht, den Gegner wehrlos zu machen, ihn niederzuwerfen, hatte diesen Zweck bisher gewissermaßen verschlungen. Sowie dieses Gesetz in seiner Kraft nachläßt, diese Absicht von ihrem Ziel zurücktritt, muß der politische Zweck des Krieges wieder hervortreten. Ist die ganze Betrachtung ein Wahrscheinlichkeitskalkül, aus bestimmten Personen und Verhältnissen hervorgehend, so muß der *politische Zweck* als das *ursprüngliche Motiv* ein sehr wesentlicher Faktor in diesem Produkt werden.«[26]

Der politische Zweck tritt umso mehr hervor, »je gleichgültiger sich die Massen verhalten«[27]; in Clausewitzscher Terminologie könnte man auch sagen, wenn die *»feindselige Absicht«*[28] den Sieg über das *»feindselige Gefühl«*[29] davonträgt. Das Problem besteht selbstverständlich darin, dass die »Erscheinungen der letzten Kriege«[30] – also der Napoleonischen Kriege und der in ihnen sich abzeichnende »totale Krieg«, bei dem die ganze »Masse« einer Nation allein mit Blick auf den Krieg mobilisiert wurde – die Spielregeln vollständig verändert haben. Die »Steigerung bis zum Äußersten« kehrt also im unvorhergesehenen Aufeinanderprallen zweier nationaler Hassgefühle wieder:

> »Daß dadurch das Resultat ein ganz anderes werden kann, je nachdem sich in den Massen Verstärkungs- oder Schwächungs-Prinzipe für die Handlung finden, ist leicht einzusehen. Es können in zwei Völkern und Staaten sich solche Spannungen, eine solche Summe feindseliger Elemente finden, daß ein an sich sehr geringes politi-

sches Motiv des Krieges eine weit über seine Natur hinausgehende Wirkung, eine wahre Explosion hervorbringen kann.«[31]

Die Formulierung beschönigt nichts. Wenden wir uns nun dem Schluss des Paragrafen zu:

> »Ist nun das Ziel des kriegerischen Aktes ein Äquivalent für den politischen Zweck, so wird er im allgemeinen mit diesem heruntergehen, und zwar um so mehr, je mehr dieser Zweck vorherrscht, und so erklärt es sich, wie ohne innern Widerspruch es Kriege mit allen Graden von Wichtigkeit und Energie geben kann, von dem Vernichtungskriege hinab bis zur bloßen bewaffneten Beobachtung.«[32]

Was soll das anderes heißen, als dass der politische Zweck schwach ist, wenn die Massen gleichgültig sind, und dass er stark ist, wenn sie es nicht mehr sind? Anders ausgedrückt, dass die Politik dem Krieg hinterherläuft? Raymond Arons Rationalismus zum Trotz sind es eben doch die Leidenschaften, die die Welt regieren. Und diese Leidenschaften sind durch die Revolutionsfeldzüge und die Napoleonischen Kriege entfesselt worden. Ein bis zu diesem Zeitpunkt latentes und in Schach gehaltenes Kriegsprinzip wurde freigesetzt, oder wie man besser sagen sollte, »beinahe freigesetzt«, denn die realen Kriege und der Begriff des Krieges entsprachen einander *noch nicht* eins zu eins: Der Wiener Kongress verlieh dem europäischen Kontinent eine relative Stabilität, die bis zum Krieg von 1870 und zum Ersten Weltkrieg fortbestand. Ich habe wohlweislich »relative Stabilität« gesagt, denn die Massaker in den Kolonien, die Organisation des Proletariats im »Klassenkampf«, der Siegeszug der sozialdarwinistischen Theorien, all dies schuf die Voraussetzungen für eine globale Katastrophe im 20. Jahrhundert. Krieg erzeugt Krieg, auch wenn Napoleon von Jena bis Moskau stets verzweifelt dem Frieden hinterherjagte und dabei sein Land mit jedem Mal ein wenig mehr mobilisierte und jedesmal mehr

Soldaten aushob. Und wenn dies eben jener »Weltgeist« wäre, den Hegel unter seinen Fenstern in Jena vorbeiziehen sah? Weniger die Einschreibung des Universellen in die Geschichte als der Niedergang Europas. Nicht mehr die Theodizee des Geistes, sondern eine im Gang befindliche Entdifferenzierung sondergleichen. Genau deshalb fasziniert und erschreckt mich Clausewitz gleichermaßen.

Reziprokes Handeln und mimetisches Prinzip

B.C.: Wenn die Politik dem Krieg hinterherläuft, müssen wir das reziproke Handeln dann nicht als etwas auffassen, *das die Steigerung bis zum Äußersten zugleich auslöst und aufschiebt*? Falls dem so ist, ist dann die Nachahmung eines Vorbilds, das seinerseits nachahmt, wodurch sich der Konflikt zwischen den beiden Rivalen verschärft, ist dann dieses reziproke Handeln, das Sie in Ihren Büchern »doppelte Vermittlung« nennen, möglicherweise die eigenständige Triebfeder der Geschichte?

R.G.: Sie haben recht, wenn Sie reziprokes Handeln und mimetisches Prinzip gleichsetzen. Gewaltsame Nachahmung, *die die Gegner einander immer ähnlicher werden lässt*, findet sich am Ursprung aller Mythen und Kulturen. Es ist vermutlich dieses Prinzip, das Clausewitz wiederaufleben sah. Die Implikationen dieser Bemerkung sind weitreichend. Sie machen also einen großen Sprung, aber das ist möglich. Das reziproke Handeln ist bei Clausewitz unter dem Begriff der *Wechselwirkung* gefasst, womit er sich offenkundig auf Kants Kategorientafel bezieht. Aber man kann diesen Begriff auch in den Bereich der Intersubjektivität übertragen, genauer, in den Bereich der mimetischen Anthropologie, die davon ausgeht, dass die menschlichen Beziehungen von wechselseitiger Nachahmung geprägt sind.

Die mimetische Theorie widerspricht der These von der menschlichen Autonomie. Sie neigt sogar dazu, bereits die Introspektion nicht für uneingeschränkt möglich zu halten: Die Wendung in mein eigenes Inneres ist immer schon die Wendung zu einem anderen, zu einem Mittler, der meine Wünsche lenkt, ohne dass ich mir dessen bewusst wäre. Geht es nun um militärische Automatismen und Interaktionen feindlicher Armeen, so funktionieren derartige Werkzeuge gut! Mit Blick auf den »totalen Krieg« und die totalitären Regime des 20. Jahrhunderts hat man von einer »Militarisierung des zivilen Lebens« gesprochen. Diese schreckliche Wirklichkeit beweist, dass sich tatsächlich etwas völlig Neuartiges ereignet hat. Die Napoleonischen Kriege sind der plötzliche Auslöser dieses Umbaus der europäischen Gesellschaften. Meiner Ansicht nach ist diese Militarisierung sogar einer der entscheidenden Faktoren bei der sich derzeit vollendenden Entdifferenzierung, nachdem das Kapitel der geregelten und kodifizierten Konflikte nun erst einmal abgeschlossen ist. Der Terrorismus stellt die Weiterentwicklung dessen dar, was Clausewitz unter dem Begriff »Volkskrieg« fasste und theoretisierte: Dieser gewinnt seine Schlagkraft durch den Vorrang der Verteidigung gegenüber dem Angriff. Ein »Volkskrieg« wird stets damit gerechtfertigt, lediglich auf einen Akt der Aggression zu antworten, beruht also auf einer Wechselseitigkeit. Wechselwirkung und mimetisches Prinzip betreffen die gleiche Wirklichkeit, selbst wenn Clausewitz merkwürdigerweise nirgends von Imitation oder Nachahmung spricht. Im nächsten Paragrafen, also in Paragraf 12, erinnert er zudem daran, dass »nicht von dem Fortschreiten des einen oder andern der beiden Gegner, sondern von dem Fortschreiten des ganzen kriegerischen Aktes die Rede ist«.[33] Der Krieg ist ein soziales Totalphänomen. In dieser Hinsicht nehmen Clausewitz' Analysen die Soziologie Durkheims vorweg. Clausewitz hat uns etwas über die Gewalt der »Massen« und Ansteckung zu sagen.

Ich komme auf Ihre, wie mir scheint, sehr treffende Bemerkung zurück, nämlich dass das reziproke Handeln die Steigerung bis zum Äußersten *zugleich auslöst und aufschiebt*. Dass diese beiden entgegengesetzten Effekte hervorgerufen werden, ist tatsächlich eine Folge der Nachahmung. Diese Ambivalenz ist grundlegend und lässt die Interaktion als ein genuin menschliches Prinzip erscheinen. Ist die Einheit des Ortes und der Zeit gegeben, so wird das reziproke Handeln, die Wechselwirkung eine Steigerung bis zum Äußersten auslösen – ein »isolierter Akt« führt dann eine »einzige« und »vollständige«, das heißt absolute Entscheidung herbei, wie Clausewitz schreibt. Aber zugleich ist die Wechselwirkung auch das, was diese Steigerung bis zum Äußersten aufschieben und der verborgene Antrieb »wirklicher Kriege« im Unterschied zum »absoluten Krieg« sein kann. Hier befinden wir uns auf dem Feld der unterschiedlichen Prognosen über die Absichten des Feindes, der Berechnungen von Wahrscheinlichkeiten usw. Die Wechselwirkung ist also zugleich Austausch, Handel und gewaltsame Reziprozität. Wie Clausewitz in Paragraf 13 schreibt: »Hat der eine das Interesse des Handelns, so muß der andere das Interesse des Abwartens haben.«[34] Der reale Krieg entfernt sich mithin vom absoluten Krieg, indem er die Dimensionen des Raumes und der Zeit einkalkuliert: die Orte, das Klima, die verschiedenen »Friktionen«, die Erschöpfung usw. Unter diesen Bedingungen werden die beiden Gegner nicht mehr zum Äußersten getrieben; sie reagieren nicht mehr zur gleichen Zeit und am gleichen Ort in derselben Weise aufeinander. In welchem Maße dieser aufgeschobene Kampf ein Sieg der Politik oder dessen ist, was Clausewitz die »bewaffnete Beobachtung« nennt, das werden wir zu prüfen haben.

B.C.: Dann taucht in Clausewitz' Darlegung das »Prinzip der Polarität« auf, das man heute auch als Nullsummenspiel bezeichnet: »denn der Sieg des einen vernichtet den des andern«.[35] Die im Jahre 1827 verfasste *Nachricht*, die die beabsichtigte Überarbeitung der Abhandlung ankündigt, spricht hier von der ersten Art des Krieges, »wo der Zweck das *Niederwerfen des Gegners* ist, sei es, dass man ihn politisch vernichten oder bloß wehrlos machen und also zu jedem beliebigen Frieden zwingen will«.[36] Niederwerfungskrieg klingt schon deutlich weniger apokalyptisch als »absoluter Krieg«.

R.G.: Selbstverständlich werden wir auf diese letzten Korrekturen Clausewitz' zurückkommen müssen, die in der Tat Versuche sind, den Begriff an der Wirklichkeit abzustumpfen, um ihm seine Schärfe zu nehmen – und wir werden versuchen müssen zu verstehen, welche Absicht dahintersteht. Halten wir nebenbei fest, dass bei Clausewitz stets Napoleon für die Idee des Niederwerfungskrieges bzw. des »totalen Krieges« einsteht. Clausewitz ist hochgradig von ihm besessen. Napoleon funktioniert für ihn haargenau wie das, was ich ein *Modell-Hindernis* nenne, das heißt ein Modell, das zugleich anzieht und abstößt und Quell jener geistigen Pathologien ist, die Dostojewski so treffend beschrieben hat.

Clausewitz ist da nicht der Einzige in seiner Zeit! Denken Sie beispielsweise an die beiden Könige von Spanien, Karl IV. und seinen Sohn Ferdinand, die sich zu Füßen des Kaisers Napoleons, der damals die europäische Bühne beherrschte, in Bayonne gegenseitig zerstörten. Das ist eine hysterische Szene, die beinahe aus Dostojewskis *Bösen Geistern* stammen könnte! Denn Napoleon war außergewöhnlich stark, dominierte scheinbar jede Situation. Nach seinem Sieg über Friedrich Wilhelm III. in Jena im Jahre 1806 war die Rede von Napoleons »Milde«. In der Tat versuchte der Kaiser, die Gunst Preußens zu gewinnen, selbst noch nachdem er in Berlin einmarschiert und der König nach Königsberg geflohen war. Er vermied es, sich wie ein Tyrann zu gebärden, und setzte seinen Sieg sehr vorteilhaft ein. Und so wurde er von den Preußen, mit denen er alsbald ein Bündnis gegen Russland einging, zugleich verabscheut und bewundert. Das ist von zentraler Bedeutung: Diese Ambivalenz ist für das *Modell* konstitutiv. Zunächst war Clausewitz fasziniert vom Genie des Mannes, den er einen »Kriegsgott«[37] nannte; dann aber wandte er sich radikal von ihm ab und schloss sich nach der Niederlage von Jena der Armee des Zaren an, was ihm die Entourage des Preußenkönigs später sattsam vorwerfen sollte. Aber wäre Clausewitz Clausewitz gewesen, wenn er in Preußen geblieben wäre? Die Nähe zu Napoleon, schon allein die Vorstellung einer gemeinsamen Kollaboration gegen Russland, hätte ihn vermutlich in den Wahnsinn getrieben! Er wird seine Laufbahn in Berlin beenden, wo er bis zu seinem Tod an seiner Abhandlung arbeitete. Das tiefsitzende Ressentiment eines Mannes, der nie die ersehnte politische und militärische Rolle spielen durfte, müssen wir stets im Auge behalten.

Ich weiß nicht, wie Clausewitz reagiert hätte, hätte er Victor Hugo gelesen! Der Vergleich ihrer beiden Haltungen ist sehr aufschlussreich. Clausewitz hegte eine hasserfüllte Leidenschaft für Napoleon; um es mit meiner Begrifflichkeit zu sagen, unterhielt Clausewitz eine Beziehung *interner Vermittlung* zu Napoleon, während Hugos Beziehung zum Kaiser sehr viel weniger intensiv war. Die interne Vermittlung setzt eine räumliche und zeitliche Nähe des Vorbilds voraus, was bei Clausewitz in Bezug auf Napoleon eindeutig der Fall ist. Hugo war im Jahre 1806 aber erst sechs Jahre alt und in Jena nicht dabei! In dieser Hinsicht ist Clausewitz meiner Meinung nach die tiefgründigere und interessantere, weil mimetischere Figur. Er denkt *gegen* Napoleon, aber er denkt auch mit Napoleon. Sie sehen also, wie fruchtbar ein Ressentiment sein kann und in welchem Maß es Anlass zum »Theoretisieren« gibt.

Clausewitz kündigte den Totalitarismus an: Diese Pathologie ist in seinem Wunsch angelegt, dem Kaiser zu *antworten*. Es liegt etwas sehr Tiefgründiges in dieser Wirklichkeit des Ressentiments, der modernen Leidenschaft par excellence, wie Stendhal oder Tocqueville bemerkt haben, oder auch Nietzsche in gewisser Weise, selbst wenn er sich im Angriffsziel täuschte. Ich denke auch an den zweiten Teil von Dostojewskis *Aufzeichnungen aus dem Kellerloch*. All diese Leute sind sich außergewöhnlich ähnlich! Daher nimmt man an Clausewitz vor allem diese napoleonische Dimension wahr. Freilich gibt er uns auch die Mittel an die Hand, etwas völlig anderes zu erkennen. Trotzdem sind seine Analysen zur »Wechselwirkung« nur deshalb so erhellend, weil er selbst von Mimetik zerfressen ist.

Es ist also zutreffend, dass die Wechselwirkung, das reziproke Handeln, die Steigerung bis zum Äußersten *auslösen und zugleich aufschieben* kann. Die Wechselwirkung bewirkt diese Eskalation, wenn beide Gegner sich auf die gleiche Weise verhalten, wenn sie *sofort aufeinander antworten*, indem sie Taktik, Strategie und Politik des anderen kopieren.[38] Wenn aber jeder über die Absichten des anderen spekuliert, vorrückt, zurückweicht, zögert und dabei Raum, Zeit, Nebel, Erschöpfung und all die beständigen Interaktionen einkalkuliert, die den wirklichen Krieg ausmachen, schiebt die Wechselwirkung die Eskalation auf. Die Individuen reagieren unablässig wechselseitig aufeinander, sowohl innerhalb der eigenen Streitkräfte (daher auch Clausewitz' ausführliche Analysen zur Definition der notwendigen Eigenschaften eines Feldherrn, auf die wir noch zurückkommen müssen) als auch im Verhältnis der feindlichen Streitkräfte untereinander. Das reziproke Handeln kann also zugleich Quelle der Entdifferenzierung wie auch Verursacher von Differenzen sein, Kriegstreiber und Friedensbringer in einem. Wenn es die Steigerung bis zum Äußersten provoziert und beschleunigt, verschwinden die »Friktionen« von Raum und Zeit; und die Situation ähnelt dann auf seltsame Weise dem, was ich in meinen Ausführungen über die archaischen Gesellschaften *Krise des Opferkultes* bzw. *sakrifizielle Krise* genannt habe. Wenn das reziproke Handeln hingegen die Steigerung bis zum Äußersten aufschiebt, dann zielt es auf die Erzeugung neuen Sinns, auf die Erzeugung neuer Differenzen. Aus Gründen, die ich in meinen Büchern schon oft zu erhellen versucht habe, deutet jedoch alles darauf hin, dass die *gewaltsame* Nachahmung heute den Sieg davonträgt: nicht länger diejenige, die verlangsamt und den Lauf der Dinge anhält, sondern diejenige, die ihn beschleunigt. Die gegenwärtigen Konflikte liefern hierfür einige beunruhigende Beispiele. Allmählich begreifen wir, dass ein Konflikt stets nur vordergründig erlischt, und die Möglichkeit bestehen bleibt, dass er in der Folge umso gewaltsamer wieder aufflammt.

Clausewitz' Realismus ließ ihn das im Zentrum menschlicher Interaktion stehende mimetische Prinzip erahnen. Er überführte diese Ahnung jedoch nicht in eine Theorie. Denn er hatte über

Angriff und Verteidigung, über Strategie und Politik zu sprechen, seine Präsenz an der Allgemeinen Kriegsschule zu rechtfertigen. Daher ist es so wichtig, sich näher mit diesem ersten Kapitel zu befassen, dessen Faszination in seiner Widersprüchlichkeit liegt und darin, dass Clausewitz hier die Lehren aus seinen Reflexionen zieht. Dieses erste Kapitel bildet ein in sich abgeschlossenes Ganzes, allerdings nicht, weil es zum Rest der Abhandlung im Widerspruch steht. Ganz im Gegenteil, dieser Rest kommt viel schneller zum Vorschein, als Aron glaubt. Ich bin überzeugt, das habe ich Ihnen ja bereits gesagt, dass Clausewitz einen weitaus größeren Beitrag zur Anthropologie als zur Politikwissenschaft leistet. Deshalb finde ich in seinem Werk etwas angelegt, das mich *als Anthropologe* seit jeher interessiert: Ein Denken der Kontinuität, nicht der Diskontinuität, ein Denken der Entdifferenzierung und nicht der Differenzen. In Paragrafen 14, zu dem wir jetzt gelangen, wenn wir dem Text weiter folgen, liest man etwa Folgendes:

> »Wäre diese Kontinuität des kriegerischen Aktes wirklich vorhanden, so würde durch sie wieder alles zum Äußersten getrieben werden, denn abgesehen davon, daß eine solche rastlose Tätigkeit die Gemütskräfte mehr entflammen und dem Ganzen einen höheren Grad von Leidenschaft, eine größere Elementarkraft geben würde, so würde auch durch die Kontinuität des Handelns eine strengere Folge, eine ungestörtere Kausalverbindung entstehen und damit jede einzelne Handlung bedeutender und also gefahrvoller werden.«[39]

Man darf sich hier durch den Gebrauch des Konjunktivs nicht täuschen lassen: Die drohende Steigerung bis zum Äußersten, die mit der *Kontinuität* des kriegerischen Aktes zusammenfällt, ist hinter den Diskontinuitäten des wirklichen Krieges (Manöver, Verzögerungen, Verhandlungen, Stillstand) stets latent vorhanden. Clausewitz muss also gespürt haben, dass die »Wechselwirkung« als ein beschleunigtes Hin und Her zwischen Gleichen – was ich mimetisches Prinzip oder Prinzip der Reziprozität nenne – umso gefährlicher ist, wenn sie offen ans Tageslicht tritt. Wenn die Differenzen immer schneller zwischen den Gegnern oszillieren – wie das Kommen und Gehen des *kydos*, des »Talismans der Überlegenheit« bei den Griechen, den ich in *Das Heilige und die Gewalt* anführe[40] –, wenn sich also das durch den Glauben der Gegner an ihre Differenzen zustande kommende Wechselspiel von Sieg und Niederlage der Reziprozität annähert, bewegt man sich auf die von mir so bezeichnete Krise des Opferkultes bzw. sakrifizielle Krise zu. In diesem kritischen Augenblick schrammt die Gruppe haarscharf am Chaos vorbei. Und wenn Nuklearwaffen in die Hände von Kriegführenden gelangen, so ist davon nicht mehr nur eine einzelne soziale Gruppe, sondern der gesamte Planet betroffen. Ich definiere also die Reziprozität als eine Summe nichtreziproker Augenblicke: Sie erschließt sich nur aus der Außenperspektive des Konflikts. Denn *aus der Innenperspektive muss man immer an die eigene Differenz glauben* und immer schneller und immer heftiger antworten. Von außen betrachtet erscheinen die Gegner jedoch als das, was sie sind: schlichte Doppelgänger. Dies ist dann der Moment, in dem sich Kriegswirklichkeit und der Begriff des Krieges decken, *in dem Wechselspiel und Reziprozität eins sind*: ein beschleunigtes Oszillieren der Differenzen, eine Art Übergang zur Abstraktion. Diese »logische Spitzfindigkeit«[41] fasziniert Clausewitz, das lässt sich nicht leugnen. Als hätte er durch die Reflexion über die Niederlage von Jena im Jahr 1806, auf die er Napoleon mit seinem Eintritt in der Armee des Zaren *antworten* wollte, eine grundlegende Entdeckung gemacht. Ich würde die vorhin von Ihnen verwendete Formel daher gerne umkehren und behaupten, dass das reziproke Handeln, das die Steigerung bis zum Äußersten in der Zeit der Kabinettskriege aufschob, sie jetzt, wo sie nicht mehr kaschiert ist, beschleunigt. *Das mimetische Prinzip wirkt fortan nicht mehr im Verborgenen, sondern tritt offen zutage*, und genau dafür ist Clausewitz ein Hauptzeuge. Das Christentum spielte bei dieser Offenbarung eine entscheidende Rolle, auch wenn die Wirkung mit Verzögerung eintritt, wie bei einer verspätet explodierenden Bombe: Die Evangelien »prophezeien« eine Wirklichkeit, die zunehmend zur geschichtlichen Realität wird. Gerade der Umstand, dass das mimetische Prinzip erkennbar ist und die Differenzen immer schneller ins Wanken geraten, bewirkt jene geschichtliche Beschleunigung, der wir seit drei Jahrhunderten beiwohnen. Man kann Clausewitz also nicht verstehen, wenn man diese in seinem Traktat von Beginn an präsente Dimension der Wechselwirkung nicht erfasst.

Angriff und Verteidigung: eine aufgeschobene Polarität

B.C.: Ihre Analysen in *Das Heilige und die Gewalt* decken sich auf verblüffende Weise mit Clausewitz' erster Intuition, dass die »wirklichen Kriege« in gewisser Weise den »absoluten Krieg« tarnen, auf den sie, ohne das Wissen ihrer Akteure, zusteuern, genau wie das Wechselspiel von Sieg und Niederlage die Reziprozität tarnt, auf die eben dieses Wechselspiel mit jeder Vergeltungs- und Wiedervergeltungsmaßnahme zustrebt. Wie bei Clausewitz scheint auch in Ihrer Theorie die eine Polarität eine andere, viel schrecklichere Polarität zu verdecken, eine Polarität, bei der die Abfolge von Nullsummenspielen durch eine Steigerung der Reziprozität zur »Vernichtung« des Feindes führt.

R.G.: Es handelt sich in der Tat nicht um eine einfache, sondern um eine komplexe Polarität. Der Angriff des einen hat nicht zwangsläufig die Niederlage des anderen zur Folge. Daher die Notwendigkeit, sich näher mit dem Verhältnis von Angriff und Verteidigung zu befassen, was uns zu den Paragrafen 16 und 17 aus dem ersten Kapitel des ersten Buches führt. Der Angreifer erringt oft nur einen *vorläufigen* Sieg über die Verteidigung. »Die Polarität«, folgert Clausewitz, »liegt also in dem, worauf sich beide beziehen, in der Entscheidung, aber nicht im Angriff und der Verteidigung selbst.«[42] Nehmen Sie nur Napoleon, der stets zum Angriff gezwungen war und dazu immer noch mehr Kräfte mobilisieren musste! Der Verteidiger kann jedoch einen entscheidenden Gegenangriff vorbereiten, der viel verheerender als der Angriff ist: Dann, und nur dann haben wir es mit Polarität zu tun. Dieser Punkt ist von fundamentaler Bedeutung. Wir kommen hier zu Clausewitz' zweiter wichtiger Intuition, die die Form eines Paradoxon annimmt: *Der Angreifer will den Frieden, der Verteidiger will den Krieg.*

Jacques Bainvilles Buch über Napoleon ist gespickt mit Äußerungen Napoleons, die in diese Richtung weisen. Am Vorabend des Russlandfeldzuges äußert der Kaiser etwa Folgendes: »Aber auch *wenn ich den Krieg nicht will* und obgleich ich weit davon entfernt bin, der Don Quijote Polens sein zu wollen, so habe ich doch wohl das Recht, auf der Bündnistreue Rußlands zu bestehen.«[43]

Napoleon trat also die unumkehrbare Flucht nach vorne an, die ihn dazu zwang, einen ganzen Kontinent mit eiserner Hand zu lenken, um seine Blockadestrategie gegenüber England aufrechtzuerhalten. Alexander hingegen wollte heimlich den Krieg, denn er war an der Wiederaufnahme der Handelsbeziehungen mit England interessiert; darum brach er die Friedensverträge von Tilsit und ließ Kutusow Mosaku niederbrennen, um die Niederlage der *Grande Armée* einzuleiten. Um diesen Gedankengang richtig nachvollziehen zu können, müssen wir ins siebte Kapitel des sechsten Buches springen. Es trägt den Titel »Wechselwirkung von Angriff und Verteidigung«:

> »Wenn wir uns die Entstehung des Krieges philosophisch denken, so entsteht der eigentliche Begriff des Krieges nicht mit dem Angriff, weil dieser nicht sowohl den Kampf als die Besitznahme zum absoluten Zweck hat, sondern er entsteht erst mit der Verteidigung, denn diese hat den Kampf zum unmittelbaren Zweck, weil Abwehren und Kämpfen offenbar eins ist. [...] Es ist daher in der Natur der Sache, daß derjenige, welcher das Element des Krieges zuerst in die Handlung bringt, von dessen Standpunkt aus zu-

erst zwei Parteien gedacht werden, auch die ersten Gesetze für den Krieg aufstelle, nämlich *der Verteidiger*.«[44]

Der Verteidiger ist also derjenige, der den Krieg beginnt und zugleich beendet. Durch die Beschaffenheit seiner Festungen und seiner Streitkräfte sowie durch seine Heeresführung bestimmt er, wie der Angriff aussehen wird. Er bestimmt das Terrain, genießt die Unterstützung des Volkes und ist Nutznießer des sich verschleißenden Angriffs, dessen anfängliche Stoßkraft sich schließlich abschwächt. Schlussendlich entscheidet er über den Zeitpunkt des Gegenangriffs. Er ist also der Herr des Geschehens gemäß dem Axiom: »Erhalten ist leichter als gewinnen«. Daraus kann man schließen, dass der Begriff der Verteidigung denjenigen des Angriffs mit *umfasst* und dass er am besten geeignet ist, Kriegswirklichkeit und Begriff des Krieges in Einklang zu bringen. *Beati sunt possidentes*, schreibt Clausewitz an mehreren Stellen. Sie werden bemerkt haben, dass dies sehr gut mit der mimetischen Theorie harmoniert: Das Vorbild (derjenige, der sich zur Verteidigung veranlasst sieht) ist derjenige, dessen Gut man erobern (oder zurückerobern) will, er ist also derjenige, der bestimmt und dem anderen *letztlich* sein Gesetz aufzwingt. Die Steigerung bis zum Äußersten beinhaltet außerdem das, was ich eine *doppelte Vermittlung* nenne, denn es ist immer schwierig vorherzusagen, wer als Erster angreift: in gewisser Weise immer derjenige, der nicht angreift! Es verhält sich genau wie in manchen Strafsachen, in denen nicht so sehr der Angeklagte, sondern vielmehr das Opfer der eigentlich Schuldige ist. Geht es um Gewalt, findet sich das Fehlverhalten stets auf beiden Seiten. Alexander I fasziniert Napoleon genauso wie Napoleon Alexander I fasziniert.

Die *Aneignungsmimesis*, die das Verhalten des Angreifers bestimmt, impliziert gleichwohl eine *Antwort*, und das wird der Gegenangriff sein, also ein Mittel der Verteidigung. Auf der Seite desjenigen, der den Gegenangriff parieren muss, wird es dann gleichfalls Verteidigungsmaßnahmen geben. Clausewitz hat das alles sehr zutreffend beschrieben. Trotzdem bleibt der »ursprüngliche« Verteidiger die bestimmende Figur. Dann, und nur dann, kommt das Prinzip der Polarität zum Zug: eine von relativen Polaritäten vorbereitete absolute Polarität. Bei diesem Primat der Verteidigung über den Angriff sollte man weniger vom Risiko der Selbstzerstörung als vielmehr vom Triumph der Gewalt sprechen. Die Gewalt triumphiert zunehmend: Hierin besteht das Prinzip der Überlegenheit der Verteidigung. Clausewitz predigte also keineswegs den totalen Krieg, wie Liddell Hart, sein kritischster Kommentator im 20. Jahrhundert, glaubte.[45] Clausewitz zeigte vielmehr, dass der Verteidiger dem Angreifer »die ersten Gesetze für den Krieg«[46] diktiert, was etwas völlig anderes ist, selbst wenn das Ergebnis das gleiche ist. In dieser Hinsicht erkennt Clausewitz sehr genau, dass die *modernen Kriege gerade deshalb so gewalttätig sind, weil sie »reziprok« sind.* Die Mobilmachung erfasst immer mehr Menschen, bis sie schließlich »total« wird, wie Ernst Jünger bezüglich des Krieges von 1914 festhielt.

Die Geschichte sollte Clausewitz bald recht geben. Indem Hitler erklärte, auf die Demütigungen durch den Versailler Vertrag sowie die Besetzung des Rheinlandes *antworten* zu wollen, gelang es ihm, ein ganzes Volk zu mobilisieren. Stalin wiederum errang einen entscheidenden Sieg über Hitler, weil er auf die deutsche Invasion »antwortete«. Heute inszeniert Osama Bin Laden den 11. September und seine Folgen, weil er den Vereinigten Staaten »antwortet«. Der Vorrang der Verteidigung steht in Einklang mit dem Auftreten des Prinzips der Reziprozität als einer *aufgeschobenen* Polarität innerhalb eines Konflikts, und zwar in dem Sinn, dass der Sieg nicht unmittelbar eintritt, *später* jedoch total sein wird. Derjenige, der die Gewalt dadurch zu beherrschen glaubt, dass er Verteidigungsmaßnahmen trifft, wird in Wirklichkeit von der Gewalt beherrscht – dieser Punkt ist eminent wichtig. Wie Sie vorhin sehr richtig gesagt haben, provoziert die Wechselwirkung die Steigerung bis zum Äußersten und schiebt sie zugleich auf. Das Eigentümliche der Steigerung bis zum Äußersten besteht möglicherweise darin, dass sie *progressiv* verläuft, dass sie durch den Aufschub also verheerender ausfällt als bei einem unmittelbaren Gegenangriff, der sehr schnell zu Verhandlungen führen kann. Genau dies ist das Paradox, dem wir mit Clausewitz auf den Grund gehen können: das Paradox einer nicht-unmittelbaren Unmittelbarkeit, einer Polarität, die bedrohlicher ist, weil sie aufgeschoben ist. Bainville hat das genau wahrgenommen, auch wenn er es nicht theoretisiert, wie wir es hier tun:

> »Gut zwei Wochen hat es gedauert, bis man in Paris wußte, was in Petersburg vor sich ging. Die eine Regierung konnte nur verzögert auf die Akte der anderen antworten, und nichts wäre unzutreffender als die Vorstellung, Napoleon und Alexander würden Forderungen austauschen oder zu Gegenerklärungen ausholen; es wurden auch nicht Schlag auf Schlag wechselseitige Vorsichtsmaßnahmen getroffen, die sich zu Provokationen steigerten. Das Zeitalter des telegraphischen Ultimatums, der sofortigen Mobilmachung, des innerhalb weniger Stunden irreparabel in die Welt Gesetzten war noch nicht angebrochen. Fern vom anderen handelte jeder Kaiser nach seinen eigenen ›Entwicklungsgesetzen‹, und so vergingen beinahe zwei Jahre, bis es zum Zusammenstoß kam.«[47]

Da aufgeschoben, fiel dieser Zusammenstoß jedoch umso schrecklicher aus. Er gab bereits einen Vorgeschmack auf den Russlandfeldzug des 20. Jahrhunderts, in dem Hitler die gleichen Fehler wie Napoleon beging. Zu jener Zeit stattete Stalin sein Büro mit großformatigen Porträts des Zaren und Kutusows aus. Das alte Russland kam so inmitten der Umwälzungen des kommunistischen Systems wieder zum Vorschein. Vom Standpunkt der mimetischen Theorie aus, die hier durch die Wechselwirkung bekräftigt wird, müssen wir die Geschichte als eine Bewegung großer Massen mit sehr langer Periodendauer betrachten. Napoleon gehörte noch nicht dem »Zeitalter des telegraphischen Ultimatums« an, sondern in gewisser Weise immer noch demjenigen der Kriege des 18. Jahrhunderts. Aber dieses andere, beschleunigte Zeitalter *war bereits da*, und Clausewitz hat dies als einer der Ersten erkannt, und zwar in genau dem Maß, in dem die aufgeschobenen Konflikte das ihnen zugrundeliegende Prinzip der Reziprozität nicht länger verbergen konnten. Gewalt lässt sich niemals durch Gewalt verringern. Und sie lässt sich nicht mehr auslagern. Diese fundamentale Realität gilt es zu begreifen.

Dies beinhaltet auch einen wesentlichen anthropologischen Fund: *Die Aggression existiert gar nicht.* Im Tierreich gibt es Beuteverhalten und zweifellos genetisch bedingte Rivalität um die Weibchen. Wenn bei den Menschen hingegen niemand jemals das Gefühl hat anzugreifen, so deshalb, weil alles immer schon der Reziprozität untersteht. So kann der kleinste Unterschied in dieser oder jener Hinsicht eine Steigerung bis zum Äußersten auslösen. *Der Angreifer wurde stets bereits angegriffen*. Warum werden die Rivalitätsbeziehungen niemals in ihrer Symmetrie wahrgenommen? Weil man stets den Eindruck hat, der andere habe als erster angegriffen, dass man selbst niemals derjenige ist, der angefangen hat, während man in gewisser Weise *immer* selbst angefangen hat. Der Individualismus ist eine grandiose Lüge. Man gibt dem anderen zu verstehen, dass man die von ihm ausgesendeten Signale der Aggressivität verstanden hat, und der andere deutet dieses Verhalten dann seinerseits als Aggression. Und so weiter. Schließlich kommt der Moment, in dem der Konflikt ausbricht und sich der Initiator in die schwächere Position bringt. Zu Beginn sind die Unterschiede so klein, bauen sie sich so schnell ab, dass sie nicht als reziprok wahrgenommen werden, sondern stets als einseitig. Den Krieg als eine »Fortsetzung der Politik mit anderen Mitteln« anzusehen, wie es Clausewitz gegen Ende des ersten Kapitels offenbar tut, bedeutet also, *die Idee des Zweikampfs aus dem Blick zu verlieren*, bedeutet, die Vorstellung einer Aggression sowie der Antwort auf die Aggression zu verleugnen: Es heißt, die Wechselwirkung zu vergessen, die die Steigerung bis zum Äußersten zugleich beschleunigt und aufschiebt, die sie nur aufschiebt, um sie besser zu beschleunigen.

Die Menschen befinden sich also stets zugleich in der Ordnung und der Unordnung, im Krieg und im Frieden. Es wird immer schwieriger, diese beiden bis zur Französischen Revolution kodifizierten und ritualisierten Wirklichkeiten voneinander abzugrenzen. Heutzutage existieren keine Differenzen mehr. Es herrscht vielmehr eine weltumspannende Reziprozität, bei der das allerkleinste Ereignis noch auf der anderen Seite des Globus Folgen zeitigen kann. Die Wechselwirkung wurde durch die Globalisierung derart erweitert, dass die Gewalt stets eine Länge Vorsprung hat. Die Politik läuft der Gewalt hinterher, sie wird ihrer nicht Herr, so wie ja auch die Technik unserer Kontrolle entglitten ist, was Heidegger zeigte. Von Napoleon bis Osama Bin Laden werden wir daher die Bedingungen dieser Steigerung bis zum Äußersten untersuchen müssen, unter denen Angriff und Verteidigung zu den alleinigen Antriebskräften der Geschichte aufgestiegen sind. Genau deshalb ist Clausewitz faszinierend, zugleich anziehend und abstoßend, genau deshalb macht er Angst. Der Sieg kann nicht mehr relativ sein. Er kann nur noch total sein. Das Polaritätsprinzip ist die Antriebskraft der aufgeschobenen Katastrophe. Und wenn Clausewitz von der Möglichkeit eines »Vernichtungskrieges« spricht, so muss man diesen Begriff vor dem Horizont der Bedeutung verstehen, die ihm das 20. Jahrhundert verliehen hat. In dieser Hinsicht verschleiert die eine Polarität tatsächlich eine andere, oder vielmehr verschleiert die »Polarität«, von der Clausewitz spricht, die »Polarisierung«, die ich in *Das Heilige und die Gewalt* zu beschreiben versuche. Einst entlud sich diese Polarisierung in der Opferung eines Sündenbocks, der die Ordnung wiederherstellte. Heute verschwimmt sie mit der Steigerung bis zum Äußersten, weil die Geopferten nicht mehr einmütig als schuldig betrachtet werden können.

Für Clausewitz bedeutet die Polarität die Rückkehr zum Frieden, in dem Sinne, in dem der »dauerhafte Frieden« oft derjenige der Friedhöfe ist. Deshalb muss man hinter dem Alternieren stets die Reziprozität sehen, hinter dem »wirklichen Krieg« den »absoluten Krieg« – selbst wenn Reziprozität und absoluter Krieg scheinbar nur Abstraktionen sind. Die Apokalypse ist schließlich nichts anderes als die Realisierung einer Abstraktion, die Entsprechung von Wirklichkeit und Begriff. Und die Menschen, das muss man ganz klar sagen, neigen von sich aus zu dieser Vernichtung. Dies ist das unerbittliche Gesetz des Zweikampfes, das im Primat der Verteidigung über den Angriff ausbuchstabiert wird. Darin unterscheiden sich die Menschen von den Tieren, die es ja fertigbringen, die Gewalt durch das im Zaum zu halten, was die Verhaltensforscher Hackordnung nennen. Den Menschen aber gelingt es nicht, dieser Reziprozität Herr zu werden, weil sie einander viel zu sehr nachahmen und sich zunehmend und immer noch schneller aneinander angleichen.

Wir müssen annehmen, dass sich die ersten menschlichen Gruppen *aus genau diesen Gründen* selbst zerstört haben. Aber diese Gruppen waren klein, sie interagierten nicht mit dem Rest der Welt. Wenn die Apokalypse heute eine reale Bedrohung darstellt, und zwar auf planetarischem Niveau, so deshalb, weil das Prinzip der Reziprozität demaskiert wurde und die Abstraktion konkret geworden ist. Clausewitz war dem sofort auf der Spur, flüchtete sich aber in die Beschreibung von Kriegsgesetzen, als befände man sich noch immer im 18. Jahrhundert, als wäre der Krieg noch immer eine Institution. Die Vorstellung einer zwischenstaatlichen Feindschaft, *hinter der er den Zweikampf verbirgt*, ist zu Clausewitz' Zeit jedoch schon überholt, denn diese kündigte ja gerade die Entfesselung der Gewalt an.

Clausewitz sagt es und sagt es auch wieder nicht. Er ist ambivalent. Aber auch Sophokles war ambivalent, als er in *König Ödipus* die Reziprozität entdeckte und versuchte, uns glauben zu machen, dass Ödipus doch ein bisschen schuldig sei. Aber nein: Ödipus war unschuldig. Schuld war die Gruppe. Hat man ihre Gesetze begriffen, hat man erfasst, dass die Gewalt reziprok ist und deshalb *wiederkommen* wird, macht die Gewalt furchtbare Angst. Wie sind die kleinen archaischen Gesellschaften damit umgegangen? Sie haben eine Lösung gefunden; sie haben das Opfer erfunden – ohne es zu wissen, ganz unbewusst, indem sie ihre Gewalt gegen ein stellvertretendes Opfer richteten und dabei zwangsläufig verkannten, dass es sich hierbei um eine willkürliche Wahl handelte. Um der Krise zu entkommen, musste die reziproke Gewalt jedesmal in eine gemeinsame Ausrichtung aller gegen einen Einzelnen überführt werden. Jedesmal mussten sich der Blick von außen (der die Reziprozität sieht) und der Blick von innen (der allein die Differenzen *sehen will*) überlagern, ohne ineinander aufzugehen. Dann erst wendeten sich alle gegen einen Einzigen.

Der Vernichtungskrieg

B. C.: Gibt es denn einen möglichen Ausweg aus der Krise jetzt, da der mimetische Mechanismus sich Ihrer Meinung nach auf dem gesamten Planeten in einer spiralförmigen Bewegung fortpflanzt und die sakrifizielle Lösung nicht mehr infrage kommt? Es sei denn, die sakrifizielle Lösung führt zu einer …

R. G.: … Auslöschung der Menschheit selbst. Ja, das ist eine *Möglichkeit*. Genau das haben uns die Genozide des 20. Jahrhunderts oder die Massaker an der Zivilbevölkerung hinlänglich bewiesen. Hier haben wir jene Polarisierung, die von den Polaritäten des Krieges kaschiert wird, diese relativen Siege, die stets weitere Kriege mit noch viel höherem Gewaltpotenzial nach sich ziehen. Selbstverständlich gab es auch im Altertum schon Genozide, gingen ganze Zivilisationen unter. Allerdings geschah dies in einer Art ewiger Wiederkehr des Religiösen, mit einer scheinbar unerschöpflichen Kraft zur Erneuerung, die heute nicht mehr wirkt. Es fällt mir sehr schwer, diese Intuition, an der mir doch so viel liegt, in Worte zu fassen: Einmal entfesselt, büßt das Prinzip der Reziprozität die unbewusste Funktion ein, die es einst erfüllte. Zerstört man heute nicht allein um des Zerstörens willen? Heute scheint die Gewalt vorsätzlich angewendet zu werden, und Politik wie Wissenschaft stehen im Dienste der Steigerung bis zum Äußersten.

Ist dies ein Prinzip des Todes, das sich schließlich erschöpft und auf etwas völlig anderes hinführt? Oder ist es Schicksal? Das vermag ich nicht zu sagen. Was ich jedoch mit Sicherheit sagen kann, ist, dass die Gewalt heute zunehmend unfruchtbar wird und nicht mehr in der Lage ist, auch nur den kleinsten Mythos zu erschaffen, um sich zu rechtfertigen und sich verborgen zu halten. Eben diese Eskalation der Entdifferenzierung hat Clausewitz hinter dem Gesetz des Zweikampfes erahnt. Die Massaker an Zivilisten, die wir heute erleben, sind also einfach fehlgeschlagene Opferungen; sie zeugen von der Unmöglichkeit, Gewalt mittels Gewalt aufzulösen und die Reziprozität gewaltsam auszutreiben. Die gemeinsame Ausrichtung gegen die stellvertretenden, versöhnenden Opfer ist nicht länger möglich, und so wüten die mimetischen Rivalitäten auf ansteckende Weise, ohne dass sie jemals wieder gebannt werden könnten.

Wenn zwei Gruppen sich gegenseitig zum Äußersten treiben, misslingt die Konfliktlösung häufig, wie wir etwa an den Tragödien in Jugoslawien oder Ruanda sahen. Heute muss uns die Konfrontation zwischen Schiiten und Sunniten im Irak und im Libanon, die mit Saddam Husseins Hinrichtung durch den Strang noch weiter beschleunigt wurde, mit großer Sorge erfüllen. So gesehen ist Bush die perfekte Karikatur eines Politikers, der unfähig ist, apokalyptisch zu denken. Nur eines hat er geschafft, nämlich die mehr schlecht als recht aufrechterhaltene Koexistenz zweier seit jeher verfeindeter Brüder zu zerstören. Im Vorderen Orient, wo sich Schiiten und Sunniten zum Äußersten treiben, ist von nun an mit dem Schlimmsten zu rechnen. Zu einer solchen Eskalation kann es ebensogut zwischen den arabischen Ländern und der westlichen Welt kommen.

Halten wir fest, dass sie bereits begonnen hat. Das Hin und Her von Attentaten und amerikanischen »Interventionen« wird sich unweigerlich immer mehr beschleunigen, indem beide Seiten aufeinander antworten. Und die Gewalt wird sich weiter ausbreiten. Die Konfrontation zwischen den USA und China wird folgen. Der Boden dafür ist schon bereitet, auch wenn es dabei anfangs nicht unbedingt militärisch zugehen wird. Aus diesem Grund suchte Clausewitz Zuflucht bei der Politik und vertuschte seine erste Intuition. Die Steigerung bis zum Äußersten ist ein vollkommen irrationales Phänomen, von dem meiner Meinung nach allein das Christentum Rechenschaft ablegen kann. Denn das Christentum offenbarte vor mehr als zweitausend Jahren die Sinnlosigkeit von Opfern, zum Ärger derjenigen, die weiterhin an ihren Nutzen glauben wollen. Jesus Christus hat den Menschen ihre Opfer-Krücken genommen und sie vor eine schreckliche Wahl gestellt: entweder an die Gewalt zu glauben oder nicht mehr an sie zu glauben. Das Christentum ist der *Unglaube*.

B.C.: Was Sie sagen, sollte den Gegnern ihrer Theorie Beweis dafür sein, dass diese Theorie längst nicht so abstrakt und »systematisch« ist, wie jene gerne glauben wollen, sondern im Gegenteil eine konkrete Bezugnahme auf die gegenwärtigen Ereignisse ermöglicht. Sie könnte einen Schlüssel zum Verständnis bestimmter historischer Phänomene liefern, um beispielsweise besser zu erfassen, was Ernst Nolte oder François Furet erahnten, ohne es vollständig zu durchdringen, und zuweilen mit Begriffen, die Ihren recht nahe kommen.

R.G.: Ernst Noltes *Der europäische Bürgerkrieg*[48] und François Furets *Le Passé d'une illusion*[49] sollte man in der Tat anführen. Diese beiden historischen Analysen beschreiben das, wozu die mimetische Theorie meiner Meinung nach den Schlüssel liefert, sehr gut. So spricht Ernst Nolte in Bezug auf die enge mimetische Verzahnung zwischen Bolschewismus und Nationalsozialismus ständig von »Schreckbild« und »Vorbild«.[50] Nolte zufolge stellt der Nationalsozialismus die mimetische Antwort auf den Bolschewismus dar. Es geht also ganz genau um das, was ich in meiner mimetischen Theorie *Modell-Hindernis* nenne. Nolte hat hier eine überaus wichtige historische Entdeckung gemacht. Gleichwohl fehlt ihm die anthropologische Perspektive, die ihn seine Intuition treffender hätte formulieren lassen können. François Furet, der anders als Nolte nicht *a priori* nationalistische Positionen zugrundelegt, ist weitaus überzeugender, da er bis zum Trauma des Ersten Weltkrieges zurückgeht, um dieser Verzahnung auf die Spur zu kommen.

In Wirklichkeit müsste man jedoch mehrere tausend Jahre zurückgehen! Diese Anstrengung muß man unternehmen, will man herausfinden, um was es bei der Gewalt wirklich geht. Deshalb existiert eine anthropologische Deutung der Erbsünde: Die Erbsünde ist Rache, eine endlose Rache. Sie beginnt mit dem Mord am Rivalen. Und die Religion ist das, was es erlaubt, mit der Erbsünde zu leben. Deshalb würde sich eine religionslose Gesellschaft selbst zerstören. Bei den Tieren, die sich niemals selbst in Gefahr bringen, existiert die Rache nicht. Nur die Verbindung von Intelligenz und Gewalt erlaubt es, von der Erbsünde zu sprechen, und lässt die Vorstellung von einem echten Unterschied zwischen Mensch und Tier als gerechtfertigt erscheinen. Dies macht die Größe aller Religionen aus, mit Ausnahme des Christentums, das die Interimsfunktion des Opfers abschafft. Früher oder später wird die Menschheit entweder der Gewalt ohne Opfer abschwören müssen oder sie wird den Planeten in die Luft jagen; sie wird entweder in den Zustand der Gnade oder der Todsünde gelangen. Man kann also sagen, dass wenn das Religiöse das Opfer erfunden hat, das Christentum es seiner Erfindung beraubt. Hier ist Pascal von grundlegender Bedeutung, wenn er betont, dass gerade die Erbsünde den Menschen definiert:

> »Gewiß ist uns nichts stärker zuwider als diese Lehre. Und doch sind wir ohne dieses Mysterium, das unbegreiflichste von allen, uns selbst unbegreiflich. Die Verwicklung unseres Daseins zieht ihre geheimsten Falten und Windungen aus diesem Abgrund.

So kommt es, daß der Mensch sich ohne dieses Mysterium noch schwerer begreifen läßt, als dieses Mysterium dem Menschen begreiflich ist.«[51]

Pascal ist für uns unentbehrlich. Er hat die »Abgründe« der Grundlegung sofort gesehen und begriffen. Wenn Descartes in seinen Augen »unnütz und unsicher« ist, so genau deshalb, weil dieser glaubte, etwas auf das *Cogito* gründen, den Himmel und die Sterne »deduzieren« zu können! Nun beginnt aber niemand irgendetwas, es sei denn aus Gnade. Die Sünde besteht in dem Glauben, man könne *alleine* etwas beginnen. Man beginnt jedoch nichts, sondern antwortet immer schon. Der *andere* hat stets schon an meiner Stelle entschieden und zwingt mich zu einer Antwort. Die Gruppe entscheidet immer für das Individuum. So lautet das Gesetz des Religiösen. Das »Moderne« besteht in nichts anderem als der hartnäckigen Zurückweisung dieser sozialen Evidenz, in nichts anderem als der individualistischen Fixierung. Durkheim versteht das auf ganz hervorragende Weise. Ich greife also nur seine These wieder auf und füge ihr hinzu, was ich mit Gabriel Tarde – allerdings viel radikaler als dieser – für die Triebfeder zur Konstruktion des »Sozialen« halte, nämlich die Imitation, die Nachahmung.

Allerdings erkannte Tarde zu keiner Zeit die gewalttätige Natur des Mimetischen. Man muss aber auch die Kehrseite der menschlichen Beziehungen herausstellen, die gewaltsame *Mimesis*; man muss zeigen, dass sie an der Wurzel aller auf dem Sündenbockmechanismus basierenden Institutionen vorhanden ist. Es gibt einen Augenblick, in dem die mimetische Gewalt – jeder imitiert den anderen und wird zu dessen Rivalen, um sich Objekte von immer stärkerem symbolischen Wert anzueignen – in einer sich bildenden Gruppe derart weit um sich gegriffen hat, dass diese unbewusst die Selbstzerstörung vermeidet, indem sie ihre Gewalt gegen ein Individuum richtet, das geringfügig auffälliger oder beunruhigender zu sein scheint. So ist die *Mimesis* zugleich Auslöser der Krise und Motor ihrer Lösung. Das Opfer wird nach der Opferung stets vergöttlicht: Der Mythos ist also die *Lüge*, die diesen Gründungslynchmord verschleiert. Er erzählt uns von den Göttern, aber *niemals von den Opfern, die diese Götter gewesen sind*. Der Ritus wiederholt dann diese erste Opferung (auf das erste Opfer folgen Ersatzopfer: Kinder, Menschen, Tiere, verschiedene Opfergaben), und aus der Wiederholung der Riten entstehen die Institutionen, die einzigen von den Menschen gefundenen Mittel, um die Apokalypse aufzuhalten. Deshalb ist die friedliche *Mimesis* nur im Rahmen einer bereits etablierten, vor langer Zeit gegründeten Institution möglich: Sie basiert auf dem Erwerb und der Aufrechterhaltung kultureller Codes.

Man gründet niemals etwas für sich allein, sondern im Gegenteil immer gemeinsam *mit anderen*: Das ist das Gesetz der Einmütigkeit, und diese Einmütigkeit ist gewaltsam. Die Aufgabe der Institution besteht darin, uns dies vergessen zu lassen. Pascal hat das sehr klar erkannt, wenn er vom *honnête homme*, vom »Ehrenmann« spricht, der die »eingeführten Größen« geltend macht.[52] Nur eine Gruppe kann etwas gründen, niemals ein Individuum. Dieser Punkt ist sehr wichtig. Im Grunde müsste ich jedoch sagen: Nur Gruppen *konnten* etwas gründen. Denn dieser Mechanismus funktioniert nicht mehr. Man denke an die Sterilität jener »fusionierenden Gruppen«, die Sartre mit Blick auf die Französische Revolution faszinierten. Die Gewalt hat ihre Wirksamkeit seit Langem eingebüßt, und doch beginnt man eben erst, sich dessen bewusst zu werden. Allein ethische Beziehungen könnten noch etwas begründen, aber sie werden buchstäblich von den Ereignissen überrollt, vom mimetischen Furor der Individuen, die sich für frei halten und sich wie besessen an ihre vermeintlichen Differenzen klammern. Dieser Furor ist ansteckend: Er hat den moralischen Rahmen zerstört, der sehr alten, rituellen Ursprungs war. Dies ist die Antriebskraft für Vernichtungskriege.

B.C.: Sie haben gerade einen wichtigen Punkt angesprochen: Der mimetische Furor ist »ansteckend«. Die in Theben wütende Pestepidemie ist Ihrer Analyse in *Das Heilige und die Gewalt* zufolge das deutliche Zeichen für den Verlust der Differenzen. Diese »Entdifferenzierung« führte zur Auserwählung eines Sündenbocks, der, erst einmal ausgestoßen, wieder Ruhe und Ordnung in der Stadt herstellte. Lassen sich die uns heute bedrohenden Katastrophen ebenfalls mithilfe ihrer mimetischen Theorie deuten?

R.G.: Eine solche Interpretation ist in der Tat möglich, allerdings – ich wiederhole es noch einmal – mit einer entscheidenden Einschränkung: Die sakrifizielle Lösung steht uns heute nicht mehr zu Gebote. Das Opfer funktioniert nicht mehr, seit das Christentum den Mechanismus der Einmütigkeit aufgedeckt hat. Das archaisch Religiöse gründete tatsächlich auf einem Fehlen jeglicher Kritik an der Einmütigkeit, was Lévinas in einer seiner »Talmud-Lesungen« zu der Aussage veranlasst, ein von allen einstimmig verurteilter Angeklagter müsse sofort freigelassen werden, da er nur unschuldig sein könne!

Im Übrigen symbolisiert die Pest immer den unmittelbar bevorstehenden Untergang der Gruppe, die Ankunft einer gewaltsamen und generalisierten Reziprozität, bei der jeder der Rivale des anderen ist. Die Pest ist ein Symbol und ein Symptom für den Verlust der Differenzen. Sophokles hätte in *König Ödipus* kein besseres Bild finden können, um die Genese aller Institutionen darzustellen: Nur die »Impfung« in Gestalt der Opferung wird jenen Augenblick, in dem die Gewalt wie ein Virus in der Gruppe um sich greift, noch bannen können. Der Sündenbock, mittels dessen die durch ihre eigene Gewalt bedrohte Gruppe ihre Einheit wiederherstellt, heißt im Griechischen *pharmakos*: Er ist zugleich »Heilmittel« und »Gift«, schuld an der Unordnung und Stifter der neuen Ordnung. Diese dem Sakralen eignende Ambivalenz gebietet der Gewalt zeitweilig Einhalt.

Die Terrorkriege und andere Pandemien, die uns bedrohen, erinnern also sehr wohl an die Pest von Theben. Bei der Vogelgrippe haben wir es mit einem sich verändernden Virus zu tun, das in wenigen Stunden Hunderte Puten dahinraffen kann; die tödliche Form des H5N1-Virus verbreitet sich zwar über den Zug der Vögel, aber auch und vor allem über den Luftverkehr. Diese Pandemie, die in wenigen Tagen Hunderttausende von Toten fordern könnte, ist ein typisches Phänomen der gegenwärtig weltweit stattfindenden Entdifferenzierung. Man kann sie mit Impfungen abwehren, sofern man den Impfstoff *zu teilen versteht* und ihn nicht den reichen Nationen vorbehält. Denn die Grenzen sind genauso durchlässig wie nunmehr alle Differenzen.

Diese Pandemien lehren uns etwas über die menschlichen Beziehungen, die heutzutage auf das reduziert sind, was man den »Welthandel« nennt. Clausewitz ahnte etwas von dieser Wirklichkeit, darauf werden wir noch zurückkommen, als er sagte, Handel und Krieg unterschieden sich nicht wesensmäßig, sondern lediglich graduell. Nicht zufällig ereignen sich terroristische Akte oft in Zügen oder Flugzeugen. Jeder Form von Reziprozität ist ein Terror inhärent. Die alten archaischen Ängste tauchen heute mit neuen Gesichtern wieder auf, aber kein Opfer wird uns von ihnen befreien. Wir müssen also dringend neue Strategien erarbeiten, um dieser unberechenbaren, durch keine Institution mehr zu zügelnden Gewalt etwas entgegenzusetzen. Diese Strategien werden jedoch keine militärischen oder politischen mehr sein können. In diesen katastrophischen Zeiten, in denen die Katastrophe dringend in die Rationalität integriert werden muss, drängt sich vielmehr eine neue Ethik auf.

Unsere Unterhaltung wird kein Rezept liefern können. Ich wünsche mir lediglich, sie möge die durch die mimetische Theorie zutage geförderten konkreten Gefahren besser verständlich machen. Dies soll im Lichte der Entwicklungen der beiden letzten Jahrhunderte geschehen, und ganz besonders im Lichte der deutsch-französischen Beziehungen seit Napoleon. Von der mimetischen Theorie aus betrachtet handelt es sich hierbei um einen der virulentesten Krisenherde der Moderne. Er verdient es, als solcher analysiert zu werden. Clausewitz' Text trägt Entscheidendes zu seinem Verständnis bei. In welchem politischen, philosophischen und geistigen Umfeld wurde dieser Text verfasst? Warum blieb er unvollendet? Wie sah seine Rezeption aus? War ihm Erfolg beschieden? All diese Fragen sind wichtig. Ich vermag keine gelehrten Antworten darauf zu geben und möchte daher lieber gemeinsam mit Ihnen den Text befragen, um seine Vorzüge und seine Fallstricke herauszuarbeiten, um ihn schließlich aus der Perspektive einer anderen Form von Rationalität neu zu verstehen. Die Abhandlung, die Clausewitz fernab jeden Dialogs, fernab jeden Streitgesprächs in der Einsamkeit eines inneren Exils verfasste, kündigt die drohende Diktatur der Gewalt an. Bei Clausewitz wird der Krieg in gewisser Weise sakralisiert, was aber nur dann stichhaltig ist, wenn er gewalttätig genug ist, um sein Wesen zu verwirklichen. Es ist doch merkwürdig, dass dieser Mann, der Napoleon so leidenschaftlich hasste, befürchtete, die napoleonische Herrschaft könnte möglicherweise nichts weiter als eine glückliche Parenthese innerhalb des Dahinschwindens des Krieges gewesen sein. Wir treffen hier auf eine merkwürdige Version aufklärerischen Denkens, das den preußischen Militarismus einerseits in ein erhellendes Licht rückt, zugleich aber auch an seiner Verschlimmerung arbeitet. Wir haben es hier also tatsächlich mit einer militärischen Religion zu tun, denn Clausewitz erahnte den *tragischen Kampf der Doppelgänger*, dessen Spur in allen Mythen zu finden ist, selbst wenn Opferung und Vergöttlichung der Opfer diesen Mechanismus eine gewisse Zeitlang verborgen haben.

Wir werden die Aktualität dieses Textes aufzeigen müssen. Dazu werden wir über ihn hinausblicken und Clausewitz' Werk in einen Dialog mit den Werken anderer Autoren bringen – unmittelbarer Zeitgenossen und auch anderer. Raymond Aron kommt das Verdienst zu, die Interpretation von Clausewitz' Text über den engen militärischen Kontext hinaus erweitert zu haben. Wir werden diesen Ansatz noch weiter zuspitzen. Man muss dem Teufelskreis der Gewalt abschwören können, dieser ewigen Wiederkehr eines Sakralen, das immer weniger von Riten eingehegt wird und nunmehr mit der Gewalt verschmilzt. Dazu muss man inmitten dieser zügellosen Mimetik ansetzen. Einen anderen Weg gibt es nicht. Man wird also auf den Ausstieg aus dem Religiösen zurückkommen müssen, der sich nur im Schoße eines entmystifizierten Religiösen, das heißt im Christentum, vollziehen kann.

II. CLAUSEWITZ UND HEGEL

Der Zweikampf und das Oszillieren der Gegensätze

Benoît Chantre: Als Sie sagten, dass Napoleon für Clausewitz etwas völlig anderes als die Manifestation des Geistes in der Geschichte darstellte, deuteten Sie einen Gegensatz an zwischen Clausewitz und Hegel, seinem unmittelbaren Zeitgenossen. Die weltweite Zunahme der Entdifferenzierung stützt Ihre These. Das ist ein weitreichender Gedanke. Wenn Sie einverstanden sind, würde ich deshalb gerne auf jene Dreiecksbeziehung zurückkommen, die zwischen dem ambivalenten Modell Napoleon und seinen beiden größten Interpreten besteht, beide 1806 in Jena beteiligt und beide 1831 in Berlin gestorben.

René Girard: Sie fordern mich dazu auf, einer Intuition auf den Grund zu gehen, einen Gedanken zu Ende zu führen, der mir im Gespräch mit Ihnen gekommen ist. Dazu bedürfte es eines philosophischen Wissens, das mir abgeht. Zweifellos wende ich mich viel stärker gegen den Hegelianismus als gegen Hegel selbst. Diese beiden Gestalten miteinander zu vergleichen ist jedoch essenziell, selbst wenn Clausewitz kein Philosoph war, was man nicht vergessen darf. Hegels *Phänomenologie des Geistes* dagegen begründete eine eindrucksvolle philosophische Illusion, von der wir uns jetzt endlich zu lösen beginnen. Die *Phänomenologie* entstand im Jahre 1806, also im Jahr der Niederlage Preußens gegen Napoleon. Hegel – der die Ideale der Französischen Revolution bewunderte und die Ereignisse in Paris vom gemeinsam mit Schelling und Hölderlin besuchten Tübinger Stift aus verfolgte – begriff, dass Napoleons

Taten die paradoxen Manifestationen dieser Revolutionsideale in Raum und Zeit waren. Die Deutschen wurden durch Napoleon in gewisser Weise – vielleicht in schlimmster Weise – zugleich erobert und befreit. So kam es zu dem berühmten Satz Hegels, demzufolge er während seiner Jenaer Zeit den »Weltgeist zu Pferde« unter seinem Fenster vorbeireiten sah.[53] Dieser Ausspruch nimmt eine etwas zu große Bedeutung in der Legende ein. Denn Hegel ist ja auch der Denker, der der *Aufklärung* misstraute, in der er erzogen wurde. Wir sollten also die Gemeinplätze zu vermeiden versuchen, die einem im Zusammenhang mit seinem Denken unweigerlich in den Sinn kommen.

B.C.: In der Tat. Erinnern wir uns nur daran, dass Hegel, als er im Jahre 1820 in der Vorrede zu seinen *Grundlinien der Philosophie des Rechts* schreibt, »was vernünftig ist, das ist wirklich; und was wirklich ist, das ist vernünftig«,[54] mit der Wirklichkeit nicht die wahrnehmbare Realität meint, sondern die Einheit von Wesen und Erscheinung, von Essenz und Existenz. Der Satz hat also nichts mit jenem »Sinn der Geschichte« zu tun, den Hegel zu durchschauen behauptete und angeblich in Napoleon verkörpert sah. Der Hegelianismus hat das tragische Element der hegelschen Philosophie verdeckt, sowohl auf der Ebene des Selbstopfers – mit dem das Individuum sein biologisches Leben aufs Spiel setzt, um sich als Geist zu manifestieren – als auch auf der Ebene des absoluten Geistes. Hegel spricht von der »Schädelstätte des absoluten Geistes«,[55] das darf man nicht vergessen.

R.G.: Für Hegel gab es tatsächlich nur eine einzige Inkarnation, nämlich die Inkarnation Gottes in der Geschichte: Allein diese »göttliche Vermittlung« hat ihm zufolge das Erscheinen der wahren Vernunft ermöglicht. Deshalb kopiert Hegels gesamte Dialektik die Offenbarung. Auch hier muss man sich vom ewigen Schema »These – Antithese – Synthese« freimachen. Die hegelsche Dialektik hat damit wenig zu tun. In ihr gelangt der Geist zur Entfremdung seiner selbst und lässt dann diese Entfremdung durch eine *Aufhebung* hinter sich, in der die Gegensätze miteinander versöhnt werden. Die Dialektik legt zunächst eine Position dar, dann eine »Negation« dieser Position und schließlich eine »Negation dieser Negation«. Sich dem anderen zu öffnen, durch eine Entfremdung aus sich herauszutreten, heißt, eine *Rückkehr zu sich selbst* vorzubereiten, die den wahren Zugang zum Wirklichen eröffnet, den Zugang zur wahren, von jedem Subjektivismus befreiten Vernunft. Unserem Empfinden nach handelt es sich hier um ein philosophisches Echo von Tod und Auferstehung Jesu. Die ganze Kraft, aber auch die ganze Ambivalenz der Philosophie Hegels liegt in dieser Parallele.

Der christlichen Offenbarung entlehnt Hegel die Notwendigkeit einer doppelten Versöhnung, einer doppelten *Aufhebung*: die der Menschen untereinander sowie die der Menschen mit Gott. Frieden und Erlösung sind demnach zwei miteinander verbundene Bewegungen. Und weil es den Kirchen aus Sicht Hegels nicht gelungen war, das Zusammenspiel der menschlichen Willen zu organisieren, wies er diese Aufgabe dem Staat zu, jenem »konkreten Allgemeinen«, das nichts mit den Einzelstaaten zu tun hat. Die vernünftige Universalität des Staates soll nach dieser Konzeption eine globale Organisation werden. *In der Zwischenzeit* jedoch werden die Einzelstaaten weiter miteinander Krieg führen: In dieser Abfolge von Kriegen drückt sich eine wesentliche Kontingenz der Geschichte aus.

Aber auch wenn der Krieg für Hegel *lediglich* eine nicht auf die Vernunft rückführbare Kontingenz darstellte, lässt sich doch nicht leugnen, dass er sehr tiefgreifend über ihn nachdachte. Die Dialektik meint zunächst einmal nicht die Versöhnung der Menschen untereinander, sondern einfach nur den *Zweikampf*, den Kampf um Anerkennung sowie die »entgegengesetzten Identitäten«.

B.C.: Jetzt sind wir ins Zentrum unseres Themas vorgestoßen. Trotzdem könnte man auf den Gedanken kommen, dass die Extrempositionen, weil keine Verbindung zwischen ihnen besteht, in einem sterilen Hin und Her gefangen sind, das sich nicht auflösen lässt. Diese Pendelbewegung stellt zwei *Abstraktionen* einander gegenüber, zwei Positionen, die sich gegenseitig ausschließen und gerade durch dieses Oszillieren äquivalent werden. Das Urteil spaltet, es zerbricht die Beziehung.

R. G.: Hegel hat das genau gesehen, als man ihn in Tübingen aufklärerisches Denken lehrte und ihm erklärte, die Aufklärung sei der Gegensatz zur Religion, ebenso wie die Vernunft der Gegensatz zum Glauben sei. Der hegelsche Rationalismus zielt also darauf, die Dialektik zu bannen und die Vernunft von ihren Allmachtsfantasien zu befreien. Die Versöhnung entlehnt er dem Christentum; sie allein vermag die Abstraktion zu unterlaufen und den Menschen Heil und Frieden zu bringen. Hegel erkannte jedoch nicht – und hier antworte ich endlich auf Ihre Frage –, *daß das Oszillieren der gegensätzlichen Positionen, die äquivalent werden, sich sehr wohl bis zum Äußersten steigern kann*, dass aus Gegnern sehr wohl Feinde werden können und sich das Wechselspiel zur Reziprozität steigern kann. Das hegelsche Denken besitzt mithin tragische Züge, katastrophisch ist es jedoch nicht. Seiner selbst sehr sicher gelangt es so von der Dialektik zur Versöhnung, von der Reziprozität zur Beziehung und vermittelt dabei oft den Eindruck, zu vergessen, woher es eigentlich kommt.

Und doch stammt es vom Religiösen, vom Opfer, von Tod und Auferstehung Jesu ab. Das heißt: Vom anthropologischen Standpunkt aus betrachtet geht es aus der endgültigen Untergrabung der sakrifiziellen Schutzwälle hervor. Hegel hatte vergessen, was Jesus am eigenen Leib erlitten hatte. Hegel geht von der christlichen Anthropologie aus, gibt sie jedoch im weiteren Verlauf preis. Gewiss, der Geist ist nur deshalb Geist, weil er sich objektiv verwirklicht; aber für Hegel findet dies in einem unbestimmten historischen Jenseits statt. In diesem Sinn könnte man sagen, dass Clausewitz durch die Zurückweisung der Trennung zwischen einer wesentlichen und einer zufälligen Geschichte die Dialektik lange vor Marx »vom Kopf auf die Füße« gestellt hat. Genau zu der Zeit, als Hegel über eine mögliche Entsprechung von menschlicher Vernunft und *Logos* nachdenkt, klärt uns Clausewitz darüber auf, was es mit dem Zweikampf und dem Oszillieren der Kontrahenten in dieser auf die moderne Kriegführung zusteuernden historischen Situation auf sich hat. Clausewitz lässt uns wissen, dass dieses Oszillieren sich bis zum Äußersten steigern und das Wechselspiel in Reziprozität übergehen kann. *Von da an wird es nicht mehr in eine Theodizee des Geistes zu integrieren sein*. Hier liegt meiner Meinung nach der entscheidende Gegensatz zwischen diesen beiden Denkern.

B.C.: Was Sie hier sagen, ist hilfreich, um die Verankerung Ihrer Überlegungen in einem bestimmten geistesgeschichtlichen Kontext nachzuvollziehen. Die Eskalation falscher Differenzen, die Sie in Ihren Arbeiten zum archaisch Religiösen unter dem Begriff der »Krise des Opferkultes« beschrieben haben, ist ja letztlich ein Konflikt »entgegengesetzter Identitäten«. Das evoziert für mich ein genau umrissenes philosophisches Klima: dasjenige der Hegel-Rezeption in Frankreich Ende der Dreißigerjahre des vergangenen Jahrhunderts.

R.G.: Aus diesem Grund wollten mit Erscheinen von *Figuren des Begehrens* im Jahr 1961 viele in mir den Nachfolger des großen Hegel-Kommentators Alexandre Kojève sehen. Man glaubte, einen neuen Aufguss des hegelschen Denkens vor sich zu haben. Entsprechend hat man oft behauptet, das mimetische Begehren sei lediglich eine Neufassung der Begierde nach Anerkennung bei Hegel. Damit wollte man suggerieren, meine Analysen seien überholt und bezögen sich auf längst verjährte Debatten, wogegen ich selbstverständlich wie der Teufel protestiert habe. Gleichwohl lässt sich nicht leugnen, dass Hegel zu dieser Zeit noch ein Bezugspunkt war.

Kojèves Einfluss in Frankreich war immens. Raymond Aron, Georges Bataille, Jacques Lacan, sie alle besuchten seine Seminare an der *Ecole pratique des hautes études*, in denen es hauptsächlich um die Rolle des Begehrens in der *Phänomenologie des Geistes* ging.[56] Jeder kannte Kojèves Konzept der Herr-Knecht-Dialektik, mittels derer Hegel die Begierde nach Anerkennung dachte. Jenes »Selbstbewusstsein«, das allein durch die »Anerkennung des anderen« entsteht, war damals in aller Munde. Der Knecht war gezwungen, seinen Herrn anzuerkennen. An der Vorstellung, diese Dialektik hätte Einfluss auf meine Romaninterpretationen gehabt sowie auf das, was ich unter dem Schlagwort »romaneske Wahrheit« vorgestellt habe, ist also etwas Wahres dran. Ebenso wie Hegel behauptete ich, wir begehrten nicht so sehr die Dinge selbst als vielmehr den begehrlichen Blick, den die anderen auf diese Dinge richten; in gewisser Weise ging es um ein *Begehren des Begehrens des anderen*.

Dennoch habe ich diese Dialektik anders als alle anderen interpretiert. Ich könnte Ihnen nicht einmal sagen, wie Hegel die Formulierung meiner Gedanken beeinflusst hat. Vielleicht war es die Idee, die mimetischen Einflüsse unter dem Aspekt des Begehrens zu thematisieren. Es zu wagen, Don Quichottes Rittertum auf diese Weise zu definieren, war ein bedeutender Schritt. Und auch das, was Hegel die »schlechte Unendlichkeit«[57] nennt, jenes Begehren, das sich in einem endlosen Prozess auf immer neue Objekte richtet, ein unstillbares Begehren, das stets die Anwesenheit des anderen voraussetzt, den Mitmenschen neben mir. Hegels »unglückliches Bewußtsein«[58] ist eine Art und Weise, zur Kenntnis zu nehmen, dass die *Menschen einander gleichen*, in ihrem Begehren wie in ihrem Hass, einer Versöhnung nie so nah wie in dem Augenblick, in dem sie sich bekriegen. Ich hatte also eine gewisse Affinität zu Hegels Philosophie, das ist unbestreitbar.

In einem grundlegenden Punkt weichen unser beider Analysen jedoch voneinander ab. Das *Begehren des Begehrens des anderen* hat nur wenig mit dem mimetischen Begehren zu tun, also mit dem *Begehren dessen, was der andere besitzt*: Das kann ein Gegenstand, ein Tier, ein Mann oder eine Frau sein, aber auch ein spezifisches Sein, bestimmte Wesensmerkmale. Wenn ich es nicht gewagt habe, meine Theorie direkt und wirksam zu verteidigen, so deshalb, weil mein Ansatz im geistigen Klima jener Zeit viel zu konkret war, um nicht zu enttäuschen: Ich schämte mich ein wenig für mein prosaisches Denken. Ich habe nicht zu behaupten gewagt, dass die Menschen wegen *realer* Objekte in Streit geraten. Dieses Aneignungsbegehren artet sehr schnell und sehr viel stärker als das Anerkennungsbegehren in das aus, was ich das metaphysische Begehren nenne, bei dem das Subjekt danach trachtet, sich das *Sein* seines Modells, seines Vorbildes *anzueignen*. In solchen Momenten will ich »das sein, was der andere ist, wenn er dieses Objekt besitzt«.

Wie geht das vor sich? Auf viel konkretere und zugleich gewaltsamere Weise als die »Begierde nach Anerkennung«.[59] Ich begehre dieses Objekt nicht spontan, sondern ich begehre es, weil jemand anderes es begehrt oder weil ich vermute, dass er es begehrt. Ich nähere mich also diesem Objekt, während jener andere, mein Mittler, sich mir nähert. Er wird mithin zu meinem Modell, zu meinem Vorbild, und zwar so sehr, dass ich das Objekt, das ich anfangs zu begehren glaubte, schließlich vollständig vergesse. Da alles Handeln reziprok ist, macht mein Rivale das gleiche Drama durch: Er sieht mich ein ihm nahestehendes Objekt begehren und begehrt dieses Objekt, das er ohne den Rivalen beinahe vergessen hatte, nun wieder umso mehr. Auf dem Weg zu diesem Objekt begegnet er mir genau in dem Augenblick, in dem auch ich ihm auf diesem Weg begegne.

Dieses Stadium, in dem jeder der beiden Rivalen zu einem Modell-Hindernis, zu einem hinderlichen Vorbild für den anderen wird, nenne ich *doppelte Vermittlung*. Die Rivalen gleichen sich einander immer mehr an, die Rivalität bringt Zwillinge hervor. Der eine mag den Sieg davontragen und seine Illusion von Autonomie zurückgewinnen; der andere wird sich derart stark vor seinem Gegner erniedrigen, dass er diesen in den Rang des Sakralen erhebt. Diese Anziehung-Abstoßung liegt allen pathologischen

Fällen des Ressentiments zugrunde: Die Anbetung dieses Modell-Hindernisses sowie das metaphysische Begehren nach seinem Sein können mich bis zum Mord treiben. Das angebetete Vorbild, vor dem ich mich in der Hoffnung erniedrige, mir seine mutmaßliche Macht anzueignen, verwandelt sich in einen unerträglichen Fremden, den ich auslöschen muss. *Mensonge romantique et vérité romanesque* enthielt im Ansatz also bereits die gesamte mimetische Theorie. Ich rekonstruiere dort die mimetische Genesis der sozialen Ordnung, bei der die Gewalt Tausender feindlicher Brüder die Gruppe zunächst mit der Implosion bedrohte, sich dann jedoch gegen einen willkürlich gewählten Dritten richtete, weil dieser plötzlich als Unheilbringer erschien. Diese Ausrichtung aller gegen einen ist eine Form monströser Nachahmung: Ganz so wie in allen pathologischen Fällen des Ressentiments ist das Opfer zugleich alles und nichts, wird es zugleich angebetet und verabscheut. Das archaisch Religiöse wurzelt mithin unmittelbar im mimetischen Begehren.

B.C.: Ihrer Analyse zufolge wäre die Reziprozität also viel gewaltsamer als der »Kampf auf Leben und Tod«[60] bei Hegel, der stets als Begierde nach Anerkennung funktioniert.

R.G.: Ganz offensichtlich kann es diese Anerkennung nur dann geben, wenn der Herr, der mich durch seinen bloßen Blick existieren lässt, nicht umgebracht wird! Das menschliche Bewusstsein wird nicht über die Vernunft, sondern über das Begehren erworben. Die beiden Kontrahenten treten also um der Anerkennung willen in Konflikt miteinander. Diese Begierde nach Anerkennung hindert sie daran, sich zu töten. Wie könnten sie sich anerkennen, wenn einer von ihnen stürbe oder wenn sie sich gegenseitig umbrächten? In jedem Zweikampf muss der eine Angst vor dem anderen haben, muss der eine den anderen als seinen Herrn anerkennen und sich als Knecht von diesem Herrn anerkennen lassen. Hier zeichnet sich die Reichsidee ab, die für Kojève, den geistigen Vater der Politik de Gaulles nach 1945, so grundlegend war. Darauf müssen wir später noch einmal zurückkommen. Die Herr-Knecht-Dialektik schien mir in dieser Hinsicht immer schon friedensstiftend. Sie ähnelt dem, was uns die Verhaltensforscher über die Hackordnungen in Tierpopulationen berichten.

Die Gefahr des hegelschen Denkens rührt paradoxerweise daher, dass die Gewaltkonzeption, von der es seinen Ausgang nimmt, nicht radikal genug ist. Deshalb ist es aufschlussreich, Hegel und Clausewitz parallel zu lesen. Dann wird sofort klar, dass die Übereinstimmung von Wirklichkeit und Begriff bei Hegel zum Frieden führt, bei Clausewitz jedoch zur Steigerung bis zum Äußersten. Letzterer entwickelte seine Vorstellungen im militärischen Umfeld. Hegel hingegen hat nie an einem militärischen Einsatz teilgenommen.

B.C.: Man spürt, dass das Konzept des absoluten Krieges Clausewitz Angst macht. Er versucht, die Kluft zwischen dem Begriff und seiner Wirklichkeit zu beschreiben, was der hegelschen Dialektik, die auf ein »konkretes Allgemeines«, auf die Übereinstimmung von Wirklichkeit und Begriff ausgerichtet ist, zuwiderläuft. Hegel denkt den Übergang vom besonderen Interesse zum Allgemeinen: Das Individuum muss sich in der Allgemeinheit des Staates verwirklichen. In dieser Hinsicht räumt er dem Krieg ein Privileg ein: Der Krieg holt alle diejenigen in die Totalität der Nation zurück, die sich durch den Rückzug auf ihre Privatinteressen von ihr gelöst hatten. Mittels des Krieges gemahnt der Staat die Individuen von Zeit zu Zeit an die Notwendigkeit, diese Individualinteressen zu opfern, und gliedert sie wieder in das Allgemeine ein. Der Held erscheint als Geist, indem er die biologischen Gegebenheiten negiert. So realisiert sich das Recht auf der Basis heroischer und interesseloser Haltungen. Hegel denkt die Einheit des Privaten und des Öffentlichen, des Wirklichen und des Gedankens im »konkreten Allgemeinen« eines Staates, das die Zufälle des Krieges überwinden muss. Das Recht ist jenes objektive Allgemeine, für das es lohnt, sein Leben zu opfern. Es konstituiert das Volk als »sittliche Totalität«, die anderen »sittlichen Totalitäten«[61] gegenübersteht. Clausewitz hingegen betrachtete den Krieg unter dem Aspekt mehr oder weniger großer Brüche und Abweichungen zwischen realen Kriegen und dem Begriff des Krieges.

R.G.: Zwischen diesen beiden Denkern bestehen also zugleich starke Affinitäten wie auch Gegensätze. Einig sind sie sich in der Verehrung des Staates (die Politik ist »die Intelligenz des personifizierten Staates«,[62] heißt es bei Clausewitz), uneins in ihrer Geschichtsauffassung. Während Hegel das sich in der Zukunft Verwirklichende als Übereinstimmung von Begriff und Wirklichkeit fasst, fürchtet Clausewitz diese Übereinstimmung und erhofft sie zugleich – möglicherweise deshalb, weil für Ersteren diese Übereinstimmung an einem nicht näher bezeichneten Ende der Geschichte liegt, für Letzteren hingegen im Herzen ihrer Widersprüche. Man könnte also sagen, dass Clausewitz das Streben nach einem absoluten Wissen und nach einem abstrakten Zugang zu diesem Wissen zerstört hat. Er bringt uns die für die Geschichte grundlegende Gewalt in Erinnerung, gemahnt uns daran, dass die Menschheit eines Tages in der Lage sein wird, die Welt zu zerstören. Daher rührt die Ambivalenz der Figur Napoleon. Für Hegel war er die Inkarnation des Weltgeistes, für Clausewitz jedoch der »Kriegsgott«,[63] dem man antworten muss.

Zwei Geschichtskonzeptionen

B.C.: Es hat den Anschein, als würden die beiden trotz ihrer Differenzen in der gemeinsamen Vergöttlichung des Staates und der Ablehnung jeder universellen Ethik übereinkommen. Ist der Krieg für Clausewitz ein Ideal, so ist er für Hegel, der großen Wert darauf legt, zwischen der »wahren Geschichte« und der »äußerlichen Geschichte« zu unterscheiden,[64] eine Notwendigkeit. Die wahre

Geschichte konstituiert sich durch die Opferung von Individuen. Die geopferten Individuen tragen zum Kommen des Geistes in Gestalt des Rechts bei. Für Clausewitz dagegen bilden die äußerliche Geschichte und ihre reziproke Triebkraft die einzige Realität. Wir haben es also mit zwei gegensätzlichen Manifestationen des Absoluten zu tun: der katastrophischen Übereinstimmung von Kriegswirklichkeit und Begriff bei Clausewitz, der Aufhebung der Zeit, wenn das Denken zu seinem »reinen Begriff« kommt, bei Hegel. Weder der eine noch der andere räumt der Hoffnung breiten Raum ein!

R.G.: Man kann die beiden in der Tat als die beiden größten Denker des Krieges ansehen. Jena und Berlin stehen tatsächlich für eine merkwürdige Zeitgenossenschaft zweier Apokalypsen, in deren Mittelpunkt sich die Figur Napoleon befindet; die eine ist kriegerischer, die andere philosophischer Natur. Das ist bizarr und hat ganz offensichtlich mit der damaligen Epoche zu tun: Hegel und Clausewitz sind ja keineswegs die einzigen. Es gibt ja auch noch Schelling und Fichte – und alle schauen sie auf Napoleon! Denken Sie doch nur an die Bedeutung, die Fichtes *Reden an die deutsche Nation*[65] für die Entstehung des deutschen Nationalismus hatten. Und auch über Schlegel werden wir noch sprechen müssen, genauso wie über sein Verhältnis zu Germaine de Staël.

Die Romantik ist der exzessive Glaube an die Autonomie des Individuums. Andererseits ist sie jedoch auch ein notwendiges Durchgangsstadium, um das Ressentiment, die Reziprozität, das Gesetz des Zweikampfs zu begreifen: kurz, um zu verstehen, dass wir in eine Welt der *internen Vermittlung* eingetreten sind, in der uns kein externes Vorbild mehr absichert. Man muss mit der Gewalt »fertigwerden«. Für Germaine de Staël und viele andere ihrer Zeitgenossen ergibt sich daraus die zentrale Erkenntnis, dass allein das Religiöse uns noch einen Ausweg bietet. In dieser gleichermaßen von Hass wie Faszination geprägten deutsch-französischen Auseinandersetzung spielte sich folglich etwas ganz Entscheidendes ab für das Verständnis der heutigen Welt. Napoleon war hierfür ein wesentlicher Katalysator. Im Kampf gegen ihn, das dürfen Sie nicht vergessen, formierte sich Deutschland zu einer Einheit, und dies hatte enorme Konsequenzen für die Geschichte Europas und der ganzen Welt.

Clausewitz ist zugleich ein Befürworter und ein Gegner Napoleons. Es ist faszinierend, ihn zu lesen, weil er ein scharfes Bewusstsein für die Mimetik hatte und dabei zugleich an der Wiege des modernen Individualismus stand. Seine Rationalität ist also ambivalent. So betrachtete er den Krieg kühl als eine gesteigerte Form des Handels, während Hegel bezüglich des Krieges von Selbstaufopferung sowie heroischer und vernünftiger Überwindung von Privatinteressen spricht. Bei Hegel hat der Tod des Helden teil an der Ankunft des Geistes: Indem er sein Leben aufs Spiel setzt, reißt sich der Held von seiner eigenen Kreatürlichkeit und Animalität los. Seine Aufopferung vergeistigt ihn. So überlistet die Vernunft den Konflikt, der sie niemals zum Schweigen bringen kann. Dieses geistige Wesen geht dem militärischen Helden bei Clausewitz vollkommen ab. Bei ihm wächst der Held gerade erfolgreich über die Zufälle und alle Einflüsse hinaus, denen die Streitkräfte ausgesetzt sind. Das Kaschieren der Wechselwirkung zugunsten einer außergewöhnlichen Individualität zeugt von einer eiskalten theoretischen Romantik. Unsere Leidenschaften und unser Begehren gehen vom Anderen aus, wir schöpfen sie nie aus unserem eigenen Innern. Weil der Gegner feindselig ist, werde auch ich feindselig und *vice versa*.

Militärisches Heldentum ist für Clausewitz also weniger eine Bewältigung, denn eine Verschärfung der Mimetik: Der Gegenangriff ist beispielsweise sehr viel wirksamer, wenn er unvorhergesehen erfolgt oder wenn er ein neues Element in die kodifizierten Verhaltensweisen der beiden sich ausspähenden, belauernden und taxierenden Armeen einführt. Ein guter Feldherr beherrscht solche Situationen äußerster Reziprozität kaltblütig. Gleichwohl ist er deswegen nicht autonom: Je mehr er seine Verteidigungsstrategie im Griff hat, desto mehr wird er selbst von der Gewalt beherrscht und trägt zur Steigerung bis zum Äußersten bei. Es sieht ganz so aus, als wiche Clausewitz inmitten des aufbrodelnden deutschen Nationalismus in fasziniertem Schrecken vor dem einzigen Mittel zurück, durch das Wirklichkeit und Begriff zur Deckung gelangen könnten – vor dem absoluten Krieg, vor der reinen Reziprozität.

Clausewitz zeigt sich vom Krieg gleichermaßen angezogen und abgestoßen. Aber selbst dieses Hin und Her wird theoretisiert. Auf diese Weise gelingt es Clausewitz, totalitäre Hoffnung und politische Klugheit unter einen Hut zu bringen. Meiner Ansicht nach wäre es daher durchaus überzeugend, im ersten Kapitel seiner Abhandlung eine Kritik des hegelschen Individualismus zu sehen. Eine solche Lesart hätte indes enorme Konsequenzen: Clausewitz erahnte die wesentlich *reziproke* Triebkraft dessen, was Heidegger später das »Ge-stell« als das »Wesen der Technik« nennen wird: ein Wettlauf, der nichts mehr mit der hegelschen Epiphanie des Geistes gemein hat.[66] Ganz im Gegenteil: Die Steigerung bis zum Äußersten macht jede Versöhnung unmöglich. Die Gleichheit der Menschen, von der sich Hegel die Verwirklichung gegenseitiger Verständigung versprach, wird sie in Wirklichkeit immer weiter entzweien.

B.C.: Sie spielen Clausewitz also gegen Hegel aus bzw. benutzen Clausewitz, um an der hegelschen Theodizee zu kratzen, das heißt an der Art, in der der Geist die menschlichen Leidenschaften überlistet und seinen eigenen Zwecken dienstbar macht. Weshalb sind Sie davon überzeugt, alles steuere auf das Schlimmste zu?

R.G.: Weil ich denke, dass Clausewitz realistischer als Hegel ist und dessen Dialektik als gehaltlos entlarvt. Diese Ansicht ist vollkommen angebracht. Das erste Kapitel von *Vom Kriege* besagt genau dies. Auf der Grundlage einer einzigen Intuition schwingt sich Clausewitz hier über den gesamten Hegelianismus hinaus. Er hat eine präzisere, eine konkretere Auffassung von Geschichte. Man kann die Ereignisse nicht von oben betrachten und einen Beobachtungsposten einnehmen. Ich selbst habe dies einen Augenblick lang für möglich gehalten, als ich *Das Ende der Gewalt* schrieb und mir einbildete, das Christentum liefere einen Standpunkt, von dem aus sich ein Urteil über die Gewalt fällen ließe. Tatsächlich jedoch existieren heute keine nicht-sakrifiziellen Räume mehr, genausowenig wie eine »wahre Geschichte« existiert.

Ich habe mir noch einmal meine Interpretation von Paulus' Brief an die Hebräer vorgenommen, in der ich letztmals »modern« und anti-christlich argumentierte. Die Kritik an einem »historischen Christentum« zugunsten einer Art »wesentlichen Christentums«, das ich in hegelscher Manier erfasst zu haben glaubte, war absurd. Man muss das Christentum ganz im Gegenteil als wesentlich historisch betrachten, und Clausewitz hilft uns dabei. Das salomonische Urteil ist diesbezüglich erschöpfend: Es gibt die Opferung des anderen und es gibt die Selbstopferung, das archaische Opfer und das christliche Opfer. Aber es handelt sich stets um eine Opferung. Wir sind in die Mimetik verstrickt und müssen den Fallstricken unseres Begehrens entkommen, eines Begehrens, das stets den Besitz des anderen begehrt. Ich wiederhole: Absolutes Wissen ist unmöglich. Wir sind gezwungen, im Innersten der Geschichte zu bleiben, im Innersten der Gewalt zu handeln, weil wir uns auf ihre Mechanismen immer besser verstehen. Werden wir sie dennoch lahmlegen können? Ich bezweifle es.

Hegel verfügte über keine eigenen militärischen Erfahrungen. Er besaß also keinerlei Gespür für die Interaktionen, die Clausewitz erlebte und zu theoretisieren versuchte, wenn auch nicht wirklich erfolgreich. Seine Hingabe enthüllt jedoch etwas Grundlegendes: nämlich die Steigerung bis zum Äußersten, an der er sowohl als Beobachter wie auch als Akteur teilhat – an der wir alle teilhaben, wenn wir es auch nicht anerkennen. Um das zu verstehen, müssen wir unserer Beweisführung vorgreifen und die unglaublich durchschlagende Wirkung des napoleonischen Abenteuers auf die Deutschen in Erinnerung rufen. Clausewitz war von Napoleon fasziniert, was sich nur aus einer mimetischen Perspektive nachvollziehen lässt. Im totalen Krieg, das heißt in der Mobilmachung eines ganzen Volkes, erkannte Clausewitz die neue Form des Krieges, die sich Preußen seinerseits würde zu eigen machen müssen, um Napoleon zu *antworten*. Hegel erkannte dies nicht, weil es ihm am clausewitzschen Ressentiment mangelte. Er erkannte nicht, dass das von ihm so bezeichnete »germanische Reich«, das auf Griechenland und Rom folgen und die Versöhnung als »objektive Wahrheit und Freiheit«[67] manifestieren sollte, sich gerade durch die mimetische Raserei Preußens verwirklichen würde, die Deutschland gegen Frankreich und Österreich einte. Hegel wollte nicht wahrhaben, dass sich innerhalb dieser deutsch-französischen Reziprozität eine Steigerung bis zum Äußersten vollziehen würde, die nichts mit der Ankunft des absoluten Geistes zu tun hatte. Clausewitz spürte dies, zog es aber seltsamerweise vor, seine Intuition zu verschleiern, indem er seine Leser glauben machte, der Krieg sei immer noch das, was er im 18. Jahrhundert gewesen war und die Politik könne ihn in Schach halten. Hier zeigte er sich von seiner aufklärerischen Seite. Aber die Maske würde fallen, das ahnen wir bereits.

B.C.: Die Mimetik hat ihre Gründe, die die Vernunft nicht wahrhaben will! Carl Schmitt, der ein Leser von Clausewitz war, hat gezeigt, dass die Preußischen Reformen, an denen Clausewitz nach Napoleons Sturz leidenschaftlich mitwirkte, eine *Antwort* auf die Französische Revolution darstellen sollten.

R.G.: Deutschland, das einige Jahre zuvor noch von der Französischen Revolution geträumt und geglaubt hatte, von ihr ginge eine große, ganz Europa erhebende Bewegung aus, musste in der Tat aus seiner Lähmung gerissen werden. Wir müssen uns also in die Situation rund um die Niederlage von Jena im Jahre 1806 zurückversetzen. Fast ganz Preußen war besetzt. Im Juni 1807 erlitt Russland in Friedland eine Niederlage, und es kam zu den Friedensverhandlungen zwischen Napoleon und Zar Alexander in Tilsit auf der Memel. Napoleons Einfluss hatte seinen Höhepunkt erreicht, was Thiers zu der Äußerung veranlasste, dass »die Ehre, von Napoleon geschlagen worden zu sein, einen Sieg aufwog«.[68] Der Zar soll sogar gesagt haben: »Ich habe nichts mehr geliebt als diesen Mann.«[69] In Napoleons unwiderstehlicher Verführungskraft zeigte sich – mit Clausewitz' Dialektik gesprochen – die ganze Kunst, die mittels der *Strategie* errungenen *taktischen* Siege *politisch* auszunutzen. Beinahe wäre es ihm gelungen, eine Kontinentalsperre gegen England zu errichten. Napoleon war nicht der brutale Eroberer, den seine Gegner nach seinem Sturz aus ihm machten, sondern ein wahrer Künstler der Diplomatie.

Als Napoleon dann im weiteren Verlauf Friedrich Wilhelm III. an den Verhandlungstisch zitierte und anbot, ihm einen Teil seiner Gebiete zurückzugeben, ging Preußen ebenso gedemütigt wie fasziniert aus dieser Prüfung hervor. Preußen war viel zu militärisch veranlagt, um Napoleon ganz und gar zu verabscheuen. Um mit der Situation zurechtzukommen, musste Preußen Napoleon nachahmen, genauso wie Friedrich der Große Voltaire nachgeahmt hatte! Warum hat man diese Phänomene niemals einer genauen Untersuchung für wert befunden? Clausewitz denkt *gegen* Napoleon *an*. Zusammen mit anderen steht er am Beginn einer Entwicklung, die zu Bismarck führte, aber vor allem zu Ludendorff, Redakteur des Schlieffen-Plans und nach 1914 Stellvertreter Hindenburgs. Und Ludendorff, der am November-Putsch von 1923 beteiligt war, führt uns direkt zu Hitler. Einzig und allein in dieser Hinsicht – also hinsichtlich der dogmatischen Interpretationen von *Vom Kriege* – hatte Liddell Hart recht, als er in diesem Werk das Potenzial für eine Apologie des totalen Krieges angelegt sah. In Wirklichkeit ist Clausewitz' Denken, wie wir sahen, aber sehr viel komplexer; niemals trägt er eine These vor, ohne zugleich eine andere Möglichkeit anzudeuten, wie im ersten Kapitel des Traktats.

Nichtsdestotrotz: Die Weigerung, bei einer theoretischen Definition des Krieges, das heißt, bei der Vorstellung vom Krieg als

Zweikampf, stehenzubleiben sowie die Berücksichtigung praktischer Aspekte (Wahrscheinlichkeitskalkül, Mut des Feldherrn usw.) sind eine Sache. An der Polarität des Krieges jedoch »das Absolute, das sogenannte Mathematische«[70] zu erkennen, ist aber etwas völlig anderes. Der »totale Krieg«, dessen Vorläufer Clausewitz in der französischen Revolutionsarmee und der Konzentration der napoleonischen Kräfte erkannte, zwingt ihn dazu, die Möglichkeit des »absoluten Krieges« als eine zukünftige Antwort auf diese neue Form des Konfliktes zu betrachten. Denn Clausewitz konnte nur in dem Schema von Ereignis und Antwort denken.

Der Vorrang der Verteidigung gegenüber dem Angriff ist nur eine Art, diese grundlegende Haltung theoretisch zu fassen. Die Theorie hatte lange Bestand, denn nach dem »Gegenangriff« des Krieges von 1870 rüstete sich Deutschland für den »Gegenangriff« von 1914 und danach für die Remilitarisierung des Rheinlandes im Jahre 1936. Nur diese defensive Konzeption, ganz gleich, ob tatsächlich angemessen oder nicht, konnte – mit Clausewitz gesprochen – die »feindselige Absicht« in das »feindselige Gefühl« transformieren. Sie allein vermochte ein ganzes Volk gegen einen eigens dafür aufgebauten Feind zu mobilisieren. Hier bildete der Begriff in gewisser Weise den notwendigen Horizont der Wirklichkeit. Allerdings ganz und gar nicht nach Art und Weise Hegels, der viel zu sehr der Abstraktion verhaftet ist, um ein so prosaisches Gesetz der Geschichte aufzudecken.

B.C.: Henri Bergson beschreibt die Gefühle, die ihn bei der Kriegserklärung von 1914 überkamen, folgendermaßen:

> »Trotz meiner Bestürzung und obgleich ein Krieg, auch ein siegreicher, mir als eine Katastrophe erschien, empfand ich [...] ein Gefühl der Bewunderung für die Leichtigkeit, mit der sich der Übergang vom Abstrakten zum Konkreten vollzogen hatte: wer hätte gedacht, daß eine so furchtbare Möglichkeit ihren Eintritt in die Wirklichkeit mit so wenig Schwierigkeit vollziehen könnte?«[71]

Es sieht ganz danach aus, als entspräche die Leichtigkeit, mit der sich diese Verwirklichung des Unmöglichen vollzog, der Schwierigkeit, sie sich auszumalen.

R.G.: Dieses Zitat trifft es genau. Es zeigt, wie schwer es der Vernunft fällt, das Schlimmste ins Auge zu fassen. Deshalb ist Clausewitz ein wirksames Gegengift gegen die Abstraktion in Hegels Dialektik. Clausewitz gemahnt uns an Folgendes: Je rationaler wir werden, das heißt je mehr wir die uns umgebende Realität und die Geschichte aus unserem Gedächtnis streichen, desto schneller und gewaltsamer werden diese sich wieder in Erinnerung bringen. Clausewitz war Realist. Mit schrecklichem Scharfsinn beobachtete er die beschleunigte Bewegung der Geschichte, einer Geschichte, die den Verstand verloren hatte und verrückt geworden war. In seinem Text ist es oft der Konjunktiv, der diese unmittelbar drohende Gefahr signalisiert. Nehmen Sie zum Beispiel Paragraf 23 des ersten Kapitels im ersten Buch:

> »Der Krieg einer Gemeinheit [...] wird nur durch ein politisches Motiv hervorgerufen. Er ist also ein politischer Akt. Wäre er nun ein vollkommener, ungestörter, eine absolute Äußerung der Gewalt, wie wir ihn uns aus seinem bloßen Begriff ableiten mußten, so würde er von dem Augenblicke an, wo er durch die Politik hervorgerufen ist, an ihre Stelle treten als etwas von ihr ganz Unabhängiges, sie verdrängen und nur seinen eigenen Gesetzen folgen, so wie eine Mine, die sich entladet, keiner andern Richtung und Leitung mehr fähig ist, als die man ihr durch vorbereitende Einrichtungen gegeben. So hat man sich die Sache bisher auch wirklich gedacht, sooft ein Mangel an Harmonie zwischen der Politik und Kriegführung zu theoretischen Unterscheidungen der Art geführt hat. Allein so ist es nicht, und diese Vorstellung ist eine grundfalsche. Der Krieg der wirklichen Welt ist, wie wir gesehen haben, kein solches Äußerstes, was seine Spannung in einer einzigen Entladung löst [...]. Aber der politische Zweck ist deshalb

> kein despotischer Gesetzgeber, er muß sich der Natur des Mittels fügen und wird dadurch oft ganz verändert, aber immer ist er das, was zuerst in Erwägung gezogen werden muß. Die Politik also wird den ganzen kriegerischen Akt durchziehen und einen fortwährenden Einfluß auf ihn ausüben, soweit es die Natur der in ihm explodierenden Kräfte zuläßt.«[72]

Dieser Abschnitt ist faszinierend. Hier kommt Clausewitz' ganze Zerrissenheit zum Ausdruck ebenso wie sein ganzes Bemühen, sein Wesen unter Kontrolle zu halten und das Rationale dort wieder einzusetzen, wo es bereits nicht mehr existiert, *weil das Prinzip der Reziprozität zutage getreten ist* und nicht mehr ohne Weiteres wieder verschwinden wird. Die Triebfeder der Geschichte wird, wie wir gesehen haben, mit dem Auftauchen des reziproken Handelns, der Wechselwirkung, nicht zerbrochen, sondern erst freigesetzt. Und so endet auch dieses Kapitel wieder mit dem verstörenden Schlussgedanken stets drohender »explodierende[r] Kräfte«, des möglichen Einflusses kriegerischer Mittel auf politische Ziele: »der politische Zweck [...] muß sich der Natur des Mittels fügen«. Es folgen der berühmte Paragraf 24, in dem der Krieg als »bloße Fortsetzung der Politik mit anderen Mitteln« definiert wird, sowie Paragraf 25, in dem Clausewitz die beiden Arten des Krieges erläutert:

> »Je *großartiger* und *stärker* die Motive des Krieges sind, je mehr sie das ganze Dasein der Völker umfassen, je gewaltsamer die Spannung ist, die dem Kriege vorhergeht, um so mehr wird der Krieg sich seiner abstrakten Gestalt nähern, um so mehr wird es sich um das Niederwerfen des Feindes handeln, um so mehr fallen das kriegerische Ziel und der politische Zweck zusammen, um so *reiner kriegerisch, weniger politisch* scheint der Krieg zu sein. Je schwächer aber Motive und Spannungen sind, um so weniger wird die natürliche Richtung des kriegerischen Elementes, nämlich der Gewalt, in die Linie fallen, welche die Politik gibt [...], um so mehr scheint der Krieg *politisch* zu werden.«[73]

Dass der Krieg politisch zu werden »scheint«, bedeutet nichts anderes, als dass die Politik nur noch Schein ist. Daraus ergibt sich die Schlussfolgerung in Paragraf 26:

> »Wenn es also [...] auch wahr ist, daß bei der einen Art Krieg die Politik ganz zu verschwinden scheint, während sie bei der andern Art sehr bestimmt hervortritt, so kann man doch behaupten, daß die eine so politisch sei wie die andere [...].«[74]

Clausewitz hat hier ganz deutlich das vor Augen, was man ein Jahrhundert später die »ideologischen Kriege« nennen sollte. Der Leninismus ist nichts anderes als eine Form von militärischem Hegelianismus, mit Raymond Aron ausgedrückt, ein absoluter, vom Sinn der Geschichte diktierter Krieg, der die Auslöschung der »Klassenfeinde« im Innern und Äußern impliziert. So also kehrt die Geschichte gewaltsam wieder. Unfähig zu widerstehen, ebnet die Vernunft ihr einen Weg, indem sie sie rechtfertigt. Was werden Marx und Engels anderes tun, als die scheinbare Unterordnung des Krieges unter die Politik von Clausewitz zu übernehmen? Diesmal wird der Krieg jedoch dem Klassenkampf dienen, wird der Bürgerkrieg an die Stelle der Nationenkriege treten. Diese Umbiegung, die der Leninismus bereits der Definition des Krieges selbst angedeihen lässt, trug zu seiner Ausweitung bei – der Bürgerkrieg sollte sich sehr schnell in Europa und dann in der ganzen Welt ausbreiten.

In diesem Sinn ist der ideologische Krieg also das, was uns vom klassischen zwischenstaatlichen Krieg zu der uns heute vertrauten Gewalt geführt hat: eine absolut unvorhersehbare, im eigentlichen Sinne *entdifferenzierte* Gewalt. Heute trennt uns sehr viel von Hegel. Zwischen Tutsis und Hutus herrschte keine »Begierde nach Anerkennung«, sondern eine zwillingshafte Rivalität, die sich bis zum Äußersten steigerte und zum Genozid entartete. Nehmen Sie den Nahen Osten, wo sich die sunnitischen und schiitischen Massaker in den kommenden Monaten und Jahren noch weiter verschlimmern werden. Auch in diesem Fall lässt sich nicht behaupten, der eine sei darauf aus, vom anderen »anerkannt« zu werden; er will ihn auslöschen, und das ist etwas ganz anderes. Zwischen Macheten und Raketen besteht kein Wesens-, sondern lediglich ein gradueller Unterschied.

Clausewitz lässt uns auf seine Weise wissen, dass in der Geschichte nicht länger die Vernunft am Werke ist. Überall haben Politik, Wissenschaft oder Religion die Ideologie dazu benutzt, einen Zweikampf zu verschleiern, der dabei ist, globale Ausmaße anzunehmen. Sie haben dem Prinzip der Reziprozität Themen und Rechtfertigungen geliefert, das ist alles. Die Entdifferenzierungstendenz wird durch alle technischen und militärischen Mittel verstärkt, über die das Abendland verfügt. Diese Tendenz zeugt gewissermaßen davon, dass das Politische vom Technologischen *überholt* worden ist.

Gleichwohl haben Lenin und Stalin eine konkrete Verbindung zwischen gewissen Thesen von Clausewitz und denen des Hegelianismus hergestellt, was beweist, dass sich zwischen Clausewitz und Hegel Entscheidendes abspielt. Lenin und Stalin behaupteten, der Geschichte einen Sinn zu diktieren und diesen Sinn durch den Einsatz rein militärischer Mitteln *zu verwirklichen*. Ich sollte eigentlich politisch-militärisch sagen, aber die Politik spielt hier so gut wie keine Rolle! Die Nazis verfolgten dies mit größtem Interesse; sie machten es dann genauso und vollendeten die totale Militarisierung der Gesellschaft, wie sie die preußischen Reformer im 19. Jahrhundert im Kopf hatten, als sie bei den spanischen *Guerilleros* nach verwertbaren Ideen suchten. So bewegt man sich im Osten und im Westen auf zwei konkurrierende Konzeptionen des totalen Krieges zu, die mimetischer nicht sein könnten und sich rasch gegeneinander wenden sollten, als der zynische Nichtangriffspakt von 1939 erst einmal gebrochen war. Sie glichen sich aneinander mehr und mehr an und verwirklichten so schließlich den »absoluten Krieg«.

Hat sich Europa tatsächlich von diesem Flächenbrand erholt?

Nichts ist weniger gewiss. Weiß man um die Bedeutung dieses Kontinents für das Schicksal der Welt, hat man allen Grund zu erschaudern. Ernst Nolte sieht im Nationalsozialismus zu Recht eine Antwort auf den Bolschewismus und im Stalinismus eine Antwort auf den Hitlerismus. Das war alles weit mehr als eine Wiederholung der Niederschlagung der *Grande Armée* im Jahre 1814: Hier hatte sich eine völlig neuartige Form der Kriegsökonomie, des Gesellschaftsvertrags, der totalen Militarisierung des zivilen Lebens durchgesetzt. Dies war die »Steigerung bis zum Äußersten«, die das Herz Europas zerstörte. Heute sind die ideologischen Kriege von geringerer Überzeugungskraft, denn man versucht nicht mehr länger, die Gewalt wirklich zu rechtfertigen. Diese Kriege werden nichts weiter als ein Moment gewesen sein beim Sichtbarwerden eines weltweiten Prinzips der Reziprozität. An dieser totalen Unvorhersehbarkeit der Gewalt können wir ablesen, was ich das Ende des Krieges nenne und nur ein anderer Name für die Apokalypse ist. Wir sind sehr weit vom »Ende der Geschichte« entfernt, das Fukuyama, jener letzte Spross des hegelschen Optimismus, verkündet hat.

B.C.: François Furet korrigiert Noltes These auf sehr plausible Weise, wenn er das Desaster von 1914 bis 1918 zum Ursprungsherd dieses absoluten Krieges erklärt. Danach haben ihn nicht die Bolschewisten begonnen. Vielmehr wurde die neue Ära durch die Apokalypse der Schützengräben eingeleitet. Der Totalitarismus ist also eine monströse Antwort auf den Ersten Weltkrieg.

R.G.: Dies ist eine Art, die Ereignisse von Verdun *nicht zur Kenntnis nehmen zu wollen*, eine Art, die Apokalypse auszutreiben, indem man ihren Lauf beschleunigt. François Furet hat recht, aber er müsste noch weiter zurückgehen – bis zu Napoleon oder gar zu Ludwig XIV.! Das hat Clausewitz ja festgestellt und er hatte völlig recht damit. Man müsste sogar bis zu Frankreichs und Preußens Hass auf das Heilige Römische Reich Deutscher Nation zurückgehen. Wir können hier lediglich ein gewaltiges Studienfeld andeuten. Eine mimetische Geschichte muss geschrieben werden, davon bin ich heute überzeugt. Sie würde zu verstehen helfen, was in heutiger Zeit auf dem Spiel steht.

Was diesen Punkt anbelangt, gibt es keinen radikaleren Gegner von Maurras und keinen radikaleren Anti-Positivisten als mich. Ich glaube ganz und gar nicht an das Genie der »vierzig Könige, die Frankreich erschaffen haben«.[75] Maurras verstand es meisterhaft, die Geschichte Frankreichs nach seinem eigenen Verständnis zu rekonstruieren, nämlich als phalanxartige Aneinanderreihung der Ereignisse. Dieser fortbestehende französische Positivismus ist umso lächerlicher, als er partout nicht einsehen will, dass Frankreich nicht zur Garde der die Weltgeschicke seit 1940 lenkenden »Supermächte« gehört. Entweder Europa ersteht als Einheit, oder seine Bestandteile verkommen zu ärmlichen Staubkörnchen, genau wie die griechischen Städte unter dem Römischen Reich oder die italienischen Staaten bis zu Napoleon III. In dieser Hinsicht war bereits der Erste Weltkrieg das absurde Unterfangen, sich in der Reihe dieser anderen Mächte zu behaupten.

Kurzum: Clausewitz lehrt mich täglich, jener »wahren Geschichte«, die Hegel hinter den Launen der »äußerlichen Geschichte« immer weiter voranschreiten sieht, keinen Glauben zu schenken, dieser Geschichte, die die Positivisten als nationale Zwangsläufigkeit oder als Fortschritt deklarieren. Das wahre Prinzip, das hinter den alternierenden Siegen und Niederlagen, hinter der »philosophischen Tendenz«, hinter der »reinen Logik« und der »Natur« des Krieges latent vorhanden ist, ist gerade keine List der Vernunft, sondern der Zweikampf.[76]

Der Kampf auf Leben und Tod ist hier also viel mehr als ein bloßes Begehren nach Anerkennung. Es handelt sich hier nicht um eine Herr-Knecht-Dialektik, sondern um einen *erbarmungslosen Kampf zwischen Zwillingen*. Ernst Nolte ahnt dies zwar, zieht aber nicht die richtigen Schlussfolgerungen daraus, weil er die mimetischen Implikationen seiner Hypothese nicht konsequent zu Ende verfolgt hat. Anstatt zu versuchen, Deutschland vom Schlimmsten zu entschulden, wäre zu zeigen gewesen, dass die von der Sowjetunion und dem Dritten Reich betriebene reziproke und blindwütige Nachahmung jenen »absoluten Krieg« auslöste, dem Millionen Unschuldiger zum Opfer fielen und in dem die Institution des Krieges in Europa zu Grabe getragen wurde. Selbst in den Augenblicken größter Niedergeschlagenheit hätte Clausewitz einen solch totalen Verfall nicht zu befürchten gewagt! Man könnte diese mimetische Interpretation unter Wahrung aller gebotenen methodologischen Vorsichtsmaßregeln auf die ganze menschliche Geschichte ausdehnen.

Anläßlich des 11. September erinnerte ich in einer französischen Zeitung an die zwillingshafte Gleichheit von Islamisten und Abendländern. Neu ist diese aber nicht. Man kann sich in der Tat fragen, ob nicht die Exzesse der Kreuzfahrer im 13. Jahrhundert eine mimetische Antwort auf den *Dschihad* darstellten, deren Folgen wir heute in Europa und dem Nahen Osten zu spüren bekommen. Wie viel Energie wurde hier darauf verschwendet, ein leeres Grab zu erobern! Man sollte die Modalitäten der Steigerung bis zum Äußersten im großen Maßstab und auf unterschiedlichen Ebenen historisch untersuchen. Dann würde man entdecken, dass die Institution des Krieges sich progressiv in Auseinandersetzung mit dieser unheilvollen Tendenz gebildet hat, im Versuch, einzudämmen, was sich immer weniger eindämmen ließ. Die Steigerung der Gewalt vollzieht sich hinter dem Rücken der Akteure. Schon dieses Prinzip der Verkennung widerspricht der Idee von einer List der Vernunft.

Es ist also nicht verwunderlich, dass die Mimetik im Zeitalter der Globalisierung, das heißt im Zeitalter der steigenden Anzahl von Kriegen, seit 1945 an Boden gewonnen und sich des ganzen Planeten bemächtigt hat. Heute weiß jeder, dass zum Beispiel der sich zwischen China und den Vereinigten Staaten anbahnende Kampf nichts mit einem »Kampf der Kulturen«[77] zu tun hat, wie man es uns glauben machen will. Denn wir wollen immer Differenzen sehen, auch wo es diese in Wirklichkeit gar nicht gibt. Tatsächlich wird hier ein Kampf zwischen zwei Formen des Kapitalismus ausgetragen, zwei Formen, die einander immer ähnlicher werden, bis auf den Unterschied, dass die Chinesen, die über eine alte Kriegskultur verfügen, seit dreitausend Jahren darüber theoretisieren, wie man die Stärke des Gegners gegen diesen wendet. Die Chinesen erliegen also nicht so sehr der Anziehungskraft des abendländischen Modells. Vielmehr imitieren sie es, um darüber zu triumphieren. Möglicherweise muss man ihre Politik gerade deshalb fürchten, weil sie die Mimetik versteht und beherrscht. In dieser Hinsicht ist der islamistische Terror nur der Vorbote einer sehr viel beängstigenderen *Antwort* des Ostens auf den Westen.

Anlässlich der Übergabe Hongkongs an China gab es bereits untrügliche Zeichen, wie jene großen Uhren, die den Moment anzeigten, in dem Hongkong das Lager wechseln würde. Das chinesische Volk mass diesem Ereignis eine absolut herausragende Bedeutung bei. Hier zeigte sich die Intelligenz der Engländer, die darin besteht, Politik zu machen, ohne darüber zu sprechen. Im Augenblick gibt es keinen Krieg, es herrscht große Übereinstimmung in vielen Punkten. Denn es ist allgemein bekannt, dass die internationalen Finanzsysteme ohne die Chinesen zusammenbrechen würden. Ihre Achillesferse scheint die Korruption zu sein, was sie jedoch nicht daran gehindert hat, im Jahre 2006 die zehnprozentige Steigerung ihres Bruttosozialproduktes zu verkünden – während sie die Zahlen zuvor immer nach unten korrigiert hatten, um den Westen nicht allzu sehr zu erschrecken. Bedenkt man, dass die industrialisierten Gebiete Chinas weniger als ein Zehntel der Landesfläche ausmachen, so ist hier in der Zukunft noch einiges möglich.

Haben Sie zum Beispiel davon gehört, dass überall auf der Welt massenhaft Kupfer gestohlen wird? Man stiehlt es, um es wieder zu verkaufen, so wie es kürzlich auch hier in Frankreich passierte. Das liegt an China, das für den Bau seiner Anlagen Unmengen davon benötigt. Ich erinnere mich daran, dass letztes Jahr in einer amerikanischen Universität Bauarbeiten unterbrochen wurden, weil »alles nach China ging«. Heute ist es Kupfer, morgen wird es das Öl sein. Der Preisanstieg für ein Barrel Öl – dafür ist China verantwortlich, nicht die Angst vor dem Krieg. Die Chinesen werden nicht ruhen, sie wollen die Amerikaner schlagen, sie wollen, dass es bei ihnen mehr Autos gibt als in Amerika. Immer mehr haben als das Vorbild, die altbekannte Leier. Das ist der unüberwindbare Horizont unserer Geschichte, den die islamistischen Attentate nicht grundsätzlich verändern. Genau deshalb sehe ich bei Clausewitz eben jene Mechanismen der Entdifferenzierung am Werk, wie ich sie in den Mythen aufgespürt habe, als ich das archaisch Religiöse zu ergründen versuchte. Auch deshalb sollte man diesen Autor unbedingt lesen. Sein kühler Pessimismus unterrichtet uns, möglicherweise besser als jede andere Lehre, über die gerade stattfindende Regression.

Die unmögliche Versöhnung

B.C.: Ihre Vorliebe für die Apokalypse stößt manche Leute vor den Kopf und lässt sie die Stichhaltigkeit der von Ihnen eingeführten Konzepte, die dieses Kopfloswerden der Welt beschreiben, nicht wahrnehmen. Lassen Sie sich in Ihrem Misstrauen gegenüber dem Hegelianismus nicht ebenso von Clausewitz mitreißen, wie Clausewitz sich von Napoleon hat mitreißen lassen?

R.G.: Besser, man stößt die Leute vor den Kopf, als jedermann zu gefallen. Viele Intellektuelle weigern sich, die von mir beschriebene Situation in Betracht zu ziehen. Aber ist sie nicht trotzdem gegenwärtige geschichtliche Wirklichkeit? Die Steigerung bis zum Äußersten ist das, was mich jeden Hegelianismus ablehnen lässt. Das ist mir bewusst. Clausewitz' einzigartige Intuition fasziniert mich ebenso sehr, wie ich sie zurückweise und über sie hinauszugehen versuche. Doch dabei müsste ich Clausewitz' Ideen integrieren können: indes nicht, um eine Apologie des rechtlich geregelten Krieges à la Carl Schmitt zu betreiben, und noch weniger, um zu schnell auf die hegelsche Versöhnung zuzusteuern, auf die berühmte *Aufhebung*, die für meinen Geschmack nicht religiös genug ist. Clausewitz' Vorzug ist höchst paradoxerweise auf das ihn beseelende Ressentiment zurückzuführen, auf das Modell-Hindernis, das der Kaiser für ihn darstellte und auf das er unablässig stieß. Hier haben wir ein konkretes, formulierbares Gesetz. Wenn wir Clausewitz lesen, erkennen wir, dass mit Napoleon etwas völlig Neues in die Welt kam. Wir erleben mit, wie Clausewitz eben jene Wirklichkeit mit sicherem Griff zu fassen bekommt, die die Fundamente unserer Behaglichkeit bedroht. Die Steigerung bis zum Äußersten ist keine Clausewitzsche Erfindung, sie ist real.

B.C.: Könnte man nicht, anstatt Hegel und Clausewitz allzu systematisch zu kontrastieren, versuchen, mit ihnen die Versöhnung der Menschen, ihre nicht-konfliktuelle Übereinstimmung zu denken?

R.G.: Das sollten wir in der Tat versuchen, allerdings stets mit Blick auf die zwischen diesen beiden Denkern hergestellte Opposition. Wir müssen also auf das nicht zu überwindende Gesetz des reziproken Handelns, das heißt auf die Mimetik rekurrieren, da wir die Logik des Begehrens und der Leidenschaften ja heutzutage besser verstehen. Ist die Versöhnung nach Auschwitz und Hiroshima noch denkbar? Sicher nicht in den hegelschen Kategorien. Daher mein Rekurs auf Clausewitz und das apokalyptische Denken. Die Gleichheit aller, die Symmetrie des Mythos und die Nivellierung aller Unterscheidungen sind in meinen Augen das Resultat des Kampfes zwischen den Doppelgängern, so wie er – in der von mir so bezeichneten »sakrifiziellen Krise« – der Polarisierung einer Gruppe gegen das stellvertretende Opfer vorausgeht. Diese Urszene des archaisch Religiösen hat die Götter, die Riten und die Institutionen hervorgebracht. Heute ist sie jedoch nichts weiter als schrecklichstes Theater, kopflose Gewalt, die Tausende, ja

Millionen Toter fordert. Bei Hegel hingegen wurden wir Zeugen, dass das Schauspiel der Identität philosophisches Wissen hervorbringen kann, ein Wissen um Gleichheit und Brüderlichkeit. Man muss diese Identität mithin anders zu denken versuchen, nämlich als umgekehrte Mimetik, als positive Nachahmung. Dies verlangt eine interne Kritik der Reziprozität, die jederzeit in extreme und unlösbare Konflikte ausarten kann.

Weil er an den Menschen glaubte, glaubte Hegel an eine gewissermaßen automatisch ablaufende Versöhnung der gesamten Menschheit. Grundlage hierfür war jedoch die Gewalt als fundamentaler Teil der Geschichte. Indem sie die positive Seite menschlicher Konflikte bejahte, bildete Hegels Dialektik mithin eine Phase innerhalb der philosophischen und geistigen Steigerung der Gewalt in der modernen Welt. Marx forderte die Menschen ja gerade durch seine Kritik am hegelschen Idealismus dazu auf, diese Gewalt für sich in Besitz zu nehmen. Lenin wiederum sollte Marx vorwerfen, nicht gewalttätig genug gewesen zu sein. So wurde die Gewalt als immer unentbehrlicher für die Ankunft des Friedens unter den Menschen angesehen. In seiner Analyse der »fusionierenden Gruppe«[78] überbietet Sartre Lenin und stößt beinahe bis zum Gründungsmord vor. Clausewitz sprach also bereits offen aus, was der Post-Hegelianismus später in einem Übermaß an Gewalt entdecken sollte: Die Steigerung bis zum Äußersten entmystifiziert jede Versöhnung, jede *Aufhebung*. Bei ihrer Umsetzung in der geschichtlichen Wirklichkeit veranschaulichen die auf die friedensstiftende Gewalt gestützten Illusionen den Wahnsinn des gesamten Unterfangens.

Natürlich lässt sich nicht leugnen, dass Hegel die schreckliche Alternative von Töten oder Getötetwerden erkannt hat; aber er glaubte eben, die Menschen würden einander am Ende doch in die Arme fallen. Diese Versöhnung, die die Hegelianer später eigenhändig aus seinem Werk verbannt haben, bildete den wahren und geheimnisvollen Kern seines Genies. Wenn man ausschließlich an den Menschen glaubt, muss man an die Versöhnung der Menschen glauben, auch wenn man sie ans Ende der Geschichte verlegt. Die vermeintliche Überlegenheit der hegelianischen Weisheit gegenüber früheren Weisheiten beruhte auf dem Umstand, dass sie niemals auf die Probe gestellt wurde, denn es oblag ja der Geschichte, die Versöhnung zu bewerkstelligen. Der Hegelianer konnte unbeteiligt auf ihre Stunde warten. So lange sich die Menschen um ihn herum bekämpften, blieb er »über dem Schlachtgetümmel«. Anders als seine naiven Vorläufer mühte er sich nicht, seine Gegner zu versöhnen. Er wusste, dass die Welt noch in Dunkelheit gehüllt war.

Diese Hoffnung auf eine notwendige Versöhnung der Menschen bestürzt mich heutzutage am meisten. In gewisser Weise fiel auch ich dieser Hoffnung zum Opfer, und mein Buch *Das Ende der Gewalt* zeugt noch von meiner Zuversicht, ein Universalwissen über die Gewalt könne genügen. Aus den soeben dargelegten Gründen, die ich damals jedoch nicht erkannte, glaube ich dies heute ganz und gar nicht mehr. Genau deswegen werden wir das Schweigen Hölderlins befragen müssen. Dieser großartige Dichter war ein unmittelbarer Zeitgenosse von Clausewitz und Hegel. Sein endgültiger Rückzug nach Tübingen muss als Zurückweisung des Absoluten verstanden werden, als radikale Distanzierung von all jenen Optimisten, die am Aufstieg des Bellizismus in Europa Anteil hatten. Mit einem Male hörte Hölderlin auf, zu seinen Zeitgenossen zu sprechen – eingehüllt in die unüberwindliche Traurigkeit des Protestanten, der dagegen möglicherweise weniger gefeit ist als der Katholik. An dieses Schweigen müssen wir herankommen, diesem Schweigen müssen wir gewachsen sein. Bei Hölderlin suche ich heute die Wahrheit, die man bei Hegel nicht findet.

B. C.: Aber dennoch gehen Sie davon aus, dass Hegel uns mit der jüdisch-christlichen Welt verbindet.

R. G.: Mit der christlichen Welt auf jeden Fall. Mit der biblischen Welt verhält es sich dagegen anders. Die Art, in der Hegel den »eifersüchtigen Gott« behandelt, ist überaus konventionell. In gewisser Weise entspricht sie der Aufklärung. Meiner Ansicht nach hat Hegel die zwischen diesen beiden Traditionen bestehende Kontinuität, die man nie vergessen darf, nicht wirklich verstanden. Ganz im Gegensatz zu Hegel ist zu betonen, dass die moderne Weisheit in dem Maße, in dem sie nach der konfliktfreien Identität strebt, Erbin der prophetischen Hoffnung ist – der Vision von der universellen Einheit als dem unmittelbaren Bevorstehen von Harmonie und Frieden. Das aufklärerische Denken bzw. alle Ideen von Gleichheit und Demokratie, alle revolutionären Vorstellungen sind ihrem Wesen nach nichtgriechisch. Vielmehr sind sie jüdischen Ursprungs, denn sie gründen auf der ultimativen Vision der Identität, der Brüderlichkeit. Messianisches Denken kann es in dem Sinn heißen, als die Hoffnung auf Brüderlichkeit gerade vermittels der Wechselfälle der Geschichte und ihrer Bewegungen aufscheint. Zu behaupten, hierbei handele es sich um einen imaginären »Traum« oder eine Flucht, ist ein Fehler. Diese Vision der Gleichheit ist eine wesentliche Leistung der abendländischen Geschichte. Sie *wiederholt* den Mythos, das heißt, sie dringt in Regionen der oszillierenden Differenz vor, dorthin, wo Differenzen im Konflikt verlorengehen. Diese Vision einer neuen Ordnung gründet sich auf das Nichts, das die Kombattanten oder bestimmte Kategorien von Kombattanten voneinander trennt, auf jenes Nichts, das die Menschen zwangsläufig vereinigen muss, auf jenes Nichts, das sie nicht daran hindern kann, sich eines Tages zu vereinen, selbst wenn es das Toben des Konflikts derzeit nicht verhindert.

Weil sie diese prophetische Dimension des Verlustes der Differenzen nicht begreifen, haben die modernen Spielarten der Weisheit die Differenz, den Konflikt sowie das Hindernis als Größen wieder eingeführt, die es auf dem Weg zur Versöhnung zu überwinden gilt. Sie hoffen immer noch, dass sich am Ende der Geschichte alles in Wohlgefallen auflöst. Um die Hoffnung auf Identität, das heißt auf die Versöhnung nicht zu verlieren, haben sie die versteckten Differenzen vervielfacht, die man auf dem Weg zur wahren Gleichheit eliminieren muss. Wie wir bereits gesehen haben, glaubte Hegel aus den zwischenstaatlichen Konflikten würde ein Weltstaat hervorgehen. Nach seinem Vorbild wollten die modernen Spielarten der Weisheit nicht darauf verzichten, in der schlechten Reziprozität den Vorboten der guten zu sehen. Aber dieses Alibi des letzten, vor der Versöhnung zu überwindenden Hindernisses, diese Art und Weise, den universalen Frieden aufzuschieben, musste die Gewalt zwangsläufig steigern. *Es braucht immer noch mehr Gewalt vor der Versöhnung*. Das haben uns Auschwitz und Hiroshima wieder bewusstgemacht.

Wir können also nicht fortfahren, so zu denken. Diese unbewusst apokalyptische Denkweise wird durch die Steigerung bis zum Äußersten entlarvt. Heute wissen wir, dass die Gewalt, wenn wir sie nur aufschieben und ihr nicht sofort abschwören, immer weiter zunimmt. Gewalt lässt sich nicht durch Gewalt austreiben. Gleichwohl wollen die Menschen die Katastrophe, die sie dadurch vorbereiten, dass sie immer neue Differenzen und neue Konflikte einführen, auch weiterhin nicht zur Kenntnis nehmen. Diese Verkennung ist Teil der Mimetik, der Verleugnung unserer eigenen Gewalt.

B.C.: Die Steigerung bis zum Äußersten wäre Ihrer Auffassung nach also die von zunehmend mehr Gewalt erfüllte Zeit, die wir vor der Versöhnung abzuwarten haben, bis zu dem Punkt, an dem diese Versöhnung letztlich unmöglich wird?

R.G.: Wir dürfen uns die Versöhnung nicht länger als Resultat der Steigerung bis zum Äußersten vorstellen, sondern vielmehr als deren Kehrseite. Die Möglichkeit einer Steigerung bis zum Äußersten steht sehr real im Raum, aber niemand will sie wahrhaben. Das Reich Gottes ist bereits da, aber die menschliche Gewalt wird es mehr und mehr verstellen. Dies ist das Paradox unserer Welt. Das apokalyptische Denken widersetzt sich mithin jener Weisheit, die glaubt, die friedfertige Gleichheit, die Brüderlichkeit sei auf rein menschlicher Ebene zu erreichen. Ferner erhebt es Einspruch gegen all jene Formen reaktionären Denkens, die darauf abzielen, die Differenz wiederherzustellen, und die in der Gleichheit nichts weiter als zerstörerische Uniformität oder nivellierenden Konformismus sehen. Das apokalyptische Denken erkennt in der Gleichheit die Quelle des Konfliktes, sieht dort aber auch die verborgene Präsenz des »wie dich selbst«, das zwar nicht zu triumphieren in der Lage ist, hinter dem Lärm und der Raserei, die es verdecken, im Stillen aber heimlich wirkt, heimlich dominiert.

Die friedliche Gleichheit ruht im Herzen der gewalttätigen Gleichheit als ihre am tiefsten verborgene Möglichkeit. Dies ist die geheime Kraft der Eschatologie. Hegels Denken ging vom Christentum aus, und er verstand, dass die Stimme der Einheit und der Liebe aus der Zwietracht selbst, aus der zerstörerischen und schrecklichen Nichtigkeit des Konflikts hervorgehen könnte. Allerdings hatte er vergessen, dass bereits die weisesten Menschen daran gescheitert waren, dieser Stimme zum Triumph zu verhelfen. Dieses von der christlichen Offenbarung antizipierte Scheitern wollten Hegel und die moderne Weisheit nicht zur Kenntnis nehmen. Diese Verkennung hat das Schlimmste bewirkt.

Die Spielarten des modernen Denkens konnten deshalb erst zu einem bestimmten Zeitpunkt der Geschichte auftreten, als die Symmetrie sich mit sich selbst auseinandersetzte, als das Fehlen von Differenzen zutage trat, als das Nichts, das die feindlichen Brüder voneinander trennt, immer inständiger die Möglichkeit ihrer Vereinigung nahelegte. Dies sollte den Menschen hinreichend vor Augen führen, dass ihrer Versöhnung kein wirklich trennendes Hindernis im Wege stand. Die modernen Denker haben diesen übertriebenen Optimismus zu korrigieren versucht. Sie entdeckten, dass die Differenzen dort fortbestanden, wo man sie verschwunden geglaubt hatte – kulturelle und keine natürlichen Differenzen, also Differenzen, die sich eliminieren lassen: Differenzen in der historischen Entwicklung, Differenzen in der Erziehung, soziale, ökonomische, familiäre und psychologische Differenzen. Lange Zeit schien das konfliktuelle Tilgen dieser Differenzen Bedingung für den Anbruch der neuen Ordnung zu sein. Wenn die umstandslos zu verzeichnende Identität um uns herum keine Quelle der Harmonie abgab, so deshalb, weil sie oberflächlich und trügerisch blieb. Man musste sie durch eine *viel realere Identität* ersetzen. Diese prometheische Anstrengung, die immer mehr Gewalt erforderte, hat zum Aufstieg des Totalitarismus beigetragen.

Das moderne Denken der Identität konnte neue Versöhnungshindernisse entdecken oder erfinden, es konnte die Epiphanie dieser Identität an den äußersten Rand seines Gesichtskreises schieben, sie schließlich eliminieren. Heute hat dieses Denken sich selbst eliminiert. Es existiert nicht mehr. Das Christentum hat indes immer schon gewusst, dass diese Versöhnung unmöglich ist: Darum sagte Jesus, er bringe den Krieg und nicht den Frieden.[79] Sollte das Christentum sein apokalyptisches Scheitern vorausgesehen haben? Das ließe sich vernünftigerweise vertreten. Dieses Scheitern ist ja gleichbedeutend mit dem Ende der Welt. So gesehen lässt sich sagen, dass der Vers »Bloß – wird der Menschensohn, wenn er kommt, den Glauben antreffen auf Erden?« (Lk 18, 8) noch viel zu viel Hoffnung enthält. Die Offenbarung ist gescheitert, sie wurde nicht vernommen.

Natürlich kann die Apokalypse nicht die Tatsache aus der Welt schaffen, dass die Menschheit etwas erreicht hat, was man unbestreitbar dem Christentum zuschreiben muss. Die heute verschwundene Idee der Versöhnung hat gleichwohl Ereignisse hervorgebracht, die die Welt grundlegend verändert haben. Diese aufgeschobene Epiphanie der Gleichheit aller Menschen, das Beste am Christentum, hat der Geschichte immer schon neue Hindernisse zur Überwindung in den Weg gestellt. Wäre es anders gewesen, wäre da nur die Differenz gewesen, hätte die Geschichte nichts bedeutet und keinerlei Wahrheit existiert. Gerade diese Hoffnung auf Identität, auf die zukünftige Versöhnung, stellte lange Zeit den Sinn der Geschichte dar, bis dieser Sinn dann zur Ideologie gerann und den Menschen mit den Instrumenten des Terrors aufgezwungen wurde.

Ich selbst habe zeitweise geglaubt, dass die Idee der Identität und ihre intellektuelle Evidenz allen Hindernissen zum Trotz die Epiphanie allein hervorbringen könnte – dass sie die feindlichen Brüder einfach miteinander versöhnen *müsste*. Ich hatte die Lehren der griechischen Tragödie vergessen: Eteokles und Polyneikes werden sich niemals miteinander versöhnen. Nur die demokratische Hoffnung behauptet, der Tragödie ein Ende setzen zu können. Heute wissen wir, dass dies eine moderne Platitüde ist. Der Mensch allein kann nicht über sich selbst triumphieren. Die Chance auf ein Paradies auf Erden ist auf immer verloren. Gottes Geduld ist unbegreiflich, aber sie ist nicht unendlich.

Aufgrund des Umstandes, dass es aus dem Judentum hervorgegangen ist, ist das Christentum für mich daher also kein Denken neben anderem, sondern das ursprüngliche Denken der Identität. Aus eben diesem Grund muss man auf es zurückkommen, ganz gleich, was seine Kritiker dazu sagen. Das Christentum hat als Erstes erkannt, dass die Geschichte auf eine konfliktgeladene Reziprozität zuläuft, die sich – um nicht im Abgrund der absoluten Gewalt zu versinken – in eine friedvolle Reziprozität verwandeln muss. Als Erstes hat es erkannt, dass diesem Wandel, nach dem alles um uns herum schreit, ja nach dem alles um uns herum geradezu lechzt, nichts Gewichtiges, nichts Reales entgegensteht. Aber es behauptet, und hierin unterscheidet es sich von allen Spielarten des modernen Identitätsdenkens, *dass sich die Gelegenheit zur Versöhnung schon einmal geboten hat, die Versöhnung jedoch ausblieb.*

Im Unterschied zu allen anderen Denkrichtungen behält das Christentum also jene beiden Dinge, die wir hinsichtlich der Versöhnung stets voneinander trennen, zugleich im Blick: ihre prinzipielle Möglichkeit und ihre faktische Unmöglichkeit. Wenn die feindlichen Brüder nichts mehr voneinander trennt und alles ihnen nahelegt, sich zu einen, weil ihr Überleben von dieser Vereinigung abhängt, sind weder die intellektuelle Evidenz noch Appelle an den gesunden Menschenverstand, die Vernunft oder die Logik von irgendwelchem Nutzen. Es wird keinen Frieden geben, denn der Krieg nährt sich ja gerade von diesem allein zwischen den beiden Kämpfenden fortbestehenden *Nichts*, nährt sich gerade von ihrer *Identität*. So sind wir in eine Ära unberechenbarer Feindseligkeit eingetreten, in das Zwielicht des Krieges, das die Gewalt zu unserem höchsten und letzten *Logos* macht.

B.C.: Sie rechnen also mit dem Schlimmsten, auch wenn Sie dabei spürbar zögern und bisweilen sogar noch an das Himmelreich glauben. Warum, glauben Sie, muss diese »Epiphanie der Identität« zwangsläufig eine apokalyptische Wendung nehmen?

R.G.: Weil die Evangelien dies sagen und weil diese Wahrheit so eklatant geworden ist, dass es unmöglich wird, die Karten *jetzt* nicht auf den Tisch zu legen. Das absolut Neue ist die Parusie, das heißt, die Apokalypse. Der Triumph Jesu Christi wird in einem Jenseits stattfinden, dessen Ort und Zeit wir nicht angeben können. Aber die Verwüstung wird sich allein auf unserer Seite abspielen. Die apokalyptischen Texte sprechen von einem Krieg unter Menschen, nicht von einem Krieg Gottes gegen die Menschen. Es gilt, den Fundamentalisten das Apokalyptische zu entreißen! Im Vergleich dazu, dass sie sich mit Sicherheit ereignen wird, ist die Katastrophe selbst also unbedeutend. Sie betrifft gewissermaßen *nur* die Menschheit und hat keinerlei Einfluss auf das Jenseits. Die menschliche Gewalt bringt das Sakrale hervor, aber die Heiligkeit führt zu jenem »anderen Ufer«, von dem die Christen, wie übrigens auch die Juden, weiterhin mit innigster Überzeugung annehmen, es werde niemals vom menschlichen Wahnsinn befleckt werden.

B.C.: Handelt es sich bei der Steigerung bis zum Äußersten mithin um ein unabänderliches Gesetz?

R.G.: Eine genaue Lektüre von Clausewitz' Text wird dies nach und nach erweisen. Wir haben bereits gesehen, wie aktuell dieses

Buch ist, und bereits damit begonnen, es anders zu verstehen, als Raymond Aron es verstanden hat. Daran müssen wir anknüpfen. Wir werden immer deutlicher erkennen, worin es sich radikal vom Christentum unterscheidet, aber auch, inwiefern es ein Gesetz verheißt, das von der hegelschen Vernunft genauso wie von der ihrer Epigonen nicht erfasst werden kann.

Hegel hat heute keine Jünger mehr. Man kann nicht länger tun, was das moderne Denken lange Zeit getan hat, nämlich *aufschieben*. Alle Menschen sind gleich, nicht nur *de jure*, sondern *de facto*. Folglich stehen wir vor entscheidenden Weichenstellungen: Bald wird es keinerlei Institution, keinerlei Riten, keinerlei »Differenz« mehr geben, um unser Verhalten zu regulieren. Wir haben die Wahl, uns entweder zu zerstören oder uns zu lieben, und so steht zu befürchten: die Menschheit wird es vorziehen, sich zu zerstören. Die Zukunft der Welt entgleitet uns und liegt dennoch in unseren Händen. Hierüber gilt es nachzudenken. Das Einzige, was ich persönlich tun kann, ist immer und immer wieder auf die neutestamentliche Offenbarung zurückzukommen. Es erstaunt und fasziniert mich, auf welch ungeheuren passiven Widerstand diese Botschaft stößt, gerade heute, wo Hegels Stern erloschen ist, wo die Identität der Menschen bald offen zu Tage liegen wird und sich nicht mehr hinauszögern lässt. Genau dieser Offenbarung wende ich mich zu. Sie lehrt uns, dass die Versöhnung der Bewegung der Geschichte nicht immanent ist. Deshalb wird auch Pascal, viel mehr als Hegel, zu unserem Zeitgenossen.

B.C.: Das Gebot der Nächstenliebe wäre demnach die letzte Zuflucht?

R.G.: Wir werden in der Tat auf die Art und Weise zurückkommen müssen, in der die mimetische Anthropologie die Beziehung der Nächstenliebe zu etablieren versucht, indem sie von einer gewalttätigen *Mimesis* zu einer friedlichen *Mimesis* übergeht. Aber um diese besondere Beziehung denken zu können, muss man zuvor eine andere, absolut wesentliche Beziehung rekonstruiert haben: die zwischen dem Judentum und dem Christentum, zwischen dem »Fleischlichen« und dem »Geistlichen«, wie Pascal sagt. Dass Hegel die einzigartige Beziehung nicht verstanden hat, die das, was die Christen das Alte und das Neue Testament nennen, zugleich eint und trennt, erstaunt mich besonders. Hier wäre eine wesentliche Bewegung nachzuvollziehen. Indem Heidegger im johanneischen *Logos* den »Befehl« und das »Gebot« sieht, reiht er sich in eine auf Hegel zurückgehende Tradition des modernen Denkens ein. Hegel verwandelte den Gott des Gesetzes in den fürchterlichen und selbstherrlichen Gott. Dies ist eine Fehldeutung der hebräischen Bibel, und diese Fehldeutung wurzelt gerade im christlichen Unvermögen, die beiden Testamente als eine Einheit zu begreifen, ein Unvermögen, dessen Anfänge man heute zu sehr auf die Lehre des Heiligen Paulus zurückführt.

Bei der hegelschen Lektüre der hebräischen Bibel handelt es sich um eine statische, um eine tote Lektüre, die diesen Schriften, die ganz wesentlich der Zukunft zugewandt sind, eben diese ihre Ausrichtung raubt. Gleichwohl musste Hegel in seiner Lektüre das Fundament der Bibel noch zur Kenntnis nehmen: das Wort von der Gleichheit und Brüderlichkeit, die friedliche Nichtdifferenz, die sich in den Evangelien voll und ganz offenbart. Das post-hegelsche Denken hingegen treibt Hegels Irrtum auf die Spitze, indem sie die notwendigerweise biblischen Grundlagen jeder Aufdeckung von Gewalt symptomatisch vergisst. Man denunziert die Gewalt im Namen des »Individuums« gegen die Gruppe, das heißt im Namen einer anderen Gewalt, die dieselbe ist. Im Denken der Kommentatoren neigt die Gewalt, die Hegel und auch noch Freud an den biblischen Ursprung verlegten, dann dazu, sich auszubreiten und auf das Neue Testament überzugreifen. Die Kritik verfährt selbst nicht anders als der Mythos. Der Rationalismus remythifiziert, was er zu entmystifizieren glaubt, das heißt die Bibel in ihrer Gesamtheit. Der Logos der Gewalt dehnt seine ureigene Herrschaft auf alles aus und bildet sich schließlich im einzigen

Text ab, in dem die Gewalt nicht triumphiert, nämlich in der Heiligen Schrift.

B.C.: War eine solche Bewegung aufgrund der bestehenden Ähnlichkeiten zwischen den Evangelien und den Mythen im Hinblick auf die zentrale Rolle des zugleich geopferten und vergöttlichten Sündenbocks nicht unvermeidbar?

R.G.: Es ist in der Tat diese Ähnlichkeit, die zur Fehlinterpretation geführt hat. Indem er in die alten Reflexe der Mythologie verfiel, ist der Rationalismus in die Falle getappt: Verwechselt man das Christentum mit all den anderen Religionen, so macht man zwangsläufig eine ebenso gewalttätige Religion wie die anderen aus ihm. Wir werden dies noch präzisieren. Mit Hölderlins Hilfe werden wir die grundlegende Ähnlichkeit und Differenz zwischen dem Christlichen und dem Archaischen hervorheben. Wenn ich den biblischen Text für mythisch halte und er mir sogar noch mythischer erscheint als der Ödipus-Mythos, so deshalb, weil Gott dort eine souveräne Rolle spielt, die mir mit einer Wissenschaft der menschlichen Beziehungen unvereinbar zu sein scheint. Aber der Herrschergott ist derjenige, der sich in der väterlichen, hierarchischen Differenz verkörpert.

Im Gegensatz dazu ist der Gott, der mit dem freiwilligen Sündenbock auftaucht, ein vollkommen unbekannter Gott, der vollkommen teilhat an der gemeinen Menschlichkeit und zugleich überhaupt keinen Anteil an ihr, *ganz Gott und ganz Mensch*. Durch ihre Verbindung verwirklichten die Figur des königlichen Messias und des freiwilligen Sündenbocks diese Bedingungen. Die unerhörte Neuheit, das Ereignis, dessen Tragweite die abendländische Welt noch gar nicht erkannt hat, obwohl ihre Geschichte immer mehr von ihm bestimmt wird, besteht darin, dass *Gott von nun an auf der Seite des versöhnenden Sündenbocks steht*. Er steht außerhalb der durch das Spiel der sakralen Differenz geordneten Stadt, der Differenz, die das moderne Denken aus Angst vor der Identität mit einer unerhörten Naivität und Gewalt fortgeschrieben hat. Diese Totalität kann sich nur im Tod und im Nichts wieder verschließen. Aber Jahwe wohnt von nun an außerhalb des Tempels. Die göttliche Wahrheit weilt nicht länger in der antiken Stadt oder beim auserwählten Volk: sie wurde zusammen mit dem versöhnenden Sündenbock aus der Stadt der Menschen verstoßen.

Der Gottesknecht – der Lynchmord am leidenden Knecht bei Jesaja (Jesaja 52, 13–53, 12) – ist die einzige mögliche Vollendung der Struktur, denn das Verstoßen der Sündenböcke ist stets ein Rückfall in den Teufelskreis, der nur einen einzigen Ausgang kennt: die totale Zerstörung der Welt. Die Entdeckung der Funktion des freiwilligen Sündenbocks ist eine strenge spirituelle Operation, die sich an keine anderen empirischen Daten knüpfen darf als an die Kreuzigung. Deshalb gelangt die prophetische Literatur zu einem Knecht außerhalb jedes besonderen Ereignisses, außerhalb jedes Bezugs zu einer bestimmten Person oder Gruppe. Alle Anstrengungen, den Knecht bei Jesaja mit Israel insgesamt gleichzusetzen, erscheinen vergeblich. Ebenso – und obwohl das Thema des versöhnenden Sündenbocks für den Propheten stets von größter Relevanz ist – sagt dieser nirgends, dass er der Knecht Jahwes ist.

Auch Jesus warnt uns vor den Gefahren, die von den Antichristen ausgehen, also von jenen, die nachgeahmt werden wollen. Was an Jesus imitiert werden soll, ist sein Rückzug. Hölderlin hat diese verstörende Entdeckung gemacht. Deshalb finden wir im biblischen Universum niemals einen Kampf auf Leben und Tod, wie beispielsweise den zwischen den beiden thebanischen Propheten, dem Seher Teiresias und Ödipus. Ein solcher Kampf ist unmöglich, weil es in der hebräischen Bibel genau darum geht, die vorausgesetzte Differenz zu eliminieren. Es liegt also etwas Anonymes und Unpersönliches in diesen Liedern, selbst wenn der Knecht bald in seinem eigenen Namen spricht und bald im Namen des Kollektivs, das ihn verurteilte und erst im Nachhinein verstand, was es getan hatte. Auf die Frage: »Was unterscheidet die echte Prophezeiung von der falschen?« gibt es jetzt eine unmissverständliche Antwort:

Die echte prophetische Rede wurzelt in der Wahrheit des freiwilligen Sündenbocks. Sie gibt nicht vor, diese Wahrheit zu verkörpern. Sie sagt, dass sie etwas anderes ist und dass sie vor allem an einem Ort außerhalb der Stadt angesiedelt ist. Aber der Prophet ist diese Wahrheit nicht, denn sonst würden andere »Propheten« sich ihrer bemächtigen wollen. Er zeugt von ihr, er verkündet sie, er geht ihr voraus, und in gewissem Sinne folgt er ihr nach.

III. DER ZWEIKAMPF UND DIE REZIPROZITÄT

Die »wunderliche Dreifaltigkeit«

Benoît Chantre: Mithilfe von Clausewitz' Zweikampf sowie der Steigerung bis zum Äußersten ist es Ihnen gelungen, die entscheidende Frage vorwegzunehmen, um die unser Gespräch kreist, nämlich die Frage, ob wir die Katastrophe möglicherweise verzögern oder sogar noch verhindern können. Es sieht ganz danach aus, als hätte auch Clausewitz sich damit auseinanderzusetzen versucht. Nachdem er das Gesetz der Steigerung bis zum Äußersten definiert hat, macht er sich daran, eine politische Definition des Krieges zu unterbreiten. Nur so lässt sich der letzte Abschnitt des allerersten Kapitels seiner Abhandlung verstehen, in dem der Krieg als eine »wunderliche Dreifaltigkeit« definiert wird, als eine Verbindung aus Leidenschaft, Kalkül und Verstand. Diese dritte und letzte Definition soll eine Synthese, eine umfassende Konzeption des Krieges sein. Man hat jedoch das Gefühl, Clausewitz sei unterwegs noch auf etwas anderes gestoßen …

René Girard: Clausewitz versucht uns in der Tat davon zu überzeugen, dass wir uns immer noch in der Zeit der klassischen zwischenstaatlichen Konflikte befinden. Dies erhofft er dadurch zu erreichen, dass er den Zweikampf hinter einer rationalen Definition des Krieges zu verbergen versucht. So »beherrschte« die Regierung den Strategen, der seinerseits die Leidenschaften des Volkes »beherrschte«. Vergessen Sie nicht, dass Clausewitz an der Kriegsschule lehrte und seine atypische Laufbahn, sein Dienst in den Streitkräften des Zaren, ihn zu einiger Vorsicht zwang. Dieser Rationalisierungsversuch erinnert in mancher Hinsicht an die Art und Weise, in der die primitiven Gesellschaften ihre Gewalt durch den Mythos kaschierten. Die Ideologie hat die Mythologie zwar ersetzt, aber die Mechanismen gleichen sich. Nachdem Clausewitz die Steigerung bis zum Äußersten erst einmal formuliert hat, fällt es ihm schwer, uns erneut davon zu überzeugen, dass sich die Kriege noch mit den Mitteln der Politik im Zaum halten lassen. Die Geschichte beschleunigt sich auf unwiderstehliche Weise. Wir müssen uns mit dem Gedanken anfreunden, dass sich ihr weiterer Verlauf rationaler Kontrolle zunehmend mehr entziehen wird.

B. C.: Im besagten Paragrafen 28 aus dem ersten Kapitel des ersten Buches liefert Clausewitz das »Resultat für die Theorie«, die er zuvor erarbeitet hat. Er schlägt uns eine dritte und letzte Definition des Krieges vor, nach der Definition des Krieges als »Zweikampf« und nach der definitorischen Unterscheidung zwischen den »beiden Arten des Krieges« (dem Niederwerfungskrieg und dem Krieg als Mittel der Politik). Es handelt sich um die »wunderliche Dreifaltigkeit«, die Clausewitz zufolge die verschiedenen Formen, die der Krieg annehmen kann, am besten zu beleuchten in der Lage ist – von der »Steigerung bis zum Äußersten« bis hin zur »bewaffneten Beobachtung«:

> »Der Krieg ist also nicht nur ein wahres Chamäleon, weil er in jedem konkreten Falle seine Natur etwas ändert, sondern er ist auch seinen Gesamterscheinungen nach, in Beziehung auf die in ihm herrschenden Tendenzen, eine wunderliche Dreifaltigkeit, zusammengesetzt aus der ursprünglichen Gewaltsamkeit seines Elements, dem Haß und der Feindschaft, die wie ein *blinder Naturtrieb* anzusehen sind, aus dem Spiel der Wahrscheinlichkeiten und des Zufalls, die ihn zu einer *freien Seelentätigkeit* machen, und aus der untergeordneten Natur eines politischen Werkzeugs, wodurch er *dem bloßen Verstande* anheimfällt.

> Die erste dieser drei Seiten ist mehr dem Volke, die zweite mehr dem Feldherrn und seinem Heer, die dritte mehr der Regierung zugewendet. Die Leidenschaften, welche im Kriege entbrennen sollen, müssen schon in den Völkern vorhanden sein; der Umfang, welchen das Spiel des Mutes und Talents im Reiche der Wahrscheinlichkeiten des Zufalls bekommen wird, hängt von der Eigentümlichkeit des Feldherrn und des Heeres ab, die politischen Zwecke aber gehören der Regierung allein an.
> Diese drei Tendenzen, die als ebenso viele verschiedene Gesetzgebungen erscheinen, sind tief in der Natur des Gegenstandes gegründet und zugleich von veränderlicher Größe. Eine Theorie, welche eine derselben unberücksichtigt lassen oder zwischen ihnen ein willkürliches Verhältnis feststellen wollte, würde augenblicklich mit der Wirklichkeit in solchen Widerspruch geraten, daß sie dadurch allein schon wie vernichtet betrachtet werden müßte.
> Die Aufgabe ist also, daß sich die Theorie zwischen diesen drei Tendenzen wie zwischen drei Anziehungspunkten schwebend erhalte.«[80]

Diese »wunderliche Dreifaltigkeit« ist zusammen mit dem, was Clausewitz-Anhänger die »Formel« nennen (»Der Krieg ist die bloße Fortsetzung der Politik mit andern Mitteln« in Paragraf 24), ein entscheidender Schlüssel für das Verständnis seines Denkens. Es sieht so aus, als ob der Krieg lediglich ein Teil der Politik wäre. »Er hat freilich seine eigene Grammatik«, schreibt Clausewitz, »aber nicht seine eigene Logik.«[81] Clausewitz zufolge wird der Krieg stets »gehegt« werden – in den beiden Bedeutungen dieses Begriffs. Meine Lesart des Texts stellt diese Vorstellung von einem Vorrang der Politik gegenüber dem Krieg jedoch infrage und macht stattdessen die These stark, dass es hier nur eine einzige Realität gibt: die »Wechselwirkung«, das reziproke Handeln. Clausewitz möchte uns glauben machen, dass die Konfrontation zweier Staaten bald eine kriegerische, bald eine politische Gestalt annimmt – je nachdem, ob sie einen bewaffneten Konflikt auslöst oder den Zusammenstoß aufschiebt und zur bewaffneten Beobachtung »heruntergeht«, wie er sich ausdrückt. Wir können jedoch erkennen, dass das reziproke Handeln die Steigerung bis zum Äußersten zugleich provoziert und aufschiebt und dass Offensive und Defensive die beiden Modalitäten dieser – als aufgeschobene Polarität verstandenen – Steigerung sind.

R.G.: Zur bewaffneten Beobachtung »herunterzugehen« bedeutet also, wie es das Verb bereits sagt, dass derjenige, der die Initiative zu diesem »Heruntergehen« ergreift, den Kampf verweigert und Schwäche zeigt. Diese Verletzlichkeit löst nun aber gerade den Konflikt aus, der vermieden werden sollte – einen Konflikt, der umso verheerender ausfällt, als er durch das »Heruntergehen« aufgeschoben wurde. Im Zusammenhang mit der »seltsamen Niederlage« von 1940[82] werden wir dieses Phänomen noch genauer analysieren. Gleichwohl macht Clausewitz glauben, die Politik sei noch immer in der Lage, die Waffen zum Schweigen zu bringen. Es wird jedoch sofort deutlich, dass der Text etwas anderes zu verstehen gibt. Die Art und Weise, in der eine defensive Strategie den Zusammenstoß verzögern kann, indem sie ihn in einer aufgeschobenen Polarität hält, hat etwas Furchterregendes an sich: Genau das tat Hitler mit seiner Reaktion auf die »französische Offensive« im Rheinland und seinem anschließenden Einmarsch in Frankreich. Auf dieser Ebene handelte es sich keineswegs mehr darum, wieder zur bewaffneten Beobachtung herunterzugehen, sondern um die Steigerung bis zum Äußersten. Je mehr sich der eine Gegner zurückzieht, desto mehr wird der andere infolge der Wechselwirkung dazu tendieren, ihn entweder durch den eigenen Rückzug zu imitieren oder mit umso größerer Gewalt anzugreifen, weil er den Sieg in diesem Fall für gewiss hält.

B.C.: Es sieht also ganz danach aus, als würde der Zweikampf diese »dreifaltige« Synthese aus Volk, Feldherrn und Regierendem verunmöglichen. Die wesentlich mimetische Natur der Konflikte, ihre grundlegende Reziprozität hat zur Folge, dass sich die Gewalt ohne das Wissen ihrer Akteure »steigert«. Dennoch müssen wir die beiden Definitionen vom Krieg als Zweikampf und als »wunderlicher Dreifaltigkeit« im Hinterkopf behalten und sie an den Tatsachen messen.

R.G.: Es ist richtig, dass Clausewitz uns hier zwei Definitionen liefert, die er als komplementär ausgeben möchte, die in Wirklichkeit jedoch so widersprüchlich sind, dass man die zweite gerne für eine »Korrektur« der ersten hält. Allerdings steht die erste Definition gewissermaßen weiterhin im Raum, sodass man die zweite auf der Grundlage der ersten begreifen muss. Ist die Reziprozität einmal in Erscheinung getreten, lässt sie sich nicht mehr kaschieren. Die Ideen zur Wechselwirkung sowie zur Steigerung bis zum Äußersten sind von einer solchen Tragweite, dass sie den militärischen Rahmen überschreiten. Auch wenn Clausewitz streng genommen nur vom Krieg handelt, wollen wir jetzt so tun, als handele er vom Sozialen insgesamt – wir verbiegen ihn ganz bewusst. Denn es ist schlicht eine Tatsache, dass wir in einer Welt leben, die eindeutig gewalttätiger als die seine ist und in der manche seiner Observationen zum Militärischen mittlerweile den Status von Feststellungen über die Welt genießen. So überschneiden sich Clausewitz' Aussagen zur kriegerischen Reziprozität mit den Schlussfolgerungen, zu denen die mimetische Theorie in Auseinandersetzung mit den Mechanismen des Sozialen gelangt ist. Der Zusammenstoß zweier Streitkräfte folgt derselben Logik, die auch die menschlichen Beziehungen bestimmt und die ein komparativ verfahrender anthropologischer Ansatz herausgearbeitet hat. Diese Logik der Reziprozität sorgt dafür, dass die Kontrahenten sich einander immer mehr angleichen: Die Steigerung bis zum Äußersten ist also ein unerbittliches Gesetz. Jede Geste impliziert eine Antwort, jede Straftat zieht Vergeltungsmaßnahmen nach sich, und die Rache fällt umso schrecklicher aus, je länger sie nicht geübt wurde. Die menschlichen Beziehungen lassen sich jedoch nicht mit den Beziehungen zwischen diesem Kamin hier und diesem Sessel vergleichen. Um die Reziprozität zu verstehen, müssen wir von der Simultaneität der Objekte im Raum zur Abfolge der Ereignisse in der Zeit übergehen. So gelangen wir von der ersten zur zweiten Definition des Krieges: Der Zweikampf ist der unmittelbare Zusammenstoß zweier Armeen, das Gefecht, der Kampf auf Leben und Tod. Die »wunderliche Dreifaltigkeit« steht für die Beherrschung des Zweikampfes durch den Regierenden, also für die Macht, den Konflikt aufzuschieben, *um ihn noch entscheidender zu gestalten*. Clausewitz war kein chinesischer Stratege: Er will nicht ohne einen Schwertstreich siegen. Clausewitz will kämpfen und vertritt entschieden den Vorrang der Verteidigung. Clausewitz will einen glorreichen Sieg. Clausewitz ist, wie wir bereits gesehen haben, zu sehr in die Mimetik verstrickt, zu sehr vom Ressentiment beherrscht, um der Auseinandersetzung aus dem Weg gehen zu wollen. Viel mehr als den offensiven Krieg, wie es ihm Liddell Hart vorwarf, *will Clausewitz die Steigerung bis zum Äußersten*, denn der Zweikampf beschreibt die Kriegswirklichkeit für ihn am treffendsten. Bei Clausewitz gibt es also nur eine einzige Form der Wechselwirkung. Mal beschleunigt sie den Zweikampf, das »Gefecht«, mal schiebt sie es auf, um einem noch entscheidenderen Gefecht den Weg zu ebnen. Um den Krieg zu vermeiden, müsste man unmittelbar, im chinesischen Stil, angreifen können. Diese Möglichkeit hat sich – wie wir noch sehen werden – Albert Sarraut im Jahre 1936 und auch Charles de Gaulle im Jahre 1940 geboten. Sie wurde jedoch nicht realisiert, und wir müssen klären, warum nicht. Ich persönlich denke, dass gerade das Gesetz der Steigerung bis zum Äußersten das Präventivdenken ins Reich der Utopie verweist. Die »wunderliche Dreifaltigkeit« unterstellt den Zweikampf also nicht der politischen Kontrolle, sondern stellt ihn in die Zeit hinein.

Die »Wechselwirkung« ist stets am Werk, selbst wenn der Kampf noch gar nicht stattgefunden hat: Die beiden Gegner, der Angreifer und der Verteidiger gleichen sich einander immer stärker an, je länger sie sich beobachten und je mehr sich ihr »feindseliges Gefühl« steigert. Wenn sie beide zurückweichen, so nur, um sich später heftiger attackieren zu können; zieht nur der eine sich zurück, so kann dies dem anderen das Signal für den Angriff sein. Eines ist also gewiss: Der Konflikt wird ausgetragen werden. Er wird sich in dem Moment einstellen, in dem die Entdifferenzierung zwischen den beiden Gegnern einen Punkt erreicht, an dem es kein Zurück mehr gibt. Reziprozität und Verlust der Differenzen sind ein und dasselbe. In *Das Heilige und die Gewalt* behaupte ich deshalb, dass sich diese Ähnlichkeit allein von einem zugleich innerhalb und außerhalb der Gemeinschaft angesiedelten Beobachtungsposten aus erschließt, während auf der Innenseite nur wachsende Differenzen sichtbar werden. In primitiven Gesellschaften ist es gerade dieser mit der religiösen Perspektive konvergierende Blick von außen, der inmitten der »sakrifiziellen Krise« die Polarisierung aller feindlichen Brüder gegen einen Dritten bewirkt, den man für die Unordnung verantwortlich macht. Wenn die Riten, die als Hemmschuh der Reziprozität verstanden werden können, sich auflösen, verlassen wir die Abfolge friedlicher Austauschakte und treten ein in die gewalttätige und entdifferenzierte Simultaneität, also in das, was den Raum des Opfers charakterisiert. Was Clausewitz »Wechselwirkung« nannte, ohne dass er damit zwangsläufig die anthropologische Tragweite erkannt hätte, ist also gleichbedeutend mit der menschlichen Fähigkeit, sich gegenseitig zunehmend zu imitieren und dies gleichzeitig vollkommen zu verkennen. Am Ende sind Zweikampf, Wechselwirkung und Steigerung bis zum Äußersten äquivalent und entsprechen haargenau dem, was ich *Entdifferenzierung* nenne.

Der Krieg und der Austausch

B.C.: Muss man daraus schließen, dass der Begriff, den Clausewitz sich vom reziproken Handeln, von der *Wechselwirkung* macht, das heißt vom zwischenmenschlichen, geschäftlichen oder kriegerischen *Wechselhandel*, die Apperzeption des Zweikampfs als verborgene Struktur aller sozialen Phänomene impliziert?

R.G.: Ich denke ja. Allein die theoretische Intuition vermag, der Entdifferenzierung ansichtig zu werden. Sie lässt sich auf verschiedenste Weise beschreiben: als Simultaneität des Handelns, als Steigerung bis zum Äußersten im Herzen der alternierenden Siege und Niederlagen, als Reziprozität im Herzen jeder Form des Austausches. Weil Clausewitz den Krieg theoretisch ins Auge fasst, kann er den Zweikampf als konkrete Abstraktion, als realisierbare Idee denken. Der Zweikampf ist diese Simultaneität, dieses Auge in Auge: als Potenz, wenn die militärische Aktion aufgeschoben oder »diskontinuierlich« ist; als Akt, wenn die militärische Aktion »kontinuierlich« ist und sich bis zum Äußersten steigert. Der Gebrauch des Wortes *Wechselwirkung* im Sinn von reziprokem Handeln wie auch von »Wechselhandel«[83] erklärt zudem, warum Clausewitz eine Entsprechung zwischen Krieg und Geldverkehr herstellt und warum sich diesen beiden Aktivitäten für ihn nicht wirklich unterscheiden. In dieser Hinsicht erweist er sich als großartiger Prophet von Marx: Der Handel wäre keine Metapher für den Krieg, sondern beträfe die *gleiche Realität*.

Hier haben wir die genaue Gegenposition zu Montesquieu, für den sich bewaffnete Konflikte ja gerade durch Handel vermeiden lassen. Clausewitz kritisierte den exaltierten Charakter der Französischen Revolution sowie deren Geringschätzung privater Aktivitäten. In seinen Augen interessierten sich die Preußen mehr für den Krieg als für den Handel, während er selbst keinen wesentlichen Unterschied zwischen diesen beiden Aktivitäten sah. Halten wir fest, dass Montesquieus Vision friedlicher Austauschbeziehungen unter heutigen Ökonomen immer noch sehr verbreitet ist. Sie haben oft keinen Begriff davon, dass das Geld dazu da ist, das Kriegsrisiko zu neutralisieren. So gesehen ist es kein Zufall, dass die europäischen Aristokraten Geschäftsmänner wurden, nachdem Helden und Krieger aus der Mode gekommen waren. Frankreich geriet

England gegenüber sehr rasch ins Hintertreffen: Ludwig XIV. hing noch imperialen Ansprüchen im Hinblick auf Europa nach, als England die Welt bereits auf sehr viel effizientere Weise eroberte. Der Handel ist eine großartige Form des Krieges, umso mehr, als er weniger Tote fordert. Die französischen Aristokraten waren im Jahr 1789 aus rein ökonomischen Gründen arm. Und aus den gleichen Gründen haben England und Deutschland Napoleon am Ende besiegt.

B.C.: Versuchen wir, diese Entsprechung von Krieg und Handel besser zu verstehen, indem wir uns an das den Anthropologen vertraute Hin und Her von »Gabe« und »Gegengabe« in den Blick nehmen. Dieser Austausch setzt – das ist ein fundamentaler Punkt – eine aufgeschobene Reziprozität voraus. Denn wenn Gabe und Gegengabe unmittelbar aufeinander folgen, werden sie vergleichbar, und dann tritt das Prinzip der Reziprozität wieder auf und mit ihm der Krieg.

R.G.: Das Geschenk, das man mir macht, besitzt in der Tat niemals den gleichen Wert wie das Geschenk, das ich kurz zuvor gemacht habe: Es ist von größerem oder geringerem Wert, je nachdem. Erfolgt die Gegengabe nicht auf der Stelle, bemerkt dies niemand. Erfolgt die Gegengabe dagegen zu schnell, führt dies möglicherweise zu Vergeltungsmaßnahmen, ausgelöst durch das, was anfangs nur ein Missverständnis, eine falsche Interpretation war. Eines der beiden Individuen wird die unterstellte Feindseligkeit des anderen auf exzessive Weise kompensieren und so die »gute Reziprozität« sehr schnell in »schlechte Reziprozität«, die Eintracht in Zwietracht verwandeln. Manchmal bringen sich die Menschen sogar gegenseitig um, nur um die schlechte Reziprozität loszuwerden! Deshalb sind die Tauschregeln so komplex: Sie zielen darauf ab, die beständig wiederkehrende Reziprozität, dieses »höchste Gesetz«[84] des Zweikampfs zu verbergen.

In dieser Hinsicht ist das Geld eine fundamentale Errungenschaft: Es ist ein neutrales (Aus-)Tauschmittel. Sie backen ein Baguette, und ich kaufe es Ihnen dann sofort zu einem Preis ab, den wir für den Marktpreis halten. Damit sind wir nicht mehr aneinander gebunden. Das Geschäft ist geregelt, und es bedarf keiner Gegengabe. Jeder geht zufrieden seines Weges. Aber Clausewitz ist nicht Montesquieu, wie bereits erwähnt. Er geht davon aus, dass selbst der Geldverkehr den Zweikampf nicht verbergen kann. Dazu ist der Geldverkehr nicht ausersehen. Die Diplomatie mag dazu bestimmt sein, an die Stelle des Krieges zu treten – doch *der Geldverkehr ist ebenfalls ein Krieg.*

> »Die Waffenentscheidung ist für alle großen und kleinen Operationen des Krieges, was die bare Zahlung für den Wechselhandel ist; wie entfernt diese Beziehungen auch sein, wie selten die Realisationen eintreten mögen, ganz können sie niemals fehlen.«[85]

Über den Umweg der Metapher des Handels, mit deren Hilfe das Gefecht definiert werden soll, erfasst Clausewitz, dass dem Geld eine sakrifizielle und kriegerische Dimension eignet und dass »Waffenentscheidung« und »bare Zahlung« letztlich gleichwertig sind, mit dem einzigen Unterschied, dass die »Realisationen« im Bereich des Krieges *stricto sensu* weniger häufig und im Bereich des Handels häufiger vorkommt. In gewisser Weise ist der Handel ein kontinuierlicher Krieg von schwacher Intensität, während der von der Politik mehr oder weniger im Zaum gehaltene Krieg meistens diskontinuierlich ist. Wird dieser seinerseits kontinuierlich, so kommt es zur Steigerung bis zum Äußersten. Der Handel weist also alle Merkmale eines Krieges auf: Wandelt sich die gütliche »Realisation« des Tausches in einen rasenden Wettstreit, kann der Handelskrieg ganz leicht zu einem echten Krieg werden. Behält eine Nation in einem Wettstreit nicht die Oberhand, neigt sie rasch dazu, ihre Niederlage auf einen unfairen Wettbewerb zurückzuführen. Der Protektionismus ist ein Anzeichen dafür, dass der Wettstreit in einen militärischen Konflikt ausarten kann. Clausewitz hatte offenbar Napoleons wachsenden Hass auf England im Hinterkopf: Für Handelseinsätze – und gegen England führte er ja einen Handelskrieg – ließ Napoleon Europa in Schutt und Asche legen. Gerade in ihrer Gewalt offenbarten die Napoleonischen Kriege die dem Handelsstreit inhärente Gewalt. Diese Kriege waren für den Handel das, was das Prinzip der Reziprozität für den Austausch ist. Kann der Handel den Krieg also im Zaum halten, wie viele optimistische Liberale meinen? Bis zu einem gewissen Punkt vielleicht, solange wir den Rahmen eines vernünftigen Kapitalismus nicht überschreiten.

B.C.: Die *Neutralitätstendenz* des Geldes ist also als eine grundlegende Errungenschaft in der Geschichte der menschlichen Beziehungen anzusehen: Durch das Geld kann die Gegengabe und damit der Vergleich sowie die Wiederkehr der Reziprozität bis zu einem gewissen Punkt vermieden werden.[86]

R.G.: Gleichwohl regelt das Geld nicht alles. Der Mechanismus kann blockieren. Die Fetischisierung des Geldes ist eine dieser Blockaden, bewirkt einen Stillstand dessen, was dazu geschaffen ist, zwischen den Menschen zu zirkulieren und ihre Beziehungen zu erleichtern. Was die Verbindung zwischen den Menschen symbolisiert und sie davon abhält, »handgreiflich« zu werden, ist zugleich sakralen Ursprungs: Das Geld ersetzt das Opfer, auf dessen Rücken die Menschen sich einst versöhnten. Lucien Goldmann, der mich zu Beginn meiner Karriere sehr stark unterstützte, verglich das romaneske Universum des Begehrens gerne mit der Marktwirtschaft. Er besaß ein sehr feines Gespür für die Degradation des Austausches vom »qualitativen« zum »quantitativen« Austausch, wodurch die Beziehung zwischen Menschen und Dingen sowie die Beziehung zwischen Menschen untereinander »verschwinden, um durch eine Gruppe vermittelter und degradierter Beziehungen ersetzt zu werden: die rein quantitativen Beziehungen zu den Tauschwerten«.[87] Aber eine solche Konzeption setzt voraus, dass der Austausch zuvor tatsächlich »qualitativ« war. Diesen Standpunkt teile ich nicht. Vielmehr müsste man sagen, dass der Austausch immer schon »quantitativ« war und dass dieser Zug durch die kapitalistischen Sitten nur verschlimmert wurde. Man tauscht Güter, um keine Schläge auszutauschen, aber der Gütertausch birgt immer auch eine Erinnerung an den Austausch von Schlägen. Der Austausch ist – ob kommerziell oder kriegerisch – eine Institution, das heißt ein Schutz, ein bloßes Mittel. Wenn diese Institution zu einem Zweck wird, fallen wir in die gewalttätige Reziprozität zurück. Unser Gefühlsleben und unser geistiges Leben weisen die gleiche Struktur wie unser ökonomisches Leben auf. Die Kirchenväter waren also nicht so weit von Marx entfernt, als sie das Geld zum inferioren Symbol des Heiligen Geistes sowie des spirituellen Lebens erklärten.

Wenn der Geldfluss zum Erliegen kommt und die Beziehungen unterbrochen werden, dann haben wir es mit der Kapitalisierung zu tun. Handel kann sehr schnell in Krieg umschlagen, und heute – da der traditionelle Krieg als »bare Zahlung« nicht mehr existiert – kann der Handel sich in die Steigerung bis zum Äußersten verwandeln. Von diesem Standpunkt aus müssen wir berechtigterweise fürchten, dass es in den kommenden Jahrzehnten zu einem gewaltigen Zusammenstoß zwischen China und den Vereinigten Staaten kommen wird. Die Trümpfe der Chinesen liegen in viel stärkerem Maße im Handel und in der Diplomatie als im Wettrüsten. Die Handelsbeziehung hat nichts von einer moralischen Beziehung. Es handelt sich hier um eine Reziprozität, die durch das Geld geregelt wird, und damit um etwas völlig anderes. Diese Reziprozität kann immer in einen Konflikt ausarten. Natürlich kann die Justiz bisweilen an die Stelle des Geldes treten. Allerdings kann sich auch die Justiz als eine fragile Institution erweisen, die ihrerseits nicht aufhalten kann, was das Geld schon nicht hat verhindern können. Hier müsste man genauer unterscheiden und diese intuitive Erkenntnis durch einen Vergleich mit anderen rituellen Formen verfeinern und vor allem die Ökonomen zur Mitarbeit auffordern. Halten wir für unsere Diskussion fest, dass der Handel eine Institution ist, mit der die Gewalt zurückgedrängt werden soll: Die moralische Beziehung hingegen gehört einer anderen Ordnung an, sie hat die *Vergebung* zur Voraussetzung, das heißt eine reine Gabe.

Aus diesem Grund ist ein Geschenk immer schon vergiftet (das deutsche Wort Gift bedeutet, wie man noch an der »Mitgift« sehen kann, »Gift« und »Geschenk«), denn es hat die Neutralität des Geldes nicht zur Voraussetzung. Das Geschenk bringt zwei Personen ins Spiel, die immer schon geneigt sind, handgreiflich zu werden. Bei einem Geschenk handelt es sich auf gewisse Weise immer um ein Objekt, das man loswerden möchte, indem man es gegen dasjenige eintauscht, das unser Nachbar gleichfalls loswerden möchte. Hier rühren wir an die Ambivalenz des Sakralen. Was unser Leben unerträglich macht, wird ausgestoßen – weniger um das Leben des anderen zu vergiften als um unseres erträglich zu machen. Wir entledigen uns dessen, was uns vergiftet, wie die »heiße Kartoffel«, die man immer weiterreicht. Das ist das primitive und streng geregelte Tauschgesetz. Es lebt sich leichter mit den Frauen der anderen als mit den eigenen!

Sobald der Tauschrhythmus sich beschleunigt, erscheint die Reziprozität in ihrer wahren Gestalt: als dem Gesetz des Zweikampfes konform. Deshalb kann man in allen traditionellen Gesellschaften beobachten, wie die beiden Parteien bei einem Austausch die »bare Zahlung« so lange wie möglich aufschieben. Das gleiche zeigt sich auch bei den allergewöhnlichsten Handelsgeschäften: Es ist nie gut, sich zu schnell auf den Kauf einer Kuh oder eines Hauses einzulassen. Genau dies ist auch der Sinn der langsamen Justiz, die Scheidungsangelegenheiten ebenso »verschleppt« wie die Aburteilung schmählichster Verbrechen. Nach außen hin ist diese Langsamkeit nicht zu rechtfertigen – auf anthropologischer Ebene jedoch umso mehr: Sie bremst die Vergeltung, bildet eine entscheidende »Reibung«, durch die sich die Beziehungen verlangsamen und mit der verhindert wird, dass sie in Reziprozität entarten. Austauschbeziehungen dürfen nicht als das erscheinen, was sie sind, nämlich reziprok. So lautet das Gesetz des Zusammenlebens. Das Leben lässt sich nur leben, wenn die Reziprozität nicht in Erscheinung tritt. Das zu erkennen, fällt vielen Anthropologen, Lévi-Strauss an erster Stelle, sehr schwer. Sie wetteifern trickreich darum, die Komplexität der sozialen Unterschiede und Regeln zu beschreiben, ohne zu erkennen, dass es diese Regeln nur gibt, um die Rückkehr der Reziprozität auszuschließen.

Clausewitz lehrt uns, dass die Reziprozität den Austausch strukturiert und die menschlichen Beziehungen im Verborgenen von den Gesetzen des Krieges regiert werden. Dieses Bewusstsein ist im Hinblick auf den Zerfall der Institutionen des Krieges und des Handels, die den Zweikampf immer weniger kaschieren können, sehr aufschlussreich. Darin, dass er von der »Wechselwirkung«, dem reziproken Handeln ausgeht, ist Clausewitz unübertroffen. Sie wissen ja, dass das Wort »reziprok« ein unmögliches Wort ist. Man weiß nicht, was es bedeutet. Manche Definitionen wenden es ins Kosmische: es beziehe sich auf Gezeitenwirkung des Mondes. Das hat mich schon immer fasziniert: Sollten unsere kleinen alltäglichen Kriege etwa mit den Naturgesetzen in Einklang stehen? Dann würde es also ausreichen, dass diese dauerhaft in Unordnung geraten, um weltweite Konsequenzen zu zeitigen. Die Wirkungen der Reziprozität würden dazu neigen, sich auf ansteckende Weise zu verbreiten. Das erste Kapitel der Abhandlung bildet deshalb ein in sich abgeschlossenes Ganzes, weil es sofort auf die Wechselwirkung zu sprechen kommt. Erst danach wird Clausewitz wieder zum Strategen. In seinen langen Ausführungen verliert das Buch diese wunderbare Spannung des Anfangs, die, wie wir sahen, die beiden kommenden Jahrhunderte bereits in sich trägt. Was wir soeben freigelegt haben, diesen hinter den Wechselfällen der Geschichte stets drohenden Zweikampf, konnte Raymond Aron nicht denken, weil dies seinen Rationalismus bedroht hätte. Nun verdankt sich die Aktualität der clausewitzschen Abhandlung aber leider nicht mehr dem Kalten Krieg: Der »Lichtstrahl«[88] dieser »wunderlichen Dreifaltigkeit« erhellt unsere Zeit auf ganz andere Weise. Es macht die Größe bedeutender Texte aus, dass sie ihre Interpretationen überdauern und uns immer wieder Neues zu sagen haben. Wir werden also nicht zum letzten Mal überrascht sein.

Die Logik der Verbote

B.C.: Sie glauben also, dass Raymond Aron demselben Rationalismus anhängt wie die Anthropologen seiner Zeit?

R.G.: Selbstverständlich. Das rationalistische Vorurteil der ganzen neueren Anthropologie ist in seinen Arbeiten sehr deutlich zu erkennen. Diese wollte die religiöse Logik nicht verstehen. Ich habe vorhin an bestimmte Analysen aus *Das Heilige und die Gewalt* erinnert und würde deshalb jetzt gerne auf dieses Werk zurückkommen. Es ist der Schlüssel für das Verständnis meiner Arbeit. Wir schweifen nicht vom Thema ab, auch wenn es uns dazu anhält, Tausende von Jahren vor unsere Zeit zurückzugehen. Die neuere Anthropologie versteht die archaischen Verbote nicht länger, weil sie nicht versteht, dass sich diese Verbote gegen die Gewalt richteten. Stattdessen hat man sich auf die Psychoanalyse gestürzt und erklärt: Die Verbote resultieren aus den Komplexen der Gesetzgeber, die das Geschlechtliche fürchten! Betrachtet man diese Verbote jedoch näher, stellt man fest, dass sie sich niemals gegen die Sexualität als solche richten, sondern gegen die mimetischen Rivalitäten, deren Gegenstand oder Anlass die Sexualität ist. Das ist ein großer Unterschied!

Daraus kann man folgern, dass die Hominisation in Gang kam, als diese internen Rivalitäten stark genug wurden, um die Rangordnungen der Tiere zu durchbrechen und eine ansteckende Rache freizusetzen. Die Menschheit konnte nur *entstehen und gleichzeitig überleben*, weil die religiösen Verbote früh genug auftauchten, um die Gefahr der Selbstzerstörung abzuwehren. Aber wie sind diese Verbote aufgetaucht? Darüber geben uns nur die Gründungsmythen (oder Ursprungsmythen) Auskunft. Sie beginnen im Allgemeinen mit der Erzählung einer gewaltigen, auf die ein oder andere Weise symbolisierten Krise: Im Ödipus-Mythos ist es, wie wir gesehen haben, eine Pestepidemie; in anderen ist es eine Dürre oder eine Flut, oder gar ein kannibalisches, die Kinder einer Stadt verschlingendes Monster. Hinter all diesen Themen steckt die Auflösung der sozialen Bindungen, das, was Hobbes den »Krieg aller gegen alle« nennt.

Was geschah dabei? Sobald dieser Aufruhr alle Mitglieder der Gesellschaft »entdifferenziert« hatte, nahm die Nachahmung ein ungekanntes Ausmaß an, operierte jedoch auf andere Weise und zeitigte andere Effekte. Hatte sich die Gruppe in eine Menge gewandelt, strebte die Nachahmung von sich aus dazu, sie wieder zu vereinen: Über Substitutionen richtete sich die Gewalt auf eine immer geringere Anzahl von Antagonisten, bis schließlich nur noch ein einziger übrig blieb. Die Menschen hatten den Unruhestifter ausgemacht und stürzten sich am Ende wie ein einziger Mann auf den nunmehr universellen Feind, um ihn zu lynchen. Dieselbe mimetische Energie, die eine immer größere Unordnung hervorgerufen hatte, solange es noch genug Rivalen gab, die einander gegenüberstehen konnten, vereinte die ganze Gemeinschaft am Ende gegen den Sündenbock und stellte so den Frieden wieder her.

Dies geschah so plötzlich und unverhofft, dass die ausgesöhnten Menschen es wie ein übernatürliches Geschenk betrachteten: Der Einzige, der die Rolle des Schenkenden hat übernehmen können, war das Opfer des einmütigen Lynchmords, der durch den Mimetismus des Lynchmobs automatisch ausgewählte Sündenbock, der die Gruppe dadurch wieder einte. Deshalb wurden viele dieser Opfer als »fremde Besucher« bezeichnet. Die primitiven Gemeinschaften existierten wahrscheinlich weitgehend isoliert voneinander, und das plötzliche Auftauchen eines »fremden Besuchers« hat vermutlich eine gewaltige, mit Furcht vermischte Neugierde geweckt. Eine einzige unerwartete Geste dieses Fremden konnte unvorhersehbare Panik hervorrufen und den Besucher in einen neuen Gott verwandeln. Jeder aus einer mimetischen Krise hervorgegangene Lynchmord gebar so eine neue Gottheit. Und jedesmal, wenn in der Gemeinschaft erneut ein Konflikt aufbrach, wurde er dadurch beigelegt, dass man an die vergangene Prüfung erinnerte und jeglichen Kontakt zwischen den am Konflikt beteiligten Personen untersagte. Jede Wiederkehr der Gewalt wurde als göttliche Wut interpretiert. Das Aufkommen dauerhafter Verbote, die langsam ein mehr oder weniger kohärentes und beständiges System ergaben, ist allein auf das Prestige dieses Gottes zurückzuführen.

Enorme Eskalationen der Gewalt haben die religiösen Verbote mit Sicherheit unterdrückt. Die Furcht, die diese Verbote einflößen, lässt jedoch nach und damit auch das Vermögen dieser Verbote, Übertretungen zu verhindern. Und doch zielten die auf die Besänftigung des göttlichen Zorns gerichteten Verbote und rituellen Opfer darauf ab, die Gewalt aus der Gruppe herauszuhalten. Meiner Meinung nach spielten die beiden großen Institutionen der archaischen Religion, die Verbote und das Opfer, beim Übergang der vormenschlichen Gemeinschaften zu den menschlichen Gesellschaften also eine wesentliche Rolle, indem sie die Hominiden daran hinderten, sich selbst zu zerstören. Und weil sie unfähig waren, die gewaltsame Reziprozität ein für alle Mal zu verbannen, mussten die archaischen Systeme zudem in periodischen Abständen wie der Phönix aus der Asche wiederauferstehen – eine Einsicht, die wir den scharfsinnigen Intuitionen der griechischen und indischen Religionen verdanken.

Nicht vorherzusehen war jedoch, dass zwei Religionen, die von den anderen radikal verschieden waren, der ewigen Wiederkehr dieser anderen eines Tages ein Ende bereiten würden. Mit der biblischen und christlichen Tradition wird die Suprematie der Menge tatsächlich zum ersten Mal gestürzt, die gewalttätige Einmütigkeit aus der umgekehrten Perspektive betrachtet und das Prinzip der Reziprozität namhaft gemacht. Jesus, der letzte Prophet, stellte die Menschheit dann vor eine furchtbare Alternative: Entweder weiterhin nicht wahrhaben zu wollen, dass der Zweikampf unterschwellig die gesamten menschlichen Aktivitäten bestimmt; oder dieser versteckten Logik mithilfe einer anderen Logik, der Logik der Liebe, der positiven Reziprozität zu entrinnen. In dieser Hinsicht ist es atemberaubend, wie sehr sich negative und positive Reziprozität ähneln: Wir haben es beinahe mit identischen Entdifferenzierungsformen zu tun, und doch steht im Übergang von der einen zur anderen das Heil der Welt auf dem Spiel! Das ist das wahre Paradox, das wir zu verstehen versuchen müssen. Denn von nun an kann man die Schuld nicht länger einem Sündenbock zuschieben. Vielmehr läuft die Menschheit selbst Gefahr, von der Geschichte schuldiggesprochen zu werden. Wir treten also in eine eschatologische Perspektive ein – die einzige, die uns heute noch Aufklärung bringen kann. Viel mehr Aufklärung als Clausewitz' »wunderliche Dreifaltigkeit«.

B. C.: Die kleinen archaischen Gesellschaften waren stets bedroht. Sie weisen oft darauf hin, dass das Christentum uns von unseren Opferkrücken befreit hat. Aber zugleich machte es uns zu Verantwortlichen unseres Schicksals. Waren die »Krücken«, die wir einbüßten, nicht das einzige Mittel, der Bedrohung zu begegnen? Mit anderen Worten: Ist der Verlust des *Glaubens*, die – nunmehr sogar wissenschaftlich vorhersehbare – Katastrophe,[89] nicht auch eine Folge der christlichen Offenbarung?

R. G.: Das stimmt genau. Auf gewisse Weise ist der Progressismus aus dem Christentum hervorgegangen und verrät es zugleich. Genauer gesagt, konnte dieser Progressismus nur aus einer Abschwächung der apokalyptischen Stimmungslage entstehen. Meiner Überzeugung nach haben die Christen deshalb aufgehört, auf den Lauf der Ereignisse Einfluss zu nehmen, weil ihnen der Sinn für die Eschatologie nach und nach abhanden gekommen ist. Seit Hiroshima ist die apokalyptische Idee zweifellos vollständig aus dem christlichen Bewusstsein verschwunden: Die Christen des Abendlandes und ganz besonders die französischen Katholiken haben genau in dem Augenblick aufgehört, von der Apokalypse zu sprechen, als die Abstraktion in der Wirklichkeit Einzug hielt, als die Wirklichkeit sich dem Begriff anglich!

Sie haben an Bergsons tiefsinnige Bemerkung über den sich so reibungslos vollziehenden Übergang des Abstrakten ins Konkrete erinnert. Meiner Meinung nach hat gerade unser Rationalismus diese Banalisierung der Katastrophe ermöglicht, etwa der Rationalismus eines Raymond Aron, der im »absoluten Krieg« lediglich einen Begriff sah. Seit mehr als vierzig Jahren wundere ich mich über diese Weigerung, dem Realen Rechnung zu tragen. Sie ähnelt dem grundlegenden Desinteresse, das Lévi-Strauss den Riten und Opfern entgegenbringt, wenn er allein den Mythos sehen will sowie das, was er das »wilde Denken« nennt. Seine Konstruktionen sind schön, aber extrem zerbrechlich. Sobald ich spüre, dass der Mythos etwas verbirgt, dass wir eine Leiche im Keller haben, horche ich auf und bin auf der Hut.

Diesbezüglich würde ich sogar so weit gehen zu behaupten, dass der Rationalismus mit seiner Weigerung, das Herannahen der Katastrophe zu sehen (das die archaischen Gesellschaften in der Tat sehr genau sahen), unsere Art ist, die Wirklichkeit weiterhin zurückzuweisen. Wie Charles Péguy richtig bemerkte, sind wir »die grobschlächtigsten und oberflächlichsten Mythologen«.[90] Deshalb kann ich mit der hegelschen Dialektik nichts anfangen. Sie ist mir zu rationalistisch und nicht tragisch genug: Sie geht durch den Konflikt hindurch, ohne auch nur eine Feder zu lassen! Ich hingegen stoße wie Clausewitz an das Gesetz des Zweikampfes und halte ein.

Das Ende des Rechts

B.C.: Eben darum wirft man Ihnen auch oft vor, Ihr Augenmerk zu sehr auf die Gewalt zu richten.

R.G.: Diese Menschen möchten nicht wahrhaben, was heute um uns herum geschieht. Wir werden also sehr wohl zu Ende denken müssen, was Clausewitz nur geahnt hat, bevor er sich in eine differenzierte Konzeption des Konflikts flüchtete, die einen zwischenstaatlichen Rahmen zur Voraussetzung hat, wie er in den Auseinandersetzungen unserer Zeit nicht länger gegeben ist. Denn die »bare Zahlung«, das Mann-gegen-Mann, existiert heute nicht mehr, zumindest nicht mehr in der gleichen Art und Weise. Wir sind in die Ära der technologischen Kriege eingetreten, in das Zeitalter der »chirurgischen Schläge« und des »k.o.«, in neue Arten des Zweikampfes. Man könnte diese Behauptung umkehren und sagen, dass diese asymmetrischen Kriege sich auf der Grundlage eines neuen Sicherheitsverständnisses gebildet haben und dass man der »baren Zahlung«, der »entscheidenden Aktion«, die für Clausewitz noch die höchste Wahrheit des Krieges bildete, durch die Weigerung, dem Tod ins Auge zu sehen, eine Absage erteilte. Das soll nicht etwa heißen, ich trauerte der alten Konzeption nach! Aber wenigstens hielt man sich nicht die Augen zu. Der irakische Sumpf, dem die Amerikaner nur um den Preis einer Katastrophe und des damit einhergehenden Leichenstroms sowie den nichtendenwollenden Attentaten entkommen werden, ist ein schlagendes Beispiel für diese Verblendung. Der Verlust des Kriegsrechts stellt uns vor die schreckliche Alternative von Angriff und Verteidigung, von Aggression und Antwort auf diese Aggression, die ein- und dasselbe sind. Clausewitz hat genau begriffen, dass das adversatorische Prinzip immer weniger in der Lage sein würde, die zunehmende Feindseligkeit in Schach zu halten. Der von Clausewitz zur Regel erhobene Primat des Sieges erlangt umfassende Geltung vor dem Hintergrund einer grundlegenden Verachtung des Gegners, den es letztlich *niederzukämpfen* gilt. Diese Haltung autorisiert alle Verstöße gegen den Ehrenkodex.

Als Clausewitz, den Pulverdampf der feindlichen Kanonen in der Nase, von der »Vernichtung [...] der feindlichen Streitkraft«[91] schrieb, sprach er unwissentlich als Prophet. Gewiss, er beharrte stets auf der Idee, dass der Sieg in der Niederlage der gegnerischen Streitkräfte besteht, ja sogar im Umsturz des gegnerischen Staates. Aber die von ihm vorhergesagten ideologischen Kriege, in denen die Politik mit dem Krieg Schritt zu halten versucht, sollten wie furchtbare Kreuzzüge ablaufen und im Massaker an ganzen Völkern enden. Carl Schmitt hat das sehr klar gesehen, wenn er von einer »Theologisierung« des Krieges spricht, die den Feind zu einem auszurottenden Bösen macht: Sein Bemühen, ein Kriegsrecht auszuarbeiten, ist unmittelbar aus diesem Befund erwachsen. Um die rasende Ausbreitung der Gewalt zu verhindern, bedarf es einer rechtlichen Grenze. Und so hält Carl Schmitt die juristische Konstruktion rechtlicher Feinde für einen Fortschritt. So die These einer gewissen Rechten. Sie führt zu einer Theoretisierung des »Ausnahmezustandes«, der heute angesichts der wachsenden Bedrohungen von vielen reklamiert wird. Darin liegt die Kraft, aber auch die Grenze dieses Denkens. Es stimmt, dass es die Gefahr des Pazifismus deutlich unterstreicht: Den Krieg in einem rechtsfreien Raum anzusiedeln, heißt paradoxerweise seine flächendeckende Ausbreitung zuzulassen. Der Pazifismus schürt das Feuer des Bellizismus. Der juristische Voluntarismus Carl Schmitts hat sich jedoch als nichtig erwiesen, denn nach dem Zweiten Weltkrieg nahm die Steigerung bis zum Äußersten unaufhaltsam ihren Lauf. Der Fall war verloren. Ein solcher Voluntarismus stand darüber hinaus im Widerspruch zu Schmitts Engagement für den Nationalsozialismus und war sozusagen ein Nachhutgefecht.

B.C.: Dennoch hat er intuitiv sehr richtig erfasst, dass der moderne Krieg zwischen zwei Katastrophen angesiedelt ist: den Religionskriegen einerseits und der Ära der Technologien totaler Zerstörung andererseits.[92] In einer Zeit, in der diese Institution zu verschwinden drohte, hielt Schmitt es mithin für vordringlich, den Konflikt zu strukturieren und das Kriegsrecht neu zu durchdenken. Es lässt sich nicht leugnen, dass er den Zweikampf zu analysieren versuchte. So zeigte er in der *Theorie des Partisanen*,[93] dass der Partisan das Bindeglied zwischen Krieger und Terrorist bildet, zwischen Gegnerschaft und Feindschaft. So seltsam es auch anmuten mag, Schmitt stellte sich den Kriegsverfechtern in den Weg. Offenbar suchte er einem Lauf der Dinge entgegenzuwirken, den er nicht für unausweichlich halten wollte.

R. G.: Schmitts Genealogie des Terrorismus ist in der Tat überzeugend. Als er überlegte, welche Lehren aus Napoleons Steckenbleiben in Spanien zu ziehen seien, erkannte er klar, dass der Partisan der Erste war, »der es wagte, irregulär gegen die ersten modernen Armeen zu kämpfen«.[94] Das Aufkommen des Partisanenkriegs fiel exakt in die Zeit der strukturellen Neuerungen, die Napoleon den Streitkräften auferlegte. Die Französische Revolution war mithin ein derart gigantisches Ereignis, dass manche ihrer Folgen erst heute in jener Steigerung bis zum Äußersten zum Vorschein kommen, die Clausewitz in ihrer militärischen Dimension als einer der ersten meisterhaft interpretierte. Der Terrorismus hätte seinen Ursprung demnach im revolutionären Krieg, dessen ultimative Transformation Napoleons »regulärer« Krieg war. »Irregulärer« und »regulärer« Krieg waren also zeitgleiche Phänomene und verstärken sich wechselseitig so, dass sie am Ende schließlich äquivalent werden. In dieser Hinsicht erfolgte die Antwort der russischen Partisanen auf die Invasion der *Grande Armée* im Kielwasser der Antworten der spanischen Partisanen, allerdings mit ungleich stärkerer Gewalt. Vielleicht wird erst mit der symbolischen Katastrophe vom 11. September und mit der amerikanischen »Antwort« im Irak die Äquivalenz dieser beiden Kriege, des »irregulären« und des »regulären«, ganz und gar offenkundig. Das ist die wahre Logik der Reziprozität, die umso verheerender ausfällt, je länger die Antwort aufgeschoben wird. Wir erleben derzeit eine fundamentale Auflösung des Tauschgesetzes.

Man sollte in Clausewitz' Begriffen darüber nachdenken, was das Aufkommen des Terrorismus heute vor Augen führt. Im Grunde genommen handelt es sich um eine Intensivierung des totalen

Krieges im Sinne Hitlers und Stalins, um einen Krieg, in dem es keine legitime Armee mehr gibt, sondern nur noch die zu allem bereiten russischen Partisanen. Die Deutschen verfügten nie über Widerstandskämpfer von russischem Format, die Hitlers Armeen aus dem Hinterhalt angriffen. Carl Schmitt ist daher ein wesentliches Bindeglied bei der Beschreibung des Terroristen als Jenseits des Partisanen. Würde man die Rolle der Partisanen in den beiden Weltkriegen miteinander vergleichen, müsste man die geometrische Zunahme der Bewaffnung genauso verzeichnen wie alle anderen von Schmitt beschriebenen Aspekte. Schmitt erweist sich also als ein scharfsinniger Analytiker im Bezug auf den »Sieg des Bürgers über den Soldaten«,[95] das Abdanken der konventionellen Kriege zugunsten der »wirklichen«. Seine Beschreibung des Partisanen bestätigt den Übergang vom Krieg zum Terrorismus. Seine »Theorie des Partisanen« wurde in seinen Augen so zu einer Theorie des modernen Krieges. Allerdings glaubte er daran, dass dieses Niemandsland rechtlich geregelt werden könnte. Für ihn waren die Partisanen das Symbol eines neuen juristisch-politischen Ordnungsrahmens, der dem klassischen Recht ein Ende setzte und dringend nach einer neuen juristischen Definition von »Freund« und »Feind« verlangte. Aus seiner Sicht *durfte* der Zusammenbruch der Nationalstaaten *nicht* mit dem Ende des kodifizierten Krieges einhergehen, wenn die Apokalypse nicht beschleunigt werden sollte.

Insoweit verfehlte Schmitt die Wirklichkeit des modernen Krieges. Er hat zum Beispiel nicht begriffen, was bei der atomaren Abschreckung auf dem Spiel stand. Alles, was seit 1945 nach diesem Prinzip funktioniert hat, funktionierte eher auf der Ebene von Absprachen zwischen Mafiosi denn auf der Ebene des Rechts. Mit anderen Worten: nichts wurde legalisiert, nichts hat die Vereinten Nationen passiert. Wenn die Abschreckung funktionieren soll, darf es keine Einmischung geben. Es war also eine Art mafiöses System. Schmitt hat das Hauptproblem *Ende der Kriege* erkannt und es als Jurist zu lösen versucht, einem Mediziner vergleichbar, der zu sehr an die Medizin glaubt. Aber der Krieg lässt sich nicht wie eine Epidemie behandeln. Natürlich hat Schmitt Recht, wenn er meint, dass die *Nicht-Entscheidung* zwischen Krieg und Frieden unheilbare Metastasen, einen irreversiblen Anstieg des Gewaltpotenzials hervorruft. Trotzdem hat er die Rolle der außer Rand und Band geratenden Technologie unterschätzt. Er hat nicht erkannt, dass der demokratische und selbstmörderische Terrorismus jedes *containment*, jede Eindämmung des Krieges verhindern würde. So gesehen sind die Selbstmordattentate eine monströse Verkehrung der primitiven Opfer: Anstatt Opfer zu töten, um andere zu retten, töten sich die Terroristen selbst, um andere mit sich in den Tod zu reißen. Mehr denn je haben wir es mit einer verkehrten Welt zu tun.

Der nächste Schritt wird darin bestehen, sich mit schmutzigen, aus nuklearen Abfällen zusammengebauten Bomben auszurüsten. Dem Anschein nach arbeiten amerikanische Techniker unwissentlich sogar schon für die Terroristen und sind dabei, Atombomben im Taschenformat zu entwickeln. Wir sind also wirklich in eine Ära der allgegenwärtigen und unberechenbaren Feindseligkeit eingetreten, in der die Gegner einander verachten und vernichten wollen: Bush und Osama Bin Laden, Palästinenser und Israelis, Russen und Tschetschenen, Inder und Pakistani – überall ist es der gleiche Kampf. Die Tatsache, dass man von »Schurkenstaaten« spricht, belegt, wie weit wir uns von der Kodifizierung zwischenstaatlicher Kriege entfernt haben: Unter dem Vorwand, die internationale Sicherheit aufrechtzuerhalten, hat die Bush-Administration in Afghanistan getan, was sie wollte, genauso wie die Russen in Tschetschenien. Im Gegenzug treffen die islamistischen Attentate vollkommen beliebige Orte.

Die Schande von Guantanamo, jenes Lager für mutmaßliche Terroristen, die im Verdacht stehen, Verbindungen zu El Kaida zu unterhalten und von den Amerikanern auf unmenschliche Weise behandelt werden, ist bezeichnend für diese Missachtung des Kriegsrechts. Der klassische Krieg, der die Achtung der Gefangenenrechte beinhaltete, existiert nicht mehr. In den Konflikten des 20. Jahrhunderts war er bis zu einem gewissen Grad noch vorhanden. Dort besaß der Krieg noch immer ein wenig die Form eines Vertrags. Dieses Fortleben inmitten der heftig aufflammenden Konflikte des vergangenen Jahrhunderts zeigt, dass das Kriegsrecht sehr weit zurückreicht, bis zum Feudalismus nämlich, bis zu einer sehr alten Aristokratie. Systematisiert wurde es dann im 16. und 17. Jahrhundert. In dieser Hinsicht ist Carl Schmitt ein Nachfahre Grotius' und Pufendorfs. Der Verlust des Kriegsrechts ist ein deutliches Symptom dafür, dass das Abendland dabei ist, sich in seinen Widersprüchen zu verfangen.

B.C.: Die absolute Bedrohung bestand für Schmitt also weniger in einem Ende *der* Welt als im Ende *einer* vom Kriegsrecht geregelten Welt. In gewisser Weise lässt sich also sagen, dass es heute weniger Kriege gibt als früher. Es ließe sich sogar behaupten, dass es überhaupt keine Kriege mehr gibt, da diese Institution tot ist und durch Manifestationen unvorhersehbarer Gewalt ersetzt worden ist. Sie insistieren auf dem apokalyptischen Potenzial dieser Situation. Könnte man darin nicht im Gegenteil einen Widerhall der Gewalt sehen?

R.G.: So könnte man argumentieren. Der Niedergang des Krieges kann in der Tat zum Schlimmsten wie zum Besten führen. Auf diesem Gebiet existieren keine Zwangsläufigkeiten, denn die Menschen sind vollkommen fähig, ihrer Gewalt abzuschwören. Das alte Indien besaß eine Fähigkeit zum Verzicht, von der das Abendland nichts ahnt. Der Hindu hat genau deshalb einen schonungslosen Blick auf die Wirklichkeit, weil er sich nicht vor der Erkenntnis fürchtet, dass das menschliche Handeln wesensmäßig unter die Kategorie des Krieges fällt. Die *Ilias* ist nichts neben dem *Mahābhārata*. Es geht also nicht darum, sich um jeden Preis als Katastrophist zu gebärden oder darum, die Zahl der Toten von damals und heute zu vergleichen, Letzteres, um den Ernst der Lage herunterzuspielen. Es gilt vielmehr zu erkennen, dass das Neuartige gerade in dieser *Unberechenbarkeit der Gewalt* liegt: Die politische Rationalität, jene jüngste Form der alten Rituale, ist gescheitert. Wir sind in die Welt der reinen Reziprozität eingetreten, deren kriegerische Fratze Clausewitz kurz zu Gesicht bekam, die aber auch ein friedliches Antlitz hätte zeigen können.

Der Umstand, dass man keinem klar bezeichneten Feind mehr gegenübersteht, macht es nicht weniger wahrscheinlich, dass eine Schlacht in positiver Reziprozität und einer Weltordnung endet, wie sie Napoleon – nicht ohne einen gewissen Zynismus – anstrebte. Wir befinden uns nicht im »Krieg aller gegen alle«, sondern in der Zeit des Alles oder Nichts. Bei Schmitt findet sich eine profunde Relektüre einer clausewitzschen Annahme, die man nicht zurückweisen kann und derzufolge die Strategie als ein Mittel im Dienste der Politik zu betrachten ist. Aber es verhält sich in etwa so wie mit der Idee, einen Gesellschaftsvertrag zu schließen, wenn alle miteinander im Krieg liegen. Dieser Gesellschaftsvertrag geht offensichtlich fehl. Denn gerade dann, wenn man ihn braucht, kann er nicht geschlossen werden. Carl Schmitts Scheitern, seine Apologie der »souveränen Entscheidung«, die Krieg und Frieden scheiden soll, beweist ein weiteres Mal, dass Wirklichkeit wurde, was Clausewitz *gleichfalls* ahnte: dass der Krieg eine Autonomie erlangt hat, die von der Politik immer weniger zu kontrollieren sein wird, es sei denn, sie überbietet sich und wird totalitär. Zuerst wurden die Kriege »ideologisch« oder »total«, und heute erleben sie gar ihren Niedergang. Wie könnte ein Zurück aussehen? Ich fürchte, die Politikwissenschaft wird uns hierbei überhaupt nicht weiterhelfen können.

Wir reflektieren die Beschleunigung zeitgenössischer Konflikte weiterhin in einer Weise, als wäre hier noch die gleiche Vernunft am Werke wie früher. Die rationalistische Lesart von Clausewitz' Text und ihre Weigerung, die drohende Gefahr des Zweikampfes zu sehen, ist nach wie vor im Umlauf. Wir bewegen uns heute auf eine so radikale Form des Krieges zu, dass man unmöglich über sie sprechen kann, ohne hypertragisch oder hypischkomisch zu klingen – sie ist so entgrenzt, dass man sie nicht mehr »ernst« nehmen kann. Bush liefert eine wahrhafte Karikatur der kriegerischen Gewalt, zu der die Amerikaner außerhalb jedweder politischen Vernunft fähig sind – und Bin Laden und seine Nachahmer antworten ihm auf ebenso »souveräne« Weise. Ich gebe zu, dass ich mich nicht in der Lage sehe, diese neue Form von Konflikten, deren Radikalität zweifellos nicht einmal Schmitt erkannt hat, zu beschreiben: Wer sind diese neuen »Kamikaze«, die bald kleinste Nuklearwaffen in ihren Händen halten und sie zügellos einsetzen werden, entsprechend dem Prinzip der reinen Reziprozität, das die alten Gräben wieder aufreißt oder neue erfindet? Man sieht sehr gut, dass der »totale«, jeden Bürger-Soldaten in die Verteidigung seines bedrohten Vaterlandes einbindende Krieg, den Clausewitz sowie die Militärtheoretiker in seinem Gefolge und auch Schmitt selbst den Partisanenkrieg nannten, auf direktem Weg zum Terrorismus führt, zu dieser barbarischen Eskalation, die in keiner Beziehung zum Krieg mehr steht, weil sie sich jeglicher Ritualisierung entzieht.

Gewiss, die terroristischen Attentate sind von besonderer Brutalität. Dennoch sind sie beschränkt. Darf man daraus aber schließen, dass sich die Steigerung bis zum Äußersten langsam erschöpft? Ich denke nicht. Es ist offensichtlich, dass die Feuerkraft heute den Platz der Politik eingenommen hat. Heidegger trifft es genau, wenn er das »Ge-stell«, das »Wesen der Technik«, als eine der Kontrolle der Menschen entgleitende Notwendigkeit denkt. Die Kuba-Krise ist ein perfektes Beispiel für diese Ohnmacht der Politik: Die Russen haben nicht aus politischen Gründen nachgegeben, sondern aus rein technologischen Gründen. Sie wussten, dass sie bei einem Atomkrieg das Nachsehen hätten. Mehr gibt es dazu nicht zu sagen. Punkt.

Ich kannte jemanden, der der Kennedy-Regierung nahestand. Er erzählte mir, dass diese dreizehn Tage ein schreckliches Drama waren. Kennedys enge Vertraute waren keine Kriegstreiber wie diejenigen Bushs, und für sie war die Kuba-Krise eine furchtbar beängstigende Erfahrung. Sie war tatsächlich der Kulminationspunkt des Kalten Krieges. Danach begann der Niedergang der Sowjetunion. Es gibt also eine technologische Bedrohung, die genauso stark wirkt wie der Krieg selbst und heute sogar an seine Stelle getreten ist. Die Technik als Schicksal der abendländischen Metaphysik ist allerdings noch eine viel zu abstrakte Definition für das, was wir gerade durchleben. Hegel und vor allem Clausewitz haben uns die Triebkraft unserer Geschichte viel konkreter vor Augen geführt. Wir sahen, wie die Herr-Knecht-Dialektik durch die Steigerung bis zum Äußersten radikalisiert wurde. Das hat uns in das Zentrum der Gewalt zurückversetzt.

Rückkehr zum einfachen Leben?

B.C.: Zur gleichen Zeit, in der die hegelsche *Aufhebung*, als Überwindung des Widerspruchs und als notwendige Versöhnung aller Menschen, die durch Napoleons Aktionen vor Augen gestellte Wahrheit der Gewalt zu überspringen scheint, insistiert Clausewitz gerade auf der Realität des Zweikampfes, des Kampfs auf Leben und Tod. Es sieht ganz danach aus, als müsse man da hindurchgehen …

R.G.: … um über das Reich Gottes nachzudenken. Ja, das wäre das Paradox. Und wir müssen dieses Paradox in Zukunft anhand schärferer Gegensätze analysieren. Man muss Clausewitz wieder und wieder lesen, um zu begreifen, dass die Versöhnung nie gesichert ist. Die Gefahr einer Steigerung bis zum Äußersten wird stets bestehen bleiben.

B.C.: Hierbei handelt es sich um eines jener Paradoxe, die der Briefwechsel zwischen Clausewitz und seiner zukünftigen Gattin Maria von Brühl offenbart. Lesen wir die von Raymond Aron zitierte Passage, in der manch Clausewitz-Biograf eine Privatbeichte sehen wollte sowie ein Bekenntnis zu religiösen, mit seiner Frau geteilten Gefühlen. Wir schreiben das Jahr 1807 und Clausewitz befindet sich nach der Niederlage von Jena in französischer Kriegsgefangenschaft. Ein komfortables Exil, da er in den Genuss kommt, den Louvre zu besuchen sowie oft und ausführlich an seine Geliebte zu schreiben:

> »Ich klage nicht die Vorsehung an über das Schicksal der Menschen und Nationen. Ich sehe ein, daß wir nichts von ihrem Plane erkennen, oder wenigstens nicht Alles, und daß wir also kein Recht haben, sie anzuschuldigen. Aber eben deswegen kann sich unser Herz nie von den Geschlechtern abwenden, die wir in Jahrhunderten durch das Leben gebeugt und mühevoll ziehen sehen, um sich am Glauben zu beruhigen: selbst unser Verstand kann sich nicht ganz von dieser Erde ab- und dem Himmel zuwenden; und weder unser Herz noch unser Verstand sollen das ... Die Religion soll unseren Blick nicht von dieser Welt abziehen; sie ist eine himmlische Macht, die in den Bund tritt mit dem Edlen dieses Lebens, und mich hat noch nie ein religiöses Gefühl durchdrungen und gestärkt, ohne mich zu einer guten Tat anzufeuern, zu einer großen mir den Wunsch, ja selbst die Hoffnung zu geben. Hierauf gründe ich meine Rechtfertigung, wenn ich meinen Blick von der Erde, von der Profangeschichte nicht abwenden kann und mit den Gefühlen meines Herzens den Resultaten meines schwachen Geistes huldige.«[96]

R.G.: Dieser Brief war mir entfallen, aber ich finde ihn sehr interessant. Raymond Aron tut recht daran, ihn zu zitieren. Bekenntnisse von Clausewitz sind in der Tat selten. Diese Passage zeigt sehr gut, wie schwer es ihm fällt, sich vom Zweikampf abzuwenden, die Ordnung zu wechseln, wie Pascal sagen würde. So machtvoll ihre Weisungen auch sein mögen, darf die Religion den Soldaten doch nicht von seiner Revanche abbringen. Im Gegenteil: Sie muss gerade in den Dienst dieser Revanche gestellt werden. Man spürt deutlich, dass die vom Himmel animierte »große Tat« nichts anderes sein kann als Preußens Rückkehr auf die Bühne der Weltgeschichte! Clausewitz' »religiöses Gefühl« bindet ihn mehr denn je an das, was er die »Profangeschichte« nennt. Das Handeln steht über der Spekulation. Bei Clausewitz findet sich zwar eine Theorie, aber keine Philosophie des Krieges. Den Zweikampf zu konzeptualisieren hieße, ihn zu meistern suchen. Clausewitz hingegen versuchte, ihm zu dienen. Das höre ich aus diesem Brief heraus, in dem er angeblich über seine »religiösen Gefühle« spricht. Clausewitz selbst hilft uns also nicht, das zu erhellen, was jenseits des Zweikampfs liegt und was ich die »gute Transzendenz« nenne – auch wenn er uns so viel über die schlechte Transzendenz zu sagen hat. Clausewitz' Gott ist der »Kriegsgott«.[97] Wir werden Clausewitz' Denken also als ein Moment innerhalb einer unerbittlichen Dialektik einordnen und zu einer anderen Form von Rationalität übergehen müssen, bei der uns Aron nicht länger Führer noch Widersacher sein kann.

B.C.: Ich schlage Ihnen vor, Emmanuel Lévinas' Denken mit einzubeziehen. Sein bedeutendes Buch *Totalität und Unendlichkeit*[98] erschien im Jahre 1961, im gleichen Jahr wie *Figuren des Begehrens.*

R.G.: Warum nicht? Ich erinnere mich, ihn in den 1970er Jahren getroffen zu haben. Er wollte offenkundig mit mir diskutieren, aber ich war stark eingeschüchtert und habe abgelehnt, wie so oft. Es ist also an Ihnen, ihn im richtigen Moment in unser Gespräch einzuführen! Im Prinzip ist es aber eine gute Idee. Wir werden seine Hegel-Kritik brauchen. Ich habe Lévinas weniger gelesen als andere zeitgenössische Philosophen, wie etwa Sartre oder Heidegger. Es ist sicher interessant zu verstehen, worin er sich von Hegel wie auch von einer bestimmten Spielart der Phänomenologie unterscheidet.

B.C.: Wir müssen ihn vor allem deshalb heranziehen, um den Zweikampf zu bearbeiten, um aus der Reziprozität hinauszugelangen, was wir im Augenblick ja gerade versuchen, und um die

Beziehung zum anderen zu denken, eine ihrem Wesen nach *irreversible* Beziehung.

R.G.: Aber wir werden Lévinas auch von der Apologie der Differenz befreien müssen, auf die man sein Denken so schnell reduziert hat. Was mich betrifft, so werde ich immer die *Identität gegen die Differenz* ausspielen. Vergessen Sie nicht, dass ich mich auf einer streng anthropologischen Ebene bewege, *wo jede Geste nach einer Antwort verlangt*. Die »Beziehung zum anderen« ist sehr schön. Ich sehe aber auch, dass sich hinter diesem Ausdruck ein ganzer Humanitarismus verbirgt, den ich, wie Sie wissen, ablehne. Der Humanitarismus ist nur die Schrumpfform des Humanismus! Ich nehme selbstverständlich wahr, dass es bei Lévinas ein ausgeprägtes Denken der Diskontinuität, des Wechsels von Ordnungen und Ebenen gibt; aber ich versuche ja gerade, die Kontinuität zu denken. Aus diesem Grund müssen wir heute über die Differenz zwischen Krieg und Frieden hinausgelangen und diese mysteriöse Verwandtschaft zwischen Gewalt und Versöhnung zu verstehen versuchen, zwischen negativer und positiver Entdifferenzierung, zwischen der mimetischen Krise und dem, was die Christen mysteriöserweise den »mystischen Körper« nennen. Vom einen zum anderen kann man nur durch eine Art innerer *Verwandlung der Mimetik* gelangen. Es steht nicht notwendig fest, dass es zum Schlimmsten kommt. Aber trotzdem sollte man die andere Möglichkeit stets im Hinterkopf behalten, sich darüber im Klaren sein, dass die Zerstörung der Welt nun, da die Menschheit über die hierzu erforderlichen Mittel verfügt, möglich ist.

B.C.: Um diese Bewegung, diese innere Verwandlung zu verstehen, muss man sich also mit dem Zweikampf auseinandersetzen, muss man versuchen, ihn zu durchdringen, wovor Clausewitz sich wohlweislich hütet. Den Zweikampf zu denken, hieße, *die Gewalt und die Versöhnung zugleich denken* und dabei von einer Reziprozität zur anderen, von einer *Identität* zur anderen überzugehen.

R.G.: Sehen Sie sich doch einmal die Beschreibung extremer Zweikämpfe an. Die mittelalterliche Literatur ist voll davon. Sie werden dort stets Hinweise auf eine Art Liebe oder Leidenschaft finden. Eben dieser Widerspruch ist so schwierig nachzuvollziehen. Ein Einwand gegen die mimetische Theorie lautet, sie operiere zwanghaft. Niemand möchte zugeben, dass diese Hartnäckigkeit darauf zurückzuführen ist, dass die Leute *nicht lesen wollen*, es sei denn durch das Prisma weitaus opakerer Systeme. Die christliche Apologetik hat, vor allem wenn sie apokalyptisch ist, kein anderes Ziel, als jenen die Augen zu öffnen, die nicht sehen wollen. Und was man nicht ins Auge fassen will, ist gerade der Umstand, dass *die Versöhnung die Kehrseite der Gewalt* ist, jene Möglichkeit, die die Gewalt nicht zur Kenntnis nehmen will. Die Menschen wollen nicht, dass man ihnen sagt, sie seien gar nicht autonom, dass andere durch sie handelten. Sie wollen es sogar immer weniger, und werden deshalb immer gewalttätiger. Jesus erregte Anstoß, weil er genau dies ausgesprochen hat, weil er den Menschen offenbart hat, dass das *Reich Gottes in dem Maße näherrückt, in dem ihr Wahnsinn zunimmt.* Michel Serres wies mich einmal darauf hin, dass ich Bergsons »Gesetz der doppelten Raserei« sehr nahekomme und in diese Richtung weitergehen solle. Ich habe mir niemals die Zeit genommen, diesem Hinweis nachzugehen!

B.C.: Es genügt, den Text noch einmal zu lesen. Am Ende von *Die beiden Quellen der Moral und der Religion* stellt Bergson zwei komplementäre Gesetze auf, um die historische Zukunft zu erwägen: das »Gesetz der Dichotomie« und das »Gesetz der doppelten Raserei«. Diese beiden Pfade werden von einer einzigen Tendenz beschritten, und zwar nacheinander bis zu ihrem äußersten Punkt. Wir können einige Abschnitte vom Ende des Buches zitieren, die belegen, was Sie gerade sagten:

> »[…] es ist schwierig, sich nicht zu fragen, ob die einfache Tendenz nicht besser getan hätte, weiterzuwachsen, ohne sich zu spalten

[…]. Man wäre dann nicht Gefahr gelaufen, ins Absurde zu verfallen, man hätte sich gegen die Katastrophe gesichert. Gewiß, aber man hätte in Qualität und Quantität das Maximum an Schöpfung erreicht. Man muß sich einer der beiden Richtungen gründlich hingeben, um zu erfahren, was sie gewähren wird: wenn man nicht mehr weiterkann, dann wird man sich mit allem, was man erworben hat, in die vernachlässigte oder aufgegebene Richtung stürzen. Wenn man dieses Hin und Her von außen betrachtet, dann sieht man freilich nur den Antagonismus der beiden Richtungen, die vergeblichen Versuche der einen, den Fortschritt der andern zu vereiteln, das schließliche Scheitern dieser und die Revanche der andern: die Menschheit liebt das Dramatische; aus dem Ganzen einer mehr oder weniger langen Geschichte pflückt sie gern die Züge heraus, die ihr die Form eines Kampfes zwischen zwei Parteien, oder zwei Gesellschaften, oder zwei Prinzipien aufprägen; jedes von diesen hätte danach abwechselnd den Sieg errungen. Aber der Kampf ist hier nur der oberflächliche Aspekt von dem, was tatsächlich Fortschritt ist. […] Das wäre also Pendeln und Fortschritt, Fortschritt durch Pendeln. Und es wäre nun, nach der ständig anwachsenden Komplizierung unseres Lebens, eine Rückkehr zur Einfachheit vorauszusehen. […] Aber Vereinfachung und Komplizierung gehen tatsächlich aus einer ›Dichotomie‹ hervor; sie sind wohl fähig, sich zur ›doppelten Raserei‹ zu entwickeln, und sie haben schließlich auch alles Nötige, um einander periodisch zu folgen. […] In Wahrheit wünscht man sich das Wohlleben meistens aus Liebe zum Luxus, weil einem das Wohlleben, das man nicht hat, als Luxus erscheint, *und man denen, die ihn haben, nacheifern, es ihnen gleichtun will*. Am Anfang war die Eitelkeit. […] Aber daß die wahre, vollkommene, handelnde Mystik danach strebt, sich zu verbreiten, vermöge der Caritas, die ihr Wesen ist, das ist nicht weniger gewiß.«[99]

R.G.: Bergson berührt hier tatsächlich die Krux dessen, das wir zu ergründen versuchen. Zunächst einmal, weil er sich nicht auf die

Herr-Knecht-Dialektik beschränkt, die hier in gewisser Weise einer Kritik unterzogen wird. Außerdem erfasste er sehr genau die Dualität der beiden Prinzipien sowie die beiden Arten der Mimetik, die sie mit sich bringen: Mimetik des Luxus und ansteckende Nächstenliebe. Aber er weigerte sich, diese Dualität als einen Konflikt, einen Zweikampf zu denken. Ich jedoch denke mit Pascal, dass die Wahrheit mit der Gewalt essenziell im Krieg liegt. Jesus brachte uns den Krieg, viel mehr als eine »Rückkehr zum einfachen Leben«. Wenn ich höre, wie Bergson das im Großen und Ganzen recht friedliche Pendeln dieser beiden Richtungen beschwört, die jede bis zu ihrem Äußersten geht, bevor sie das Feld der anderen überlässt, habe ich den Eindruck, eine Form von Hegelianismus zu vernehmen! Die Behauptung, »der Kampf ist hier nur der oberflächliche Aspekt von [...] Forschritt«, bedeutet, wie wir wissen, eine Rückkehr zur hegelschen Dialektik, und diese Dialektik ist in dem Maße falsch, in dem sie den Zweikampf relativiert und nicht erkennt, dass er immer schon die Gefahr der Steigerung bis zum Äußersten impliziert. Dem »Vormarsch« dieser Steigerung bis zum Äußersten zu widersprechen, ist vielleicht ein »vergeblicher Versuch«, aber nicht im Sinne Bergsons, sondern höchstens in dem gegenteiligen Sinn, dass ein Widerstand gegen diesen Lauf der Dinge vielleicht nicht länger möglich ist. Genau das habe ich vorhin sagen wollen, als ich bezweifelte, dass sich die Steigerung bis zum Äußersten eines Tages erschöpfen könnte. Die Wirklichkeit ist nämlich eine völlig andere und sehr viel tragischer. Ich sage nicht, dass wir auf jeden Widerstand verzichten sollten, aber es wäre mir lieber gewesen, Bergson hätte die »Tendenz zum einfachen Leben« als grundlegenden Gegensatz zur Steigerung bis zum Äußersten entworfen. Dies tat er jedoch nicht. Die Zurückweisung der Krise ist – selbst bei einem konsequenten Empiristen – weiterhin eine Form von Idealismus.

Bergson hatte allerdings eine sehr viel weniger abstrakte Konzeption vom Religiösen als Hegel, das lässt sich nicht leugnen. Er rührt da an Dinge, die mir wesentlich scheinen. Allerdings stört mich das Fehlen des tragischen Elements. Bergson ging nicht so weit, an die Ankunft des Schlimmsten zu glauben. Stattdessen glaubte er an eine »rasende« Bewegung, die an ihrem Ende ganz von selbst eine andere auf den Plan rufen würde. Demnach »oszillierte« die Geschichte in einer Pendelbewegung. Das alles ist mir nicht eschatologisch genug. In diesem von ihm beförderten Rationalismus liegt, möge er es mir nicht verübeln, eine Art »Katastrophen-Versicherung«. Kein Wunder, dass er sich, als das Abstrakte mit der Kriegserklärung von 1914 konkret wurde, hierüber nicht im Klaren war! Bergson war zweifellos nicht hinreichend vorgewarnt.

Darin unterscheidet sich Bergson von einem Péguy, der die Katastrophe auf seine eigene Art kommen spürte. Sie haben mich überzeugt, dass er nicht so kriegsliebend war, wie ich glaubte. Tatsächlich kann man nicht Dreyfus verteidigen, wie er es getan hat, und zugleich kriegsliebend sein, es sei denn in jenem guten Sinne, den er »Kampf für die Wahrheit« nannte. Es scheint, als hätte ihn die hartnäckige Verteidigung eines Sündenbocks auf den Geschmack des Realen gebracht! Ich glaube, Bergson hat sich nicht für Dreyfus eingesetzt. Es lag jedoch viel Barbarei in dieser typisch clausewitzschen Situation, in der ein Regimentsstab die Politik ungestraft ersetzte und eine Armee dem Staat sein Verhalten vorschrieb. Dreyfus' Anhänger leisteten damals Widerstand. Sie gingen nicht davon aus, dass es so oder so zu einer Verurteilung käme, dass jene ein Glied in einer notwendigen, sich unerbittlich abrollenden Ereigniskette sei und die Zeit für die Rehabilitierung des Kapitäns erst kommen würde! Weil ich apokalyptisch denke, lehne ich jede Form des Providentialismus ab. Man muss bis zum Schluss kämpfen, selbst wenn man glaubt, es handele sich um ein »vergebliches Unterfangen«.

Um auf die mimetische Theorie zurückzukommen, würde ich sagen, dass diese in gewisser Weise versucht, das Schlimmste zu denken. Bergson möge es mir nachsehen – aber ich für meinen Teil bin wie die meisten Menschen und liebe das Dramatische!

Clausewitz erlebe ich in dieser Hinsicht als außerordentlich dramatisch. Dieser Theoretiker steht sehr viel mehr auf dem Boden der modernen Geschichte als Hegel. Gewiss, seine Schuhe sind mit Kot bespritzt, aber er rührt an Dinge, die viel interessanter sind als das, was man in der *Phänomenologie des Geistes* findet. Halten Sie bitte fest, dass ich nicht versuche, Bergsons spiritualistischem Optimismus einen apokalyptischen Pessimismus entgegenzusetzen. Ich versuche, so nahe wie möglich an der Wirklichkeit zu bleiben. Etwa siebzig Jahre nach *Die beiden Quellen der Moral und der Religion* stelle ich lediglich fest, dass wir nicht zu dem »einfachen Leben« zurückgekehrt sind, das Bergson uns verhieß. Der »Gefallen am Luxus« hat sich immer weiter ausgebreitet und zieht heute den ganzen Planeten in seinen Bann. Das einfache Leben lässt sich Zeit mit seiner Wiederkehr. Ich halte das »Gesetz der doppelten Raserei« deshalb für eine neue Form des Aufschiebens, während wir uns in Wirklichkeit ja in einer Situation unmittelbarer Bedrohung wiederfinden. Nur das Bewusstsein der unmittelbaren Bedrohung kann unsere mimetischen Verhaltensweisen in verantwortliche Akte umwandeln. Dies raubt Bergsons Konzepten, dieser genialen Gegenüberstellung von »Statischem« und »Dynamischem«, von einer »Ethik des Drucks« und einer »Ethik des Aufschwungs«[100] selbstverständlich nicht ihre Kraft. Solche Ideen zeugen vom Einzug eines reichhaltigen anthropologischen Materials in die Philosophie, was ich nur begrüßen kann. Trotzdem glaube ich, wider die Bergsonsche Heiterkeit, dass das Schlimmste im Entstehen begriffen ist, und versuche deshalb, so dicht wie möglich an diesem Ereignis zu bleiben. Und dabei hilft mir Clausewitz – bis zu einem gewissen Punkt, wie wir noch sehen werden.

IV. DER ZWEIKAMPF UND DAS SAKRALE

Die beiden Zeitalter des Krieges

Benoît Chantre: Unser Gespräch über Clausewitz lässt das Gebot »Liebet eure Feinde« in den Evangelien in einem anderen Licht erscheinen. Hat man erst einmal eingestanden, dass sich das Programm des Reiches Gottes nicht verwirklicht hat, so verlangt dieses Gebot nicht mehr, aus Feinden Freunde zu machen – was zur impliziten Regel des Pazifismus wird –, sondern im Fall des Kampfes einen gewissen Ehrenkodex zu beachten. Und das ist etwas völlig anderes. Und so haben wir zwischen einem Prinzip der Gegnerschaft und einem Prinzip der Feindschaft differenziert. Die Feindschaft zielt darauf ab, über den Gegner zu triumphieren, während die Gegnerschaft ein faires Aufeinandertreffen zur Voraussetzung hat. Clausewitz neigt selbstverständlich zu ersterem und ist vom Zweikampf als einem Kampf auf Leben und Tod magnetisch angezogen. Aus genau diesem Grund versucht Charles Péguy, den Sie ja bereits zitiert haben, in den Jahren vor dem Ersten Weltkrieg eine andere Konzeption des Zweikampfes aufzuzeigen, indem er Corneille gegen Clausewitz ins Feld führt. Beim Zweikampf nach Corneille zählt nicht der Sieg, schreibt Péguy, sondern die Schlacht. Man muss den *Krieg* gewissermaßen zu *bremsen* wissen, um über die Versöhnung nachdenken zu können.

Im Juli 1914, unmittelbar bevor er an die Front geht, schreibt Péguy in seiner *Note conjointe sur M. Descartes et la Philosophie cartésienne* zum »Denksystem des Rittertums, ganz besonders der französischen Chevalerie«:

»Man bezeichnet den Krieg oft als einen ungeheuren Zweikampf, als Zweikampf zwischen Völkern, und umgekehrt bezeichnet man den Zweikampf oft als einen gleichsam reduzierten und schematisierten Krieg, einen Krieg zwischen Individuen. Man spricht vom Krieg als einem Zweikampf im großen Maßstab, und vom Zweikampf als einem Krieg im kleinen Maßstab. Darin liegt ein ziemlich großes Durcheinander. Viele beachtliche historische Unklarheiten würden möglicherweise erhellt, viele Schwierigkeiten gelöst, würde nur zwischen zwei Arten des Krieges unterschieden, die möglicherweise nichts miteinander gemein haben. Ich würde nicht einmal behaupten, der alte Überlebenskampf habe sich in zwei Arten geteilt, in einen Kampf um Ehre und in einen Kampf um Macht [...]. Es gibt eine Spezies des Krieges, die ein Kampf um Ehre ist, und es gibt eine gänzlich andere Spezies des Krieges, die ein Kampf um Herrschaft ist. Die erste rührt vom Zweikampf her. Sie ist der Zweikampf. Die zweite ist es nicht, ist anderen Ursprungs. Sie steht dem Zweikampf mit seinen Regeln und Ehrvorstellungen sogar völlig fern. Dem Heldentum wiederum steht sie ganz und gar nicht fern.«[101]

Diese Passage kommt uns sehr gelegen. Zunächst einmal, weil Péguy zu den gleichen Schlussfolgerungen gelangt wie wir, indem er zwischen zwei gegensätzlichen Konzeptionen des Krieges unterscheidet, und dann, weil er zwei Formen des Heldentums definiert: die eine orientiert sich am »großartigen« Wesen der Steigerung bis zum Äußersten, die andere versucht, diese Entfesselung der Gewalt einzudämmen, den Krieg zu neutralisieren. Die erste verfehlt den Zweikampf, die zweite denkt ihn auf radikale Weise. Die Kritik an Clausewitz ist hier offenkundig. In der Tat ist nichts weniger »preußisch« als das Primat der Schlacht über den Sieg. Man kann unmöglich von der Gewalt zur Versöhnung gelangen, ohne dieses Zwischenstadium zu durchlaufen. Ein Problem bleibt jedoch bestehen, und Péguy konnte es nicht lösen: Lässt sich unter den Bedingungen des modernen Krieges überhaupt ohne Hass kämpfen?

René Girard: Wie die Geschichte nach Péguy bedauerlicherweise bewiesen hat, lassen sich Genozide in aller Ruhe durchführen: Vom Massaker an den Armeniern bis hin zu den Verbrechen in Ruanda, vom Schrecken der Shoah bis hin zu Kambodscha – ganze Völker sind kaltblütig ermordet worden, zuweilen gar mit bürokratischem Eifer. Die »feindselige Absicht« wird sich umso wirksamer erweisen, sobald sie das »feindselige Gefühl« nicht mehr braucht: In diesem Punkt unterscheidet sich Clausewitz' kriegerischer Patriotismus von der totalitären Kälte, jener waschechten Pathologie der Staatsvernunft.[102] Unbewusst führte er jedoch genau dorthin, da er die schrecklichen Konsequenzen des Gesetzes des Zweikampfes nicht wahrhaben wollte, das mimetische, zur Eskalation führende Gesetz.

Clausewitz flüchtet sich in ein Loblied auf die Kraft des Kriegers, weil er den Zweikampf fürchtet, weil er unter allen Umständen den Schein wahren will und bestrebt ist, die politische Vernunft zu retten, indem er ihr die Hauptrolle zuspricht. Der Unterschied zwischen den beiden Formen von Heldentum ist mithin wesentlich, denn er entspricht zwei verschiedenen Zeitaltern des Krieges: dem Zeitalter der Gegnerschaft und dem Zeitalter der Feindschaft. Versteht man ihn als Steigerung bis zum Äußersten, lässt der Zweikampf alle Verhaltensregeln des Krieges implodieren und leitet zu der Epoche über, in der wir heute leben: der Epoche der globalen und unberechenbaren Gewalt. Péguys Gedanken sind meines Erachtens großartig, und ich denke, Sie haben sie im rechten Augenblick angeführt. Gleichwohl fürchte ich, dass sie den sich im Jahre 1912 anbahnenden Konflikt überhaupt nicht mehr erfassen.

Péguy beschreibt eine nicht zu kritisierende Form von Heroismus, und Sie haben sehr klar benannt, was hier auf dem Spiel steht. Auf rein intellektueller Ebene würde Péguy eindeutig den Sieg davontragen, denn er durchdachte den Zweikampf wirklich, was Clausewitz – allem Anschein zum Trotz – nicht tat. Péguys Art, den Zweikampf zu reflektieren, ist zudem überzeugender als diejenige Carl Schmitts, weil er ihn auch vom moralischen Standpunkt aus betrachtete und nicht allein aus juristischer Perspektive. Das von Ihnen angeführte Zitat zeigt sehr gut, dass er sich eine eigene, anderslautende Vorstellung vom Zweikampf machte: Dabei hat er unbestreitbar Clausewitz im Visier. Er behauptet sogar, dieser sei einer Fehlinterpretation erlegen. Aber Péguy scheint zu vergessen, dass Clausewitz zunächst ein Hauptzeuge ist, Beobachter eines neuen Umfelds der Gewalt. Wie mir scheint, beschreibt er die Realität der historischen Tendenz mit sehr viel größerer Schärfe. Bergson und Péguy sind tiefsinnige Metaphysiker, die eine Alternative, ein Jenseits des Krieges, eine gute Transzendenz zu denken wagen – Clausewitz hingegen beschreibt, was ich die »schlechte Transzendenz« nenne. Wir müssen uns also näher mit dem »Kriegsgott« beschäftigen, den er hinter der Gestalt Napoleons aufscheinen sah.

B.C.: Die beiden Zeitalter des Krieges könnten uns das Mittel an die Hand geben, ein paradoxes Gesetz zu skizzieren, das Bergsons »Gesetz der doppelten Raserei« ähnelt und sich davon zugleich unterscheidet. Auf der einen Seite hätten wir die Steigerung bis zum Äußersten und auf der anderen einen Rückgang zum Ursprung – eine »Spitzkehre« der Geschichte, wie Péguy sagt, einen Rückgang zu dem, was Sie den Gründungsmord nennen. Diese beiden Bewegungen wären aufeinander bezogen: Je mehr man sich auf das Ende zubewegte, desto mehr käme man zum Ursprung zurück; je mehr die Geschichte auf das Schlimmste zusteuerte, desto weniger ließe sich die Notwendigkeit einer mit offenem Visier geführten Auseinandersetzung mit dem archaisch Religiösen verhehlen.

R.G.: Genau. Diese Auseinandersetzung ist nun an der Zeit. Darum tut die mimetische Theorie nichts anderes, als dieses Religiöse zu befragen. Dabei geht sie von der prophetischen Tradition sowie der christlichen Offenbarung aus. Nur ein »zweiter Adam« kann dem »ersten« die Stirn bieten, um die Worte des Heiligen Paulus aufzugreifen.[103] Heute ist klar, dass wir uns immer weiter zu diesem Alpha zurückbewegen, je weiter die Geschichte voranschreitet.

Das historische Christentum – und das, was wir sein »Scheitern« nennen müssen – ist nichts anderes als dieses beschleunigte Aufeinanderzulaufen des Anfangs und des Endes der Zeiten. Wir müssen also nicht mehr nur einfach die Reziprozität analysieren, sondern auch das Sakrale, auf das sie hinführt: ein durch die jüdischen und christlichen Eingriffe entwertetes Sakrales, das aufgrund dieser Entwertung umso furchterregender ist. Dieses korrumpierte Sakrale ist eins mit der Gewalt, das heißt mit dem Gründungsmord. Erinnern Sie sich an die Worte Pascals:

> »Die Verwicklung unseres Daseins zieht ihre geheimsten Falten und Windungen aus diesem Abgrund. So kommt es, daß der Mensch sich ohne dieses Mysterium noch schwerer begreifen läßt, als dieses Mysterium dem Menschen begreiflich ist.«[104]

Die Passion enthüllt die Opfermechanismen: sie ist in die »Falten und Windungen« der Erbsünde verwickelt und bringt sie an den Tag. Jesus Christus stellt uns also vor eine schreckliche Alternative: Entweder man folgt ihm, indem man der Gewalt abschwört, oder aber man forciert das Ende der Zeiten. In beiden Fällen konfrontiert er uns mit der Erbsünde und zwingt uns, in diesen »Abgrund« zu blicken. Was heißt das anderes, als dass das archaisch Religiöse der einzige Fluchtpunkt des Christentums ist? Das ist die apokalyptische Wahrheit, die niemand wahrhaben will. Wie von Ihnen angedeutet hat Péguy sehr wohl gespürt, dass dieser »Rückgang« sich gegen den Lauf der Geschichte vollzieht: Er hat ein heldenhaftes Gespür dafür, weil er versucht, diese unwiderstehliche Bewegung zu bremsen. Aber die Geschichte hat gezeigt, dass Heroismen die Steigerung bis zum Äußersten nicht zu bremsen in der Lage sind. Pascal hat also alles auf Anhieb erkannt. Dennoch scheitert die Brillanz seiner *Pensées* daran, die Geschichte und ihre kolossale Fähigkeit zur Regression mitzuerwägen. Daher ist es an uns, die apokalyptischen Schlussfolgerungen aus Pascals Ahnungen zu ziehen: *Die Wahrheit der Erbsünde erscheint allein im Verhältnis zum wachsenden Ressentiment, das sie hervorruft.* Es lässt sich jedoch nicht leugnen, dass Pascal Ende des zwölften seiner *Briefe in die Provinz* nahe an dieser Wahrheit ist:

> »Es gibt einen langen und seltsamen Kampf, wenn die Gewalt die Wahrheit zu unterdrücken sucht. Doch alle Anstrengungen der Gewalt können die Wahrheit nicht schwächen und dienen nur dazu, ihren Glanz zu erhöhen. Alles Licht der Wahrheit vermag der Gewalt keinen Einhalt zu tun; es reizt nur noch mehr ihren Zorn.«[105]

Ohne Frage beschreibt Pascal hier eine Manifestation der Wahrheit, die zeitlich mit der Steigerung bis zum Äußersten korrespondieren sollte. Beachten Sie, dass er nicht mehr vom »Krieg« spricht, sondern von »der Gewalt«. Dies ist bereits apokalyptisches Denken.

Eine kriegerische Religion

B. C.: Mithilfe dieser *reziproken* Intensivierung der Gewalt und der Wahrheit lässt sich das »Gesetz der doppelten Raserei« besser verstehen. Möglicherweise haben wir ja den Punkt erreicht, an dem eine Inversion der ersten Tendenz möglich ist: jenes »Ende der Zeiten«, das die Gewalt mit ihrer Wahrheit koinzidieren ließe. Wie Pascal nahelegt, könnte dies zur Aussöhnung der Menschen führen, aber ebensogut auf Kosten der ganzen Welt gehen.

R. G.: Das wäre in der Tat die wahre Steigerung bis zum Äußersten, die Clausewitz bloß erahnte. Wir stoßen hier auf eine viel grundlegendere Reziprozität: einen unbarmherzigen Kampf zwischen der Gewalt und der Wahrheit. Die Wahrheit befindet sich in der Verteidigungsposition im Clausewitzschen Sinne, ist also auf Krieg aus. Die Gewalt reagiert lediglich auf die Wahrheit, strebt also nach Frieden. Aber zugleich weiß sie genau, dass sie ihn nicht mehr erreichen wird, da ihre Mechanismen ans Licht gekommen sind. Das ist der wahre, der einzige Zweikampf, der die gesamte Menschheitsgeschichte durchzieht, und zwar so sehr, dass sich nicht voraussagen lässt, welcher der beiden Gegner den Sieg davontragen wird. Allein ein Glaubensakt verleitet Pascal zu dem Schluss, dass »die Gewalt nur begrenzte Dauer hat, da Gottes Ordnung ihre Wirkungen zum Ruhme der angegriffenen Wahrheit lenkt«.[106] Aber wird die Wahrheit in dieser Welt triumphieren? Nichts ist weniger gewiss.

Clausewitz ist hier ein gutes Gegengift zum Progressismus. *Zu Ende denken*, was er nur ahnte, heißt, das Tiefgründigste des Christentums wiederzufinden. Von seinem Einsatz für Dreyfus abgesehen ist Péguy gerade deswegen so interessant, weil er versucht, den Zweikampf nicht als einen Kampf auf Leben und Tod zu denken. Denn ihn als einen Kampf auf Leben und Tod zu definieren, heißt ja gerade, ihn nicht zu durchdenken. Die Unfähigkeit, die gewalttätige Reziprozität in Betracht zu ziehen, ist genau das, was mich an Clausewitz so fesselt. Unbestreitbar haben wir es hier mit einer Form religiöser Regression, einer Art Rückkehr zum Archaischen zu tun, die wir im Folgenden genauer untersuchen müssen. Wie wir gesehen haben, schlägt Clausewitz die von ihm aufgestoßene Tür sofort wieder zu. Der Beginn des ersten Kapitels beherrscht gleichsam das gesamte Buch, und doch sind wir, ohne in es einzudringen, auf der Schwelle stehengeblieben.

Was teilt uns Clausewitz mit? Bei dem von ihm beschriebenen Krieg handelt es sich um den napoleonischen Krieg, *grosso modo* also um diejenige Kriegsform, die ein Kommandant vorzöge, wenn er den Sieg erringen will. Die reale Wechselwirkung birgt jedoch etwas weitaus Schlimmeres. Man kann demnach behaupten, dass Clausewitz einerseits noch ein Mann der Aufklärung ist, es andererseits – auf der Ebene seines unbewussten Denkens – jedoch schon nicht mehr ist. Ich neige also zu der Annahme, dass er sein Buch aus folgendem Grund nicht vollenden kann und es bis zu seinem Tod immer wieder überarbeiten wird: Es gelingt ihm nicht, die Kluft zwischen seinem Rationalismus und jener Intuition zu überbrücken, die er zwar nicht vollständig ausbuchstabiert, die ihn jedoch verfolgt. Beschreibt man diese Intuition zu genau, geht man möglicherweise zu weit. Zumindest stelle ich mir vor, dass sich diese Intuition nicht auf direktem Weg denken lässt und *aus eben diesem Grund* interessant ist. Darin besteht das Geheimnis seines Buches – und möglicherweise auch dessen verborgene Tiefgründigkeit.

Wir haben einen Brief von Clausewitz an Maria von Brühl kommentiert, in dem er sein »religiöses Gefühl« erwähnt, und wir haben gesehen, wie sehr er sich müht, sich vom Zweikampf zu lösen. Das ist keine Frage des Alters! Im Gegensatz zu Aron glaube ich keine Sekunde an den Unterschied zwischen dem romantischen und dem reifen Clausewitz. Er ist viel zu mimetisch und viel zu patriotisch veranlagt. Von dieser Art Leidenschaft kommt man nur schwer los. Ich registriere, dass Sie, wie Péguy, an Corneilles *Polyeucte* denken, an die Wandlung des Helden zum Heiligen. Ich bewundere diese Art Inspiration. Aber ist das unsere Welt? Ich fürchte nein. Ich hege keine allzu große Sympathie für das Heldentum. Stimmt. Und so würde ich den Übergang von der Gewalt zur Versöhnung nicht im Heldentum suchen, sondern in einer dem Menschen ein für allemal aufgegebenen Wahl. Im Grunde handelt es sich weniger um einen Übergang als um eine Alternative. Der Sturz der Idole und dessen, was Paul Claudel boshaft die »dummen Prahlereien« Polyeuctes nannte, finde auch ich ein wenig beängstigend. Das ist wie ein auf den Kopf gestellter Clausewitz: immer noch viel zu gewalttätig für mich.

Aber ich möchte auch nicht an die Vernunft der Aufklärung, sondern an eine religiöse Rationalität appellieren, um die stets mögliche Oszillation zwischen der einen und der anderen Form der Entdifferenzierung zu verstehen. Solche Intuitionen hat es in der Geschichte des Christentums immer schon gegeben, aber sie waren für meinen Geschmack nicht eschatologisch genug. Nur eine religiöse Rationalität befähigt uns zu verstehen, was ich bei der Beschäftigung mit den Formen des archaisch Religiösen begriffen habe, nämlich, dass ein zunächst verteufeltes Opfer anschließend vergöttlicht wird. Diese Umwandlung ist in keiner Weise rational im Sinne der aufklärerischen Rationalität, und dennoch wirkt hier kein Aberglaube. Und genau die gleiche Logik ist in dem am Werk, was wir gerade zu denken versuchen. Sie zwingt uns, unsere Denkweise zu verändern.

Selbstverständlich bezweifle ich, dass Clausewitz den Ruf des Reiches Gottes verspürte und seinen Hass auf Napoleon überwand. Ich halte es sogar für nicht abwegig, dass *ihn gerade dieser Hass zum Schreiben veranlasste*, zum »Theoretisieren«. Lassen wir ihn ihm! Ohne ihn hätte er die unauslotbaren Ahnungen nicht gehabt, die den Text unterschwellig durchziehen. Es ist ein bisschen so wie bei Dostojewski oder Proust. Gedanken dieser Art fesseln mich, Gedanken, die niemals vollständig ausformuliert sind, weil das Individuum in einer Steigerung bis zum Äußersten gefangen ist, an der es selbst teil hat, so als müsste es sich stets an irgendjemandem oder irgendetwas rächen. Der Mimetik kann man nicht entrinnen, auf gewisse Weise ist man stets in sie verstrickt, und diejenigen, die das anerkennen, interessieren mich mehr als diejenigen, die es zu vertuschen versuchen.

Diese Selbstverständlichkeit wurde mir erst nach und nach bewusst. Ich habe das Christentum lange Zeit als einen Beobachtungsposten aufzufassen versucht, musste diese Vorstellung aber aufgeben. Heute bin ich davon überzeugt, dass man von einer Warte aus denken muss, *die im Innern der Mimetik liegt*. Clausewitz verdient es also, aufmerksam gelesen zu werden. Er ist von etwas durchdrungen, das sich seiner Kontrolle entzieht und uns zum Nachdenken verpflichtet. Also liege ich auf der Lauer. Der Umstand, dass er zögert, so als glaube er, mit Blick auf den Zweikampf einem Verbot zu unterliegen, ist äußerst interessant. Es lässt sich nicht behaupten, er hätte am Ende seines Lebens lediglich das erste Kapitel seiner Abhandlung vollendet gehabt und den gesamten Rest noch überarbeitet, wenn er länger gelebt hätte. Es ist vielmehr zu betonen, dass das erste Kapitel tiefgründiger und undurchsichtiger als dieser Rest ist, weil es als einziges von den menschlichen Beziehungen im Allgemeinen handelt. Die übrigen Kapitel sind in sich viel geschlossener und entsprechen viel eher den Vorstellungen, mit denen man üblicherweise *Vom Kriege* liest.

Da Aron bei Clausewitz rationale Kontrolle unterstellt, gehen seine Gedanken zu diesem Punkt vollständig an der Wirklichkeit vorbei. Diese Abstrahierung und Loslösung von der Wirklichkeit ist beispiellos. Hier spürt man den verhinderten Politiker heraus bzw. den politisierenden Intellektuellen, was dasselbe ist. Stellen Sie sich doch einmal vor, Chruschtschow hätte während der Kuba-Krise einen über den Durst getrunken. Wenn man bedenkt, was die Macht ist und welche Zufälle den wichtigen Entscheidungen vorangehen! Noch einmal Pascal: »Wenn die Nase der Kleopatra kürzer gewesen wäre…«[107] Ein kleine Nebensächlichkeit zu viel – und der Krieg bricht aus. Wie sollte man da am Wahnsinn des Krieges zweifeln können? Genau das nennt Aron den *Bruch* zwischen dem ersten Kapitel und dem Rest der Abhandlung. Ebensowenig kann er sich eine Entsprechung zwischen realem Krieg und Begriff des Krieges vorstellen. Auch hier müsse es, glaubt er, einen unüberwindlichen Bruch geben. Aron will Optimist sein, weil er die politische Ebene nicht verlassen möchte und sein Denken, das religiösen Vorstellungen nicht aufgeschlossen gegenübersteht, an eine Grenze stößt. Ich würde Clausewitz also nicht für eine Art Schizophrenen halten, sondern für einen tiefgründigen Autor, der seine erste, überaus brillante Intuition zwar schon bald nicht mehr weiter verfolgt, aber nicht verhindern kann, dass sie sein gesamtes Buch grundiert. Damit werden wir uns begnügen und fortfahren müssen, Clausewitz zu Ende zu denken.

B.C.: Die wesentliche Frage ist also wohl die des Heldentums.

R.G.: Es stimmt, dass Clausewitz seinen ursprünglichen Gedanken aufgibt und sich auf eine Typologie des »kriegerischen Genius« konzentriert. Bei diesem Paradox müssen wir ein wenig verweilen. Warum versagt sich Clausewitz, der sowohl das Prinzip der Wechselwirkung als auch dasjenige der Steigerung bis zum Äußersten, also den apokalyptische Verlauf der Geschichte, erfasst, diesen brillanten Gedanken zu Ende zu führen? Und warum zieht er sich stattdessen auf eine Form individuellen Heldentums zurück? Wäre der Zweikampf zwischen den Zeilen nicht immer noch da, hätten wir es mit einer Art Verleugnung zu tun. Das, was nicht explizit gedacht wird, oft aber die wahre Triebkraft eines Denkens bildet, nannte Nietzsche *Ressentiment*. Ich treibe diesen Gedanken noch ein Stück weiter, wenn ich behaupte, dass das Ressentiment – mimetisch definiert – *Verkennung* produziert, mit anderen Worten das Sakrale hervorbringt.

Wir müssen also herauszufinden versuchen, inwieweit Clausewitz' antifranzösisches, im faszinierenden Modell Napoleon (dem »Kriegsgott«) verkörpertes Ressentiment ein entwertetes Sakrales hervorbrachte, das umso mehr Wirkung entfaltete, als es unbewusst war. Clausewitz hofft, mit der »wunderlichen Dreifaltigkeit« einen vollendeteren Begriff für das Phänomen Krieg gefunden zu haben, einen Oberbegriff für alle denkbaren Formen des Krieges. Mit welchem Feldherrn- und Herrschertyp man es im Rahmen dieser »Dreifaltigkeit« zu tun hat, erfahren wir zunächst nicht. Später stellt sich jedoch heraus, dass es sich um Friedrich II. handelt, um den »Großen Friedrich«, den Freund Voltaires, Landesherr und Kriegsherr in einem. Unterschwellig arbeitet die Figur Napoleon jedoch weiter an der Zerstörung dieses Modells. Obwohl der Deckmantel bereits an allen Stellen Löcher aufzuweisen beginnt, versucht sich Clausewitz weiterhin einzureden, dass er immer noch vom »Großen Friedrich« spricht.

B.C.: Bei der »wunderlichen Dreifaltigkeit« handelt es sich um eine komplexe Definition, die vom Zweikampf wegführen soll. Meinen Sie, dass schon der Titel selbst von der Unmöglichkeit zeugt, den Zweikampf zu analysieren?

R.G.: In der Tat, warum sollte man von einer »Dreifaltigkeit« sprechen? Diese Wahl eines religiösen Vokabulars hätte die Kommentatoren stutzig machen müssen, Raymond Aron ganz besonders. Das ist der Beweis, wenn es eines solchen Beweises bedürfte, dass der kriegerische Heroismus etwas mit dem gewaltsamen Religiösen zu tun hat. »Jeder Krieg ist göttlich«, schreibt Joseph de Maistre[108] zur gleichen Zeit und bringt damit eine viel tiefgründigere Vorahnung hinsichtlich des supranaturalen Wesens der Steigerung bis zum Äußersten zum Ausdruck. Mit Clausewitz erreichen wir also den entscheidenden Moment bei der Ausbildung einer Kriegsideologie, einer Art ver-rückten Mythologie. Diese heroische Seite ist mir anfangs völlig entgangen, weil ich mich auf die mimetischen Elemente konzentrierte, die wir herausgearbeitet haben. Jetzt aber können wir festhalten, dass der von Clausewitz so bezeichnete »kriegerische Genius« – der Gegenstand des dritten Kapitels im Ersten Buch ist und die »dreifaltige« Synthese aus Leidenschaften, Kalkül und Klugheit bewerkstelligt – eine Art Widerstand gegen das alles auflösende mimetische Prinzip verkörpert, eine *temporäre* Bremse des Prinzips der Entdifferenzierung.

B.C.: Dieser Widerstand gegen das mimetische Prinzip ist temporär, weil er im Rahmen der von uns definierten Polarität stattfindet, das heißt mit Blick auf einen endgültigen Sieg: irgendwann kommt das mimetische Prinzip dann – wie stets – zum Erliegen, weil es keine Kombattanten mehr gibt.

R.G.: Es geht tatsächlich immer um das Gewinnen, darum, die Entscheidung herbeizuführen, auch wenn man dafür durch alle Wechselfälle und alle Interaktionen des realen Krieges hindurch muss. Der Widerstand gegen das mimetische Prinzip bedeutet nach meinem Dafürhalten vor allem, dass der kriegerische Genius autonom ist, er den Einflüssen seiner Umgebung nicht zu schnell nachgibt: Clausewitz schreibt, er dürfe weder »phlegmatisch« noch »gefühlvoll« oder »reizbar« sein, sondern müsse ein »starkes Gemüt« haben.[109] Der kriegerische Held gehört zur Klasse derjenigen,

> »die durch kleine Veranlassungen nicht in Bewegung zu bringen sind und die überhaupt nicht schnell, sondern nach und nach in Bewegung kommen, deren Gefühle aber eine große Gewalt annehmen und viel dauernder sind. Dies sind die Menschen mit energischen, tief und versteckt liegenden Leidenschaften.«[110]

Hier hallen selbstverständlich die Gemeinplätze der damaligen Anthropologie wider und gewiss auch Kant. Am wichtigsten ist jedoch die Erkenntnis, dass Situationserfassung, »coup d'œil«[111] und »Takt«,[112] inmitten »unzähliger, kleiner Umstände«,[113] im Dienste des Zweikampfes stehen, im Dienste der entscheidenden Schlacht, der einzigen Schlacht, die zählt: daher rührt die *Kontinuität*, die man in diesem absolut entschlossenen Charakter spürt. Clausewitz will kämpfen, alles läuft auf dieses Mann gegen Mann hinaus. Clausewitz wird stärker von Napoleon als von Friedrich II. angezogen. Er kann es nicht verhindern: der »Kriegsgott« ist die graue Eminenz der gesamten Abhandlung. Will er die richtige, also die vernichtende Entscheidung treffen, muss der »kriegerische Genius«, der Leidenschaften, Kalkül und politische Vernunft in sich vereint, muss dieser entschlossene Held trotz allem gegen Zufall und Notwendigkeit sowie die härtesten Realitäten ankämpfen.

Lesen Sie doch zum Beispiel die unglaublichen Schlussbemerkungen im Ersten Buch zu dem, was Clausewitz die »Friktion« nennt. Im Grunde müsste man die beiden Seiten vollständig zitieren, so modern sind sie in ihrer Aufmerksamkeit für das konkrete, praktische Detail. Frühere Abhandlungen zum Thema haben sich nie mit derartigen Fakten aufgehalten. Im 17. Jahrhundert sprach ja niemand wirklich von den »Gräueln des Krieges«, dem obsessiven Thema der Kupferstiche Jacques Callots. Dieser Sinn fürs Konkrete ist offensichtlich mit dem Aufkommen der Demokratie verknüpft, aber auch mit der Einbeziehung des gemeinen Volkes in den militärischen Bereich:

> »Wir haben mit der Gefahr, den körperlichen Anstrengungen, den Nachrichten und der Friktion diejenigen Gegenstände genannt, welche sich als Elemente in der Atmosphäre des Krieges zusammenfinden und dieselbe zu einem erschwerenden Mittel für alle Tätigkeit machen. Sie lassen sich also in ihren hindernden Wirkungen wieder unter dem Gesamtbegriff einer allgemeinen Friktion zusammenfassen. – Gibt es nun kein milderndes Öl für diese Reibung? – Nur eins, und dieses eine steht dem Feldherrn und dem Kriegsheer nicht nach Willkür zu Gebote; es ist die Kriegsgewohnheit des Heeres.
> Gewohnheit stärkt den Körper in großen Anstrengungen, die Seele in großen Gefahren, das Urteil gegen den ersten Eindruck. Überall wird durch sie eine kostbare Besonnenheit gewonnen, welche vom Husaren und Schützen bis zum Divisionsgeneral hinaufreicht und dem Feldherrn das Handeln erleichtert.«[114]

Der Gebrauch von Bildern aus dem Bereich der Mechanik, um eine schlecht geschmierte, schlecht geölte menschliche Gruppe zu beschreiben, war in der damaligen Zeit außerordentlich selten. Und das Bestreben herauszufinden, woher das Schmiermittel stammt, ist noch viel erstaunlicher! Betrachtet man diese »Friktion«, erkennt man, dass Clausewitz darum bemüht ist, alle Extreme des menschlichen Lebens in seine Theorie einzubinden, die unansehnlichsten Dinge, Läuse und Krankheiten eingeschlossen. Es zeigt sich, dass er von aufgeweichtem Gelände, vom Marschieren unter Extrembedingungen wie besessen ist. Im Grunde sagt er uns, dass wir einen Krieg wegen all dieser »Kleinigkeiten« verlieren können, das heißt aus vollkommen unbedeutenden Gründen. Ein großer Feldherr ist, wer sich auch gegen diese Zufälle behauptet, wer allen Arten von Prüfungen zugleich meistert. Diesen Aspekt habe ich mir anfangs nicht klargemacht. Das erste Kapitel aus dem Ersten Buch bezieht sich von seiner Grundidee her vollständig auf die Mimetik, kein Zweifel, während es im letzten Kapitel darum überhaupt nicht mehr zu gehen scheint. Dieser Kontrast ist sehr deutlich. Am Ende des Ersten Buchs erhebt sich der Held, findet eine schrittweise Abkehr von der Mimetik statt, weil jetzt eine einzigartige, seltene Einzelperson Thema ist, der große Feldherr. Clausewitz denkt wahrscheinlich an Napoleon und an die barfüßigen Soldaten des Italienfeldzugs. Ruhm und Genie des Kaisers ließen die Truppe all dies vergessen. Hier haben wir es unbestreitbar mit einer Mystik des Krieges zu tun.

B.C.: Clausewitz legt aber Wert darauf, dass die »Erhebung« des Helden über alle Zufälle nicht garantiert ist:

> »[…] nur insoweit er dies vermag, insoweit gebietet er über die Masse und bleibt Herr derselben; sowie das aufhört, sowie sein eigener Mut nicht mehr stark genug ist, den Mut aller andern wieder zu beleben, so zieht ihn die Masse zu sich hinab in die niedere Region der tierischen Natur, die vor der Gefahr zurückweicht und die Schande nicht kennt. Dies sind die Gewichte, welche der Mut und die Seelenstärke des Führers im Kampfe zu überwinden hat, wenn er Ausgezeichnetes leisten will.«[115]

Diese Passage zeigt gut, inwieweit gerade das kriegerische Heldentum »Ausgezeichnetes« zu leisten erlaubt, was für Clausewitz so viel heißt wie Niederwerfungskriege zu führen. Die Alternative ist klar: entweder »Ausgezeichnetes« oder niedrigste tierische Natur. Der Mensch unterscheidet sich ja gerade durch die Fähigkeit vom Tier, »großartige« Kriegsoperationen unternehmen zu können. Wie sollte man davor nicht erschrecken?

R.G.: Hier zeichnet sich in der Tat ein kriegerisches Übermenschentum ab. Allerdings sollten wir Clausewitz gegenüber nicht ungerecht sein, ihn nicht voreilig und rückblickend für das anklagen, was erst später geschah. Seine Ansichten sind stets spannungsgeladen und paradox. Deshalb spricht er ja auch lieber von »kriegerischem Genius« als vom »Helden«, der vielleicht etwas zu theatralisch konnotiert ist. Der kriegerische Genius ist derjenige, der zu *antworten versteht*, der also in die Mimetik verstrickt und zugleich in der Lage ist, jene unvorhersehbaren, ansteckenden Strömungen zu kanalisieren, die Panikreaktionen auslösen oder zum Gehorsam führen können. Der kriegerische Genius steht nicht alleine da, sondern ist stets von anderen umgeben, steht in der Welt der kriegerischen Reziprozität. Das lässt Clausewitz zugleich tiefgründiger und beunruhigender, im Grunde »moderner« als Nietzsche erscheinen.

Das preußische Ressentiment

B.C.: Bei dem von Ihnen angesprochenen militärischen Übermenschentum handelt es sich um das militärische Übermenschentum Preußens, das sich zur Zeit Clausewitz' nicht anders als über seinen Konflikt mit Frankreich definieren konnte. An anderer Stelle beschreibt Clausewitz die Franzosen als ein essenziell militärisches Volk. Ein derart starkes Hinterherhinken gegenüber der geschichtlichen Realität überrascht. *Verkehrt* sich hier nicht die ehemals große Bewunderung Friedrichs II. für das Land Voltaires in neidvollen Hass?

R.G.: Bleiben wir einen Augenblick bei der Frage nach Clausewitz' mangelnder Klarsicht und sehen wir uns dazu die von Raymond Aron zusammengetragenen Zitate an. Allein diese Blindheit kann uns die Genese jenes Helden-Modells begreiflich machen, das eins ist mit dem, was man wohl eine Religion des Krieges nennen muss. An diesem Punkt könnte eine psychologische Untersuchung aufschlussreich sein, wie immer, wenn es um das Ressentiment geht.

Clausewitz starb am 16. November 1831, kurz nachdem ihn der

mit der Niederschlagung der polnischen Aufstände im Osten betraute Gneisenau zum Stabschef bestellt hatte. Clausewitz, seit 1818 Verwaltungsdirektor der Allgemeinen Kriegsschule in Berlin, glaubte, seine Methode nun endlich anwenden zu können: Fieberhaft verfasste er Feldzugspläne gegen Frankreich, dessen militärisches Wiedererstarken er nach der Revolution von 1830 fürchtete. Verständlicherweise hatte er davor große Angst. Denn die Zerstörung Preußens hätte strenggenommen tatsächlich die Zerstörung *der* anti-französischen Kraft bedeutet. Clausewitz war bewusst, dass sich das österreichische Kaiserreich auf dem absteigenden Ast befand. Es war noch nicht die Welt, die Musil im *Mann ohne Eigenschaften* beschreibt, aber beinahe. Preußen bildet in Clausewitz' Augen also nach wie vor das stärkste Bollwerk gegen die Gefahr einer französischen Hegemonie. Frankreichs Wiederkehr würde den Weltuntergang bedeuten.

Clausewitz stirbt innerhalb weniger Stunden. Tatsächlich an der Cholera?

> »Nach dem Zeugnisse der Ärzte war sein Tod mehr die Folge des durch tiefen Seeelenschmerz erschütterten Zustandes seiner Nerven als der Krankheit, von welcher er nur einen verhältnismäßig leichten Anfall gehabt hatte.«[116]

Das Zeugnis seiner Ehefrau scheint – zusammen mit Clausewitz' letzten Briefen an sie, in denen er seine »Melancholie« erwähnt – diesen Befund zu untermauern:

> »Wenigstens seine letzten Augenblicke waren ruhig und schmerzlos, und doch lag etwas Herzzerreißendes in dem Ausdruck, in dem Ton, mit welchem er den letzten Seufzer aushauchte; denn es war, als stieße er das Leben wie eine schwere Bürde von sich. Bald darauf wurden seine Züge ganz ruhig und freundlich; eine Stunde später, wo ich ihn zuletzt sah, drückten sie aber wieder das tiefste Leiden aus.«[117]

Diese Passage vermittelt meiner Meinung nach ein sehr intimes Bild von Clausewitz' Ressentiment, das sich in seinen letzten Lebensmonaten aufgrund seiner panischen Angst vor der Französischen Revolution und seiner Verachtung für Polen noch verschärfte. Gleichwohl steht Clausewitz an der Spitze der bald mächtigsten Armee der Welt! Er ist also Opfer eines Klischees, und man erinnert sich sofort wieder daran, wie Tolstoi dieses Klischee in *Krieg und Frieden* ausmalte. Auch die Romanfiguren Dostojewskis sind nicht weit davon entfernt. Clausewitz bedauert, dass der Wiener Kongress Frankreich territorial nicht beschnitten, sondern sich darauf beschränkt hat, ihm seine Gebietsgewinne abzunehmen. In fast pathologischer Manier fürchtete er, dass Frankreich das europäische Gleichgewicht erneut durcheinanderbringen, dass es *erneut Anspruch auf das Imperium erheben* könnte, und zwar mithilfe einer neuen Revolution. Die Reichsfrage ist wesentlich. All diese Länder zerfleischen sich gegenseitig, um die Vorherrschaft in Europa zu erlangen. Dies erklärt nicht nur Frankreichs und Preußens Hass auf Österreich, Reliquie des Heiligen Römischen Reiches, sondern auch die von Clausewitz betriebene Ausformung eines bestimmten Frankreichbildes, als er die gemäßigten Beschlüsse des Wiener Kongresses im Jahre 1815 kritisierte:

> »Was folgt aber aus dem wahren Motiv jener Mäßigung? Daß selbst das entwaffnete, niedergeworfene Frankreich in seiner Eigenschaft als ein sehr homogenes, ungeteiltes, wohlgelegenes, gutbegrenztes, reiches, kriegerisches und geistreiches Volk niemals aufhört, die Mittel sich zu bewahren, welche seine *Selbständigkeit und Unabhängigkeit für die Dauer* sichern ...«[118]

Seine Zwangsvorstellung einer französischen Gefahr, die Furcht, dieses gleichermaßen bewunderte und verhasste Land könnte eines Tages »Autonomie« und »Unabhängigkeit« wiedererlangen, entsprechen haargenau dem, was ich in meinen Büchern Psychologie des Untergrunds oder des Kellerlochs nenne. Das Subjekt erhebt nur deshalb Anspruch auf Autonomie, weil es das von ihm gewählte Vorbild für autonom hält oder glaubt, es könnte autonom werden. Diese krampfhafte Fixierung auf einen falschen Unterschied zu einer Zeit, in der die Emergenz des Zweikampfes eine zunehmende Entdifferenzierung ankündigt, fällt mit Clausewitz' zeitgleichen Bemühungen zusammen, seiner Abhandlung einen weniger kriegerischen und augenscheinlich stärker politischen Anstrich zu verleihen.

Clausewitz hätte Frankreich tatsächlich gerne verkleinert gesehen, so wie man Polen nach jedem neuen Konflikt weiter zerstückelte. Es scheint mir offensichtlich, dass ihn gerade diese Gewalt in seinen letzten Augenblicken quält. Das Modell des »kriegerischen Genius« ist aus dieser neiderfüllten Leidenschaft emporgeschossen. Clausewitz bekommt sein Vorbild aber nicht in den Griff, genauso wie ja auch die »wunderliche Dreifaltigkeit« den Zweikampf nicht in den Griff bekommt, sondern ihn noch verstärkt. Das Tragische seines Werkes liegt ganz und gar in diesem Ressentiment, das stärker ist als alle Rationalisierungsversuche. Wie alle Preußen seiner Zeit hält auch Clausewitz Frankreich für die militärischste Nation Europas. Er weiß, dass Friedrich II. Frankreich nachahmte, dass er Gedichte in französischer Sprache schrieb und sich vollkommen an Paris orientierte, nicht zuletzt in militärischer Hinsicht. Aber er weiß auch, dass Frankreich, wie jedes exzessiv verehrte Vorbild, Preußen verachtet.

Das Beispiel Voltaires ist für das Verständnis des preußischen Ressentiments wesentlich. Wer weiß denn noch, dass Voltaire mit den Gedichten des Großen Friedrich floh, um ganz Paris auf dessen Kosten zu belustigen? Dem König wurde dies rasch klar, und er schickte seine Leute dem Dichter hinterher. Als es diesen gelungen war, jenen in den preußischen Rheinstaaten anzuhalten, durchsuchte man die gesamte Kutsche. Die Gedichte wurden schließlich gefunden, und man ließ Voltaire nach Paris weiterziehen, jedoch ohne die Gedichte. Friedrich II. war alles andere als dumm. Voltaire hatte sich nämlich zuvor mit Maupertuis, dem Präsidenten der Preußischen Akademie der Wissenschaften in Potsdam angelegt: Es war eine furchtbare Auseinandersetzung unter Intellektuellen, im Zuge derer Voltaire den preußischen König dazu zwang, für Maupertuis Partei zu ergreifen, um nicht sein ganzes System der »französischen Kultur« zu zerstören. Dann sucht Voltaire mit den Gedichten des Königs in der Tasche das Weite. Clausewitz wusste davon, das steht fest. Auch von der Beschreibung Westfalens in *Candide* musste er gehört haben. Sie ist ungemein grausam, besonders wenn man bedenkt, dass ja gerade der französische Sieg Westfalen nach dem Dreißigjährigen Krieg in solche Armut gestürzt hat. Bei Kunigundes Vater gibt es ein paar Gänse, aber man isst jeden Tag Schweinefleisch, und deshalb ist Westfalen die beste aller möglichen Welten! Das alles ist tragisch, denn dieser deutsch-französische Hass, der in Österreich eine Zeit lang ein Ventil fand, sollte Europa schlussendlich auszehren und dorthin führen, wo es heute steht. Wer spricht in Frankreich heute noch deutsch? Wer spricht in Deutschland heute noch französisch? Die Entdifferenzierung ist der Indifferenz gewichen.

Einer der Hauptfehler der französischen Politik bestand ganz offenkundig darin, in bestimmten entscheidenden Momenten die preußische Karte gegen Wien zu spielen, das heißt, sich stets gegen das Kaiserreich zu wenden, weil es der alte Feind war und weil Frankreich auch gerne kaiserlich sein wollte. Der alte französische Reflex. Wenn es nicht gut läuft, erklärt man Österreich den Krieg. Die Österreicher brüsteten sich mit einer Art ontologischer Überlegenheit gegenüber Frankreich: Sie *waren* das Kaiserreich. Der Siebenjährige Krieg folgte und fiel katastrophal aus. Dieser Konflikt, in dem Frankreich sehr lange der Verbündete Preußens blieb und den Aufstieg Friedrichs II. begünstigte, wo es nur konnte, war der reine Wahnsinn. Friedrich II. musste eine gewaltige Anstrengung vollbringen, um eine Armee zusammenzubekommen und auf Augenhöhe zu gelangen. Es ging für ihn darum, auf der Bühne der ganz Großen mitzuspielen. Er gab ungeheure Summen aus, um eine den Österreichern und Franzosen gleichwertige Armee aufzustellen. Napoleon hat diese kolossale Armee übrigens nicht zerstört: Der französische Feldzug zeigt das auf frappierende Weise. In gewisser Hinsicht war es immer noch ein Kabinettskrieg. Man schlug nicht so sehr die Armee als vielmehr den General.

Gerade weil Friedrich sein Ziel so gut wie erreicht hatte, waren Jena und Auerstedt so furchtbare Schocks. Voltaires Ironie zeigt, dass man in Frankreich nicht wirklich an Preußen glaubte. Man nahm seine Bestrebungen nicht ernst und lag damit ziemlich falsch. Dennoch war Preußen auf eine Weise bedroht, wie es das österreichische Kaiserreich niemals war, weil sich die Preußen als Nation erst jüngst erschaffen hatten. Hier berühren wir einen wesentlichen Punkt für das Verständnis der fortgesetzten Anstrengungen, die Clausewitz unternahm, um ein preußisches Ideal zu konstruieren und dabei das ihn antreibende mimetische Prinzip zugleich mehr schlecht als recht zu verbergen. Die deutsche Einheit wird sich um Preußen herum bilden. Auf dem Weg dorthin musste Preußen im Jahre 1866 Österreich in der Schlacht von Königgrätz erst noch schlagen. Frankreich verstärkte den Militarismus Preußens noch. Wie schon Napoleon unterwarf auch Bismarck Österreich. Das Deutsche Reich wurde im Spiegelsaal von Versaille ausgerufen. Die mimetische Schlinge hatte sich zugezogen.

B.C.: Dieser Umweg war notwendig, um die herausragende Rolle zu verstehen, die Clausewitz beim Aufstieg Preußens und dann Deutschlands zur militärischen Großmacht spielte. Frankreich, das einstige Vorbild, wurde mit Napoleon, dem »Ungeheuer«, das *Ancien Régime* und Revolution in sich vereinte, zum Hindernis. Mit Clausewitz und dem preußischen Generalstabschef wurde die *militärische* Identität Preußens gegen Napoleon neu definiert, so wie später mit Bismarck und Wilhelm II. diejenige ganz Deutschlands.

R.G.: Das Feld für die Verfestigung einer neuen nationalen Identität war bestellt, der Weg frei für die Demütigung durch den Versailler Vertrag im Jahr 1918 und Deutschlands *Antwort*, die Europa vernichten sollte. So wird verständlich, dass Péguy *Polyeucte* gegen *Vom Kriege* in Stellung bringen wollte. Was die theoretischen Voranahmen vieler Deutscher anbelangt, war dies eine luzide Interpretation – und auch, was einen bestimmten Schlag von militärischen Kultur angeht (denn Clemenceau, ein aufrechter Dreyfusianer, war nicht Ludendorff, das muss man zugeben). *Was die tatsächliche Lage* anbetrifft, war es jedoch ein überholter Kampf. Wenn Péguy vom Zweikampf handelt, tut er dies als Philosoph und Schriftsteller. Nur zu gerne hätte er dem »modernen« Krieg widerstanden, der auf eine totale Verachtung des Politischen hinausläuft, wie sie sich auch zur Zeit der Dreyfus-Affäre bemerkbar machte. Aber Péguy gehört eben zur deutsch-französischen »Verwicklung«, zu ihren »Falten« und »Windungen«: Die Gegnerschaft im Sinne Corneilles sollte gegenüber der deutschen Feindseligkeit nicht schwer ins Gewicht fallen. Der Tod ersparte es Péguy schlussendlich, in Verdun die Konfrontation zweier gleichermaßen brutaler Feinde mitansehen zu müssen: Das Gesetz des Steigerung bis zum Äußersten löst sämtliche Regeln, sämtliche Kriegsrituale auf. In der Folge kommt es zur mimetischen Kontamination einer »Kriegsrasse« durch die andere, das ist nicht zu leugnen.

B.C.: Die »wunderliche Dreifaltigkeit« ist der elaborierteste Begriff des Krieges bei Clausewitz – die Beherrschung des Volkes durch den Feldherrn, und die Beherrschung des Feldherrn durch die Regierung, so wie sie im »kriegerischen Genius« Gestalt annimmt. Ihrer Ansicht nach hält diese Konzeption die Gewalt weniger im Zaum, als dass sie sie verstärkt?

R.G.: Zwar sagt Clausewitz das so nicht, aber was er vorträgt, läuft genau darauf hinaus. So reüssiert und scheitert er zugleich. Einerseits legt er einen beinahe perfekten Begriff für alle Formen des Krieges der damaligen Zeit vor, aber auf der anderen Seite ist dieser Begriff eine zufällige Synthese, die den Zweikampf weder *be-*

greift noch *in sich begreift*. Die Ausdrücke »kriegerischer Genius«, »Seelenstärke« oder »Führer« werden den neuen Umständen des Krieges gerecht, in dem einzig die Gewalt autonom wurde. Clausewitz' Ausdrücke möchten realistisch und »großartig« sein. Wir sind also denkbar weit entfernt vom Heldentum Corneilles, das jederzeit in Heiligkeit umschlagen kann. Es ist offenkundig zu diesem Zeitpunkt bereits nicht mehr möglich, den Zweikampf zu umgehen und eine christliche Moral gegen jene modernere und folglich unheilvollere Kraft in Anschlag zu bringen. Clausewitz' Brief an Maria von Brühl zeigt das sehr deutlich. Und nach Verdun wird es noch undenkbarer sein.

Aber ich weiß Ihren Hinweis zu schätzen. Es stimmt, dass es die heroischen Figuren, für die Péguys Engagement Vorbild bleibt, immer noch gibt. Und es ließen sich noch weitere Exempel der französischen Résistance anführen. Generationen von Professoren und Schülern an der *Ecole de guerre* verstehen die Clausewitzsche Definition des kriegerischen Genius »à la française«: Joffre und Foch haben mit Ludendorff nichts am Hut. Sie sind noch immer vom Corneilleschen Geist durchdrungen. General de Gaulle definierte sich unablässig auf diese Art und Weise. Seinem Sohn zufolge war er zu großer Leidenschaft fähig und zugleich absolut beherrscht. Unbestreitbar existierte in Frankreich eine spezifische militärische Kultur, die sich in der Person de Gaulles ein letztes Mal verkörperte, bevor es zum Debakel in Indochina sowie der völlig verfahrenen Situation in Algerien kam. Zu diesem Zeitpunkt veränderte der Kalte Krieg die Kräfteverhältnisse vollständig, und wir bewegten uns nun ganz allmählich auf zunehmend asymmetrischere Konflikte zu, auf »chirurgische« Kriege, die mimetischen Doppelgänger der heutigen terroristischen Gemetzel. Es scheint, als sei im Westen jede militärische Kultur tot. Im Osten sieht es anders aus. Bedenken Sie zum Beispiel, wie unbeachtet sich die Abschaffung des Wehrdienstes bei uns vollzogen hat.

B.C.: Kann man nicht ganz einfach sagen, dass die Geschichte sich nicht mehr in Form von Schlachten schreibt, wie es die Historiker der Annales-Schule noch gesehen hatten?

R.G.: Wenn Sie so wollen, ja. Aber damals ließ sich noch von »Schlachten« sprechen und brachte die Gewalt ja auch noch Sinn hervor. Damit ist es schon seit Langem vorbei und ihre Sterilität ist jetzt offensichtlich: dies ist das Gesetz der Steigerung bis zum Äußersten. Die Menschen haben die Gewalt im wörtlichen Sinn entfesselt. Und Clausewitz wohnt dieser Entfesselung zu einem entscheidenden Zeitpunkt bei. Man könnte sagen, dass er die Gewalt unter der immer bedeutungsloseren Ereignisoberfläche aufsteigen sah. Am Ende des ersten Buches ist der »kriegerische Genius« allein; er treibt an der Oberfläche dieses Sumpfes. Aber Clausewitz nennt ihn aus gutem Grund nicht »Held«. Das Ganze ist viel prosaischer und zugleich viel archaischer. Dies ist das Paradoxon. Enthusiastische Momente lassen ihn niemals die Momente der Friktion vergessen. Was er über Kriegserfahrung und Kriegsgewohnheit schreibt, ist ziemlich frappierend. Jeder kann Nutzen daraus ziehen; es ist eine auf allen Ebenen wertvolle Erfahrung – selbst die kleinsten Befehle können schwierig auszuführen sein. Liddell Hart muss von dieser Lobrede auf die kriegerische *Totalität* beeindruckt gewesen sein.

> »Wie das menschliche Auge im finstern Zimmer seine Pupille erweitert, das wenige vorhandene Licht einsaugt, nach und nach die Dinge notdürftig unterscheidet und zuletzt ganz gut Bescheid weiß, so der geübte Soldat im Kriege, während dem Neuling nur die stockfinstere Nacht entgegentritt.«[119]

Der Krieg ist eine »stockfinstere Nacht«, aber wenn man erst einmal auf den Geschmack gekommen ist, kann man nicht mehr davon lassen. Es gibt bei Clausewitz eine düstere und geheimnisvolle Seite, die sehr erstaunlich ist. Gleichwohl pries er den Krieg nicht; im Gegenteil, er intellektualisierte ihn so weit wie möglich. Sein Text ist zum Beispiel so ziemlich das genaue Gegenteil von Jüngers *Stahlgewittern*. Trotzdem ist der Krieg eine menschliche Erfahrung, die allen nahegeht, vom einfachen Soldaten bis zum Feldherrn. Es handelt sich um eine Ausnahmeerfahrung, in dem Sinne, als sie für den Menschen eine unvergleichliche Bewährungsprobe darstellt. Für Clausewitz gibt es nichts Größeres. Wir haben es hier also mit einem aristokratischen Blickwinkel zu tun. Mir scheint, der Aristokrat ist seinem Wesen nach Offizier.

B.C.: Ist der Aristokrat derjenige, der keine Angst vor der unmittelbaren Konfrontation mit dem Gegner hat?

R.G.: Und keine Angst, anderen dabei vorauszugehen. Für Clausewitz besonders charakteristisch ist sein Insistieren auf der Tatsache, dass sich alles im Gefecht entscheidet. Die Entscheidung wird durch das letzte Element herbeigeführt, durch die Taktik. Die »wunderliche Dreifaltigkeit«, mit der wir uns weiterhin beschäftigen müssen, setzt sich zusammen aus: der Politik und dem Regierenden, der Strategie und dem Befehlenden, sowie dem Volk. Letztendlich wird »die kaiserliche Wache in den Backofen steigen«,[120] und Hugo spielt auf alles oder nichts, auf Sieg oder totale Niederlage. Noch einmal: Entscheidend ist allein der Zweikampf, das heißt buchstäblich der Kampf Mann gegen Mann. Nach der Sukzession von Scharmützeln liegt die Wahrheit des Krieges am Ende im »entscheidenden Gefecht«. Alles läuft auf den Zweikampf zu. Clausewitz tritt keineswegs für Manöverkriege oder Täuschungstaktiken ein. Den meisten seiner Vorgänger wirft er sogar vor, eine extrem verwässerte Version des Krieges zu favorisieren. Er verachtete also, was Liddell Hart das »indirekte Vorgehen« nannte: zum Beispiel die Aushöhlung der gegnerischen Moral.

Liddell Hart, der auf ein Jahrhundert mehr an militärischer Eskalationen zurückblicken konnte, forderte mit gutem Grund, den Kampf zu vermeiden. Dieser Vorrang der Taktik über die Politik macht heutzutage keinen Sinn mehr. Für Liddell Hart war die Schlacht im besten Fall Konsequenz eines sehr guten Manövers. Für Clausewitz gilt das genaue Gegenteil. Aus seiner Sicht ist der Frieden für den Krieg, was die Strategie für die Taktik und das Feuergefecht für den Kampf Mann gegen Mann ist. Die »Entscheidung« zeichnet sich jedes Mal schärfer ab, so als würde man das Objektiv einer Kamera einstellen. Im Verhältnis zur Strategie ist die Politik sozusagen nur Gerede. Im Verhältnis zur Taktik ist die Strategie jedoch ihrerseits nichts weiter als Diskurs, und innerhalb der Taktik ist das Feuergefecht stets weniger entscheidend als der Kampf Mann gegen Mann. So nimmt man unaufhaltsam Kurs auf die extreme Zuspitzung, auf die radikale Form der Gewalt, den Mord. Es gibt eine Wahrheit der Gewalt, und diese Wahrheit kommt im Vorrang des Kampfes zum Vorschein. Hierin liegt etwas sehr Bedeutsames, das lässt sich nicht leugnen: die Unbedingtheit der Rivalität.

Mit einem solch realistischen Blick auf die Gewalt konfrontiert müssen wir zugeben, dass der ehrenhafte Kampf nur ein Hirngespinst ist, selbst wenn man diesen Ausdruck in der noblen Pascalschen Bedeutung versteht. So sehr mich der Scharfsinn von Clausewitz' Beobachtungen auch beeindruckt, so sehr weise ich deren Konsequenzen doch zugleich zurück. Von der Gewalt hat man nichts zu erwarten, es sei denn, man denkt sie, wie bereits gesehen, mit Pascal als einen *Widerstand gegen die Wahrheit*. Das ist die christliche Position. Was Sie die »reziproke Intensivierung von Gewalt und Wahrheit« genannt haben, ist eine Formel, die mit der Steigerung bis zum Äußersten konkurrieren kann – die einzige, die man Clausewitz überhaupt entgegenhalten kann. Nun weist Clausewitz diese apokalyptische Wahrheit, nachdem er sie kurz zu sehen bekam, jedoch zurück. Clausewitz unterscheidet überhaupt nicht zwischen der Gewalt und der Wahrheit. Als Denker ist er mithin so weit von Pascal entfernt wie nur irgend möglich.

Was sagt er uns anderes, als dass dieser »lange und seltsame

Kampf« (Pascal) unabänderlich verloren ist? Die Wahrheit des Krieges liegt für ihn darin, dass die Gewalt die Wahrheit ist. Und der Krieg ist die Wahrheit der Politik. Und innerhalb des Krieges ist die Taktik die Wahrheit der Strategie. Mit anderen Worten: Man steuert immer auf den Zweikampf zu. Wie Sie sehen, klärt sich alles auf – wenn auch auf finstere Weise –, läuft alles auf diesen zentralen Gesichtspunkt zu, diese einzigartige Einsicht. Das alles ist schrecklich. Es ist ganz außerordentlich, weil es der christlichen Liebe im Grunde völlig widerspricht. Es geht wirklich um »die Gewalt und das Sakrale«.[121] Ich hätte nie gedacht, eines Tages mit Analysen Bekanntschaft zu machen, die sich so sehr mit meinen eigenen decken. Ich würde sogar sagen, dass diese Analysen sie verabsolutieren, denn das Christentum hatte sie relativiert. Clausewitz hätte den Krieg ja für ein Spiel halten können, wenn auch für ein außergewöhnlich gefährliches Spiel. Aber nein, er hält ihn für etwas Absolutes. Clausewitz äußert dies nirgends in dieser schonungslosen Offenheit, legt es aber unaufhörlich nahe.

Nehmen Sie beispielsweise den vorletzten Paragrafen im letzten Kapitel des ersten Buches. Clausewitz befürwortet das »Heranziehen kriegserfahrener Offiziere anderer Heere«, die »ein Staat, der lange im Frieden ist«, von ihren »Kriegsschauplätzen« holt, damit sie ihre Erfahrungen an die nicht kampferprobten oder vom Frieden zu sehr verweichlichten Soldaten weitergeben.[122] Das heißt nichts anderes, als dass diese Offiziere fähig sind, eine Art Initiation in den Krieg zu bewerkstelligen, also in etwas Sakrales einzuführen, weil sie mit diesem noch immer in Kontakt, noch immer mit einem Bein im Allerheiligsten stehen. Hier gewinnt das Wort »Initiation« seinen vollen Sinn. »Wie gering auch die Anzahl solcher Offiziere zur Masse eines Heeres erscheinen möge, so ist doch ihr Einfluß sehr fühlbar.«[123] Sie werden buchstäblich *sakralisiert*: mit dem Sakralen infiziert. Die Eingewöhnung in den Krieg ist für Clausewitz eine Initiationserfahrung. Der Krieg ist die einzige Sphäre, in der Metier und Mystik – zumindest in den intensivsten Augenblicken – ganz und gar vereint sind.

»Eingewöhnung in den Krieg« muss im starken Wortsinn verstanden werden: als initiatorischer Prozess, durch den der Novize mit den Wahrheiten des Krieges und der Gewalt in engen Kontakt kommt. Zugleich umfasst sie die aufs Engste miteinander verbundene physische und moralische Übung. Unser Autor geht von einer vollkommenen Zusammengehörigkeit dieser Dinge aus. Schlechte Erfahrungen sind also Teil dieser Eingewöhnung in den Krieg, und die allerschlechtesten sind oft die wichtigsten: Dadurch zeichnet sich eine Initiation aus. Die erste Berührung mit dem Feuergefecht beschreibt Clausewitz in beeindruckender Manier; man hört die Kugeln förmlich zischen.[124] Nach einer halben Stunde – so teilt er uns dann mit – ist das Schlimmste vorüber; man wird gleichgültiger, hat die Prüfung hinter sich gebracht, die Feuertaufe bestanden. Gut möglich, dass Clausewitz den Krieg nicht schön fand. Gleichwohl hegt er eine Leidenschaft für ihn, hat er das Gefühl, die Gewalt sei das Sakrale, wenn auch ein inferiores Sakrales. Ich frage mich daher, ob er nicht – in ganz unvergleichlicher Weise – zu archaischen Verhältnissen zurückgeht.

B.C.: Clausewitz zufolge fliehen nur die Tiere den Kampf, während der Mensch erst im Krieg wirklich zum Menschen wird.

R.G.: Was bedeutet eine solche Einsicht anderes, als dass erst der Krieg den Menschen schafft? Die Geschichte zeigt das unablässig. Ganz unbestreitbar hat Clausewitz diese grundlegende Dimension der Gewalt erahnt. So wie die vergleichende Untersuchung archaischer Gesellschaften zu dem Schluss führt, dass der Mensch dem Opfer entsprungen ist, stellt Clausewitz fest, dass er in gewisser Weise dorthin zurückkehrt. Allerdings glaubt er, dies liege in der Natur der Sache. Denn er denkt keine Sekunde über das Christentum nach. Das kriegerische Übermenschentum ist letztlich nichts anderes als ein Versuch der Erneuerung, ein Versuch, den Menschen zu korrigieren, um ihn vor dem Rückfall »in die niedere Region der tierischen Natur«[125] zu bewahren.

B. C.: In diesem Sinn lässt sich nicht leugnen, dass Clausewitz auf seine Weise die spätere Entwicklung antizipiert. Der Totalitarismus sollte sich bald als eine mächtige Form des Nihilismus kundtun, als Wille, die Dekadenz bis zu ihrem äußersten Punkt zu treiben, auf dass sich aus dieser Tilgung ein höheres Menschentum erhebe.

R. G.: Ja, diese *realere* Identität, die die Menschen durch Kraftanstrengung erhalten würden. Denken Sie daran, dass ganz Deutschland schon im 19. Jahrhundert in diesen Taumel verfällt. Nietzsche mit seinem unvergleichlichen Genie erfasste dies sehr genau, etwa im Aphorismus 125 der *Fröhlichen Wissenschaft*. Auch er glaubte, es würden neue Götter in Erscheinung treten. Lauschen wir doch dem Mann, der sich am hellen Vormittag mit der Laterne in der Hand auf die Suche nach Gott begibt. Er verleiht dem sehr gut Ausdruck:

> »Was thaten wir, als wir diese Erde von ihrer Sonne losketteten? Wohin bewegt sie sich nun? Wohin bewegen wir uns? Fort von allen Sonnen? Stürzen wir nicht fortwährend? Und rückwärts, seitwärts, vorwärts, nach allen Seiten? Giebt es noch ein Oben und ein Unten? [...] Welche Sühnfeiern, welche heiligen Spiele werden wir erfinden müssen? *Ist nicht die Grösse dieser That zu gross für uns?* Müssen wir nicht selber zu Göttern werden, um nur ihrer würdig zu erscheinen? Es gab nie eine grössere That, – und wer nur immer nach uns geboren wird, gehört um dieser That willen in eine höhere Geschichte, als alle Geschichte bisher war!«[126]

Die »Grösse dieser That«, die »zu gross« für uns ist, erinnert erkennbar an Clausewitz' Steigerung bis zum Äußersten. Man müsste selbst ein Gott sein, um auf der Höhe der »göttlichen Verwesung«[127] zu sein. Nietzsche ging von der modernen Ausgangslage aus, als er diesen Aphorismus verfasste. Fünfzig Jahre nach Clausewitz tritt er dessen Nachfolge an, wenn er den Übermenschen in seinem Mut und seiner Männlichkeit entwirft. Was bei Clausewitz jedoch noch streng militärisch war, wird bei Nietzsche, der offenkundig ein starkes Gespür für das archaisch Religiöse besitzt, ins Metaphysische gewendet. Dies beweist, wenn es eines solchen Beweises überhaupt bedürfte, dass dieses Gespür mit der Steigerung bis zum Äußersten Schritt hält. Nietzsche sieht den Mechanismus des Gründungsmordes dort, wo Clausewitz lediglich das Gefühl hegt, eine Wiedergeburt des gedemütigten Preußens sei möglich. Nietzsche erkennt außerdem, dass es im Christentum etwas gibt, das dieser Hoffnung auf Wiedergeburt radikal entgegensteht. Zunächst reflektierte er den Tod des christlichen Gottes. Im weiteren Verlauf *wird dieser Tod* jedoch *zum Mord*, und zwar aufgrund der eine echte Wiederkehr des Verdrängten bewirkenden Passion Christi:

> »Gott ist todt! Gott bleibt todt! Und wir haben ihn getödtet! Wie trösten wir uns, die Mörder aller Mörder? Das Heiligste und Mächtigste, was die Welt bisher besass, es ist unter unseren Messern verblutet, – wer wischt diess Blut von uns ab?«[128]

Der erste Tod Gottes führt nicht zur Wiederherstellung des Sakralen sowie der rituellen Ordnung, sondern zu einer so radikalen und unwiderruflichen Zersetzung des Sinns, dass sich unter den Füßen des modernen Menschen ein Abgrund auftut. Im Aphorismus scheint sich dieser Abgrund endlich wieder zu schließen, als die zweite Ankündigung erfolgt, dieses Mal zur Ordnung des Übermenschen und zu Zarathustra: »Welche Sühnfeiern, welche heiligen Spiele werden wir erfinden müssen? *Ist nicht die Grösse dieser That zu gross für uns?* Müssen wir nicht selber zu Göttern werden, um nur ihrer würdig zu erscheinen?« Der Aphorismus bestätigt die ewige Wiederkehr. Aber er offenbart auch ihre Triebfeder, den kollektiven Mord an willkürlichen Opfern. Er geht in der Offenbarung zu weit und zerstört seine eigene Grundlage. Gerade weil die Gewalt die ewige Wiederkehr auf den Kollektivmord gründet – ihre wahre Grundlage, die verborgen bleiben musste, um einen

Grund abgeben zu können –, wird sie genau von dem unterwandert und heimlich zu Fall gebracht, über das sie zu triumphieren glaubt: vom Christentum. Nietzsches Drama besteht genau darin, diese von der Bibel betriebene Unterwanderung *wahrzunehmen, aber nicht verstehen zu wollen*. Die Gewalt ist völlig sinnlos. Indem er auf Dionysos setzt, wird Nietzsche jedoch versuchen, ihr wieder einen Sinn zu verleihen. Darin liegt eine schreckliche Tragik, ein Begehren des Absoluten, von dem sich Nietzsche nicht befreien kann.

Wir haben von der untergründigen Leidenschaft gesprochen, die Clausewitz beseelte. Wenn er nicht in Verzweiflung versinkt, dann einzig und allein, *weil er die Armee hatte*, dieses aristokratische Modell, diesen Blitzableiter, den Nietzsche nicht besaß. Nietzsche war vollständig in das involviert, was eine Schaffung neuer Werte, ein neu erfundener Adel sein sollte – und in Wirklichkeit der Abgrund eines Willens zur Macht war. Clausewitz ist viel kälter. Ohne es wirklich bewusst zu bedenken, erfasste er intuitiv das korrumpierte, in Gewalt und Krieg fortbestehende Sakrale und verwandelte es in eine Transzendenz, *ein zu erreichendes Ideal*. Insgeheim begehrte Clausewitz scheinbar gerade das, was die kleinen archaischen Gesellschaften in Schrecken versetzt und was sie mit ihren Verboten abzuwenden versuchen. Diese Gesellschaften waren allerdings sehr fragile Gebilde und keine bis an die Zähne bewaffneten Nationen. Deshalb halte ich jede Form der Wertschätzung des Heroismus entweder für überholt oder für gefährlich. Und im letzten Fall geht es ohnehin weniger um Heroismus als um den »kriegerischen Genius« oder den »Kriegsgott«, also um etwas sehr Neuartiges und etwas sehr Primitives zugleich.

Im Angesicht des Feindes

B.C.: Lévinas ist nicht weit entfernt von dem, was wir zu durchdringen versuchen. So schreibt er in *Totalität und Unendlichkeit*, dass der Krieg ein Mittel ist, der Totalität zu entkommen, welche die Teile dem Ganzen, die Individuen der Gruppe, die Existenzen der Essenz unterwirft. Er schreibt sogar, dass »sich der Krieg als die reine Erfahrung des reinen Seins«[129] zeigt. Er treibt die hegelsche Lesart des Krieges als Verzicht auf egoistische Interessen also bis zu ihren äußersten Konsequenzen. Aber der Kampf auf Leben und Tod wird nicht länger als Opferung von Partikularinteressen zugunsten des öffentlichen Wohls verstanden. Er ist der erste Schritt eines Ausbruchs aus der staatlich-juristischen Totalität, der in der Beziehung zum anderen dann voll und ganz vollzogen sein wird. Lévinas räumt der Liebe mithin den eminenten Rang ein, der ihr gebührt. Das Wesen des Menschen wird nicht länger vom Krieg bestimmt. Der Mensch löst sich von dieser reduzierenden Wesensbestimmung in seiner Beziehung zum anderen, der ihm als *lebendiger* Feind gegenübersteht:

> »Nur Seiende, die zum Krieg fähig sind, können sich zum Frieden erheben. [...] Im Krieg weigern sich die Seienden, einer Totalität anzugehören, verweigern sich der Gemeinschaft, wehren sich gegen das Gesetz [...]. Sie behaupten sich als solche, die die Totalität transzendieren, ein jeder identifiziert sich nicht durch seinen Platz in dem Ganzen, sondern durch sein *Selbst*.«[130]

Es sieht ganz danach aus, als müsse man durch die Probe auf die Wirklichkeit hindurchgehen, um Hegel und seiner Apotheose des Staates zu entkommen. In der Konfrontation mit der Alterität erwirbt der Mensch ein Selbstbewusstsein. Das Selbst hat Bedeutung nur in der Beziehung, *selbst wenn diese Beziehung die Form des Zweikampfes annimmt*. Kann man in der Nachfolge Lévinas' nicht sagen, dass allein die Erfahrung des Krieges es uns ermöglicht, die Versöhnung zu denken?

R.G.: Es handelte sich dann buchstäblich um eine Feuerprobe. Sie reagieren auf das, was wir soeben bei Clausewitz entdeckt haben und uns ängstigt. Wie ich aus dem von Ihnen angeführten Zitat heraushöre, geht der Mensch auch hier aus dem Krieg hervor. Um uns den Zweikampf denken zu helfen, kommt uns Lévinas tatsächlich wie gerufen. Aus dieser Perspektive betrachtet wäre der Heroismus die Probe auf Freiheit. Damit sind wir nicht sehr weit von der Clausewitzschen Initiation entfernt. Allerdings ist Lévinas kein Bellizist und glaubt offenkundig nicht an eine Erneuerung durch den Krieg. Man kann in seiner Position aber eine Kritik des Pazifismus sehen. Lévinas *denkt* Hegel *zu Ende*, so wie wir Clausewitz zu Ende zu denken versuchen. Er führt eine philosophische Strömung zu Ende, so wie wir eine anthropologische Strömung zu Ende führen. Jenseits vom Krieg denkt sich Lévinas eine von jeder Reziprozität gereinigte Beziehung zum anderen. Jenseits der Entdifferenzierung und ihrer unversöhnlichen Logik versuchen wir uns das Reich Gottes vorzustellen. Als Apologie des Krieges gelesen, mag Lévinas' Text erschrecken. Liest man ihn jedoch als Auslotung der Transzendenz, Transzendenz in der etymologischen Bedeutung dieses Wortes, also als *Überschreitung* der Totalität, ist er instruktiv. Lévinas attackiert den Staat sowie den Totalitarismus und hat den Hegelianismus deutlich im Visier.

B.C.: Lévinas schließt daraus, dass jede Ontologie in dem Sinne kriegerisch ist, dass sie den Menschen der Gemeinschaft, den Teil dem Ganzen opfert. Wir müssen daher von der Ontologie loskommen, deren Essenz uns der Krieg offenbart. Die ethische Beziehung, die als ursprüngliche Beziehung den Zweikampf mitumfasst, ermöglicht diesen Ausgang aus der Totalität.

R.G.: Mit diesem Gedankengang bin ich ziemlich einverstanden. Durch die Auseinandersetzung mit Hegel geht Lévinas über eine ganze Philosophietradition hinaus. Dennoch steht meine Theorie dem, was ich hier vernehme, zugleich nah und fern. Ich habe geschrieben, dass Platon in der Geschichte des abendländischen Denkens weniger für eine Seinsvergessenheit steht als vielmehr für eine bewusste Verschleierung der Gewalt, die er in der Nachahmung am Werke sieht. Die Nachahmung ängstigt ihn; er erfasst sehr wohl ihre Beziehung zum Religiösen, das heißt zur Gewalt. Und er möchte dieses Wissen gerne auf Dauer verdrängen. Denken Sie nur, welches Schicksal er den Dichtern, diesen gefährlichen Imitatoren zuweist. Weigert man sich jedoch, die Nachahmung zur Kenntnis zu nehmen, so beraubt man sich zugleich des einzigen Mittels, dem Vorrang des Ganzen über das Individuum zu entkommen. Mit Aristoteles ist es gewissermaßen bereits zu spät: Die *Mimesis* ist friedlich geworden und wird es bis zu Gabriel Tarde bleiben! Das bedeutet nichts anderes, als dass die Lüge weiter gediehen ist. In diesem Sinn kann man die Ontologie als kriegerisch bezeichnen: Sie will den Frieden, nicht den Krieg, die Ordnung, nicht die Unordnung, den Mythos selbst, nicht die Enthüllung seiner gewalttätigen Triebfedern.

Diese Enthüllung einer der Totalität inhärenten Lüge ist auf das Erscheinen des Zweikampfes angewiesen, das heißt auf das reziproke Handeln. Es gibt eine Gewalt der Offenbarung. Sie ist proportional zu dem Ausmaß, in dem wir vor dem Mimetismus und dem Spiel der falschen Differenzen die Augen verschließen. Clausewitz ist ein Moment in diesem spät einsetzenden und apokalyptischen Bewusstwerdungsprozess. Dass ein Philosoph wie Lévinas sich für die Gewalt als »reine Erfahrung« interessiert, muss also mein Interesse wecken. Indem er das hegelsche Denken radikalisiert, enthüllt er die Unzulänglichkeiten dieses Denkens im Hinblick auf den Zweikampf. Hier findet eine gleichermaßen beunruhigende wie heilsame Rückkehr zum Verdrängten des Hegelianismus statt. Gemäß Ihren Ausführungen erkennt Lévinas, dass der Zweikampf, genauso wie die Liebe, ein Ausgang aus der Totalität ist, um den man nicht herumkommt. Allerdings in dem Sinne, dass der Zweikampf diese Totalität *sprengt*.

B.C.: Darin steckt tatsächliche eine tiefgründige Eschatologie: Sich dem anderen zuzuwenden, heißt zugleich, die Totalität *durch* *den Zweikampf* zu zerstören. Sagte Jesus etwas anderes, als er erklärte, er bringe den Krieg und nicht den Frieden?

R. G.: Nein. Er verriet ein Geheimnis, indem er das Wesen der Totalität aufdeckte. Er versetzte die Totalität in Wallung, weil ihr Geheimnis ans Tageslicht kam. Die Probe des Krieges bestünde also in der Offenbarung des wesentlich gewalttätigen Charakters jeder Ontologie. Lévinas scheint hingegen die mimetische Natur der Rivalität, die der Gewalt zugrundeliegt, nicht zu erfassen. Aber »die reine Erfahrung des reinen Seins« ist möglicherweise eine Notwendigkeit. In jener Hinsicht dürfen wir uns nicht weigern, über den Krieg nachzudenken oder ihn zu führen, wenn es die Umstände erfordern. Wenn ich Sie richtig verstehe, ist dies eine Art, Ehre und Heroismus im Sinne Corneilles weiterzuführen.

B. C.: Und wenn Lévinas schreibt, dass der Ausgang aus der Totalität auch als ein Übergang vom Sakralen zum Heiligen, von der Reziprozität zur Beziehung (das heißt zur Religion) gedacht werden muss, so berührt er den Knackpunkt unserer Diskussion, die Transformation des Heroismus in Heiligkeit.

R. G.: Vorausgesetzt, er fällt nicht in den hegelschen Irrtum zurück. Ein Übergang zur Versöhnung ist unmöglich. Um diese prometheische Hoffnung ist es unwiederbringlich geschehen. Unsere apokalyptische Rationalität zwingt uns vielmehr zu einer gewissen Brutalität. Mit Jesus hielt ein für allemal ein Modell der Heiligkeit Einzug in die menschliche Geschichte. Das Heldenmodell wurde dadurch überwunden. Der Versuch, ein neues Heldenmodell zu konstruieren, kann nur zum Schlimmsten führen, wie wir mit Clausewitz sehen.

Aber der Umweg über Lévinas lässt etwas anderes erahnen. Ein Denken der Alterität versetzt die Totalität in Panik, weil es ihr kriegerisches Wesen offenbart. Durch die Beteuerung, der Zweikampf sei schon eine Beziehung zum anderen, offenbart es, dass die Beziehung im Herzen der gewalttätigen Reziprozität angesiedelt ist. Genauso kann man sagen, dass sich der sophokleische Ödipus zusammen mit Antigone auf die Heiligkeit des *Ödipus auf Kolonos* zubewegt, weil er den Zweikampf mit Teiresias überlebt hat. Ödipus selbst sagt nichts, er ist »benommen«. Stattdessen lässt er die Leute um sich herum »reden«. Das stellvertretende Opfer hat Sand ins Getriebe des Opfermechanismus gestreut: Aus der Stadt vertrieben, wird es gleichwohl nicht in die äußere Finsternis zurückgestoßen. Wir befinden uns in der Zeit des die Stadt befreienden griechischen Kosmopolitismus. Nur um diesen Preis ist die Heiligkeit zu haben.

Möglicherweise befindet sich Lévinas mitten in der geheimnisvollen Ähnlichkeit zwischen Gewalttätigkeit und Versöhnung, über die wir vorhin sprachen. Allerdings unter der ausdrücklich hervorzuhebenden Bedingung, dass die Liebe der Totalität Gewalt antut, dass sie die »Mächte und Gewalten« zerschmettert. Meiner Meinung nach ist die Totalität in Wirklichkeit ein Mythos, aber auch das geregelte System des Austausches – all das, was das Prinzip der Reziprozität verschleiert. Den Ausgang aus der Totalität bewerkstelligen bedeutet für mich also zweierlei: Entweder in das Chaos der entdifferenzierten Gewalt zurückzufallen oder einen Sprung in die harmonische Gemeinschaft der »anderen als andere« zu wagen. Jeder Einzelne muss also damit aufhören, nur ein Glied in einer Kette, Teil eines Ganzen, Soldat in einer Armee zu sein. Nach meinem Gefühl versucht Lévinas, über das Selbe hinauszugehen, über jene Ontologie, die die Individuen austauschbar macht, um das Andere zu finden. Und über das Selbe hinauszugehen hieße, ein Denken des Zweikampfes zu durchlaufen. In gewisser Weise kann ich denjenigen, die Person, die ich bekämpfe, auch lieben. Das Kriegsrecht hat die besondere Beziehung zwischen den Kombattanten geregelt: Die den Gefangenen geschuldete Achtung war hierfür lange Zeit der handfeste Beweis. Aber diese Zeit gehört nunmehr der Vergangenheit an, das haben wir gesehen.

B.C.: Die Wahrheit des Kampfes, die Wahrheit der Gewalt ist, wie Sie sagen, die Entdifferenzierung. Um eine echte Differenz auszumachen bzw. die Identität selbst in Differenz zu verwandeln, müssen wir also diese Entdifferenzierung durchqueren. Dies führt uns auf gefährliches Gelände. Péguy schreibt, angesichts des »Hasses, der tiefer verbindet als die Liebe« bedürfe es »einer immensen Dialektik, um auch nur damit zu beginnen, einander anzuerkennen«.[131]

R.G.: In diesem Augenblick muß Péguy unweigerlich gespürt haben, auf etwas absolut Wesentliches gestoßen zu sein. Ich bin mit dem anderen durch die Mimetik verbunden, durch diese zunehmende und uns am Ende umschlingende Ähnlichkeit. Mit Lévinas gesprochen befinden wir uns im Selben. Der Krieg ist tatsächlich das Gesetz des Seins.

B.C.: Weil die Kombattanten ihre zunehmende Ähnlichkeit nicht wahrhaben wollen, führen sie eine Steigerung bis zum Äußersten herbei. Sie werden einander bis aufs Blut bekämpfen, um nicht zur Kenntnis nehmen zu müssen, dass sie Mitmenschen sind, und am Ende erlangen sie den Frieden der Friedhöfe. Wenn sie aber erkennen, dass sie ihresgleichen sind, wenn sie sich miteinander *identifizieren*, fällt der Schleier der Selbigkeit und zeigt den anderen die Verletzlichkeit seines Antlitzes. Angesichts der Alterität dessen, der mir gegenübersteht, kann ich die Deckung aufgeben. Die Konfrontation ist nicht unausweichlich.

R.G.: Was Sie *Identifikation* nennen, wäre ein Widerstand gegen die Nachahmung, eine wiederentdeckte Distanz. Da sind Sie aber ziemlich optimistisch! Die eigene Deckung angesichts der unvermittelten Epiphanie des Gesichtes des anderen aufzugeben, setzt schließlich voraus, dass man der unwiderstehlichen Anziehungskraft dieses »Gleichen« widerstehen kann, die der »andere« noch wenige Augenblicke zuvor verkörperte. Es setzt voraus, dass wir beide im gleichen Augenblick »andere« werden. Diese Bewegung ist möglich, aber *sie hängt nicht von uns ab*. Wir sind in die Mimetik verstrickt. Manche hatten das Glück, in den Genuss guter Modelle, guter Vorbilder gekommen zu sein, und haben so gelernt, dass die Möglichkeit des Zurückweichens und der Distanznahme besteht; andere hatten das Pech, an schlechte Vorbilder geraten zu sein. Nicht wir verfügen über die Entscheidungsmacht. Die Vorbilder entscheiden an unserer Stelle. Das eigene Vorbild kann einen umbringen: Die Nachahmung lässt uns die Identifikation stets verfehlen. Es scheint, als wirke in unserer gewalttätigen Nähe zum anderen ein Fatalismus.

Das Ereignis, das Sie sich vorstellen, ist also selten und setzt eine Erziehung voraus, die sich auf solide und transzendente Vorbilder gründet. Ich nenne dies externe Vermittlung. Zudem korrespondiert es, das dürfen Sie nicht vergessen, mit einem abgelaufenen Zeitalter des Krieges. In Anbetracht der sich weltweit steigernden Entdifferenzierung und des Eintritts in eine Ära der internen Vermittlung habe ich allen Grund, an einer möglichen Universalisierung dieses Paradigmas zu zweifeln. Die Steigerung bis zum Äußersten ist ein unumkehrbares Gesetz. Gerade weil wir unwiderstehlich zueinander hingezogen werden, kann man nicht länger vom Krieg zur Versöhnung übergehen. Gewiss, die Brüderlichkeit bestünde darin anzuerkennen, dass wir einander ähnlich sind. Wären wir nicht so mimetisch, kämen wir sogar ganz ohne Gewalt aus. Aber das Problem ist auch hier wieder, dass die Mimetik den Menschen definiert. Es braucht Mut, dieser Realität ins Gesicht zu sehen.

Wie wir sahen, interessierte sich Clausewitz nicht für den Frieden. Er war Kriegstheoretiker. Der Angreifer will den Frieden, und der Verteidiger will den Krieg und wird deshalb gewinnen. Das Interessante an dieser Idee besteht darin, dass sie den scharf umrissenen Bereich überschreitet, auf den Clausewitz sie anzuwenden glaubt. Er erhaschte ja einen kurzen Blick auf die *Realität* der Steigerung bis zum Äußersten und nicht nur auf deren bloße Möglichkeit. Dies ist ein wesentlicher Punkt, und deshalb sollte man sich nicht allzu lange beim Zweikampf aufhalten: Er ist faszinierend, wird jedoch nichts weiter zeitigen als Gewalt. Man muss um jeden Preis vermeiden, sich den Krieg als ein *Durchgangsstadium* auf dem Weg zur Versöhnung vorzustellen. In unserer Kritik an Hegel und seiner Dialektik haben wir gesehen, dass ein solcher Übergang unmöglich ist. Das Aufschieben der Versöhnung bewirkt stets eine Gewaltzunahme. Auch Lévinas behauptet ja nicht, dieser Übergang sei möglich. Er sagt, dass es außerhalb der Totalität den Krieg *und* die Liebe gibt. Mehr denn je sind wir mit dieser Alternative konfrontiert.

Der Ausgang aus der Totalität bedeutet, ihren Regelkreis zu unterbrechen. Eine Totalität, die nicht mehr in sich selbst geschlossen ist, deren Geheimnis nicht mehr verborgen ist, verwandelt sich in reine Gewalt. Der Krieg ist die erste Etappe dieser Entfesselung, und anschließend gibt es ein Jenseits des Krieges, das wissen wir jetzt. Ist es hienieden im Irdischen greifbar? Ich bezweifle es, da wir das einzige Vorbild, das man uns zur Nachfolge schenkte, zurückgewiesen haben. Aber immerhin können wir sagen, dass die Heiligkeit jenes Jenseits präfiguriert.

B.C.: Sie gehen also sogar davon aus, dass die Entfesselung der Gewalt mit der Offenbarung der göttlichen Natur des anderen einhergeht?

R.G.: Das genau ist das Paradox, das mich interessiert.

B.C.: Es wäre also die wesentlich religiöse Natur der Versöhnung, die die Gewalt vertriebe? Die religiöse Dimension der Liebe denken, so wie Lévinas dies tut, hieße dann, die Welt in beiden Bedeutungen des Wortes zu *vollenden*. So gesehen hätte Nietzsche recht: Die biblische Tradition sowie die Tradition der Evangelien war das Schlimmste, das der Menschheit widerfahren konnte!

R.G.: Ja, weil sie nahelegt, der Mensch könne göttlich werden, indem er seiner Gewalt abschwört. Dieses Paradox entspricht der

Realität. Aber Nietzsche tat falsch daran, es zurückzuweisen. Das Christentum fordert uns dazu auf, einen durch und durch guten Gott nachzuahmen. Es lehrt uns, dass wir uns anderenfalls dem Schlimmsten aussetzen. Für die Mimetik gibt es keine andere Lösung als ein gutes Vorbild. Die Griechen haben uns trotzdem niemals dazu aufgefordert, die Götter zu imitieren! Sie sagen stets, man solle Dionysos auf Distanz halten und sich ihm niemals nähern. So gesehen ist nur Jesus »nahbar«. Die Griechen hatten kein Modell der Transzendenz, das man hätte nachahmen können. Das war ihr Problem, das ist *das* Problem des Archaischen. Die absolute Gewalt ist für sie nur in der kathartischen Erinnerung gut, in der sakrifiziellen Wiederholung. Aber in einer Welt, in der der Gründungsmord verschwunden ist, haben wir keine andere Wahl, als Jesus Christus nachzuahmen, ihn buchstabengetreu nachzuahmen und alles zu tun, was er uns zu tun aufgibt. Die Passion deckt die Mimetik auf und zugleich die einzige Möglichkeit, von ihr geheilt zu werden. Trachtet man danach, Dionysos zu imitieren, ein »Jünger des Philosophen Dionysos« zu werden, wie es Nietzsche versuchte, so übernimmt man eine christliche Haltung, um das genaue Gegenteil dessen zu tun, was das Christentum uns zu tun auffordert.

Die Menschen hätten es vermutlich vorgezogen, Kinder zu bleiben, wie es der Heilige Paulus unterstellt, selbst wenn sie bei diesem Tausch den Kürzeren gezogen hätten. Aber sie wären nicht fähig gewesen, erwachsen zu werden. Man muss den Optimismus daher in sein Gegenteil verkehren. Der Ernst der Lage verlangt danach. Wir bewegen uns nicht notwendigerweise auf die Versöhnung zu. Die Vorstellung, dass das Heil der Menschheit nur in der Versöhnung liegen kann, ist aber gerade die Kehrseite der Steigerung bis zum Äußersten. Darum behauptet Pascal, dass die Wahrheit die Gewalt nicht zu beschwichtigen vermag und sie lediglich »reizt«. Die Wahrheit, die die Gewalt reizt, führt zum Gründungsmord zurück, den niemand zur Kenntnis nehmen will. Sie weist auf ihn hin und annulliert ihn.

Lévinas liefert keine Apologie des Krieges. Er sagt, dass man um diese Erfahrung nicht herumkommt. Das Heldentum mag ein anderer möglicher Weg sein, aber er ist unkalkulierbar. Niemand kann über ihn sprechen, bevor er nicht zurückgelegt wurde. Die heroischen Vorbilder im Sinne von nachzuahmenden Vorbildern sind mittlerweile hinfällig. Genau deshalb haben die totalitären Regime stets versucht, solche Vorbilder zu konstruieren. Das jüngste und am schwersten zu verstehende Modell ist wohl das terroristische. Wir befinden uns heute jenseits der Kraftprobe, jenseits des Punktes, an dem wir – wie Sie sich zu Recht wünschen – innehalten könnten, um die Unterscheidungen zu treffen, die wir getroffen haben. Der Krieg ist unter keinen Umständen zu rechtfertigen: Man muss nicht zwangsläufig durch ihn hindurchgehen. Umgekehrt offenbart sein Wüten aber, dass eine Wahrheit im Erscheinen begriffen ist.

B.C.: Sie unterstellen also, dass der Heldenansatz nur ein Herrschaftsentwurf sein kann?

R.G.: Genau. Der Heldenansatz erscheint vor dem Hintergrund der gescheiterten Offenbarung. Er setzt die Nachahmung des anderen voraus, einen Willen, sich seine Kraft anzueignen und ihn zu beherrschen. Diese Konfrontation führt zwangsläufig zur Eskalation, weil der andere sich seinerseits diesen Willen zur Aneignung aneignet. Die intelligente Nachahmung, die sich ihrer selbst bewusst ist, ist etwas völlig anderes. Denken Sie an die Bekehrung des Heiligen Paulus. »Hört auf, einander nachzuahmen und euch zu bekriegen«, sagt er sinngemäß immer wieder: »Eifert Jesus nach, der euch dann mit dem Vater vereinen wird«. Jesus stellt die Distanz zum Sakralen her, während uns die Reziprozität einander annähert, um dieses korrumpierte Sakrale zu erzeugen, das die Gewalt ist. In primitiven Gesellschaften ist die Gewalt eins mit der Nähe des Gottes. Ein solcher Gott erscheint heute nicht mehr, denn die Gewalt hat kein Ventil mehr. Sie ist der Sündenböcke (der vergöttlichten Opfer) beraubt und zur Eskalation verdammt. Hölderlin war der Einzige, der zur Zeit Hegels und Clausewitz' die in dieser zwischenmenschlichen Nähe steckende Gefahr verstand. Denn bei den Griechen besaß der Gott, der sich unter die Menschen mischte, einen Namen: Es war der Gott der Reziprozität, der mimetischen Doppelgänger, der ansteckenden Raserei. Er hieß Dionysos. Diesen Namen gaben die Griechen dem Entsetzen, das sich einstellte, wenn ihnen der Gott nahe war.

Die apokalyptische Wende

B.C.: Wie sieht diese Gewalt nun aus, die erwachte, als Jesus den Menschen die Funktionsweise ihrer Beziehungen und die Gefahr der Reziprozität offenbarte?

R.G.: Man sieht weniger Dionysos als den Satan »vom Himmel fallen wie einen Blitz«, den seiner falschen Transzendenz verlustig gegangenen Satan.[132] Satan ist kein obskurer Gott. Es ist der Name für jene in Auflösung begriffene Struktur, die der Heilige Paulus »Mächte und Gewalten« genannt hat. Ist man bereit, dem Christentum zu folgen, wird die Gewalt aufgedeckt, entfesselt und in ihrer Sterilität vor aller Augen enthüllt. Jesus hat den Platz von Dionysos eingenommen, was Nietzsche nicht wahrhaben will. Die Gewalt legt heutzutage für nichts mehr den Grund; sie ist nurmehr ein sich stetig steigerndes, das heißt mimetisch wachsendes Ressentiment, das sich mit der Enthüllung seiner eigenen Wahrheit konfrontiert sieht.

Der Heilige Paulus zeigt das in seinem Brief an die Kolosser, wenn er schreibt, Jesus habe »die Mächte und Gewalten […] ihrer Macht entkleidet und sie öffentlich zur Schau gestellt.«.[133] Jesus verschärfte die mimetischen Rivalitäten. Er machte sich freiwillig zu ihrem Opfer, um sie aller Welt zu offenbaren. Er ließ sie überall zum Vorschein kommen: in der Gesellschaft und in den Familien.

Es gibt keine Totalität, die nicht Gefahr läuft, von jenen Verdopplungen betroffen zu werden, die einst durch das Opfer gebändigt wurden. Die lineare Zeit, in die Jesus uns führt, macht die ewige Wiederkehr der Götter unmöglich, und damit auch jedwede Versöhnung auf dem Rücken unschuldiger Opfer. Dem Opfer beraubt, stehen wir einer ausweglosen Alternative gegenüber: Entweder erkennen wir die Wahrheit des Christentums an oder wir tragen zur Steigerung bis zum Äußersten bei, indem wir die Offenbarung zurückweisen. Der Prophet gilt nichts in seinem eigenen Land, weil kein Land gewillt ist, die Wahrheit über seine Gewalt zu hören. Es wird immer versuchen, sie um des Friedens willen zu verbergen. Und die beste Art, Frieden zu haben, besteht darin, Krieg zu führen. Deshalb hat Jesus das Schicksal der Propheten erlitten. Er hat sich den Menschen genähert, indem er ihre Gewalt kopflos machte und sie bloßstellte. In gewisser Weise war er zum Scheitern verdammt. Der Heilige Geist hingegen setzt sein Werk in der Zeit fort. Gerade er lässt uns begreifen, dass das historische Christentum gescheitert ist und die apokalyptischen Texte von nun an stärker zu uns sprechen als je zuvor.

Die griechische Tragödie war ein entscheidender Schritt auf dem Weg zu dieser Entdeckung, denn sie stellte die mythologische Lösung infrage. In Griechenland gab es viele Doppelgänger und unentwegt Zweikämpfe. Es geht weder um den Singular noch den Plural, es geht immer um die Krise. Eteokles und Polyneikes, die Sieben gegen Theben – jener Chor, der ebenfalls bereits doppelt ist. In meinen Augen steht der Zweikampf stets am Ende der trügerischen Differenzierung. Die Rivalitäten zwischen Zwillingen gehen stets jenem Mord voraus, der die Einheit wiederherstellt, dem künstlichen Frieden, den jede Gemeinschaft braucht. Totalität der Stadt; Dualität der feindlichen Brüder; Einheit des Opfers: So funktioniert die auf dem Opferkult basierende Polarisierung. Die Stadt bändigt ihre eigene Gewalt, indem sie sie auf einen Dritten konzentriert.

Deshalb besteht die Bewegung der Apokalypse darin, alle

menschlichen Gründungen umzukehren: Einheit des freiwilligen Opfers; Dualität des Krieges; unmittelbar drohende Explosion der Totalität. Nicht mehr die Menschen fabrizieren die Götter, sondern Gott ist gekommen, um den Platz des Opfers einzunehmen. Die Propheten und Psalmen haben diese fundamentale Interpretation der Ankunft Gottes vorbereitet, der eins ist mit dem Kreuz. Hier ist das Opfer göttlich, bevor es sakralisiert wird. Das Göttliche geht dem Sakralen voraus. Es stellt die Rechte Gottes wieder her. Dieser Gott, dieser kommende Andere, reizt nun die »übertünchten Gräber« (Mat 23, 27). Er bringt das ganze System zum Einsturz. Deshalb sagt der Heilige Paulus, auch die Mächte und Gewalten seien ans Kreuz geschlagen worden, für alle sichtbar. Davon werden sie sich nicht erholen.

B.C.: Wir befinden uns *de facto* an einem Punkt, an dem der Zweikampf keine Institution mehr sein kann und der Krieg endgültig regellos geworden ist …

R.G.: … um einer möglichen Explosion der Totalität Raum zu geben. Nicht nur kann der Zweikampf keine Institution mehr sein, er ist zugleich das, was alle Institutionen zu verbergen versucht haben, um nicht zu verschwinden. Man kann sogar sagen, dass sich die Institutionen nur im Kampf gegen das Hervortreten des Zweikampfs erhalten können. Zu Clausewitz' Zeit war der Krieg noch immer eine Institution; er wurde durch die Politik kodifiziert und geregelt. Zumindest gab Clausewitz vor, dies zu glauben. Noch verbarg der Krieg das Prinzip der Reziprozität bis zu einem gewissen Grad.

Deshalb erkennt Clausewitz einerseits die Eskalation des Zweikampfs, die Konfrontation zweier Nationen, die von der »feindseligen *Absicht*« zum »feindseligen *Gefühl*« übergehen, und deshalb weigert er sich andererseits, diese Steigerung zu Ende zu denken, das heißt zu dem Schluss zu gelangen, dass sie zur Pathologie der Staatsvernunft führt. Denn das Erscheinen des Zweikampfes hat das Verschwinden der Differenzen zur Voraussetzung, das Ende aller Institutionen, deren einziges Ziel es ist, die Gewalt im Zaum zu halten. Der in Clausewitz' Definition des »kriegerischen Genius« enthaltene militärische Voluntarismus, spielte eine Rolle bei dem, was »Preußentum« und dann »Pangermanismus« heißen sollte. Seine Weigerung oder seine Unfähigkeit, die Logik des Zweikampfes zu Ende zu denken, ist symptomatisch für eine Niederlage des Denkens wie auch für eine Regression der europäischen Geschichte in Richtung auf ein pervertiertes Sakrales, das heißt auf die Zerstörung von allem. Aber diese Zerstörung betrifft nur die Welt. Satan hat keine Macht über Gott.

Wir werden uns genauer mit der Nähe zwischen Clausewitz und diesem »Kriegsgott« beschäftigen müssen, der zu seiner Zeit das Antlitz Napoleons trug. Wir wissen jetzt, dass das Hervortreten der Reziprozität zu einer Steigerung bis zum Äußersten führt. Diese Bewegung übermannt Individuen und Nationen, wir können nichts dagegen tun. Etwas verliert den Kopf, die Mächte und Gewalten können nicht länger von ihrem Geheimnis zehren. Diese Wahrheit anzuerkennen, heißt, zu Ende zu denken, was Clausewitz nicht zu Ende denken konnte oder wollte: Es bedeutet, *dass die Steigerung bis zum Äußersten das Gesicht ist, das die Wahrheit jetzt annimmt, um sich den Menschen zu zeigen*. Und da jeder von uns für diese Eskalation verantwortlich ist, wollen wir diese Wirklichkeit naturgemäß nicht anerkennen. Die Wahrheit der Gewalt ist ein für allemal ausgesprochen worden. Jesus offenbarte jene Wahrheit, die von den Propheten verheißen worden war, die Wahrheit, dass alle Kulturen auf Gewalt gründen. Die Weigerung, diese grundlegende Wahrheit zu vernehmen, setzt uns der Rückkehr eines Archaischen aus, das nicht mehr im dionysischen Antlitz auftritt, wie Nietzsche noch hoffte. Denn es wird sich um eine totale Zerstörung handeln. Das dionysische Chaos war ein Chaos mit Gründungsfunktion. Das Chaos, das uns bedroht, ist radikal. Es bedarf eines gewissen Mutes, um das auszusprechen, genauso wie es Mut braucht, um der Faszination der Gewalt nicht zu erliegen.

B. C.: Wachsam bleiben, versuchen, den Lauf der Dinge umzukehren, wäre dies also ein Weg, sich davor zu hüten, eine erneute Eskalation herbeizuführen? Ließe sich dieses Vorsorgeprinzip auf alle Bereiche ausdehnen: Politik, Militär, Technologie und Umwelt?

R. G.: Es könnte allerdings bereits zu spät sein. Das historische Christentum und mit ihm die moderne Gesellschaft sind gescheitert. Die Anprangerung der Opfermechanismen durch Jesus verschärft die Gewalt fortwährend. Was nichts anderes bedeutet, als dass die Ankunft des anderen die Totalität in die Luft sprengt. Dies ist, denke ich, der Preis für die Eschatologie. Weil das Vorbild der Heiligkeit in der menschlichen Geschichte einmal in Erscheinung trat, arbeiten so viele Heroismen an seiner Unterdrückung. Das Heldentum ist ein viel zu sehr korrumpierter Wert, als dass wir ihm noch Glauben schenken könnten: Schufte haben es in gewisser Weise seit jeher unterwandert, ganz besonders seit Napoleon.

Deshalb darf man nicht beim Zweikampf stehen bleiben, sondern muss in ihm ein deutliches Symptom des sich gerade Vollendenden sehen. Dass sich die Menschen immer stärker bekämpfen, liegt daran, dass eine Wahrheit näherrückt, auf die ihre Gewalt reagiert. Jesus ist dieser Andere, der kommt und das System gerade durch seine Verletzlichkeit in Panik versetzt. In den kleinen archaischen Gesellschaften war dieser Andere der Fremde, der Unordnung brachte und stets als Sündenbock endete. In der christlichen Welt ist es Jesus Christus, der Sohn Gottes, der alle unschuldigen Opfer repräsentiert und dessen Wiederkunft gerade durch die Wirkungen der Steigerung bis zum Äußersten angekündigt wird. Was wird er dann feststellen können? Dass wir wahnsinnig geworden sind, dass das Erwachsenenalter der Menschheit, das er durch das Kreuz verhieß, sich als Fehlschlag erweist.

Niemand will also erkennen und begreifen, dass Jesu Christi »Wiederkunft« gemäß der unerbittlichen Logik der Apokalypse eins ist mit dem Ende der Welt. Konträr zu dem, was Hegel glauben machen wollte, fallen die Menschen einander nicht nur *nicht* in die Arme, sondern sind fähig geworden, die ganze Welt zu zerstören. Ich denke, dass man diesen Punkt immer wieder ganz deutlich aussprechen muss. Denn wenn wir fortfahren, den Krieg weiterhin in den Kategorien des Heldentums »zu denken«, wird uns das, wie schon Clausewitz, sehr bald zum vermeintlich Sakralen der Gewalt zurückführen und uns glauben machen, es sei fruchtbar. Heutzutage gibt es jedoch nichts mehr zu gründen. Zu glauben, es *könne* so etwas geben, heißt, die Steigerung bis zum Äußersten zu beschleunigen. Die Sünde besteht in dem Glauben, die Gewalt könne etwas Gutes hervorbringen. Wir alle denken das, *weil wir mimetisch sind*, und halten an unserem geliebten Zweikampf fest.

Konvertieren bedeutet, dieses besudelte Sakrale auf Distanz zu halten. Aber es bedeutet nicht, der Mimetik zu entkommen. Wir haben eben erst verstanden, dass diese Bewegung einen Übergang von der Nachahmung zur Identifikation voraussetzt, die Wiederherstellung einer Distanz inmitten der Mimetik selbst. All dies sagt sich sehr leicht, das räume ich gerne ein. Zumal die gewalttätige Reziprozität stets die Oberhand behalten wird.

B.C.: Lévinas hat die Beziehung als seinen Ausgangspunkt gewählt. Die Reziprozität kümmert ihn wenig. Wir sollten daher über die Beziehung im Innersten der Reziprozität nachdenken. Das wäre konkreter und vielleicht weniger idealistisch.

R.G.: Wir stehen tatsächlich immer jeweils mit einem Bein in einem der beiden Lager.

B.C.: Diese Position erlaubt es uns doch, die Fallen der Reziprozität offenzulegen. Dass Clausewitz uns hilft, eine Beschleunigung der Geschichte zu denken, von der zu befürchten ist, dass sie zum Schlimmsten führt, leuchtet mir ein. Aber Ihre Beurteilung dieses Prozesses scheint mir zu pauschal. Ich möchte die Hoffnung, dass es weiterhin möglich ist, dem Lauf der Dinge entgegenzuarbeiten, nicht so schnell fahren lassen.

R.G.: Sie beharren zu Recht auf diesem Widerstand, denn schließlich verhindert er seit Langem, dass die Welt in die Luft fliegt. Wie lange wird er das noch leisten können? Diese Frage müssen wir uns stellen, und Sie haben eine meiner Schwachstellen aufgedeckt! Ich neige in der Tat zu der Annahme, dass die christliche Perspektive es mir erlaubt, weit über diese Dinge hinauszugehen und sie aus der Ferne zu betrachten. Die Haltung, die ich gegenüber Clausewitz an den Tag legte, war möglicherweise zu schwärmerisch … Das ist meine romantische, gleichsam unterdrückte Seite, die jedoch immer wieder zum Vorschein kommt. Ich komme über Chopin zu Clausewitz und fühle mich heimlich losgelöst. Ich müsste eigentlich sagen, dass all dies auf eine Art überholt und nicht mehr wahr ist.

Meine große Entschuldigung ist die Eschatologie. Ist die Eschatologie mit einem heroischen Widerstand gegen den Lauf der Dinge kompatibel, wie Sie es sich wünschen? Ja, in dem Maße, in dem sie nachahmenswerte Vorbilder hervorbringen kann. Aber sie werden immer »unsichtbar für die Augen des Fleisches« bleiben, wie Pascal sagen würde. Der Prophet gilt nichts in seinem eigenen Land. Da wir Corneille gestreift haben: Warum kannte das Christentum des 17. Jahrhunderts keine Eschatologie? Bei Bossuet finden sich zwar Anklänge, aber wirklich vorhanden ist sie nicht. Es ist sehr interessant, über die verschiedenen Kontexte nachzudenken, in die das Christentum bereits eingebettet war. Im Mittelalter gab es apokalyptische Augenblicke, in denen den Christen bewusst war, dass sie dabei waren, komplett zu scheitern. Aber das Christentum war stets zu jung für die Eschatologie. Heute ist es vielleicht reif dafür. Denn was uns bedroht, ist greifbar geworden.

Clausewitz macht gewissermaßen *den Krieg zu seiner Eschatologie*, weshalb ich ihn berichtigen, ihn dilettantisch wiederaufnehmen kann. Ich habe den Eindruck, ihm sagen zu können: »Du wirst schon noch sehen, mein Lieber!« Er blieb Diener des Politischen, er sagt es selbst: ein Traditioneller, ein Aristokrat, und gleichzeitig ein Vertreter der Aufklärung, weil er möglicherweise mehr von der Französischen Revolution verstanden hat, als er verlautbart. Der Rationalismus, von dem er durchdrungen ist, lässt ihn vergessen oder missverstehen, dass das Religiöse nichts von einer ätherischen Sphäre hat, wie er anzunehmen scheint. Clausewitz ist umso beunruhigender, als er das Apokalyptische unwissentlich formuliert. Nirgends spricht er es offen aus. In mancher Hinsicht erinnert er an Chateaubriand, der auch mehr ein heimlicher Rationalist als ein Romantiker war. Clausewitz ist ein Über-Chateaubriand, weil er ein Thema fand, das wirklich Zukunft hat. Gott weiß, ob es womöglich sogar eine schreckliche Zukunft hat. Ich würde es mehr für eine Entdeckung halten, fast so etwas wie eine literarische Goldader, die umso aufregender ist, als sie niemals explizit thematisiert wird.

Die aus der Wechselwirkung resultierende Steigerung bis zum Äußersten ist eine so wesentliche Entdeckung, dass sie sich auf ganz unvermutete Bereiche ausweitet. Sie wird beinahe zu einem universellen Gesetz. Wir haben es also mit einem wirkungsvollen Schriftsteller zu tun, der umso wirkungsvoller ist, als er sich weigert, seiner Intuition bis zum Ende nachzugehen. Und so müssen wir zu Ende denken, was er uns hinterließ. In dieser Hinsicht muss man auf die eindrückliche Feststellung von Lévinas zurückkommen, dass sich der Krieg »als die reine Erfahrung des reinen Seins« ereignet, als der einzig mögliche Ausgang aus der Totalität. Vielleicht haben wir keine Wahl. Vielleicht müssen wir diesen Weg gehen.

B.C.: Wenn Lévinas den anderen als auf uns zukommend denkt, springt er in die Eschatologie. Welche Schlussfolgerungen müssten wir daraus ziehen, wenn die Zeit ihren Lauf buchstäblich umkehrt?

R. G.: Dass es dringend erforderlich ist, die prophetische Tradition mit ihrer unerbittlichen Logik, die sich unserem beschränkten Rationalismus entzieht, mit ins Kalkül zu ziehen. Wenn der andere sich nähert und wenn ein radikal anderes Denken über den anderen möglich wird, so vielleicht deshalb, weil das Ende nahe ist.

B. C.: Diese Art der Auseinandersetzung mit dem Zweikampf war also notwendig. Bestand der große Irrtum Carl Schmitts, des tiefsinnigen Lesers von Clausewitz, nicht darin, an die Fruchtbarkeit der Gewalt geglaubt zu haben, daran, dass sie begründend oder ordnend wirken, Krieg oder Recht sein könnte?

R. G.: Aber aus genau diesem Grunde ist es auch interessant, sich mit Carl Schmitt zu beschäftigen. Wie wir gesehen haben, war seine juristische Konstruktion des Feindes mit Blick auf das sich hinter dem umfassenden Feindseligkeitsprinzip Abzeichnende überholt. Ein auf die Gewalt gegründetes Recht neu zu definieren, konnte keinen Bestand haben in einer Zeit, in der bereits eine weitgehende Zerstörung aller Fundamente eingesetzt hatte. Clausewitz kündigte das Ende Europas an. Er sagt Hitler und Stalin voraus und alles Nachfolgende, das nichts mehr ist, das amerikanische Nicht-Denken im Abendland. Wir stehen heute wahrlich vor dem Nichts. Auf der politischen Ebene, auf der literarischen Ebene, auf allen Ebenen. Sie werden sehen, dass sich dies allmählich realisieren wird. Corneilles Heldentum stammt aus einer Zeit, in der man noch daran glaubte, der Krieg könne das Recht begründen. In diesem Sinne haben wir oft von Marc Bloch gesprochen, dem perfekten Beispiel für die Résistance.

B. C.: »Die wahre Zeit der Richter« in *Die seltsame Niederlage* ist ein wunderbarer Text. Ein paar Wochen bevor er von den Deutschen erschossen wurde, behauptete Bloch dort, die Gerechtigkeit sei keine Rache, müsse aber hart sein, wenn sie für die Wahrheit eintritt. Man kann seinen eigenen Tod als Beispiel hierfür anführen.

R.G.: Aber leben wir immer noch in einer Welt, wo Gewalt dem Recht weichen kann? Genau dies bezweifle ich. Das Recht selbst ist an sein Ende gelangt, es scheitert an allen Ecken und Enden, und selbst hervorragende, mir gut bekannte Juristen glauben nicht mehr an das Recht. Sie sehen, dass es bröckelt, dass es zusammenbricht. Schon Pascal glaubte nicht mehr an das Recht. All meine Einsichten sind anthropologische Einsichten in dem Sinne, dass ich das Recht aus dem Opfer hervorgehen sehe, und zwar auf eine sehr konkrete und gar nicht philosophische Weise. Ich sah das Recht in der anthropologischen Fachliteratur auftauchen, in Monographien über archaische Stämme, wo man sein Kommen spürte. Ich sah seine Heraufkunft im Buch *Leviticus*, in jenem Vers über die Todesstrafe, die sich auf nichts anderes als die Steinigung bezieht. So sieht die Ankunft des Rechts aus. Die Gewalt hat das Recht *produziert*, welches – genau wie der Opferkult – immer schon eine abgeschwächte Form der Gewalt ist. Vielleicht ist dies das Einzige, wozu die menschliche Gemeinschaft in der Lage ist. Bis zu dem Tag, an dem auch dieser Damm wegbricht.

V. HÖLDERLINS TRAURIGKEIT

Die zwei Zyklen der Evangelien

Benoît Chantre: Gräbt man bezüglich der Wirklichkeit des Krieges, so wie Clausewitz sie beschreibt, ein wenig tiefer, entdeckt man, dass die Politik Teil der Gewalt ist und nicht die Gewalt Teil der Politik. Die Institution des Krieges ging der Gewalt nicht aus dem Weg, sondern versuchte, ihre Eskalation zu bremsen. Wie wir gesehen haben, existiert diese Institution nicht mehr. Sollten wir nicht dennoch versuchen, diesen Widerstand aufrechtzuerhalten?

René Girard: Selbstverständlich. Allerdings ist ein individueller Widerstand gegen diese Steigerung bis zum Äußersten seinem Wesen nach vergeblich. Er hätte nur als kollektiver eine Chance, wenn alle Menschen »einander die Hand reichen«, wie es in den Liedern so schön heißt. Wir müssen auf den glücklichen und sich von selbst einstellenden Ausweg verzichten, der allen Humanismen zugrunde liegt. Andererseits müssen wir aber auch die Möglichkeit einer positiven Nachahmung im Kopf behalten, denn wie wir sahen, spielt die Nachahmung bei der Entstehung von Gewalt eine zentrale Rolle. Das Drama unserer Zeit der »internen Vermittlung« besteht nun aber gerade darin, dass die positiven Vorbilder unsichtbar geworden sind. Die Anerkennung der Nachahmung und ihrer Ambivalenz scheint der einzige Weg zu sein, diesen nach wie vor möglichen Übergang von der Reziprozität zur Beziehung, von der negativen Ansteckung zu einer Form der positiven Ansteckung noch zu fühlen. Die Nachahmung Jesu bedeutet genau das.

Aber dieser Übergang ist nichts Gesichertes und lässt sich erst recht nicht denken: Er gehört der Ordnung einer spezifischen Konversion, der Ordnung eines Ereignisses an. In den Evangelien findet sich unleugbar eine beeindruckende Intuition bezüglich der Mimetik: Jesus fordert uns auf, aus der Mitte der Mimetik heraus zu wirken. Aber der Geist weht, wo er will (Joh 3, 8). Wir müssen daher zunehmend global denken, die streng individuelle Perspektive hinter uns lassen und die Dinge »in großen Einheiten« reflektieren. So gesehen sind die apokalyptischen Berichte von wesentlicher Bedeutung. Nur sie zwingen zu einer radikalen Veränderung unserer Perspektive. Warum hielt man sie so stark verborgen? Diese Frage hat man sich nie gestellt. In der ersten Phase des Christentums waren sie sehr präsent. Im Mittelalter wurden sie aus dem Blickwinkel des Jüngsten Gerichts gelesen, zwar auf sehr viel naivere Weise als zu Zeiten des Heiligen Paulus, aber sie waren nach wie vor bekannt. Sehen Sie sich doch nur die Tympana der Kathedralen an!

Diese Kraft der Heiligen Schrift gilt es zu bewahren. Denn die apokalyptischen Texte gerieten allmählich in Vergessenheit, und dies obwohl ihre Relevanz zunehmend offenkundiger wird. Das ist unglaublich. Die freudige Begrüßung von Gottes Reich, von der diese Texte zeugen, wurde durch eine doppelte Bewegung erstickt: katastrophische Schwarzmalerei einerseits und unbestimmtes Aufschieben der Parusie andererseits. Diese konstante und allmähliche Distanzierung von den Evangelien verfinstert, was strahlend hätte sein sollen, und verzögert es. Das heutige Anti-Christentum lässt diese Realität also in eklatanter Weise als Resultat einer Entwicklung erscheinen, die mit der Offenbarung eingesetzt hat. Die »Zeiten der Heiden«, von denen Lukas spricht (Lk 21, 24), deutet die Verspätung des Jüngsten Gerichts an, was die Evangelien nach und nach in einem neuen Licht erscheinen ließ und wachsende Zweifel an der Gültigkeit der apokalyptischen Texte nährte. Die »Zeiten der Heiden« bezeichnen gleichwohl eine außerordentliche Zeitspanne – die Zeit einer Zivilisation, die inkommensurabel mit anderen Zivilisationen ist und die Menschen mit einer bis dahin ungekannten Macht ausgestattet hat. Überspitzt könnte man sagen, dass diese Zeit die Offenbarung nach und nach zu ihren Gunsten in Beschlag genommen hat, um schließlich Atombomben hervorzubringen.

Ich rufe diese Texte also ins Gedächtnis, um eine leidenschaftlichere Lektüre der Heiligen Schriften zu propagieren. Aus meiner Sicht ist kein Text jemals abgeschlossen, wenn die Apokalypse nicht seinen Schlussstein bildet: »Wird jedoch der Menschensohn, wenn er kommt, auf der Erde (noch) Glauben vorfinden?« (Lk 18, 8) Die Evangelisten stellen diese Frage mit großem Nachdruck. Hier erhebt sich die apokalyptische Frage: Vielleicht nicht so sehr in der Apokalypse des Johannes, auf die sich alle Welt stürzt, wenn es um Eschatologie geht, sondern in den Texten der drei anderen Evangelisten Markus, Matthäus und Lukas, die ihr jeweils den Passionsbericht voranstellen. In den sogenannten synoptischen Evangelien stößt man auf ein grundlegendes Aufbaumerkmal: Die menschliche Geschichte ist in die Geschichte Gottes eingebettet. Der zweite Zyklus der Geschichte (und ihres katastrophischen Endes) ist im *ersten Zyklus*, der in die Passion mündet, *enthalten*. Folgendermaßen bringt Lukas äußerst enigmatisch zum Ausdruck, dass nach der Einnahme Jerusalems die »Zeiten der Heiden« kommen werden:

> »Denn eine große Not wird über das Land hereinbrechen: Der Zorn (Gottes) wird über dieses Volk kommen. / Mit scharfem Schwert wird man sie erschlagen, als Gefangene wird man sie in alle Länder verschleppen und Jerusalem wird von den Heiden zertreten werden, bis die Zeiten der Heiden sich erfüllen. « (Lk 21, 23–24)

Darin möchten alle Exegeten eine Anspielung auf die Zerstörung des Tempels durch Titus im Jahre 70 n. Chr. erkennen und sie schlussfolgern daraus, dass Lukas' Text später entstanden ist als die Texte der drei anderen Evangelisten. Diese Hinweise sind vollkommen belanglos, denn die Einnahme Jerusalems steht nicht nur für das Jahr 70 n. Chr., sondern auch für das Jahr 587 v. Chr. Die Evangelisten führen hier die Tradition der jüdischen Propheten fort, die auf die »Zeichen der Zeit« achtete. Auch dort wird die menschliche Geschichte von derjenigen Gottes eingefasst. Der Fall Jerusalems ist also vor allem ein *apokalyptisches Thema*: Jesus ist kein Seher, sondern ein Prophet. Es zählt zu den Unergründlichkeiten dieser Texte, dass offenbleibt, ob nun von Titus gesprochen wird oder nicht. Die Historiker verquicken alles miteinander, ohne sich klarzumachen, dass diese Verquickung Bestandteil ihres Untersuchungsgegenstandes ist und dieser sie zum Narren hält.

Die apokalyptischen Passagen beziehen sich zweifelsfrei auf reale Ereignisse, die auf die Passion folgen; gleichwohl sind sie in den Evangelien der Passion vorangestellt. Die »Zeiten der Heiden« bezeichnen also – wie die siebzig Jahre der Unterjochung durch den König von Babylon bei Jeremias – *eine unbestimmte Zeitspanne zwischen zwei Apokalypsen*, zwischen zwei Offenbarungen. Was soll das aus der Perspektive der Evangelien anderes bedeuten, als *dass die Zeiten der Heiden, das heißt die Zeitspanne, in der sie sich weigern, Gottes Wort zu vernehmen, begrenzt ist*? Zwischen der Passion Jesu und seiner Parusie oder dem Jüngsten Gericht, wenn Ihnen das lieber ist, wird sich diese unbestimmte Zeit erstrecken, unsere Zeit, eine Zeit zunehmend entfesselter Gewalt, eine Zeit des Ohrenverschließens und eine Zeit wachsender Blindheit. Dies ist die Bedeutung von Lukas' Text und macht seine Aktualität aus. Pascal sagt am Ende des zwölften seiner *Briefe in die Provinz*, »daß die Gewalt nur begrenzte Dauer hat, da Gottes Ordnung ihre Wirkungen zum Ruhme der angegriffenen Wahrheit lenkt«.[134]

Wie deutlich zu erkennen ist, ist das die Idee, die Hegel wieder stark zu machen versuchte, als er von einer wahren Geschichte jenseits der äußerlichen Geschichte ausging: eine Theodizee des Geistes jenseits der historischen Zufälle, eine »List der Vernunft«, innerhalb derer Napoleon sowohl ein aktiver wie auch ein passiver Part zugedacht war. Hegel dachte sich die moderne Eskalation als stete Zunahme der Vernunft, während in Wirklichkeit das genaue

Gegenteil der Fall ist. Hegels Unterfangen war wirkungsmächtig – und nicht zufällig beruhte es auf dem Besten der christlichen Tradition –, aber, wie schon gesagt, es entartete sehr schnell. Man darf also nicht von der Geschichte absehen, sondern muss sie auf sehr viel realistischere Weise zu begreifen trachten, nämlich als eine beschleunigte und apokalyptisch zu verstehende Bewegung auf das Schlimmste zu.

Das Wirkliche ist nicht vernünftig, sondern religiös. So lautet die Botschaft der Evangelien. Dieses Wirkliche wohnt im Herzen der geschichtlichen Widersprüche, in der die Menschen verbindenden Interaktion, in den stets durch die Reziprozität bedrohten menschlichen Beziehungen. Ein solcher Bewußtwerdungsprozess ist heute, da uns die Institutionen keine Hilfe mehr bieten, da jeder Einzelne sich allein wandeln muss, mehr denn je vonnöten. In dieser Hinsicht sind wir an die Bekehrung des Paulus verwiesen, jene Stimme, die ihn plötzlich durchdringt: »Saul, Saul was verfolgst du mich?« (Apg 9, 4) Die paulinische Radikalität passt sehr gut zu unserer Zeit. Hier geht es weniger um den Helden, der in den Rang eines Heiligen »aufsteigt«, als um den Verfolger, der sich umwendet und zu Boden fällt.

B.C.: Bezeichnen die »Zeiten der Heiden« bei Lukas die Zeitspanne, während der die Institutionen der Steigerung des Reziprozitätsprinzips widerstehen?

R.G.: Ganz genau. Und in gewisser Weise geht diese Zeit zu Ende. Deshalb bemüht sich Lukas darum, die Zerstörung Jerusalems und den Weltuntergang, der sich nach den »Zeiten der Heiden« ereignen wird, auseinanderzuhalten. Im Markus- und im Matthäusevangelium fehlen diese historischen Anhaltspunkte, was zu der Annahme berechtigt, dass sie beide vor dem Jahr 71 entstanden sind. Wesentlich ist, dass Lukas die apokalyptische Tradition vertieft und präzisiert. Nebenbei bemerkt sollte man festhalten, dass die Exegeten solche Überlegungen niemals anstellen! Was sagt uns

Lukas? Dass die Völker naiv sind und man ihnen Zeit geben muss, Jesus zu erfahren. Paulus sagt im Römerbrief dasselbe: Die Juden haben trotz der Propheten völlig versagt, und die Christen dürfen nicht ebenfalls versagen. Aber was ist der Holocaust, wenn nicht dieses entsetzliche Versagen?

Die Christen müssen die Verantwortung für dieses Grauen übernehmen. Sie waren seit zweitausend Jahren gewarnt und erwiesen sich als unfähig, das Schlimmste zu vermeiden. Natürlich wäre es absurd, nur aus Reue hierfür zu leugnen, dass die Juden eine *Mit*-Schuld am Kreuzestod Jesu trifft. Aber der Tod desjenigen, den sie als einen Unruhestifter ansahen, lässt sich unmöglich mit dem Tod von Millionen von Holocaustopfern vergleichen. Papst Johannes Pauls II. Bitte um Vergebung in Yad Vashem ist erhaben und muss als ein Zeichen der Zeit gelten: als ein Zeichen der mehr denn je notwendigen Versöhnung zwischen Juden und Christen, den Überbringern ein und derselben Botschaft, den Garanten ein und derselben eschatologischen Wahrheit.

B.C.: Könnten Sie noch etwas zu dem bereits angesprochenen Aufbau der Evangelien sagen?

R.G.: Es gibt einen ersten Zyklus, der das Leben Jesu betrifft und mit der Leidensgeschichte, der Passion endet. Und es gibt einen zweiten Zyklus, der die Geschichte der Menschen betrifft und mit der Apokalypse endet. Der zweite Zyklus ist im ersten enthalten. Die menschliche Geschichte – zerfressen von einem Prinzip der Zerstörung, einer Steigerung bis zum Äußersten, die heute die ganze Welt bedroht – wird zum Präludium der Passion. Was soll dieser Aufbau suggerieren, wenn nicht Jesu Rückkehr am Ende der Zeiten? Paulus ahnte, dass die Juden in diese Wiederkunft einbezogen sein und am Ende begreifen würden, dass das Christentum keine gegen sie in Gang gesetzte Verschwörung war. Man deutet diese Versöhnung klassischerweise als ein Zeichen der universellen Versöhnung.

Lukas siedelte die »Zeiten der Heiden« zwischen Passion und Jüngstem Gericht an. Er unterschied also deutlich zwischen beiden. Darin liegt eine tiefgreifende Reflexion über den Sinn der Evangelien und der Geschichte vom Standpunkt der Evangelien aus. Der apokalyptische Geist weist keinerlei nihilistische Züge auf: Er kann die auf das Schlimmste zusteuernde Eigendynamik nur vor dem Hintergrund einer sehr tiefgründigen Hoffnung *begreifen*. Diese Hoffnung kann jedoch nicht auf die Eschatologie verzichten. Das gefährliche Aufkommen des Reziprozitätsprinzips zu durchschauen und es in seinen geschichtlichen Werken zu erkennen, sollte Regel jeder Apologetik sein. Die mimetische Theorie ist ihrem Wesen nach eine christliche Theorie. Ich wage sogar zu behaupten, dass sie darauf abzielt, das Christentum seiner wahren Bedeutung zuzuführen, es gewissermaßen zu Ende zu denken, weil sie die Gewalt ernst nimmt.

Am Seminar von San Francisco gab es einen bei Historikern und sogar bei atheistischen Historikern sehr hoch angesehenen katholischen Exegeten: Raymond E. Brown. Brown betonte sehr stark – und richtigerweise –, dass Johannes ohne Textkenntnis der übrigen Synoptiker zu Werke ging. Dieser Punkt scheint mir wesentlich, denn dadurch wird es möglich, die Symmetrie der Intuitionen sowie die Bedeutungslosigkeit der geringfügigen Abweichungen, die Bedeutungslosigkeit der Datumsangaben und verschiedener Uneinheitlichkeiten zu ermessen – die Bedeutungslosigkeit all dessen, woraus Ernest Renans Nachfahren Honig saugen. Es gibt also einen *vernünftigen Grund* für die Apokalypse. Lukas mag die Evangelien von Markus und Matthäus vertieft haben, während Johannes möglicherweise schrieb, ohne sie zu kennen – und doch sagte er dieselben Dinge. Wodurch erhellen diese Texte die Logik der zwischenmenschlichen Beziehungen? So lautet die entscheidende Frage. Um die Bedeutung dieser Texte zu erfassen, muss man ihre anthropologische und zugleich theologische Dimension wahrnehmen und erkennen, dass die Apokalypse der Augenblick ist, in dem diese beiden Dimensionen zusammenfallen.

Daher ist es weitaus interessanter zu sagen, dass Lukas die Effizienz der gemeinsam ausgeübten Gewalt gesehen hat, dass er begriffen hat, dass die schlechte Gewalt die Feinde versöhnt. Diese Einsicht ist genial. Nach der Passion heißt es tatsächlich: »Herodes und Pilatus aber wurden an ebendiesem Tag Freunde; vorher waren sie einander feind gewesen.« (Lk 23, 12) Auch hier wird gemeinhin angenommen, es handele sich um einen historischen Sachverhalt, während das in diesem Vers Gesagte in Wahrheit nur anthropologisch verstanden werden kann. So gesehen ist der Historizismus lediglich ein Doppelgänger der archaischen Versöhnung. Um die Vorstellung zu widerlegen, die Evangelien seien antisemitisch, genügt bereits dieser Nachweis. Warum, glauben Sie, gibt es die kleine Menge, die Jesu Tod fordert? Die schlechte Gewalt versöhnt die Feinde. Sie versöhnt Pilatus und Herodes. Sie haben der Kreuzigung gemeinsam beigewohnt und wurden dann versöhnt. Die schlechte Gewalt kehrt sich einmütig gegen Jesus. Und die beiden sind Teil von ihr. Das steht nur bei Lukas.

Hier wird der Gründungsmord offenkundig aufgedeckt, ein Mechanismus, der nach der Passion nicht mehr greift oder vielmehr leerläuft, weil seine Funktionsweise durch die Kreuzigung ans Tageslicht gebracht wurde. Die »Zeit der Heiden« ist die Periode des fortschreitenden Verfalls der Wirksamkeit des Opfermechanismus. Im Brief an die Thessalonicher, dem ältesten Text des Neuen Testamentes, den die Experten auf weniger als zwanzig Jahre nach der Kreuzigung datieren, bemüht sich Paulus, die über die Verspätung der Parusie enttäuschten Gläubigen zu beschwichtigen. Er rät ihnen, nicht ungeduldig zu werden, an die Mächte und Gewalten *zu glauben und zugleich nicht zu glauben*. Es nutzt nichts, ungeduldig zu werden, und schon gar nicht, sich aufzulehnen, denn das System wird von ganz allein in sich zusammenstürzen. Satan wird sich zunehmend mehr mit sich selbst entzweien: Das ist das mimetische Gesetz der Steigerung bis zum Äußersten. Die Mimetik ist ansteckend und wird *die Natur selbst heimsuchen*. Und so stellen wir gerade fest, dass die apokalyptischen Texte mit ihrer gestern noch als naiv betrachteten Verquickung von Natur und Kultur alles andere als für alle Zeiten überholt sind. Vielmehr erlangen sie unerwartete Aktualität, da das Thema der Naturverseuchung durch Menschenwerk ultramodern ist.

Betrachten wir das 24. Kapitel von Matthäus, das dem 13. Kapitel von Markus und dem 17. Kapitel von Lukas ähnelt und ebenfalls unmittelbar vor dem Passionsbericht platziert ist. Es verheißt, dass wir erst »am Anfang der Wehen« stehen:

> »Jesus antwortete: Gebt Acht, dass euch niemand irreführt! / Denn viele werden unter meinem Namen auftreten und sagen: Ich bin der Messias!, und sie werden viele irreführen. / Ihr werdet von Kriegen hören und Nachrichten über Kriege werden euch beunruhigen. Gebt Acht, lasst euch nicht erschrecken! Das muss geschehen. Es ist aber noch nicht das Ende. / Denn ein Volk wird sich gegen das andere erheben und ein Reich gegen das andere und an vielen Orten wird es Hungersnöte und Erdbeben geben. / Doch das alles ist erst der Anfang der Wehen. / Dann wird man euch in große Not bringen und euch töten und ihr werdet von allen Völkern um meines Namens willen gehasst. / Dann werden viele zu Fall kommen und einander hassen und verraten. / Viele falsche Propheten werden auftreten und sie werden viele irreführen. / Und weil die Missachtung von Gottes Gesetz überhandnimmt, wird die Liebe bei vielen erkalten. / Wer jedoch bis zum Ende standhaft bleibt, der wird gerettet. / Aber dieses Evangelium vom Reich wird auf der ganzen Welt verkündet werden, damit alle Völker es hören; dann erst kommt das Ende.« (Mt 24, 4–14)

Ein Text wie dieser ist realistisch und aktuell. Bei seiner Lektüre stoßen wir ins Herz der Wirklichkeit vor. Was verheißt Jesus in dieser Passage aus Matthäus tatsächlich? Dass die Steigerung bis zum Äußersten (man beachte die mimetischen Verdopplungen: »ein Volk wird sich gegen das andere erheben und ein Reich gegen das andere«) »die Liebe bei vielen erkalten« lassen wird. Die

Vorsehung kann daher nicht mit der weltlichen Geschichte verknüpft werden, wie Clausewitz es seiner Frau schrieb. Pascal hatte Recht: Gewalt und Wahrheit verstärken sich wechselseitig, und das sehen wir heute, zumindest die wenigen, in denen die Liebe nicht erkaltet ist …

Die »Zeiten der Heiden« lassen sich als langsamer Rückzug des Religiösen in all seinen Formen definieren, als ein Verlust aller Orientierungspunkte, als ein antwortloses Fragen, sogar als eine Prüfung, ganz besonders für die Erwählten, die nirgendwo Trost finden. So sehr, dass Markus schreibt:

> »Denn jene Tage werden eine Not bringen, wie es noch nie eine gegeben hat, seit Gott die Welt erschuf, und wie es auch keine mehr geben wird. / Und wenn der Herr diese Zeit nicht verkürzen würde, dann würde kein Mensch gerettet; aber um seiner Auserwählten willen hat er diese Zeit verkürzt.« (Mk 13, 19–20)

Dieser endlose Niedergang, diese die Zahl der Christen unaufhörlich verringernde Verderbnis, ist für die Erwählten gefährlich. Diese kleine Anzahl muss jedoch bis zum Ende ausharren, trotz der falschen Propheten. Sie sehen also, wie fundamental wichtig die mimetische Perspektive ist. Die falschen Propheten sind diejenigen, die vorgeben, »Gott zu haben«, in seinem Namen zu sprechen und deshalb nachgeahmt werden zu müssen. Völlig ausgeschlossen, hier nicht an den mimetischen Kampf zwischen Ödipus und Teiresias in Sophokles' *König Ödipus* zu denken. Im Zeitalter der Griechen signalisiert die gewalttätige Reziprozität die bevorstehende Ankunft des Gottes, das heißt des gewalttätigen Sakralen: Jeder versucht, dem anderen seine vorgebliche Göttlichkeit abzujagen, und je verbissener sie kämpfen, desto näher rückt diese Göttlichkeit, bis sie schließlich in der die Gruppe bedrohenden Zerstörung greifbar wird. Am Ende der sakrifiziellen Krise sind alle falsche Propheten, sind alle von dem Gott besessen und durchdrungen. Die dem Sakralen eignende Faszinationskraft ist eins mit der Ansteckung durch die Gewalt. Der Zusammenstoß zwischen Teiresias und Ödipus ist ein ausgezeichnetes Symbol der mythologischen Duelle, jene Art und Weise, in der die alten Griechen das Chaos herausforderten, so als müsse man zwangsläufig mit ihm verhandeln.

Was sagt uns Matthäus anderes, als dass diese Kämpfe wiederkehren werden, allerdings in weitaus schrecklicherer Form? Er geht sogar noch weiter: Die Konflikte der Völker gegen andere Völker werden einhergehen mit »Hungersnöten und Erdbeben« (Mt 24, 7), was ganz klar bedeutet, dass die kriegerischen Auseinandersetzungen kosmische Konsequenzen haben werden. Es wird sich nicht mehr um die Pest von Theben handeln, sondern um ökologische, den gesamten Planeten betreffende Katastrophen. Damit ist die Auslöschung aller Unterscheidungen zwischen dem Natürlichen und Künstlichen unversehens gerechtfertigt. Wie kann man sich noch weigern, diesen Texten Gehör zu schenken? Was ich frappierend finde, ist nicht nur die zunehmende Angleichung des Krieges an seinen Begriff, sondern auch die – paradoxerweise – zunehmende Entsprechung zwischen dem Text der Evangelien und unserer heutigen Epoche: der Epoche der wachsenden Sterilität der Gewalt. Diese Wahrheit wird eklatant werden; ja sie ist es bereits geworden. Wir befinden uns vielleicht am Ende des historischen Zyklus, der auf die Zerstörung des Tempels folgte, am Ende jener »Zeiten der Helden«, die sich bis zum Ende hätte erstrecken sollen. Man muss sich das als etwas vorstellen, das sehr allmählich abläuft und sich nur umrisshaft andeuten lässt. Es wird sich jedoch immer deutlicher abzeichnen.

B.C.: Das Ende der Welt und das Kommen von Gottes Reich?

R.G.: Ja, das wird sich klar abzeichnen, natürlich nur für eine kleine Minderheit, aber wir haben ein Zeitalter des Denkens vollendet, das vielleicht das Zeitalter der Gewalt selbst ist. Das »Ende der Geschichte« oder das »Ende der Zeiten« ist zwar nicht der Weltuntergang – selbst wenn Jesus uns davor warnte, dass es »Hungersnöte und Erdbeben« geben wird –, wohl aber das Ende der Welt, in der die Mächte und Gewalten herrschen. Selbstverständlich können wir nicht wissen, ob das Ende dieser Herrschaft mit dem Ende der Zeiten zusammenfallen wird.

B.C.: Mit all dem sagen Sie doch, dass die Gewalt heute nicht mehr in der Lage ist, Recht zu erzeugen, nicht wahr?

R.G.: Genau.

B.C.: Dass sie unfähig ist, Wahrheit, Vernunft zu erzeugen?

R.G.: Ja, das ist vorbei. Die Gewalt ist jetzt unfruchtbar. Dies ist also die wahre Anarchie. Wir müssen uns nur ein einfaches Beispiel ansehen. Die Leute, die mit dieser Realität im 20. Jahrhundert aus nächster Nähe experimentiert haben, sind die Kommunisten. Sie mussten sehr schnell zur Gewalt Zuflucht nehmen und erkannten und erlebten dabei deren Ohnmacht. Dass sie sich erfolgreich gegen die deutsche Aggression verteidigen konnten, verdankten sie allein dem alten zaristischen Russland, das noch immer präsent war. In Stalins Büro hing das Porträt von General Kutusow! Das war ihnen schrecklich bewusst, denn sie machten alle möglichen Konzessionen. Ihre eigene Gewalt war steril. Und am Ende holten sie das »Heilige Russland« wieder ins Boot, das heißt ein Christentum, das plötzlich weniger weit entfernt war, als sie geglaubt hatten.

Aber nicht mit dem Kommunismus haben sie die Deutschen geschlagen. Meiner Ansicht nach sind sie sich genau in dem Moment über ihre totale Niederlage klar geworden, als sie drauf und dran waren, auf der Grundlage eines Planes von Peter dem Großen zu gewinnen. Genau in diesem Augenblick haben sie erkannt, dass der Kommunismus nicht existierte und ihm keine historische Wirklichkeit beschieden sein würde. Im Grunde sind Menschen vom Schlage eines Gorbatschows von Leuten erzogen worden, die das begriffen hatten. Sehen Sie nur, wie sehr er heute für die Umwelt kämpft! Er hat jegliches Vertrauen in die Politik verloren. Mit dem Pfennigfuchsertum Stalins, der so sehr dem alten Russland verhaftet war, dass er dies nicht bemerkte und glaubte, Kommunist zu sein, hatte er nichts am Hut!

Auch die Deutschen konnten nichts auf die Gewalt gründen. Der Vorteil, den wir heute in Frankreich haben, besteht darin, dass der Nationalismus darniederliegt; uns umgibt also ein ziemlich dichter Nebel, aber auf gedanklicher Ebene werden wir die Fehlschläge der Gewalt schlussendlich vielleicht klarer sehen. Ich glaube, wir beginnen endlich, *die Dinge so zu sehen, wie sie sind.* Endlich haben wir eine Verabredung mit der Wirklichkeit. Es ist also durchaus denkbar, dass etwas Neues daraus erwachsen wird. Die Unfruchtbarkeit der Gewalt ist möglicherweise Vorbote für einen Rückgang der Konflikte, für ein Abebben.

B.C.: Bis zu welcher Zeit scheint Ihnen die Gewalt noch begründend gewesen zu sein?

R.G.: In dem Maße, in dem die Geschichte sich beschleunigte und die Politik immer bedeutungsloser wurde, war sie es zunehmend weniger. Beschränkt man sich auf die abendländische Welt, so könnte man sagen, dass sie bis Roosevelt noch begründend wirken konnte. Die amerikanische Intervention am Ende des Zweiten Weltkrieges bildete wohl den letzten Akt des napoleonischen *Dramas*, das mit dem europäischen Drama selbst zusammenfällt, in dem der mimetische Hass über Jahrhunderte angewachsen war. In dieser Hinsicht ist es überaus symptomatisch, dass ausgerechnet das Heilige Römische Reich Deutscher Nation für mehr als drei Jahrhunderte die Rolle des Sündenbocks gespielt hat: Dies war Europas *einzige politische Möglichkeit*, und gerade in zustimmender wie ablehnender Bezugnahme auf diese karolingische Reliquie haben sich die Europäer gegenseitig umgebracht. Die Zerstückelung Österreich-Ungarns durch den Versailler Vertrag zeugt sehr deutlich von diesem ungeheuerlichen Ressentiment. Die amerikanische Landung in der Normandie sollte das Ende der europäischen *leadership* später unterstreichen. Schon der Terminus »amerikanische Intervention« ist in dieser Hinsicht interessant. Er belegt, dass wir von einer Ära der kodifizierten Kriege in eine Ära des *Sicherheitsdenkens* übergegangen sind, in der man glaubt, einen Konflikt so »regeln« zu können, wie man einer Krankheit zu Leibe rückt – mit zunehmend ausgefeilteren Instrumenten. Von dem Staatskult, der Clausewitz und Hegel so viel bedeutete, sind wir weit entfernt.

B.C.: Aber einem apokalyptischen Thema sind wir sehr nahe. Wenn ich Ihnen so zuhöre, denke ich an das Ende des *Ersten Briefes an die Thessalonicher* (5, 1–3), das seltsamerweise mit dem übereinstimmt, was Sie gerade dargelegt haben:

> »Über Zeiten und Fristen aber, liebe Brüder und Schwestern, braucht euch niemand zu belehren. Ihr wißt ja selber genau, daß der Tag des Herrn kommt wie ein Dieb in der Nacht. Wenn die Leute sagen: Friede und Sicherheit, dann wird das Verderben so plötzlich über sie kommen wie die Wehen über die Schwangere, und es wird kein Entrinnen geben.«

R.G.: Das ist sehr beunruhigend, und diese Passage hat offensichtlich eine tiefe anthropologische Bedeutung. Sie liefert eine Erklärung dafür, warum Jesus in den Evangelien sagt, dass er nicht gekommen sei, den Frieden zu bringen. Es ist ihm bewusst, dass er dem Bestreben, die Mechanismen der Gewalt zu vertuschen, ein Ende setzt. Er tritt nicht als Krieger auf. Ganz im Gegenteil schreibt er sich in die jüdische Prophetentradition ein, die darauf abzielt, die Gewalt zu *entwerten*. Die Mächte und Gewalten werden also deshalb zerstört, weil *Jesus sie der Sündenböcke beraubt*. In Reaktion auf die Offenbarung verstärken die Menschen die Gewalt, weil sie zunehmend weniger in der Lage sind, ein Ventil für ihre mimetischen Kämpfe zu finden.

Gott hat sich durch seinen Sohn der menschlichen Gewalt unterworfen. Er lenkte die Gewalt *gegen sich selbst*, um sie an den helllichten Tag treten zu lassen. Aus genau diesem paradoxen Grund steht der Gott der Bibel und der Evangelien in dem Ruf, gewalttätiger zu sein als die antiken Götter, während es sich in Wirklichkeit genau umgekehrt verhält. Die Griechen verbargen ihre Sündenböcke, und das ist etwas völlig anderes. Die Psalmen offenbaren, dass die Gewalttätigen nicht über die Gewalt sprechen und dass es die Friedliebenden sind, die die Gewalt sprechen lassen. Die jüdisch-christliche Offenbarung legt offen, was die Mythen stets verschweigen. Diejenigen, die heute von »Frieden und Sicherheit« sprechen, sind ihre Erben; trotz allem wollen sie weiterhin an die Mythen glauben und ihre eigene Gewalt nicht wahrhaben.

Das große Paradox dabei besteht darin, dass das Christentum die Steigerung bis zum Äußersten auslöst, indem es den Menschen ihre Gewalt offenbart. Es hindert sie daran, ihre Gewalt den Göttern zuzuschreiben, und macht sie selbst dafür verantwortlich. Der Heilige Paulus ist alles andere als ein Revolutionär in der modernen Bedeutung dieses Wortes. Er sagt den Thessalonichern, sie müssten Geduld haben, das heißt den Mächten und Gewalten gehorchen, die *so oder so* zerstört werden. Diese Zerstörung wird wegen des wachsenden Imperiums der Gewalt eines Tages stattfinden; des Opfer-Ventils beraubt, kann die Gewalt allein durch die Überbietung der Gewalt noch Ordnung herstellen. Es wird immer mehr Opfer bedürfen, um eine immer prekärere Ordnung zu schaffen. So sieht die außer Rand und Band geratene Zukunft der Welt aus, für die die Christen die Verantwortung tragen. Jesus wird versucht haben, der Menschheit den Übergang ins Erwachsenenalter zu ermöglichen, aber die Menschheit wird diese Möglichkeit verworfen haben. Ich verwende hier absichtlich die Zeitform des Futurum exactum, denn hierin steckt ein grundlegendes Scheitern.

Deshalb ist die Eschatologie nur die Vorderseite wissenschaftlicher Realität, wenn man die Dinge aus einer darwinistischen Perspektive betrachtet. Weil der Mensch unvollendet war, weil er zur Lüge des Opfers Zuflucht nahm, ist Jesus gekommen, um seine »Hominisation« zu vollenden. Diese Vollendung ist ein Kommen. Man sollte Jesus also beim Worte nehmen, wenn er sagt, er bringe den Krieg: Er ist gekommen, um die alte Welt zu zerstören. Aber diese Zerstörung wird gerade wegen der Menschen Zeit in Anspruch nehmen. Zweitausend Jahre sind im Vergleich zu ein paar Millionen Jahren natürlich nicht viel: Es ist die Zeit vor der Wiederkunft, mit anderen Worten die Zeit der »Verderbnis«, die über die Menschen hereinbrechen wird wie »die Wehen über die Schwangere«. Die Apokalypse kommt also vor der Passion. Die Evangelien mussten das mögliche Ende der Menschheit zur Sprache bringen, auf dass Pontius Pilatus, ohne die Tiefgründigkeit seiner Aussage zu ermessen, zur Menge sagen konnte: »*Ecce Homo*«. – »Da ist der Mensch!« (Joh 19, 5), der sterben wird, weil er unschuldig ist.

Die Aktualität der apokalyptischen Texte ist also äußerst eindrucksvoll, wenn man ihren Sinngehalt endlich akzeptiert. Sie sagen paradoxerweise, dass Jesus erst dann wiederkommt, wenn keinerlei Hoffnung mehr besteht, dass die Offenbarung der Evangelien ausreicht, die Gewalt zu eliminieren, also erst dann, wenn die Menschheit realisiert, dass sie gescheitert ist. Die Christen beteuern, Jesus werde wiederkommen, um dieses Scheitern in ewiges Leben zu verwandeln. Dennoch sollte man den Einsatz des Geistes in der Geschichte, die Ausnahmegeschöpfe, die Öffnung von Gruppen für das Allumfassende, nicht zu gering schätzen. Dieser Einsatz des Geistes hat stattgefunden, aber er ist gescheitert. Die Positivität der Geschichte sollte nicht getilgt, sondern *verrückt* werden. Die mimetische Theorie versucht, eine Rationalität zu fördern, die auf einem solchen *Verrücken* beruht. Zu behaupten, das Chaos sei nahe, ist nicht unvereinbar mit der Hoffnung, ganz im Gegenteil. Aber diese Hoffnung muss sich am Maßstab einer Alternative messen, die nur die Wahl lässt zwischen der totalen Zerstörung oder der Verwirklichung des Reiches Gottes.

B.C.: Sie kommen hier auf einen *Vernunftgrund* für die Apokalypse zu sprechen, der für ein zutreffendes Verständnis Ihres Glaubens unerlässlich ist. Ihr Ansatz ist umso origineller, als er in einer darwinistischen Perspektive verankert ist und die Apokalypse als »Vollendung« der Hominisation betrachtet. Diese Analysen erregen solange keinen Anstoß, als es um das archaisch Religiöse geht. Nehmen diese Analysen jedoch stärker auf unsere Zeit Bezug, wirken sie verstörend. Die Behauptung, »die Zeit ist nahe«, heißt, die Distanzierung vom Religiösen anzuprangern, wie sie die abendländische Vernunft seit drei Jahrhunderten betreibt. Laufen Sie in Ihrem Bemühen, die apokalyptischen Texte mit unserer Epoche in Einklang zu bringen, nicht Gefahr, der Metaphorik in die Falle zu gehen?

R.G.: Ich möchte Ihren Gedankengang gerne umkehren, indem ich sage, dass das Religiöse heute gerade deshalb mit solcher Kraft und in einer derart regressiven und gewalttätigen Form wiederkehrt, weil wir es auf Distanz halten wollten. Der Rationalismus, von dem Sie sprechen, war also kein wirkliches Auf-Distanz-Halten, sondern ein Damm, den wir heute wegbrechen sehen. In diesem Sinne wird er vielleicht unsere letzte Mythologie gewesen sein. Man hat an die Vernunft »geglaubt« wie vormals an die Götter: Die schreckliche Naivität eines Auguste Comte ist das beste Beispiel dafür. Der Hinweis auf diesen Positivismus ist unerlässlich, um die Verspätung zu begreifen, mit der wir die Zeichen der Zeit erkannt haben.

Die Positivisten glauben an die Vernunft, um die Augen vor den heute unmittelbar drohenden Katastrophen verschließen zu können. Die Vernunft ist aber nicht allmächtig, auch wenn das den Positivisten nicht schmeckt. Die zwischenmenschlichen Beziehungen und die irrationalen Anteile, die diese Beziehungen miteinschließen, werden unvermutete Konsequenzen haben: Unser Schicksal hängt mehr denn je von der Zukunft der Welt ab. Wir haben gesehen, wie Raymond Aron mit seinem Versuch gescheitert ist, Clausewitz »hegen« zu wollen. Emmanuel Lévinas ließ uns dagegen auf die Eschatologie zugehen. Nun gilt es, weiterzugehen und zwei Dinge zu unterstreichen: *Man kann nur aus der Entfernung mit dem Göttlichen in Beziehung treten* – und dafür braucht es einen Mittler, und *dieser Mittler ist Jesus Christus*. Hierin liegt das ganze Paradox, mit dem wir uns auseinandersetzen müssen. Hierin liegt die neue Rationalität, die die mimetische Theorie befördern will. Sie stellt sich dar als eine apokalyptische Vernunft, das heißt als eine Vernunft, die das Göttliche ernst nimmt. Um aus der negativen Nachahmung auszubrechen – der Reziprozität, mit der die Menschen sich dem Sakralen nähern –, müssen wir die Vorstellung akzeptieren, dass nur die positive Nachahmung uns wieder in die richtige Distanz zum Göttlichen stellt.

Die Nachahmung Jesu ist *diese Nähe, die uns auf Distanz hält.* Nicht den Vater sollten wir nachahmen, sondern den Sohn, der sich zusammen mit dem Vater zurückgezogen hat. Seine Abwesenheit ist die eigentliche Bewährungsprobe. Dann, und nur dann, würde das Religiöse keine Angst mehr machen und könnte sich die Steigerung bis zum Äußersten in ihr Gegenteil verkehren. Eine solche Umkehr ist nichts anderes als das Kommen des Reichs Gottes. Welche Form dieses Kommen haben wird, können wir nicht abschätzen. Aber wir werden es nur erreichen können, wenn wir unsere alten rationalistischen Reflexe ablegen. Alles hängt also, um es noch einmal zu sagen, von dem Sinn ab, den man dem Religiösen verleiht.

Der Sinn, den die mimetische Theorie zu etablieren versucht, ist relevant, weil er in einer Tradition wurzelt und gleichzeitig keineswegs unvereinbar mit den Fortschritten der »Wissenschaften vom Menschen« ist. Durkheim ahnte dies, sein Rationalismus hinderte ihn jedoch daran, den Unterschied zwischen dem Christlichen und dem Archaischen zu erkennen. Allein der Christ ist in der Lage, sich mit der Wahrheit der Erbsünde auseinanderzusetzen, weil er der Einzige ist, der mit ganzer Kraft bestätigt, dass alles mit dem Gründungsmord begann, dass das Opfer den Menschen hervorbrachte. Natürlich übernimmt die christliche Religion gewisse Züge des archaisch Religiösen. Das ist so, weil die Passion die »Falten und Windungen« des Gründungsmordes zum Vorbild hat und uns dessen Triebfedern zeigt: Was Verkennung war, ist Offenbarung geworden.

»Nah ist und schwer zu fassen der Gott«

B.C.: Steht also möglicherweise das Bedenken dieses Unterschieds und dieser Ähnlichkeit im Zentrum der apokalyptischen Vernunft?

R.G.: Genau. Den Beweis dafür, dass es möglich ist, zwischen Eschatologie und Moderne eine Beziehung herzustellen, und ich nicht dabei bin, in die »Metaphernfalle« zu gehen, liefert uns das Werk Hölderlins. Dieses Werk beschäftigt mich seit Langem, auch wenn ich nur selten Gelegenheit hatte, darauf zu sprechen zu kommen. Es kommt mir mit einem Schlag in den Sinn, weil es im Zentrum der deutsch-französischen Verwicklung steht. Durch Hölderlin und keinen anderen können wir begreifen, was 1806 in Jena vor sich ging.

Wir haben es hier mit einem absolut entscheidenden Datum zu tun. Es ist die Zeit, in der Hegel den »Weltgeist zu Pferde« unter seinen Fenstern vorbeiziehen sieht, Clausewitz sich dem »Kriegsgott« nähert und Hölderlin in dem versinkt, was man wenig später seinen »Wahnsinn« nennen sollte. Diese drei Ereignisse finden alle im gleichen Jahr statt, und nur der lange Gedankenfaden, den wir gesponnen haben, erlaubt es, sie aufeinander zu beziehen. Hölderlin zog sich vierzig Jahre lang in den Turm eines Tübinger Tischlers zurück. Man stattete ihm Besuche ab, man unterhielt sich mit ihm. Laut Auskunft seines Wirts verbrachte er ganze Tage damit, seine Werke zu rezitieren, oder versank in totalem Schweigen. Anders als seine früheren Freunde Fichte, Hegel oder Schiller hörte Hölderlin auf, an das Absolute zu glauben. Dennoch zeigte er nie

Anzeichen übermäßiger geistiger Umnachtung. Diesem Schweigen müssen wir gewachsen sein.

Griechenland verfolgt Hölderlin weit weniger, als man gemeinhin annimmt. Meiner Meinung nach ängstigt ihn vielmehr die Hinwendung zum Heidentum, die für den Klassizismus seiner Zeit charakteristisch ist. Er ist also zwischen zwei Gegensätzen zerrissen, der Absenz des Göttlichen und dessen fataler Nähe, wie an zwei seiner Hauptwerke sichtbar wird: *Hyperion oder Der Eremit in Griechenland* (1797–1799) und *Der Tod des Empedokles* (1798–1800). Hölderlins Seele oszillierte also zwischen Sehnsucht und Schrecken, zwischen der Befragung eines von nun an leeren Himmels und dem Sprung in den Vulkan. Seine Freunde dagegen quälte die Abwesenheit der Götter so sehr, dass sie deren Rückkehr glühend herbeisehnten. Und doch sind die Götter aus sehr präzisen Gründen tot, und diese Gründe hängen augenscheinlich mit dem Erlahmen des Opfermechanismus zusammen. Wie wir sahen, ließ die Beschleunigung der Geschichte sie greifbar werden. Absenz der Götter und Präsenz des Absoluten sind verwandte Themen; das erste ruft das zweite auf den Plan: Wenn der Himmel leer ist, wie kann man ihn dann bevölkern? Nietzsche stellt diese Frage im bereits gestreiften Aphorismus 125 der *Fröhlichen Wissenschaft*. Hölderlins Zeitgenossen suchten im antiken Griechenland nach etwas, mit dem sie diese Leere füllen konnten. Auch Hölderlin selbst verfiel zeitweilig in diesen Taumel, aber sein Rückzug und seine unermessliche Traurigkeit zeugen von einer weitaus größeren Hellsicht.

B.C.: Wie würden Sie sein apokalyptisches Denken definieren?

R.G.: Gehen wir direkt zum Anfang eines seiner großartigsten Gedichte, das den passenden Titel »Patmos« trägt. Diese so oft kommentierten Verse, vor allem seit Heidegger an ihrem Leitfaden die Formel vom »Ge-stell« als dem »Wesen der Technik« entwickelt hat,[135] künden viel mehr von der Rückkehr Jesu als von der des Dionysos:

Nah ist
Und schwer zu fassen der Gott.
Wo aber Gefahr ist, wächst
Das Rettende auch.[136]

Die *Präsenz* des Göttlichen wächst in dem Maße, in dem dieses Göttliche sich zurückzieht: Es ist der Rückzug, der rettet, nicht die Einmischung. Hölderlin begriff sofort, dass göttliches Einmischen nur katastrophisch sein kann. Der Rückzug Gottes ist also der Übergang von der Reziprozität zur Beziehung, von der Nähe zur Ferne *in Jesus Christus*. Das ist die Fundamentaleinsicht des Dichters, die exakt in die Zeit seines eigenen Rückzuges fällt. Ein Gott, den man sich aneignen kann, ist ein Gott, der zerstört. Aber die Griechen trachteten, ich sage es noch einmal, niemals danach, Götter nachzuahmen! Erst mit dem Christentum drängte sich die mimetische Perspektive angesichts des aufgedeckten Wahnsinns der Menschen als die einzig mögliche Form der Erlösung auf.

Hölderlin spürt also, dass die Menschwerdung Gottes das einzige der Menschheit zur Verfügung stehende Mittel ist, Gottes überaus heilsamem Schweigen zu begegnen: Jesus hat dieses Schweigen am Kreuz hinterfragt und ahmte dann selbst den Rückzug seines Vaters nach, indem er sich am Morgen seiner Wiederauferstehung wieder mit ihm vereinigte. Jesus rettet die Menschen, indem er »zerbrach / Den geradestralenden, / Den Zepter«.[137] Er zieht sich genau in dem Augenblick zurück, in dem er herrschen könnte. Im Gegenzug ist es uns aufgegeben, die *Gefahr von Gottes Abwesenheit* zu erfahren, die moderne Erfahrung par excellence – denn sie ist die Zeit der Versuchung durch das Opfer, der möglichen Regression zum Äußersten – aber auch eine erlösende Erfahrung. Nachahmung Christi bedeutet die Weigerung, sich als Vorbild aufzudrängen, bedeutet, dem anderen den Vortritt zu lassen. Jesus nachzuahmen, bedeutet, alles dafür zu tun, nicht nachgeahmt zu werden.

Es ist also Gottes Schweigen, das sich im Schweigen des Dichters vernehmen lässt. Der Tod der Götter, der Nietzsche so sehr beunruhigt, ist nichts anderes als ein grundlegender Rückzug, mit dem Jesus uns dazu einlädt, das neue Gesicht des Göttlichen zu sehen. Auf Grundlage der mimetischen Theorie sind wir zu dem Schluss gelangt, dass die Menschwerdung Gottes darauf zielte, alle Religionen zu vollenden, deren Opferkrücken wirkungslos geworden waren. Auch die mimetische Theorie erforscht also den Rückzug der Götter, aber sie beleuchtet ihn von anthropologischer Warte aus. Weil er »schwer zu fassen« ist, bringt dieser Gott das »Rettende« dort, »wo aber Gefahr« ist, rettet er in der Zeit des irregeleiteten Sakralen. Was erfährt Jesus am Kreuz, wenn nicht dieses Schweigen? Was erfahren die Jünger auf dem Weg nach Emmaus, wenn nicht diesen Rückzug des Sohnes, der gegangen war, um sich mit seinem Vater zu vereinen? Je mehr Gottes Schweigen wächst – und mit ihm die Gefahr einer Zunahme der Gewalt, weil die Leere mit rein menschlichen, aber nunmehr des Opfermechanismus beraubten Mitteln gefüllt wird –, umso mehr setzt sich die Heiligkeit als eine wiedergefundene Distanz zum Göttlichen durch.

Ich verstehe diese Verse anders als Heidegger, der, um seinen Katholizismus zu verbergen, den – möglicherweise falschen – Eindruck vermittelte, eine Rückkehr zum Heidentum zu propagieren. Sein rätselhaftes »Nur noch ein Gott kann uns retten« zu den versteinerten *Spiegel*-Journalisten im Jahr 1966 setzt vielleicht tatsächlich auf eine unwahrscheinliche Wiederkehr der Griechen.[138] Hierin liegt etwas Dionysisches, das heißt eine nostalgische Bevorzugung des Griechischen gegenüber dem Christlichen. Heidegger folgt hier der Tradition der deutschen *Aufklärung*. Hölderlin hingegen bleiben Widerstände gegen diese ambivalente Hinwendung zum Heidentum, die zu seiner Zeit unter aufklärerischen Denkern verbreitet war. Er glaubte, die große Vorliebe der Klassik für den Hellenismus sei mit dem Christentum vereinbar, wenn nur nicht so viel Böswilligkeit gegenüber Jesus Christus bestehen würde.

Die meisten Leute, die Hölderlin zitieren, treten in Heideggers

Fußstapfen, verschleiern also die Tatsache, dass Hölderlin zutiefst christlich war oder vielmehr *dies, in dem Maße, in dem er sich von der Welt zurückzog, immer stärker wurde*. Mit Blick auf seinen beinahe vierzigjährigen Rückzug vom »Wahnsinn« Hölderlins zu sprechen, heißt die Prüfung zu verkennen, der sich der Dichter zu jener Zeit unterzog. In diesem inneren Exil liegt eine Art mystischer Quietismus, der alles andere ist als ein Begehren, sich zu vergöttlichen oder zu verewigen. In dem Augenblick, in dem der Dichter den mimetischen Sinnestaumel der weltlichen Existenz verlässt – Schwankungen, die er mit furchtbarer Intensität erlebt hat, wie seine Faszination für Goethe und Schiller beweist –, begreift er, dass *das Heil darin besteht, Jesus Christus nachzuahmen*, also die »Beziehung des Rückzugs« nachzuahmen, die diesen an seinen Vater bindet. Diese Beziehung heiligt, während die Reziprozität sakralisiert, indem sie zu stark bindet. Niemand verstand das besser als Hölderlin, der so sehr unter den gewählten Vorbildern gelitten hatte. Jesus Christus ist der Einzige, der uns unmittelbar in die richtige Distanz bringt: Er ist zugleich »nah und schwer zu fassen«. Seine Gegenwart ist keine Nähe. Der Blick, den Jesus uns auf den anderen zu werfen lehrt, indem wir uns mit ihm identifizieren, hindert uns daran, zwischen einer zu großen Nähe und einer zu großen Distanz zu dem anderen, den wir nachahmen, zu oszillieren. Sich mit dem anderen zu identifizieren, hieße demnach, ihn auf intelligente Weise nachzuahmen.

Jesus Christus nachzuahmen bedeutet also, jegliche Rivalität zu verhindern, das Göttliche auf Distanz zu halten, indem wir ihm das Gesicht des Vaters verleihen: Wir sind Brüder »in« Jesus Christus. So *vollendet* Jesus, was sich bei den heidnischen Göttern lediglich angedeutet hatte: Indem er sich in den Rückzug seines Vaters versenkt, lädt Jesus jeden dazu ein, seinen Willen am Willen des Vaters auszurichten. Auf das Schweigen des Vaters zu hören, heißt, sich seinem Rückzug zu überantworten, sich in Übereinstimmung mit ihm zu bringen. »Sohn Gottes« zu werden, bedeutet, diesen Rückzug nachzuahmen, ihn mit Jesus zu erleiden. Gott ist folglich nicht unmittelbar zugänglich, sondern nur mittelbar: durch seinen Sohn und die Heilsgeschichte, die, wie wir gesehen haben, die paradoxe Erscheinungsform einer Steigerung bis zum Äußersten annimmt.

Der genaue Sinn der beiden Hölderlin-Verse lässt sich jetzt besser verstehen: »Wo aber Gefahr ist, wächst / Das Rettende auch.« Sie erklären, warum Hölderlins Schweigen und seine Traurigkeit zeitlich mit Preußens Rückkehr auf die Bühne der deutschen Geschichte zusammenfallen. Der Rückzug Hölderlins fällt in die Zeit, zu der in Deutschland eine beunruhigende Beschleunigung der Geschichte stattfindet. Was das angeht, ist der Dichter unendlich viel hellsichtiger als sein Freund Hegel. Es hat den Anschein, als hätte er diese rasende Zukunft gespürt und erkannt, dass die Menschen unfähig sein würden, die Wahrheit zu vernehmen. Deshalb sehe ich in seiner Distanznahme nicht nur eine apokalyptische Haltung, sondern auch eine Form wiedergefundener Unschuld und – ich wage es zu sagen – der Heiligkeit. Möglicherweise sieht so der einzige Widerstand aus, den man den nationalen Heroismen entgegensetzen kann.

B.C.: Sie haben sich noch nie so klar in Bezug auf Hölderlin geäußert. Reicht diese Lesart bis auf die Anfänge Ihrer Arbeit zurück?

R.G.: Zumindest reicht sie bis ins Jahr 1967 zurück, als der Band, den ich immer wieder lese – vor allem seit wir uns gemeinsam mit Clausewitz beschäftigen – in der *Bibliothèque de la Pléiade* veröffentlicht wurde.[139] Ich habe vor Kurzem die Orte besucht, an denen Hölderlin gelebt hat: Das *Tübinger Stift*, wo er Hegel kennenlernte, aber auch das Turmzimmer, und das hat mich sehr berührt. Denn die Entdeckung Hölderlins war für mich ein entscheidendes Erlebnis. Ich habe ihn in der hyperaktivsten Periode meines Lebens gelesen, als ich bezüglich der Ideen, die ich auszuarbeiten versuchte, abwechselnd Momente des Hochgefühls und der Depression erlebte.

Hölderlin ist ein komplexer, aber aus mimetischer Perspektive ganz außergewöhnlicher Schriftsteller, ein manisch Depressiver von unerhörter Intensität. Was er über das Schwanken seiner Beziehungen zu den ihm Nahestehenden berichtete, ist beeindruckend. Seit seiner Adoleszenz litt er die Qualen der »Bipolarität«, jenen melancholischen Wechsel von einem Extrem zum anderen. Er selbst ließ Susette Gontard wissen, dass dieses Oszillieren mit einem ungestillten Ehrgeiz verbunden sei. Schelling sein oder Nichts sein, so lautete die grausame Alternative dieses Schriftstellers, der instinktiv spürte, dass die Welt vollkommen instabil geworden war. In dieser Welt, in der ein jeder von seinen Nächsten beurteilt wird, sind die heiteren Vorbilder bedeutungslos. Die Vermittlung spielt sich im Inneren ab, und im eigenen Inneren sind die Modelle, die Vorbilder zum Greifen nahe. Im einen Augenblick erfüllen sie mich, glaube ich, sie zu beherrschen, im nächsten Augenblick entgleiten sie mir wieder, sind sie es, die mich beherrschen. Immer bin ich entweder zu weit von ihnen entfernt oder zu nahe an ihnen dran: Darin besteht das unerbittliche Gesetz der Mimetik. Lesen Sie doch noch einmal den *Hyperion*, wo sich dieses Phänomen beinahe auf jeder Seite wiederholt:

> »Es giebt ein Vergessen alles Daseyns, ein Verstummen unsers Wesens, wo uns ist, als hätten wir alles gefunden.
> Es giebt ein Verstummen, ein Vergessen alles Daseyns, wo uns ist, als hätten wir alles verloren, eine Nacht unsrer Seele, wo kein Schimmer eines Sterns, wo nicht einmal ein faules Holz uns leuchtet.«[140]

Dank Hölderlin, diesem großen »Bettler um die Zuneigung der anderen«, begriff ich, dass Nietzsches Wahnsinn mit der Apotheose Wagners verbunden war. *Ecce homo* sagt für mich nur eines: »Ich, ich bin der Autor von *Zarathustra*, und damit bin ich zum Modell für den Meister von Bayreuth geworden.« Aus diesem Grund hat Nietzsche die Lektüre von Dostojewskis *Aufzeichnungen aus dem Kellerloch*, das Buch der Bipolarität schlechthin, in

Nizza so tief erschüttert. Aber während Dostojewski widerstand, erlag Nietzsche der unerträglichen Spannung, die er zwischen Dionysos und dem »Gekreuzigten« aufrechterhalten wollte. Hölderlin dagegen sah in seinem endgültigen Rückzug das einzige Mittel, nicht mehr zwischen Selbstglorifizierung und Selbstverleugnung oszillieren zu müssen – das einzige Mittel, diese Tortur zu überwinden. Er findet Jesus Christus auf heroischere und heiligere Weise als durch das Ergreifen des Pastorenberufes, wie es sich seine Mutter zu seinen Studienzeiten für ihn gewünscht hatte. Er durchschreitet die Hölle der Bipolarität, das nie enden wollende Hin und Her des mimetischen Begehrens, das uns alles sein lässt, wenn »Gott nahe ist«, und nichts, wenn er sich entfernt. Weil Jesus Christus diesem Balanceakt entrinnt – und auch uns diese Möglichkeit eröffnet –, wird er für Hölderlin nie zu einem Rivalen. Im großen Schweigen des Dichters steckt mithin die undurchsichtige Beziehung zur Abwesenheit Gottes, eine Nachahmung seines Rückzuges. Hölderlin identifiziert sich in vielen seiner Gedichte mit Christus. Ist die Passion etwas anderes als die Bestätigung, dass der Himmel leer ist, dass die Götter sich dort nicht länger aufhalten, dass sie »schwer zu fassen« sind? Einst genügte es, zu kämpfen, in die gewalttätige Reziprozität einzutreten, um sie in Erscheinung treten zu lassen. Jetzt verbietet dies der mit dem Christlichen verknüpfte *Bruch*. Unter keinen Umständen darf man an die Gewalt glauben.

Was auch immer die Ursachen für Nietzsches Wahnsinn gewesen sein mögen, hängt er doch unleugbar zusammen mit diesem beständigen und immer schneller verlaufenden Wechsel vom »Gekreuzigten« zu Dionysos, vom Archaischen zum Christlichen. Nietzsche hat nicht erkennen wollen, dass Jesus ein für allemal den Platz von Dionysos eingenommen, dass er sich das griechische Erbe zu eigen gemacht und zugleich verwandelt hat. Nietzsche läßt sich vom Kampf auf Leben und Tod, den die Gewalt der Wahrheit liefert, auffressen. Tatsächlich empfindet er diesen Kampf stärker als irgendjemand sonst. Aber sein Wahnsinn setzt der *Auf-*

klärung ein schreckliches Ende. Man darf das Griechische nicht dem Christlichen vorziehen. Vielmehr muss man an beidem festhalten und die Idee akzeptieren, dass das Christliche das Griechische hat transformieren können. Das ist eine der machtvollsten Intuitionen Hölderlins und zugleich ein Mittel, dem Zauber dieser beiden Welten zu entgehen.

Franz Rosenzweig, dem großen eschatologischen Denker, verdankt man die Veröffentlichung eines wertvollen Dokuments mit dem Titel »Das älteste Systemprogramm des deutschen Idealismus«. Es wurde 1917 veröffentlicht, also auf dem Höhepunkt des deutsch-französischen Konflikts. Das Manuskript ist in Hegels Handschrift abgefasst, das Konzept stammt aber wohl von Schelling oder Hölderlin:

> »Zu gleicher Zeit hören wir so oft, der große Haufen müsse eine *sinnliche Religion* haben. Nicht nur der große Haufen, auch der Philosoph bedarf ihrer. *Monotheismus der Vernunft und des Herzens, Polytheismus der Einbildungskraft und der Kunst, dies ists, was wir bedürfen!*
>
> Zuerst werde ich hier von einer Idee sprechen, die, soviel ich weiß, noch in keines Menschen Sinn gekommen ist – wir müssen eine neue Mythologie haben, diese Mythologie aber muß im Dienste der Ideen stehen, sie muß eine Mythologie der *Vernunft* werden.«[141]

Nach Vorstellung der drei Freunde oblag gerade dem *Dichter* die Verantwortung für diese neue Mythologie. Einen Augenblick lang glaubte Schelling, er sei einer dieser Dichter, die »ihre idealistischen Gottheiten in die Natur pflanzen, wie die Griechen ihre realistischen in die Geschichten.«[142] Das Projekt scheiterte, und am Ende führte Hölderlin es allein fort, allerdings in einem bruchstückhaften, gebrochenen Werk, das allem widerspricht, was Hegel und Schelling an Didaktik hatten einbringen wollen. Es nimmt die Form einer zentralen Intuition an, gestützt auf die Feststellung einer absoluten Ähnlichkeit und zugleich absoluten Differenz zwischen dem Christlichen und dem Archaischen. In gewisser Weise könnte man sagen, dass die griechischen Götter Opfer der Bipolarität und des Zweikampfes sind und man niemals Frieden erreicht. Auf Dionysos zu setzen, heißt, an die Fruchtbarkeit der Gewalt zu glauben, während sich heute doch zeigt, dass sie ihrem Wesen nach destruktiv ist. Der »Monotheismus der Vernunft und des Herzens«, im Grunde also der Katholizismus, ist das einzige Mittel, um inmitten eines essenziell instabil gewordenen Gleichgewichtes – *eine Situation, die durch die Offenbarung herbeigeführt wurde* – eine gewisse Stabilität wiederzufinden. Denn alles bleibt in Bewegung und extrem fragil. Um diese schlagkräftigen Intuitionen am Ursprung von Hölderlins Rückzug nicht zur Kenntnis nehmen zu müssen, haben die Psychoanalytiker selbstverständlich seine Sexualität unter die Lupe gehalten. Nun, wenn irgendetwas in Hölderlins Leben funktionierte, dann die sexuellen Beziehungen! Alles andere war zerbrochen. Ein deutlicher Beleg dafür ist, dass Susette Gontard ihn während ihrer Beziehung sehr oft aufsuchte und alles andere als genug von ihm hatte… Natürlich jagte Hölderlin Goethe mit seinen Briefen, in denen er sein großes Vorbild vergöttlichte, Angst ein. Aber man sollte wirklich nicht glauben, hierbei handele es sich um ein Problem, zu dessen Lösung Freud oder Heidegger irgendetwas beitragen könnten.

B.C.: Wie erlebte der Dichter Ihrer Meinung nach diese Spannung zwischen Christus und Dionysos, dem christlich Religiösen und dem archaisch Religiösen?

R.G.: Man muss nur seine Gedichte ansehen und auf das in ihnen zum Ausdruck kommende Bemühen achten, der Oszillation zu entkommen. Auch Hölderlin steht unschlüssig zwischen Griechenland und Christentum. »Patmos« zeugt von der Schwierigkeit des Dichters, Jesus Christus und Dionysos auseinanderzuhalten: Die »Geheimnisse des Weinstocks« anzuführen, um von der Eucharistie zu sprechen, ist unleugbar synkretistisch. Gedichte wie

»Der Einzige« sind dagegen weniger ambivalent. Man muss sich schon ziemlich anstrengen, um partout nicht sehen zu wollen, dass Hölderlin sich hier für Jesus Christus entscheidet, auch wenn die Versuchung, seinen Freunden zu folgen, groß ist und die Ambivalenz seiner Position niemals vollständig eliminiert wird. Um zu begreifen, dass der Glaube des Dichters aus einem schrecklichen Kampf hervorgeht, muss man die erste Fassung dieses Gedichtes noch einmal lesen:

»Viel hab' ich schönes gesehn,
Und gesungen Gottes Bild,
Hab' ich, das lebet unter
Den Menschen, aber dennoch
Ihr alten Götter und all
Ihr tapfern Söhne der Götter
Noch Einen such ich, den
Ich liebe unter euch,
Wo ihr den lezten eures Geschlechts,
Des Haußes Kleinod mir
Dem fremden Gaste verberget.

Mein Meister und Herr!
O du, mein Lehrer!
Was bist du ferne
Geblieben? und da
Ich fragte unter den Alten,
Die Helden und
Die Götter, warum bliebest
Du aus? Und jezt ist voll
Von Trauern meine Seele
Als eifertet, ihr Himmlischen, selbst
Daß, dien' ich einem, mir
Das andere fehlet.

Ich weiß es aber, eigene Schuld
Ists! Denn zu sehr,
O Christus! häng' ich an dir,
Wiewohl Herakles Bruder
Und kühn bekenn' ich, du
Bist Bruder auch des Eviers, der
An den Wagen spannte
Die Tyger und hinab
Bis an den Indus
Gebietend freudigen Dienst
Den Weinberg stiftet und
Den Grimm bezähmte der Völker.

Es hindert aber eine Schaam
Mich dir zu vergleichen
Die weltlichen Männer. [...]«[143]

Man sieht hier gut die Bewegung der hölderlinschen Seele, die von einem Gott zum anderen geht und den Abgrund des göttlichen Rückzugs genau ausforscht; die es bedauert, nicht auf Augenhöhe mit den Freunden zu sein, aber gleichwohl den hinter den anderen Göttern verborgenen Christus wählt. Hölderlin legt hier – das ist sein einziges »Vergehen« – eine nicht zu unterdrückende Liebe für das Christentum an den Tag. Die Präsenz des Dionysos, »Bruder des Eviers«, »der den Grimm bezähmte der Völker«, ist hier deutlich spürbar. Erinnert das nicht an Euripides' *Bakchen* und ihren Gott: »Auch etwas von Ares' Wesen steckt in ihm: / denn schon manches Heer, in voller Rüstung in Reih / und Glied zur Schlacht bereit, / hat jähe Angst verscheucht, noch ehe es auch nur zur Lanze greift«[144] Hölderlin hatte das alles gelesen. Wenn wir einen Abschnitt aus der dritten Fassung von »Der Einzige« zitieren, tritt die Entscheidung des Dichters noch deutlicher hervor:

»Es hindert aber eine Schaam
Mich dir zu vergleichen
Die weltlichen Männer. Und freilich weiß
Ich der dich zeugte, dein Vater ist
Derselbe. Nemlich Christus ist ja auch allein
Gestanden unter sichtbarem Himmel und Gestirn, sichtbar
Freiwaltendem über das Eingesezte, mit Erlaubniß von Gott,
Und die Sünden der Welt, die Unverständlichkeit
Der Kenntnisse nemlich, wenn Beständiges das Geschäfftige
überwächst
Der Menschen, und der Muth des Gestirns war ob ihm. [...][145]
Der Streit ist aber, der mich
Versuchet dieser, daß aus Noth als Söhne Gottes
Die Zeichen jene an sich haben. Denn es hat noch anders,
räthlich,
Gesorget der Donnerer. Christus aber bescheidet sich selbst.
Wie Fürsten ist Herkules. Gemeingeist Bacchus. Christus
aber ist
Das Ende. Wohl ist der noch andrer Natur; erfüllet aber
Was noch an Gegenwart
Den Himmlischen gefehlet an den andern. [...]«[146]

In Gottes Rückzug verweilen: darin besteht die Superiorität des Sohn Gottes. Jesus Christus kommt, um zu erfüllen, »Was noch an Gegenwart / Den Himmlischen gefehlet an den andern«. Er ist also der Eine, der das in allen Religionen verborgene Göttliche aufdeckt, der die Heiligkeit vom Sakralen befreit. Die anderen Götter sind von da an nur noch Marionetten, deren »Selbstbescheidung« und Freiheit nicht in ihnen selbst liegt. Hölderlin bekräftigt, dass der Vater für seinen Sohn auf eine Weise eingetreten ist, die auf andere Götter nicht anwendbar ist. Als er so argumentiert, untersteht der Dichter nicht länger dem Einfluss seiner Freunde. Er strebt weniger eine Synthese als vielmehr eine Art Kompossibilität zwischen dem Archaischen und dem Christlichen an. Ihm ist sehr wohl bewusst, dass hier *sowohl eine Differenz als auch eine Ähnlichkeit zu bedenken* ist und man Griechenland nicht als Waffe gegen das Christentum einsetzen kann. Das Christentum hat Griechenland ein für alle Mal transformiert.

Zwischen diesen beiden Formen göttlicher Nähe, die einander ähneln und zugleich Gegensätze bilden, spielt sich etwas Grundlegendes ab: Es gibt einen wesentlichen Unterschied zwischen göttlicher Einmischung und der Präsenz Gottes. Diesen Unterschied nicht zu erkennen, ist sehr gefährlich. Rettung bringt jedoch die Erkenntnis, dass es nur *eine* gute Nähe gibt: die Nachahmung Jesu Christi, um sich der Nachahmung der Menschen zu enthalten. Denn Dionysos existiert nicht mehr. Der große »Streit«, der Hölderlin »versuchet«, muss zwischen dem Archaischen und dem Christlichen stattfinden, aber das bedeutet nicht, dass eines den Sieg über das andere davonträgt. Es handelt sich nicht um einen Krieg. Das Zweite erhöht das Erste. Nietzsche nimmt diese Dinge sehr wohl und klar wahr, aber auf andere Art und Weise und mehr als fünfzig Jahre später. Nietzsche wollte Dionysos dem »Gekreuzigten« weiterhin entgegensetzen. Die Realität, die Hölderlin spürt, ist tiefer und undurchsichtiger: Christus hat Dionysos ersetzt und sich so einer verschärften Gewalt ausgeliefert, die genau aus dem erwuchs, was er entmystifizierte.

Dies führt uns zu den maßgeblichen Eingangsversen der Hymne »Patmos« zurück, in denen die Identifikation mit dem Apostel Johannes – demjenigen, der »das Angesicht des Gottes genau« sieht – total ist. Die heutzutage so oft zitierten, aber so oft falsch verstandenen Verse: »Nah ist / Und schwer zu fassen der Gott. / Wo aber Gefahr ist, wächst / das Rettende auch«, nennen sowohl das Übel als auch das Heilmittel, die Steigerung bis zum Äußersten (göttliches Einmischen) und deren positives Gegenstück, die Versöhnung (die Präsenz Gottes). Das ist die zentrale apokalyptische Ahnung. Die historische Positivität um-zustellen, hieße zu zeigen, dass die Bewegung zum Schlimmsten ein negativer Trend ist, der eine leuchtende Kehrseite hat. Hölderlin ist der Märtyrer dieser

Idee. Trotz allem Druck, den der Zeitgeist und seine Freunde auf ihn ausüben, ahnt der Dichter die Wahrheit: Dionysos ist die Gewalt und Jesus Christus ist der Friede. Mir fällt keine bessere Formel ein für das, was wir zu sagen versuchen. Sie stammt aus dem Mund eines Christen, zu dessen seltenen Aussprüchen nach seinem Rückzug folgende Äußerung zählt: »ich bin eben im Begriff, katholisch zu werden [...].«[147] Diese Anekdote interessiert mich insofern, als sie der katholischen *Stabilität* eine anthropologische Grundlage verleiht; allein diese Stabilität vermag der Welt nach der durch die Offenbarung bewirkten Erschütterung noch Halt zu geben. Andererseits darf man die christliche Seite Hölderlins nicht zu stark machen. Er besitzt ein zutiefst mystisches Wesen, das ist unleugbar. Ebensowenig lässt sich aber leugnen, dass sein Protestantismus und Pietismus ihm den Weg zur katholischen Unbekümmertheit verstellten. Nicht zu vergessen ist auch, dass er die Euphorie für die Französische Revolution als verrückte Hoffnung aller Völker erlebte, dass er zu Fuß bis nach Bordeaux marschierte und an die Revolution glaubte.

Hölderlin ist auf seine Weise eine Art Clausewitz. Auch er ist von Frankreich fasziniert. Er erkannte Hegels Naivität sehr viel besser und tiefgehender als alle modernen Hegel-Gegner, die im Gegensatz zu Hölderlin nicht stark genug waren, zum Christentum zurückzukehren. Hölderlin verstand, dass es eine Versöhnung, wie sie seine Freunde im Sinn hatten, nicht geben würde und die Geschichte keine Kavalkade zu den lichten Höhen sein, dass die Dialektik der Gewalt keine positiven Ergebnisse zeitigen konnte.

Man kommt aus der Bipolarität nur durch eine Konversion, eine Umkehr heraus, die eine Umkehrung der Zeit impliziert. Allein diese Perspektive hätte der Menschheit erlaubt, das Schlimmste abzuwenden. Jetzt ist es nicht mehr sicher, dass ihr dies noch gelingt. Es gibt Leute, die durch all dies hindurchgehen, ohne irgendetwas zu erkennen. In gewisser Weise haben sie nicht unrecht, denn diese Zerstörungsmacht ist – am Ende – nichts. Sie existiert nur in Bezug auf *unsere* Welt. Die wirkliche Welt, die jenseits, aber auch im Innersten der menschlichen Gegensätze wohnt, wird von dieser Macht nicht berührt. Die beiden Welten fügen sich nicht ineinander bzw. wenn sie sich ineinanderfügen, dann in einem Schweigen, in einem *Nicht-Sagen*, dessen wahre Bedeutung Hölderlin zeigt. Die Zerstörung betrifft *nur diese Welt*, nicht aber das Reich Gottes.

Rationale Modelle und mimetische Modelle

B.C.: Haben wir es hier nicht mit einem der Steigerung bis zum Äußersten entgegenstehenden »Verschmelzungsideal« zu tun, das Sie genau zu dem zurückführt, was Sie vermeiden wollen?

R.G.: Dieses Ideal ist nicht das meine. Bis zu einem gewissen Punkt könnten wir uns im Stadium der positiven Entdifferenzierung befinden, das heißt *mit anderen identifiziert* sein. Dies ist der Fall der christlichen Liebe und diese existiert in unserer Welt. Sie ist sogar sehr aktiv. Sie rettet viele, ist in Krankenhäusern am Werk und sogar in bestimmten Spielarten der Forschung. Ohne diese Liebe wäre die Welt schon längst in die Luft geflogen. Man kann nicht behaupten, dass es kein legitimes und vernünftiges politisches Handeln gibt. Aber die Politik an sich ist unfähig, die Zunahme der negativen Entdifferenzierung im Zaum zu halten. Mehr denn je ist es an jedem Einzelnen von uns, das Schlimmste aufzuhalten; in eine eschatologische Zeit einzutreten, bedeutet genau das. Unsere Welt ist die schlimmste, die es je gab, und zugleich die beste. Man sagt, dass sie mehr Opfer fordert, aber zugleich muss man sagen, dass sie mehr *rettet* als jemals zuvor. Sie vervielfacht alles. Die Offenbarung hat wunderbare Möglichkeiten freigesetzt, aber auch entsetzliche. Die Heilige Schrift kündigt also eine historische Zwangsläufigkeit an, und das ist sehr wichtig.

B.C.: Aber die Vereinzelung der Individuen, der Rückzug eines jeden auf sein eigenes Modell, zeigt einen Rückfall an, das Scheitern der vom Christentum angestoßenen Bewegung hin zur Versöhnung, dessen Erbin die moderne Gesellschaft ist. Sie scheinen davon auszugehen, dass die apokalyptische Sichtweise unvermeidbar ist. Aber dennoch müssen wir Mittel und Wege finden, das Schlimmste zu verhindern, und diese Mittel und Wege können nur *individuell* sein. Deshalb behandelt Bergson »Helden und Heilige« als Ausnahmepersönlichkeiten, die fähig sind, ihre Gruppe auf das Universelle hin zu öffnen. Um dem Krieg abschwören zu können, muss die Möglichkeit bestehen bleiben, dass er sich ereignet. Der wahre Held ist also derjenige, der sich auf das Schlimmste vorbereitet, nicht derjenige, der es herbeiführt.

R.G.: Ihr Heldentum ist eine Antwort auf meinen Dilettantismus: Ich bin immer von einer Ordnung zur anderen gesprungen, von der Gewalt zur Versöhnung. Sie zwingen mich, nicht beim Zweikampf stehenzubleiben, wie ich es einen Augenblick lang vorhatte, sondern dazu, ihn zu durchschreiten …

B.C.: Dann würde sich die Beziehung tatsächlich im Herzen der Reziprozität auftun, was Sie die gute Transzendenz nennen. Wir könnten stattdessen aber auch von »friedlicher Reziprozität« sprechen.

R.G.: Ich gestehe Ihnen gerne zu, dass wir die interne Mutation des mimetischen Prinzips, die in der Lossagung von der Autonomie unseres Begehrens besteht, erst noch untersuchen müssen. Ich bin versucht zu sagen, dass das Heldentum nur ein literarisches Thema ist und dass es dies auch bleiben sollte. Es gehört dem an, was man ein *rationales Modell* nennen könnte. Das rationale Modell versucht, dem *mimetischen Modell* entgegenzuwirken, das immer auf eine einzige Figur fixiert ist, die als Rivale oder Hindernis fungiert. Das rationale Modell kann den Mimetismus nicht durchkreuzen. Das mimetische Gesetz ist unerbittlich, woran uns Clausewitz ständig erinnert. Die Unterscheidbarkeit dieser beiden Modelle zeigt, dass wir definitiv von der externen Vermittlung zur internen Vermittlung übergegangen sind. Dies erklärt, warum die Französische Revolution und die von Napoleon betriebene totale Mobilisierung mit diesem plötzlichen Übergang von einer Ära der Nachahmung in die andere korrespondieren. Clausewitz belegte diese schlagartige Beschleunigung umgehend mit den Begriffen des Zweikampfes, der Wechselwirkung und der Steigerung bis zum Äußersten, die alle dieselbe Wirklichkeit bezeichnen. Weil Frankreich und Deutschland einander wie rasend imitierten, weil jedes der beiden Länder für das andere ein auszulöschendes Hindernis darstellte, kam es in Europa zur Steigerung bis zum Äußersten.

Aber deswegen ist das rationale Modell noch lange kein überholtes Modell. Es erlaubt uns, über ein Jenseits des Zweikampfes nachzudenken, das ich das Reich Gottes nenne. Es korrespondiert mit Pascals Ordnung des Geistes, dem notwendigen Durchgangsstadium zur Ordnung der christlichen Liebe. Aber das rationale Modell vermag den Lauf der Dinge in keiner Weise zu verändern, selbst wenn es ihn begreifbar macht. Das mimetische Modell hingegen drängt uns unaufhörlich in die Hölle des Begehrens zurück. Wir müssen jeglichen Optimismus fahren lassen: Die mimetische Gewalt lässt sich nicht in eine Dialektik integrieren. Die großen Schriftsteller haben dieses Gesetz begriffen, aber um welchen Preis! Es handelt sich hier um einzigartige Erfahrungen, die ich – wie die von Hölderlin – zusammen mit den religiösen Erfahrungen in eine gemeinsame Klasse einordnen möchte. Proust ist so gesehen eine Art Heiliger, genauso wie Stendhal oder Cervantes. Einigen außergewöhnlichen Menschen ist es in der Tat gegeben, Menschen über ihr Verhalten aufzuklären. Dennoch darf man unsere Unfähigkeit, diese Wirklichkeit zu erkennen, niemals kleinreden. Unsere jämmerliche Autonomie bedeutet uns mehr als alles andere.

B.C.: Zwischen der Mimetik der Ordnung des Fleisches auf der einen und der *imitatio Christi* auf der andern Seite müssen wir uns also ein zeitweiliges Heraustreten aus dem Mimetismus vorstellen, das der Pascalschen Ordnung des Geistes angehört: derjenigen der philosophischen Begriffe, der mathematischen Modelle … oder der Romanfiguren?

R.G.: Genau. Aber zwei Dinge dürfen wir nicht vergessen: zum einen bedeutet das Modell Gegensätzliches, je nachdem, ob es mimetisch oder rational ist; aum anderen wird sich das mimetische Modell in der nun eingeläuteten Zeit der internen Vermittlung stets gegen das rationale Modell durchsetzen. Clausewitz steht in einer mimetischen Beziehung zu Napoleon, obwohl er doch in einer rationalen Beziehung zu Friedrich II. hätte stehen können. Der »Kriegsgott« ist gefährlich, weil er zu nah ist. Friedrich II. war weiter weg. Er hätte theoretische Reflexion anregen können, hätten die Französische Revolution und die napoleonische Heldensaga Europa nicht erschüttert. In gewisser Weise ging die Antike mitsamt ihrem sakrosankten Respekt vor transzendenten Modellen im 18. Jahrhundert unter. Die *exempla* existieren in der modernen Welt nicht mehr. Wir werden bald sehen, wie Clausewitz' rationales Modell dem napoleonischen Modell nicht standzuhalten vermag.

Das mimetische Modell ist ein Mittel zum Zweck. Ich kann nicht auf ein Objekt zugehen, ohne zugleich auf den Vermittler zuzugehen, der es mir unweigerlich streitig macht: Damit ist mir der Weg verstellt. Der Vermittler wird zu dem von mir so bezeichneten Modell-Hindernis – zu etwas, dessen *Sein* ich mir immer gewalttätiger anzueignen versuchen werde. Was ich an dieser Stelle die heroische Versuchung nennen möchte, ist eine Form der Hypnose, des mimetischen Innehaltens, der Fixierung auf ein Modell: ein Blockieren des Identifikationsprozesses, der, um zu funktionieren, gerade andersherum völlig unbehindert von einem Modell zum anderen übergehen müsste. Bei jemandem, der in den prägenden Jahren seiner Entwicklung gute Modelle getroffen hat, läuft diese Bewegung ganz natürlich ab. Bei jemandem, dem diese entscheidenden Stadien fehlen, ist dies überhaupt nicht der Fall. Dies ist eine echte Schicksalhaftigkeit, die keine Psychoanalyse oder Psychotherapie je wird umkehren können. Clausewitz war mit zwölf Jahren Standartenträger. Er hatte allzusehr im Heldenkult geschwelgt, um der Anziehungskraft des napoleonischen Modells nach Jena widerstehen zu können. Wie wir sahen, ist dies das große Drama seines Lebens. Erinnern wir uns an seinen berühmten Satz über »die Ereignisse der letzten Kriege«, die das strategische Gleichgewicht Europas erschüttert haben.

Angesichts der Unumgänglichkeit mimetischer Modelle scheint es sehr schwierig, ein rational bleibendes Vorbild zu definieren. Aus dieser Perspektive nutzt es nichts, sich unfehlbare Vorgehensweisen auszumalen, um nicht in die Nachahmung zurückzufallen. Kein philosophisches Denken wird den Übergang zur Liebe bewerkstelligen können. Bedenkt man das Ausmaß und den stetig zunehmenden Einfluss der Nachahmung, drängt sich der Gedanke auf, dass allein Genies und Heilige dem Mimetismus noch entkommen können. In der Ordnung der christlichen Liebe befände sich also eine Person, die von der heroischen Versuchung zur Heiligkeit übergegangen ist, von der Regressionsgefahr, die der internen Vermittlung innewohnt, zu einer Vermittlung, die man …

B.C.: … »innerste« nennen könnte?

R.G.: Warum nicht? »Innerste Vermittlung« (im Sinne des *Deus interior intimo meo* des Heiligen Augustinus), insofern sie voraussetzt, dass die interne Vermittlung, die jederzeit zu einer schlechten Reziprozität werden kann, ihre Richtung wechselt. Diese »innerste Vermittlung« wäre nichts anderes als die Nachahmung Jesu Christi, die eine wesentliche anthropologische Entdeckung darstellt. »Folgt meinem Beispiel«, sagt der Heilige Paulus, »wie auch ich dem Beispiel Christi folge!« (1. Kor 11, 1) Diese Kette ist die Kette der positiven Entdifferenzierung, die Kette der Identität. Das gute

Modell ausmachen zu können, wird also zum *alles*entscheidenden Faktor. Wir ahmen Jesus Christus weniger nach, als dass wir uns mit demjenigen identifizieren, der in den apokalyptischen Texten Jesus Christus *gewesen sein wird*. Jesus Christus nachzuahmen, bedeutet, sich mit dem anderen zu identifizieren, sich vor ihm klein zu machen: »Amen, ich sage euch: Was ihr für einen meiner geringsten Brüder getan habt, das habt ihr mir getan.» (Mat 25, 40) Die Identifikation setzt also eine besondere Empathiefähigkeit voraus. Deshalb wird in diesen Texten ständig an das mit dem Antichrist verbundene Risiko, an die Gefahr, die *in zunehmenden Maße* von ihm ausgehen wird, gemahnt. Denn nur Christus versetzt uns in die Lage, der Nachahmung von Menschen zu entgehen.

B.C.: Pascal verwendet eine wunderbare Metapher, um diesen Sprung von der Ordnung des Fleisches in die Ordnung der christlichen Liebe zu versinnbildlichen. Er schreibt über die Entfernung, die nötig ist, um ein Bild zu betrachten. Man darf nicht zu weit entfernt und nicht zu nahe dran sein. Dieser »unteilbare Punkt, der die richtige Stelle ist«,[148] ist nichts anderes als die Liebe. Exzessive Empathie ist mimetisch, aber exzessive Indifferenz ist es ebenso. Die Identifikation mit dem anderen muss daher als ein Mittel ins Auge gefasst werden, unseren Hang zur Mimetik zu korrigieren. Letztere nähert mich dem anderen zu sehr an oder entfernt mich zu sehr von ihm. Die Identifikation erlaubt es, den anderen aus der richtigen Distanz ins Auge zu fassen.

R.G.: Aber nur Jesus Christus erlaubt es, diese Distanz wiederzufinden. Deshalb ist der durch die Evangelien aufgezeigte Weg der einzig mögliche in einer Zeit, in der die *exempla* nicht mehr existieren, in der die Transzendenz der Modelle uns nicht mehr gegeben ist. Es ist an uns, dass sich diese Transzendenz wieder herstellt, denn wir müssen der magnetischen Anziehungskraft widerstehen, die andere auf uns ausüben und die stets zur gewalttätigen Reziprozität führt. Hölderlin war in dieser Hinsicht erhaben. Die zeremonielle Art, mit der er jeden Besucher in seinem Tübinger Turmzimmer empfing, bestand genau darin, ihn in der richtigen Distanz zu halten. Jesus Christus nachzuahmen, indem man den anderen in der richtigen Distanz hält, heißt, aus der mimetischen Spirale auszutreten: *nicht mehr nachzuahmen, um nicht mehr nachgeahmt zu werden*. Napoleon muss ein derart faszinierendes Modell gewesen sein, dass Clausewitz in seinen Briefen an Maria von Brühl so vage blieb, als es darum ging, vom Himmel zu berichten.

B.C.: Raymond Aron zitiert in diesem Zusammenhang einen Brief vom 4. April 1813, in dem der mitten im Krieg gegen Napoleon stehende Clausewitz an seine Frau schreibt:

> »Daß ich wohl bin und glückliche Tage verlebe, ist jetzt die Hauptsache von dem, was ich Dir zu berichten habe. Mit einer allerliebsten kleinen Armee, an deren Spitze meine Freunde stehen, durch ein herrliches Land in der schönen Jahreszeit und für einen solchen Zweck zu ziehen, ist so ziemlich das Ideal einer irdischen Existenz (wenn man sich als einen Übergang und als einen Durchgang zu einer anderen Seinsordnung empfindet).«[149]

R.G.: Was hätte die »andere Seinsordnung« wohl sein können, die der künftige General sich erträumte? Ganz gewiss nicht Nietzsches Übermenschentum. Und gleichwohl haben wir gesehen, dass er an etwas Archaisches und absolut Fundamentales rührte. Ich stelle ihn mir als guten Protestanten vor, der sonntags die Messe besuchte und zärtliche Briefe an seine Frau schrieb, während er vom Ruhm träumte, ohne zu ahnen, dass sein »Ideal« das Ende Europas herbeiführen würde. Daher die »allerliebste kleine Armee«, die unsensibel an die Stelle seiner Frau tritt! Wenn er wüsste, welcher Behandlung wir ihn hier unterziehen, und sähe, wie wir sein Denken in eine apokalyptische Betrachtungsweise integriert haben, die nicht die seine war, würde er uns den Hals umdrehen! Dennoch ist es nötig, diese Verknüpfung vorzunehmen. Die unserer Zeit angemessene Apokalypse ist möglicherweise nicht mehr die Apokalypse des Heiligen Johannes auf Patmos, sondern die Apokalypse eines preußischen Generals, der an der Seite seiner Freunde die Straßen Russlands und Europas entlangreitet.

Was hätte die »andere Seinsordnung«, von der er schreibt, anderes sein sollen, wenn nicht jene endlich befriedete Menschheit, der alle Religionen seit Anbeginn der Menschheit nachhängen, seit es Menschen gibt und seit sie einander bekriegen? Dazu fällt mir gerade ein vedischer Mythos ein, den ich in meinen Untersuchungen noch nie thematisiert habe. Es handelt sich um den Mythos des Purusa, den archetypischen Menschen, der ein klein wenig größer als das Universum ist und von der Meute der Opferer umgebracht wird. Da er der erste Mensch ist, fragt man sich, woher diese Meute kommen soll. Aus eben diesem Mord geht die gesamte Wirklichkeit hervor. Hier haben wir also wirklich einen Gründungsmythos vor uns, aber erstaunlicherweise fehlt die Gewalt. Er ist vermutlich so alt, dass die Gewalt aus ihm verschwunden ist. So sieht die vedische, absolut friedliche Anschauung dieser Dinge aus. Es ist äußerst seltsam, aber ich habe diesen Mythos noch nie in der gebotenen Weise benutzt. Gleichwohl passt er sehr gut zu dem, was wir soeben dargelegt haben.

VI. CLAUSEWITZ UND NAPOLEON

Das napoleonische Antimodell

Benoît Chantre: Wie wir sahen, zeugt Clausewitz' Werk vom Niedergang einer auf *exempla* gegründeten Geschichtsbetrachtung, selbst wenn er sich selbst ein wenig für den Platon der *Republik* hält und Preußen, so wie es aus der napoleonischen Demütigung hervorgegangen war, gerne hätte reformieren wollen. Sein rationales Modell bleibt trotzdem sehr abstrakt. Clausewitz' wahres Modell ist ja eine historische Figur, der er auf unwiderstehliche Weise verhaftet ist. Seine Heldenkonzeption, die sich dieser magnetischen Anziehung nicht entziehen kann, leidet darunter.

René Girard: Es zeigt sich tatsächlich stets von Neuem, dass Clausewitz' mimetischem Modell ein rationales Modell entgegenwirkt, das gegenüber diesem mimetischen Modell jedoch völlig machtlos ist. Clausewitz denkt gegen Napoleon an; so versucht er, ein Gegenmodell zu konstruieren und bezieht sich dafür auf die mythische Gestalt Friedrich des Großen. Dieser Versuch ist von vornherein zum Scheitern verurteilt.

Bleiben wir einen Augenblick bei Friedrich dem Großen. Dieser Musiker-König, den sein Vater gezwungen hatte, sich einer ihm widerstrebenden militärischen Ausbildung zu unterziehen, korrespondierte lieber mit Voltaire und las die französischen Philosophen. Mimetik, wohin man blickt. Er träumte von einer Existenz als »Philosophen-König« und arbeitete eine politische Philosophie des Vertrags aus, die das Gottesgnadentum abschaffen sollte. In Wirklichkeit dachte Friedrich II. wohl eher an Ludwig XIV.

Schlussendlich führte er jedoch die Innenpolitik seines Vaters fort, vergaß Voltaire und das Gesetzbuch, das die Gerechtigkeit in Preußen hätte fördern sollen. Hier verläuft also alles in traditionellen Bahnen. Seine Außenpolitik dagegen bricht vollständig mit der seines Vaters: Friedrich der Große zog gegen Österreich in den Kampf, ohne überhaupt den Krieg zu erklären! Diese abenteuerliche Politik setzt seine Gesamtbilanz etwas herab: Der beachtlichen Entwicklung des Landes steht ein übertrieben zentralistisches und autoritäres System gegenüber, das in Jena wie ein Kartenhaus in sich zusammenbrach.

Diese Widersprüche thematisiert Clausewitz selbstverständlich nicht. Sein Traum ist – und es wird ein Traum bleiben, da man ihm nie die Mittel an die Hand geben wird, ihn zu verwirklichen –, sein Land zu reformieren. Aber Preußen weist keinerlei Äquivalent zur französischen Tradition auf, insbesondere nicht zu dessen königlicher Mythologie, in die sich Napoleon notgedrungen fügen musste. Clausewitz experimentiert ein wenig herum wie ein Zauberlehrling. Für seine Mixtur benutzt er möglicherweise eine Prise Platon, ganz sicher eine Prise Kant und Friedrich II., vor allem aber viel Napoleon, selbst wenn Clausewitz sich das selbst nicht eingestehen möchte. So behauptet er, Friedrich sei zugleich Landesherr und Kriegsherr, zur Kühnheit fähig, aber niemals zur Abenteurerei.

B.C.: Friedrich »kontrollierte« den Feldherrn, der seinerseits die Leidenschaften des Volkes »kontrollierte«, genauso wie die Politik die Strategie »kontrolliert«, die wiederum die Taktik »kontrolliert«. Das will Clausewitz, obwohl er die Möglichkeit einer Verunreinigung politischer Ziele durch kriegerische Mittel stets offenlässt, zumindest glauben.[150]

R.G.: Clausewitz will den Krieg von einem aristokratischen Standpunkt aus betrachten, aber gleichzeitig ist der Einfluss der Revolution deutlich sichtbar. Der Umstand, dass Clausewitz zufolge die Leidenschaft ausschließlich auf Seiten des Volkes angesiedelt ist, widerspricht diesem Ideal jedoch. Dies ist der Beleg dafür, dass er die verschiedenen Elemente nicht zu einem konsistenten Ganzen verbinden konnte. Der Krieg ist kein aristokratischer mehr, jedoch auch noch nicht demokratisch. Das Kommando allein über den Verstand zu definieren, reicht also nicht aus. Clausewitz lässt sich von seinen eigenen Formeln mitreißen. Weil er seine »Dreifaltigkeit« hat, will er an ihr festhalten. In Wirklichkeit war jedoch nichts rein. Der Feldherr braucht mehr als bloß Verstand und Wahrscheinlichkeitskalkül.

Sehen Sie sich zum Beispiel Clausewitz' Beschreibung des Gefechts an. Man hat den Eindruck, einem Schriftsteller oder einem Filmemacher zu lauschen. Der Kommandant befindet sich auf dem Hügel und ist mehr als alle anderen dem Feuer ausgesetzt. Hier geht es nicht um den reinen Verstand: Der Anführer ist von gemeinen Leidenschaften gefangengenommen. Und da sind wir bei Napoleon, nicht bei Friedrich II. Als Anführer war Napoleon in höchstem Maße engagiert. Er besaß notgedrungen eine revolutionäre Seite, da er weder der König noch das Volk war, das Volk jedoch marschieren ließ. Auf dem Rücken der Bauernlümmel zu kämpfen, war damals weniger gefährlich, als sie zum Kämpfen zu zwingen. Voltaire hat das in *Candide* sehr genau dargestellt. Gleich zu Beginn des Romans wird unser Held von der preußischen Armee angeworben. Werbeunteroffiziere verleiten ihn zum Trinken. An dieser Stelle frage ich meine Studenten stets: »Fällt Ihnen hier nichts auf? Der König besitzt nicht die Macht, Candide einzuziehen. Die Werbeunteroffiziere müssen ihn schon betrunken machen, um ihn zum Unterzeichnen zu bewegen! Es war also damals keine Einberufung möglich. Erst die Demokratie hat diese schöne Sache erfunden – die Macht, die Menschen mittels Wehrpflicht zu mobilisieren!«

Die französische Freiwilligeneuphorie ist eine einzigartige Neuerung, die sich vom spanischen Partisanentum – ganz im Gegensatz zu Clausewitz' Einschätzung – stark unterschied. Aber die französischen Soldaten waren nicht ehrerbietig, weil sie glaubten,

Revolution zu machen. Der Werbeunteroffizier ist in Frankreich eine mythische, nie hinterfragte Figur. Aber Voltaire weist bereits auf die Verletzung der individuellen Freiheit hin. Die dem Militärdienst Unterworfenen haben sich nie aufgelehnt. Im Spiel der Doppelgänger gibt es etwas, das Menschen in die Falle tappen lässt. In der Republik rivalisiert jeder mit jedem, während man sich zuvor nur des Königs zu erwehren hatte, der alleine für die Schlachten verantwortlich war. Das war weitaus weniger demütigend und machte echte Unterhandlungen möglich. Die Völker standen einander gegenüber und glaubten an die Argumente, die man ihnen vorsetzte, um sie davon zu überzeugen, ihre Waffen niederzulegen und singend ihrer Wege zu ziehen.

Die Generalmobilmachung ist der reine Wahnsinn. Das kann man heute glücklicherweise am Steckenbleiben der Vereinigten Staaten im Irak sehen. Bush wird den Krieg verlieren, weil es ihm nicht mehr gelingen wird, Freiwillige anzuwerben. Der König von Preußen mag ein Despot gewesen sein; gleichwohl besaß er nicht die Macht zu mobilisieren. Napoleon sollte es sich zur Aufgabe machen, sie ihm zu verschaffen. Das Scheitern von Clausewitz' Synthese zeigt den Übergang zur modernen Kriegführung an, deren Entwicklung sie mit befördert. Und insofern Clausewitz von einem Krieg spanischer Partisanen träumt, von denen man schlecht behaupten kann, sie seien Demokraten gewesen, ist er ein Vorbote des Totalitarismus.

B.C.: Deshalb liefert Pascal eine so überzeugende Analyse jener halbaufgeklärten Reformatoren, die Katastrophen hervorrufen, weil sie an die »eingeführten Größen« rühren: Nachdem sie die vorhandenen Vorbilder zerstört haben, drängen sie sich am Ende stets selbst als nachzuahmende Vorbilder auf, wie etwa Stawrogin in den *Bösen Geistern*.

R.G.: Jedes Herumexperimentieren auf diesem Gebiet kann in der Tat fatal werden. Unglücklicherweise kann man aber in einer Welt der internen Vermittlung nur noch herumexperimentieren. Genau das tut Napoleon mit seiner Parodie der Krönungszeremonie. Aber das von ihm konstruierte Modell war nurmehr das Simulakrum einer Institution. Er peitschte die Kräfte auf, die er hätte mäßigen müssen: Alle Welt wird sich fortan für Napoleon halten! Eine *A-priori*-Definition des Heldentums ist mithin widersprüchlich, da Napoleon das Heldenmodell ja gerade implodieren ließ. Er war aristokratischer als die Aristokraten und gewöhnlicher als die Gewöhnlichsten. Er ist zu dem Ausruf fähig: »Welch ein Roman ist doch mein Leben!« Wenn es ein Genie der Revolution gab, dann war er es. Er griff das Modell heroischer Weisheit auf, vergewaltigte es, beschmutzte es, und machte es vollkommener als jemals zuvor. Er war der verhasste Souverän und zugleich der absolute Triumphator, weil er diese Kategorien sprengte.

Rot und Schwarz ist ein sehr disparater Roman, aber Napoleon spielt in ihm eine tragende Rolle. Derjenige, der sich den Kaiser zum Beispiel nimmt, ist nämlich ein kleiner Bengel, der so trotzkistisch ist, wie man nur sein kann. Stendhal legt hier eine Interpretation der Französischen Revolution vor. Er sieht in Julien Sorel einen bestimmten Typus von Ehrgeizling, den er für politisch gefährlich hält. Es sieht so aus, als hätte Dostojewski Stendhal gelesen. Denn auch Raskolnikow ist ein falscher, moderner Held, ein heruntergekommener Held. Er ist eine finstere Gestalt und hat vielschichtigere Ideen, aber es geht um den gleichen Schlag postrevolutionären Heldentums. Raskolnikow ahmt Napoleon nach, genauso wie Sorel Napoleon nachahmt, und wird mit sehr ähnlichen Begriffen charakterisiert. Dostojewski ist anti-westlich genug, um zu ahnen, dass diese finsteren Charaktere aus dem Westen kommen. Gleichwohl bewegt er sich noch ganz im Kielwasser Stendhals.

B.C.: Sie halten den Heroismus also für eine gefährliche Neuerung? Man könnte beinahe glauben, in Ihnen einen Verfechter der bestehenden Ordnung zu vernehmen …

R.G.: Da täuschte man sich! Wie ich Ihnen bereits sagte, habe ich mit Leuten vom Schlag eines Maurras wirklich nicht das Geringste am Hut. Aber was Sie hier lächelnd vortragen, deckt sich mit Vorwürfen, die man mir sicherlich machen könnte. Tatsächlich könnte man in *Das Heilige und die Gewalt* eine Lobrede auf die Wirksamkeit des Opferkultes sehen, der allein in der Lage ist, die soziale Ordnung aufrechtzuerhalten. Die Leute vergessen, dass das von mir ausgearbeitete Erklärungsmodell allein für die archaischen Gesellschaften Geltung beansprucht, also für menschliche Gruppen, die vor Tausenden von Jahren existierten und für die die Rückkehr zur Ordnung tatsächlich eine Frage auf Leben und Tod war. Diese Ordnungsvorstellung gründete sich auf die versteckten Mechanismen der mimetischen Gewalt am Ursprung aller Institutionen. Die Rückkehr zur Ordnung bedeutete das Ende eines Fieberzustands, der die ganze Gruppe hätte dahinraffen können.

In diesem Sinne lässt sich keine klare Grenze zwischen einer Wiedergeburt des Religiösen durch den Gründungsmord und anderen rituellen Aktivitäten ziehen. Allerdings muss man eine ganze Reihe von Übergangsstufen zwischen dem Ritual und der Krise des Opferkultes unterscheiden. Jeder Ritus zielt auf die Beendigung einer kleinen Krise: Selbstverständlich ahmt jeder Ritus die ursprüngliche Krise nach; gleichwohl hat jeder Ritus eine eigenständige Krise zum Gegenstand. Die echte »Katharsis« findet nur statt, wenn ein wenig Unordnung in den Ritus eingeführt wird, auf dass er etwas Neues hervorbringt. Mit anderen Worten: je mehr Gewalt vorhanden ist, desto größer wird auch die »Katharsis« am Ende sein. Jeder Ritus ist daher eine Art Gründungsmord, und jedem Gründungsmord haftet etwas Rituelles an. Man muss sich die Mimetik als etwas Gutes und zugleich als etwas Schlechtes denken. In diesem Sinn ist einer Gesellschaft ohne Krisen, einer durch die Absenz von Gewalt vollkommen in sich gefestigten Gesellschaft keine Geschichte beschieden. Die reaktionäre Position besteht darin, die bestehende Ordnung zu verteidigen, was absurd ist. Darin liegt ein grundsätzlicher Positivismus, der die Unvorhersehbarkeit des Ereignisses außer Acht lässt. Im Übrigen ist der Umstand, dass die menschlichen Beziehungen nie aus der Perspektive des Rituals, das heißt im Hinblick auf religiöse *Instabilität* bedacht werden, ihrem Verständnis sehr abträglich.

Die christliche Offenbarung beschleunigte die Steigerung bis zum Äußersten, indem sie die Opferungen zunehmend unterdrückte. Die Verfehlung des Westens besteht in der Weigerung, die Ankunft des Christentums nicht als eine befreiende Reife, als einen vom Opfer wegführenden Erziehungsprozess verstehen zu wollen. In der Tat haben sich die dürftig christianisierten Heiden von Anfang an (seit Karl dem Großen, der die Sachsen mit der Axt bekehrte) wie Söldner Napoleons aufgeführt. Die Kreuzzüge begründeten die Vorstellung, die Tatkraft reiche allein für die Ausplünderung fremder Nationen. Der vierte Kreuzzug war in dieser Hinsicht am makabersten, da man hier gezielt eine Bande von Antiquitätenhändlern auf jene ungeheuerliche Ansammlung von Luxusgütern losließ, die Konstantinopel damals darstellte.

Das Christentum lässt sich nicht auf eine ehrwürdige Tradition reduzieren, der wir die Fortschreibung einer für das Heil der Menschheit entscheidenden Botschaft verdanken. Das Christentum ist auch eine historische Strömung, die Papst Johannes Paul II. bei seinem Besuch in Yad Vashem und an der Klagemauer zu einem Akt der Reue veranlasste. Es handelt sich um eine Religion, die sehr schnell wieder in die alten sakrifiziellen Reflexe verfallen ist. Sie war ihrer eigenen Botschaft, dem radikal Neuen, das sie brachte, nicht gewachsen: dem endgültigen Wissen um die Mechanismen der gewalttätigen Gründung, der radikalen Entmystifizierung des Sakralen, der dem Sakralen eigentümlichen *Ordnung*. Jesus Christus taucht uns in das Wissen um die mimetischen Mechanismen. Er bringt also tatsächlich den Krieg und nicht den Frieden, die Unordnung und nicht die Ordnung, denn jede Ordnung ist auf eine Art verdächtig: Stets verbirgt sie das Opfer, auf dessen Rücken man sich versöhnt hat. Diesen Tatbestand, diese »Gräber, die außen weiß angestrichen sind« (Mt 23, 27) anzuprangern, hieß, den Opfermechanismus für immer außer Kraft zu setzen. Der Tod Jesu *wird niemals* ein gründender Lynchmord *gewesen sein*, und der Widerstand, den die Menschen dem einzig möglichen Vorbild, das Er ihnen bietet, entgegensetzen, wird jene Beschleunigung der Geschichte bewirken, deren erste Opfer sie selbst sein werden. Clausewitz ist ein unerschütterlicher Zeuge dieser Verblendung, im Morgengrauen jener Katastrophen, die uns erwarten.

B.C.: Ihren Andeutungen zufolge imitiert Letzterer, imitiert Clausewitz Napoleon. Er entgeht den Fallstricken dessen, was sie das »metaphysische Begehren« nennen, also nicht.

R.G.: Clausewitz ist in der Tat vollkommen in der Faszination für Napoleon gefangen. Wir haben es hier mit einem typisch romantischen Denken zu tun, einem Denken, das in eine Leidenschaft verstrickt ist, die ich als »Kellerloch-Leidenschaft« bezeichnen würde: ein Versuch, sich das Sein des Modells anzueignen. Von daher erlaubt es die mimetische Theorie, ein tieferes Verständnis der Struktur des clausewitzschen Textes zu gewinnen. Vergessen wir nicht, dass Napoleon genau zu der Zeit zum Sündenbock wurde, in der Clausewitz mit der Abfassung seiner Abhandlung begann, wahrscheinlich gegen Ende des Jahres 1810. Er ist der Feind in äußerster Bedrängnis, dessen Stärke man sich aneignen will: Er wird genau zu der Zeit aus guten und schlechten Gründen verabscheut, während der er zum »Kriegsgott« aufsteigt. Europas Hass auf den Kaiser veranschaulicht, wie das »Einmütigkeit minus eins«-Phänomen funktioniert. Europa hofft, sein Gleichgewicht wiederzufinden, und Clausewitz beteiligt sich am Kampf gegen einen der Hauptverantwortlichen der europäischen Unordnung. Im Ansatz heult er mit den Wölfen.

B.C.: Da wir ja gerade die Struktur von Clausewitz' Text zu verstehen versuchen, könnten Sie vielleicht ein konkretes Beispiel für diese mimetische Fixierung auf einen Einzelnen geben?

R.G.: Das klarste Beispiel liefert uns der Frankreichfeldzug, der von Januar bis April 1814 dauerte. Napoleon versuchte hier, die Sechste Koalition am Einzug in Paris zu hindern. Die Koalition bestand aus den vereinten Truppen Russlands, Preußens, Englands, Schwedens und Österreichs, denen sich diejenigen der Königreiche Bayern und Württemberg anschlossen, der ehemaligen deutschen Verbündeten Napoleons. Es ist ein Modell-Feldzug und zusammen mit den ersten Schlachten in Italien der am gründlichsten untersuchte; auf strategischer Ebene waren diese beiden Feldzüge die »göttlichsten«, da Napoleon sich in einer relativ schwachen Position befand. Der Kaiser unterlag genau in dem Moment, in dem sein Genie sich in vollem Umfang zeigte.

Die Österreicher drangen über die Schweiz nach Frankreich vor, die Russen und die Preußen überquerten den Rhein. Jean-Baptiste Bernadotte, der ehemalige Offizier des Kaisers und Freund Germaine de Staëls, stellte eine Armee aus schwedischen, russischen, preußischen und englischen Soldaten zusammen, die von Belgien aus vorrückte. Napoleon legte außergewöhnliche Bravour an den Tag und musste sich, als seine Garde bereits überwältigt war, einige Male mit Säbelhieben befreien. Er lieferte die legendären Schlachten von Champaubert, Montmirail oder Montereau, musste am 6. April in Fontainebleau, von fast allen verlassen, aber schließlich doch kapitulieren. In Paris angekommen, waren die Verbündeten von der Feigheit der so prompt die Fronten wechselnden Franzosen abgestoßen. Aber ihr Überdruss ist durchaus verständlich! Keine dynastische Tradition hat Napoleon überlebt, trotz aller Anstrengungen des Herzogs von Vicenza, die Verbündeten dazu zu bewegen, sich mit der Idee einer Regentschaft des Königs von Rom anzufreunden. In einem System der internen Vermittlung – das sahen wir schon – hat nichts Bestand, alles vergeht und verkehrt sich in sein Gegenteil. Die Politik läuft dem Krieg hinterher, produziert nur Notlösungen, die sich, kaum erdacht, auch schon wieder auflösen.

Gleichwohl haben alle Zeitzeugen und Historiker Napoleons herausragende strategische Intelligenz hervorgehoben. Wie ein in die Enge getriebener Hirsch verstand er es auf bewundernswerte Weise, die Armeen von Böhmen (unter Schwarzenberg), von Schlesien (unter Blücher) und des Nordens (unter Bernadotte) zu narren. Clausewitz erlebte all dies mit und versuchte, seine Lehren daraus zu ziehen. Wir müssen einen Moment bei diesem »metaphysischen Begehren« stehenbleiben, das ihn zu Napoleon hinzieht, den er für einen »Kriegsgott« hält. Es handelt sich hier um eine Nachahmung *»Bonapartes«*, den Clausewitz in seinem Hass niemals Napoleon oder Kaiser nennt. Bonaparte ist auch deshalb leichter nachzuahmen, weil er nicht mehr bedrohlich, sondern nur ein Virtuose ist – dessen Virtuosität man heiter genießen kann. Eine solche Nachahmung setzt voraus, dass der Theoretiker seinem Vorbild *Schritt für Schritt folgt*, anstatt ungezwungen von einem Vorbild zum nächsten weiterzuschreiten, dass er mit dem Vorbild dessen Feldzüge durchsteht, kurz: *ein Bonaparte wird.*

Clausewitz hat nicht die Distanz eines Cervantes oder eines Stendhal, die uns Figuren vorführen, die Vorbilder nachahmen. Er weiß nicht, dass die napoleonische Methode, der Julien Sorel sklavisch folgt, den Helden aufs Schafott bringen wird. Er gleicht den französischen Kritikern Napoleons, die oft dazu neigen, den Kaiser zu vergessen, und sich nur an den ersten und den letzten Napoleon erinnern. Der aufstrebende Jüngling und der geschlagene Mann erlauben es, seine Virtuosität herauszustellen. Zwischen diesen beiden Extremen kann der Sieg nicht länger als eine »göttliche Überraschung« betrachtet werden. Die anderen Schlachten Napoleons sind zu gigantisch, zu massiv: Wagram und Friedland arteten in Gemetzel aus; sie waren zu modern. Hier geht das Ausnahmeindividuum in seiner großartigen Armee unter.

Clausewitz nähert sich Napoleon wie durch ein Kameraobjektiv: Diese Annäherung ist weniger kritisch als vielmehr kinematografisch. Er will unter keinen Umständen auf Effekte verzichten. In dieser Ästhetik der Faszination liegt ein Hauch von Leni Riefenstahl. Es war aber Bonaparte, der Clausewitz faszinierte, nicht Napoleon: der Sieger von Campo Formio, nicht der Besiegte von Fontainebleau. Clausewitz beschönigte den Frankreichfeldzug mittels der Erinnerung an die Brücke von Arcola und versuchte, sich das Genie Bonapartes anzueignen, um Napoleon zu übertreffen! Das ist absolut beeindruckend. Als die Umstände – dank Bismarck – für eine Renaissance seiner Schrift *Vom Kriege* wieder günstig waren, sollte Clausewitz' Bonaparte, wie bereits erwähnt, das Interesse Ludendorffs wecken. Die Rigidität des von Clausewitz konstruierten Modells, das weder die Flexibilität noch den poetischen Glanz chinesischer Abhandlungen besitzt, macht es gefährlich. Clausewitz unternahm einen meisterhaften Versuch, aus dem sterilen geometrischen Denken seiner Vorgänger auszubrechen. Was aber wurde durch den Übergang von der Mathematik zur Mimetik gewonnen? Damit sind wir in das Herz des Paradoxons vorgestoßen: Wir haben die Gewalt dadurch freigesetzt, dass wir ihre Mechanismen besser verstanden. Die Kontrolle über unsere eigene Gewalt zu verlieren, heißt, uns dauerhaft zu schwächen.

Im Gegensatz zu Julien Sorel hatte Clausewitz das *Tagebuch von Sankt Helena* vermutlich nicht gelesen. Er schrieb seine eigene Abhandlung anstelle derjenigen des Kaisers. In diesem Zusammenhang denkt man natürlich unweigerlich an Dostojewski und die *Aufzeichnungen aus dem Kellerloch*. Clausewitz ist fortwährend darum bemüht, der Anziehungskraft, die sein Vorbild auf ihn ausübt, entgegenzuwirken. Allein es will ihm nicht gelingen. Im Frankreichfeldzug gab es kurz vor der Eroberung von Paris eine Periode, in der Napoleon beträchtliche Erfolge gegen Blücher, den General von Waterloo, erzielte. Clausewitz behauptete, dass Napoleon, wenn er Blücher weiter verfolgt hätte, anstatt ihn zwar zu schlagen, aber gleichwohl ziehen zu lassen und anschließend Schwarzenberg anzugreifen – der in seinen Augen kein sehr fähiger Oberbefehlshaber war (und hier spürt man seine Geringschätzung der Österreicher) –, dass Napoleon Blücher, wenn er ihm auf den Fersen geblieben wäre, an den Rhein zurückgedrängt und so die anderen in fürchterliche Panik versetzt und zum Rückzug veranlasst hätte. An Napoleons Stelle hätte Clausewitz den Frankreichfeldzug also gewonnen!

Das ist eine großartige Textpassage, unglaublich romantisch. Hin und wieder finden sich selbstverständlich auch Bemerkungen zur Kühnheit Friedrichs II., um Napoleon nicht das gesamte Feld zu überlassen, aber sie haben nicht die gleiche Durchschlagskraft. Laut Clausewitz hat sich Napoleon im Fall Blücher getäuscht und die von Schwarzenberg ausgehende Gefahr überschätzt. Hätte er gegen Blücher – den Hauptfeind, den Preußen – durchgehalten, hätte das Schicksal die Fronten gewechselt. Selbst für den Fall, dass Schwarzenberg schon zu weit auf Paris vorgerückt gewesen wäre, hätte er diesem keine Aufmerksamkeit schenken dürfen. *Er hätte zuerst die Preußen vollständig besiegen sollen*. Napoleon hatte Blüchers Armee gespalten, sodass er sie in separaten Einheiten schlagen konnte. Das napoleonische und clausewitzsche Genie hätte darin bestanden, diese Strategie weiterzuverfolgen und es zu wagen, alle defensiven Überlegungen außer Acht zu lassen. Nur der Erfolg zählte, und das Prestige dieses Sieges hätte alle Verbündeten zum Rückzug nach Deutschland bewogen.

Dieser Clausewitz – napoleonischer als Napoleon selbst – ist bemerkenswert. All dies findet sich im zweiten Buch seiner Abhandlung, das die in dramatischer Hinsicht interessantesten Abschnitte enthält. Im Rückblick wird Clausewitz zum Berater, zum Ersatz, zum Stellvertreter Napoleons. Er behauptet sogar, die Eroberung von Paris wäre unbedeutend gewesen, hätte Napoleon sie nicht so wichtig genommen. Das mag damals weniger abwegig als heute gewesen sein. Denn heutzutage sind Hauptstädte ja ungeheure Informationszentren, was sie zu jener Zeit nicht in diesem Maß waren. In diesem Sinn war der Frankreichfeldzug mithin eine seltsame Angelegenheit. Napoleon zeigte hier wieder sein ganzes Können, aber seine Streitkräfte waren zahlenmäßig so weit unterlegen, dass er schließlich besiegt wurde. Von seiner Leidenschaft fortgerissen, behauptet Clausewitz, Napoleons Fehler habe darin bestanden, nicht napoleonisch genug gewesen zu sein. Das Subjekt ist so nahe an sein Vorbild herangerückt, dass es nicht länger danach trachtet, sich der Objekte seines Vorbilds zu bemächtigen, sondern seines Seins selbst, seines »Glückes«, um es mit Clausewitz zu sagen.[151] Clausewitz setzte den wissenschaftlichen Pseudomethoden der Strategen seiner Zeit also eine sehr spezielle Form von Rationalität entgegen.

Hätte der Frankreichfeldzug im Jahre 1796 in Italien stattgefunden, hätte Napoleon Blücher bis zum bitteren Ende verfolgt, so wie er einst die Norischen Alpen überquert und Österreich bedroht hatte. Napoleon hatte den Friedensschluss von Campo Formio aus einer Vielzahl von Gründen akzeptiert. Es war ein ausgehandelter Friede. Dennoch hätte er seinerzeit alles gewagt. Clausewitz misst dieser Haltung außerordentliche Bedeutung bei: Der junge Mann tat, was der reife Mann nicht mehr zu tun wagte. Napoleon fand seine alte Stärke während des Frankreichfeldzuges also nur teilweise wieder. Voller Sehnsucht denkt Clausewitz an Campo Formio zurück. Die Textpassagen, in denen es um bestimmte Feldzüge geht, um Dinge, die damals Allgemeingut waren, werden manchmal durch theoretische Einschübe unterbrochen. Aber in diesen müssen sich drei bis vier von fünf Beispielen auf Napoleon beziehen. Natürlich finden sich auch Beispiele schwedischer Provenienz, Passagen zu Gustav Adolf und dem Dreißigjährigen Krieg. Aber im Grunde zählen nur die zeitgenössischen Kriege: nach Clausewitz waren die Gewehre im spanischen Erbfolgekrieg technisch noch nicht so weit entwickelt wie in den Napoleonischen Kriegen. Die klassischen Beispiele waren nicht mehr aktuell genug.

Wie alle im mimetischen Begehren gefangenen Subjekte wird

Clausewitz manchmal vom napoleonischen Vorbild mitgerissen, dann wiederum nimmt er die genau gegenteilige Haltung ein und verabscheut es. Das geschieht ganz unvermittelt, und wenn dem so ist, taucht das Modell Friedrich II. als ein Versuch auf, Napoleon auszutreiben. So gibt es eine Passage, in der Clausewitz aus Friedrich einen Bonaparte zu machen versucht, und zwar mit Blick auf die Eroberung Schlesiens, das große preußische Unternehmen. Nach Clausewitz ist das, was Friedrich geleistet hat, etwa der eine oder andere Gewaltmarsch von hier nach dort, als etwas äußerst Kühnes, aber absolut Notwendiges zu betrachten. Der preußische König konnte sich damals nur durch einen Akt außergewöhnlicher Kühnheit retten, bei dem er seine ganze Armee aufs Spiel setzte und eine totale Niederlage riskierte. Clausewitz versucht, aus Friedrich dem Großen einen weiseren Napoleon zu machen. Er unterstreicht die großen Probleme, die ihm seine Truppenstärke und Versorgung bereiteten. Auf der Ebene der Aussage nimmt dieses Modell größeren Raum ein. Wenn wir Clausewitz' Text jedoch mit den Mitteln der Statistik analysieren – zur Verteidigung der mimetischen Theorie durchaus dienlich –, sieht man sofort, dass es ein sehr viel umfassenderes Bekenntnis zum napoleonischen Modell gibt.

Erinnern wir uns daran, dass das Direktorium Bonaparte wieder nach Italien schicken wollte, weil es klar erkannte, dass er gefährlich war. Man gab ihm eine Armee barfüßiger Soldaten, und dennoch errang er frappierende Siege, im Gegensatz zu dem, was sich gleichzeitig an der deutschen Front abspielte. Je geringer seine Mittel waren, desto stärker trat Bonapartes Genie zutage. Bei stolzen Menschen wie ihm ist das vollkommen normal. Man hat keine Angst vor der Niederlage, wenn die Niederlage bereits fest eingeplant ist, wenn die Niederlage das ist, was unsere Feinde erwarten und was die Vernunft vorgibt. Hier wird man widerspenstig und zu allem fähig. Befindet man sich hingegen in vorteilhafter Lage, macht man die größten Dummheiten und verspielt seine Vorteile. Weil man von ihnen den Sieg erwartet, haben sie Angst vor dem

Scheitern. Man funktioniert nur dann gut, wenn absolute Kühnheit verlangt ist. Clausewitz' Bewunderung für Friedrich II. ist echt, aber weitaus weniger aufregend. Clausewitz' innere Zerrissenheit zwischen Ratio und Mimetik wird hier sichtbar. Auf der literarischen Ebene ist die Mimetik jedoch dominanter. Ich weiß nicht, ob viele Leute dies erkannt haben, aber wir sollten es hervorheben. Man muss *Vom Kriege* als *literarischen* Text lesen, um die an die Adresse der strategischen Literatur gerichtete Kritik seines Autors zu verstehen; denn das Wesentliche spielt sich auf dieser Ebene ab. Das anhaltende Interesse, das Clausewitz hervorrief und noch immer hervorruft, verdankt sich dieser Sensibilität für Effekte.

B. C.: Aus diesem Grund rekurriert Clausewitz auf das, was er die Identifikation mit dem »Handelnden« nennt. Laut Clausewitz ist diese Identifikation einerseits notwendig, aber fast unmöglich, »denn welcher Kritiker wollte behaupten, die Virtuosität eines Friedrich oder Bonaparte zu besitzen!«[152] Der Militärkritiker muss daher einen »höhern Standpunkt«[153] einzunehmen versuchen, das heißt, gewisse Daten (historische, geografische, psychologische etc.) einbeziehen, die dem zu sehr ins Kampfgeschehen involvierten Feldherrn nicht zur Verfügung stehen. Dieser Abstand bewahrt den Kritiker davor, über den Erfolg oder den Misserfolg des »Handelnden« ein zu subjektives, zu arrogantes Urteil zu fällen, das ja ein zwangsläufig erst im Nachhinein mögliches Wissen zur Grundlage hat. Die einzige Möglichkeit, diesem Positivismus – in Clausewitz' Worten dem »Urteil *nach dem Erfolg*«[154] – zu entgehen, besteht darin, der Perspektive des kriegerischen Genius so nahe wie möglich zu kommen. Der Gedankengang ist also zirkulär und subtil. Clausewitz fordert den Kritiker hier dazu auf, vom Besonderen zum Allgemeinen und vom Allgemeinen zum Besondern zu gehen. Nur dieses Hin und Her vermag uns einen Schimmer davon zu vermitteln, was man routinemäßig »Schicksal oder Glück«[155] nennt. Clausewitz hat in der Tat nichts Geringeres im Sinn, als der Kritik einen »Eingang in das Leben«[156] zu verschaffen.

Er versucht aus den allzu logischen Kategorien auszubrechen, die die Strategie beherrschen.

R.G.: Dieser Übergang vom Besonderen zum Allgemeinen und vom Allgemeinen zum Besonderen ist typisch für die Fokussierung auf ein einziges Vorbild. Dabei handelt es sich ganz und gar nicht um Pascals »unteilbare[n] Punkt«, sondern um eine Art der Fokussierung, bei der eine Bipolarität im Spiel ist, ein essenzielles Oszillieren: Clausewitz ist dem »Kriegsgott« nah und wird doch zugleich von ihm abgestoßen. Die Mimetik zu begreifen, heißt, diese Zirkularität zu begreifen. Die Denker der ewigen Wiederkehr begreifen nur diese Zirkularität. Die Parteigänger der Linearität begreifen nur das Lineare. Versuchen wir also, *beides* zu verstehen. Darin unterscheiden wir uns von Clausewitz, der stets dem mimetischen Denken entgegenstrebte, das heißt, einem Gefühlstypus, den er durch den Einsatz literarischer Mittel zu bezwingen versuchte.

Es ist deutlich, dass Clausewitz sich hier gegen die Kritiker ereifert, die es sich herausnehmen, diesen oder jenen General auf dem Papier zu tadeln und zu behaupten, mathematische Rezepte zur Erringung von Siegen an die Hand geben zu können. *A posteriori* wäre es also anmaßend, den Russlandfeldzug von 1812 als ein zum Scheitern verurteiltes Unterfangen zu bewerten, denn objektiv stellte er sich genauso dar wie die Feldzüge von Austerlitz, Friedland oder Wagram. Clausewitz schreibt, dass »kein menschlicher Blick imstande ist, den Faden des notwendigen Zusammenhanges der Dinge bis zu dem Entschluß der besiegten Fürsten zu verfolgen«.[157] Darin besteht die Überheblichkeit der Lehnstuhlstrategen. Er gelangt zu dem Schluss, dass es Fälle gibt, »wo das höchste Wagen die höchste Weisheit ist«.[158] Clausewitz bewundert den kriegerischen Genius viel zu sehr, um auf Napoleon herunterzuschauen. Er haftet geradezu an seinem Vorbild, nachdem er sich vorübergehend von ihm entfernt hatte, um trotz der gescheiterten späten Feldzüge zu begreifen, worin der Erfolg der früheren begründet war. Das Vergnügen des Kritikers liegt ganz und gar in diesen Augenblicken, die, wie wir bereits gesehen haben, etwas Sakrales haben:

> »Aber es ist nicht zu verkennen, daß das Wohlgefallen, welches unser Verstand am Zutreffen, das Mißfallen, was er am Verfehlen hat, doch auf dem dunklen Gefühle beruht, daß zwischen diesem, dem Glück zugeschriebenen Erfolg und dem Genius des Handelnden ein feiner, dem Auge des Geistes unsichtbarer Zusammenhang bestehe, der uns in der Voraussetzung Vergnügen macht. Was diese Ansicht beweist, ist, daß unser Anteil steigt, zu einem bestimmteren Gefühle wird, wenn das Treffen und Verfehlen sich bei demselben Handelnden oft wiederholt. So wird es begreiflich, wie das Glück im Kriege eine viel edlere Natur annimmt als das Glück im Spiel. Überall, wo ein glücklicher Krieger unsere Interessen nicht anderweitig verletzt, werden wir ihn mit Vergnügen auf seiner Bahn begleiten.«[159]

Starke Emotion ist die Pforte zur Bipolarität. Jede Schlacht könnte ein Waterloo sein. Wer sein Leben aufs Spiel setzt, hat starke Emotionen; und wer diese Gefahr eingeht, wird vergöttlicht. Clausewitz' Emotion ergibt sich aus eben dieser Instabilität. Hier berühren wir die Entstehung des modernen Menschen, in seinen unausgewogensten und zugleich beunruhigendsten Aspekten. Selbstverständlich würde Clausewitz Stabilität und Emotion gerne unter einen Hut bringen, aber dies ist unmöglich. Er bleibt im mimetischen Zirkel gefangen. Er ist viel feinfühliger und weniger überheblich als viele andere Strategen, die anders als er keinerlei Schlachterfahrung besaßen. Es ist wichtig, dass sich der Kritiker, wie er schreibt, nicht »persönlich hervordrängt«.[160] Er ist kein bisschen positivistisch und viel realistischer als viele Historiker oder Strategen seiner Zeit, die viel zu schnell bei der Hand waren, diesen oder jenen Feldherrn zu loben oder zu tadeln. Auch an eine zwangsläufige Verkettung der Ereignisse glaubt er nicht. Er bemüht sich vielmehr, dem Zufall und Unvorhersehbaren voll und ganz Rechnung zu tragen. Es ist überheblich, seine retrospektive Beurteilung einer Aktion auf deren tatsächlichen Erfolg oder Misserfolg zu stützen. Die Kritik muss daher »von ihrer bessern Übersicht der Dinge […] Gebrauch […] machen« oder »wann und wo sie genötigt ist, von diesen Dingen […] abstrahieren, um sich ganz genau in die Lage des Handelnden zu versetzen«.[161] Diese Identifikation mit dem Handelnden ist der einzige Standpunkt, von dem aus man »Lob und Tadel«[162] aussprechen kann. Er wird jedoch selten erreicht. Die Kritik muß vom allgemeinen zum partikularen Standpunkt übergehen sowie vom Detail zum Ganzen, und das mit dem größtmöglichen Takt:

> »Die Kritik kann also einem großen Feldherrn die Lösung seiner Aufgabe nicht mit denselben Datis wie ein Rechenexempel nachrechnen, sondern sie muß, was in der höhern Tätigkeit seines Genies gegründet war, erst durch den Erfolg, durch das sichere Zutreffen der Erscheinungen bewundernd erkennen und den wesentlichen Zusammenhang, den der Blick des Genies ahnete, erst faktisch kennenlernen.«[163]

So hatte Napoleon mit dem Russlandfeldzug recht: Napoleon beging hier keinen individuellen Fehler. Vielmehr veränderten sich die Kriegsbedingungen, fand eine Verlagerung der Konflikte nach Asien und damit in die ganze Welt statt. Der Kaiser befand sich in der Lage eines Fischs auf dem Trockenen. Nicht er hatte sich verändert, sondern die Epoche. In Clausewitz' Kritik dringt deutlich die Position des Aristokraten oder Möchtegern-Aristokraten durch. In seinen Augen besitzt der jämmerliche kritische Verstand keinerlei Macht über das militärische Genie. Die Triebfedern des Glücks oder des Genies wird man nie begreifen, denn beide sind Teil einer Wirklichkeit, die in Verbindung zum Sakralen steht. Clausewitz schreibt ja ausdrücklich, dass die Kritik »den wesentlichen Zusammenhang […] erst faktisch kennenlernen« muss: Der Leser wird aufgefordert, dem Kreis der Auserwählten beizutreten, und zwar durch das Ritual der Theorie selbst, die selbst endlich mit der richtigen Methode ausgerüstet ist. Clausewitz versucht also, das Unvorhersehbare zu meistern, das Glück und den Zufall in sein theoretisches Gerüst einzupassen; und letzteres unterhält eine Beziehung zum Ritual. In einer von der Wechselwirkung regierten Welt gibt es kein Rezept für den Sieg: es wäre genauso absurd, Napoleon unterwürfig nachzuahmen wie ihn zu verachten. Hat man erst einmal ein umfassendes Situationsverständnis erlangt, muss man sich mit ihm identifizieren. In gewisser Weise erfasst Clausewitz die Haltung, die er gegenüber seinem Modell einnehmen sollte, *wenn es eben nicht sein einziges und alleiniges Modell* wäre: Diese Haltung entspräche der Haltung eines Historikers, der das Porträt einer bestimmten historischen Person zeichnete.

Nun gibt es, wie wir gesehen haben, bei Clausewitz aber eine offenkundige Fixierung auf Napoleon: Die anderen Vorbilder, mit denen die Analyse hätte ausgewogen gestaltet werden können, fallen neben dem Kaiser nicht ins Gewicht. Alles kehrt zu Napoleon zurück, und zwar in einer Art und Weise, die der Erwählung eines Opfers durchaus vergleichbar ist. Andererseits konnte Clausewitz diesen Mechanismus nur deshalb so transparent machen, weil er nicht vollständig von ihm eingenommen war. Dieser Mechanismus wird hier zutreffend abgebildet und beinahe explizit als Sündenbockmechanismus thematisiert. Ein Beweis hierfür ist – wenn es eines solchen Beweises bedürfte –, dass er nicht ausschließlich von den kriegerischen Beziehungen spricht: Da er die Aufklärung in Klammern setzte, konnte er Wesentliches über die menschlichen Beziehungen sagen. Ihm ist bewusst, dass er ein undefinierbares Meisterwerk schreibt. Die wahre Literaturwissenschaft muss also die Grenzen der Literatur überschreiten. Nicht durch den Antimilitarismus werden wir mit dem Krieg aufräumen, sondern dadurch, dass wir *Vom Kriege* genau lesen. Die literarische Emotion ist ein Elixier, das auf die ehrenvollste Weise entmystifiziert. Den Krieg vollständig zu durchdringen, heißt, nicht länger Krieger sein zu können.

Nur die Logik des Sakralen erhellt den ambivalenten Blick des Theoretikers auf den »militärischen Genius«. Clausewitz hängt an seiner Beute, er bewundert sie, sie fasziniert ihn. Seine Sicht auf den gestürzten, zum Sündenbock Europas mutierten Kaiser ist die Sichtweise, die sich alle *unwissentlich* gegenüber Napoleon angeeignet haben, der nach seinem Exil im wahrsten Sinn vergöttlicht wird. In gewisser Weise ist das Opfer stets derjenige, der sein Ziel erreicht und zugleich scheitert. Das Opfer vereint Widersprüchliches in sich. Sein sakrales Wesen ergibt sich genau aus diesem Oszillieren. Clausewitz klärt uns über die »dunklen Gefühle« der Menge auf, das heißt über diese besondere Rationalität, die dem »Auge des Geistes« unsichtbar bleibt. Darin nimmt »das Glück im Kriege eine viel edlere Natur« an »als das Glück im Spiel«.[164] Intellektuelle amüsieren sich, Krieger tun dies nicht.

B. C.: Verbleiben wir hier nicht *unterhalb* der Ordnung des Geistes, in einer für die interne Vermittlung typischen Regression, bei der man sehr schnell vom Besten zum Schlimmsten übergeht und der analytische Wagemut sich in Fanatismus verkehren kann?

R. G.: Wie alle Romantiker erahnt Clausewitz hier in der Tat etwas Wesentliches, verfehlt es aber auch. Wir haben hier den offenkundigen Beweis dafür, dass die Identifikation mit dem anderen in einer Welt der internen Vermittlung sehr oft scheitert. Anstatt von einem Modell zum anderen weiterzugehen, bleibt das Subjekt am stärksten Modell hängen und beginnt, mit ihm zu rivalisieren, um sich dessen Sein anzueignen. Diese Form des symbolischen Kannibalismus ist Ausdruck dafür, dass die Beziehung fehlgeschlagen ist. Clausewitz berücksichtigt die »Wechselwirkung« – vermutlich in stärkerem Maße als irgendjemand sonst –, aber schlussendlich gerät er doch in ihre Fänge. Er steht damit nicht allein, ich wiederhole es noch einmal, sondern lehrt uns ungemein viel über die Gefühle seiner europäischen Zeitgenossen, die alle auf Napoleon schauen und von dessen Schlagkraft gleichermaßen beeindruckt sind, selbst wenn sie die Plünderungen und die von der französischen Armee durchgesetzten Steuererhebungen nicht verzeihen. Während Napoleons Virtuosität Bewunderung hervorrief, empörte das Verhalten seiner Truppen. Hölderlin ist ein gutes Sinnbild für die große Enttäuschung der deutschen Intellektuellen, die anfänglich in jedem Franzosen einen Befreier und keinen Soldat erkannten. Es ist nur natürlich, dass sich diese ambivalenten Gefühle um die Figur Napoleon kristallisierten. In der Tat wird die Versuchung, ihn nachzuahmen, durch die Vorstellung, ihn übertreffen zu können, noch verstärkt: es existiert stets eine partielle Basis für die nationalistische Lüge.

Kommen wir nun zu jenem Moment maximaler Polarisierung zurück, das heißt zu den höchsten und außergewöhnlichsten Meisterleistungen dieses in die Enge getriebenen Hirsches, der sämtliche europäischen Generäle noch zu einer Zeit fasziniert, in der sich das Netz um ihn bereits zusammenzieht. Clausewitz ist hier ein Hauptzeuge:

> »Als Bonaparte im Februar 1814 von der Blücherschen Armee, nachdem er sie in den Gefechten von Etoges, Champaubert, Montmirail usw. besiegt hatte, abließ, um sich wieder gegen Schwarzenberg zu wenden, und dessen Korps bei Montereau und Mormant schlug, war jedermann voll Bewunderung, weil Bonaparte gerade in diesem Hin- und Herwerfen seiner Hauptmacht einen glänzenden Gebrauch von dem Fehler machte, welcher in dem getrennten Vorgehen der Verbündeten lag; wenn ihn diese glänzenden Schläge nach allen Seiten hin nicht gerettet haben, so meint man, war es wenigstens nicht seine Schuld. Niemand hat bis jetzt die Frage getan, was der Erfolg gewesen sein würde, wenn er sich nicht von Blücher wieder gegen Schwarzenberg gewendet, sondern seine Stöße ferner gegen Blücher gerichtet und diesen bis an den Rhein verfolgt hätte. Wir halten uns überzeugt, daß ein gänzlicher Umschwung des Feldzugs eingetreten und die große Armee, statt nach Paris zu gehen, über den Rhein zurückgekehrt wäre. Wir ver-

langen nicht, daß man diese Überzeugung mit uns teile, aber daß die Kritik diese Alternative mit zur Sprache bringen mußte, wird kein Sachverständiger bezweifeln, sobald sie einmal genannt ist.«[165]

Clausewitz nimmt Napoleons Standpunkt ein, wird virtuell zu Napoleons Berater, so wie er im wirklichen Leben angeblich Berater Kutusows war. Was suggeriert er hier anderes, als dass die Kritiker nicht einmal bei ihrem Nachdenken über Napoleons Schlachten wagemutig genug sind? Nur er allein ist im Frankreichfeldzug wahrhaft napoleonisch, sogar über-napoleonisch. Seine Blücher-Strategie ist bewundernswert, und vermutlich lag er damit richtig. Napoleon hätte vielleicht sogar gewinnen können, wenn er einen sein Genie anspornenden Clausewitz an seiner Seite gehabt hätte! Erinnern wir uns an all die Ausführungen in *Vom Kriege*, in denen Clausewitz darüber reflektiert, dass zu langes Marschieren eine Armee auslaugt. Die Auswirkungen sind so schrecklich, dass man eine imposante Armee in wenigen Stunden in eine jämmerliche Herde verwandeln kann. Hier sind die Gründe, die Clausewitz anführt, um seine These zu untermauern:

»Wollten wir [...] beweisen, daß das unablässige Verfolgen Blüchers besser gewesen wäre als das Umkehren gegen Schwarzenberg, so würden wir uns auf folgende einfache Wahrheiten stützen:

1. Im allgemeinen ist es vorteilhafter, die Stöße in einer Richtung fortzusetzen als die Kraft hin- und herzuwerfen, weil dieses Hin- und Herwerfen Zeitverlust mit sich bringt und weil da, wo die moralische Kraft schon durch bedeutende Verluste geschwächt ist, neue Erfolge leichter zu erhalten sind, man also auf diese Weise nicht einen Teil des erhaltenen Übergewichts unbenutzt läßt.«[166]

Immer wieder betont Clausewitz die Bedeutung moralischer »Werte«. Um die Kapitulation des Gegners zu erzwingen, ist die Konzentration des kriegerischen Geistes auf eine einzige Richtung Voraussetzung. Der kriegerische Genius ist derjenige, der die Schwachstelle findet: Das ist der Punkt, an dem der Keulenschlag ins Spiel kommt, der Gipfel der napoleonischen Taktik. Hier funktioniert die Synthese der »wunderlichen Dreifaltigkeit« nach Clausewitz' Verständnis gut: Der kriegerische Genius versteht es, die Energien seiner Armee auf ein einziges Ziel hin zu kanalisieren. Wir wissen, dass nur diese Zusammenrottung aller gegen einen – im vorliegenden Fall den ausgemachten Feind – die Gruppe zu einer schlagkräftigen Einheit zusammenschweißen kann.

> »2. Weil Blücher, obgleich schwächer als Schwarzenberg, doch wegen seines Unternehmungsgeistes der Bedeutendere war, daß in ihm also mehr der Schwerpunkt lag, der das übrige in seiner Richtung mit fortreißt.«[167]

Schwarzenberg, der zu zaghaft war, um auf Paris zu marschieren, hätte sich rasch hinter Blücher zurückgezogen, anstatt sich vor ihn zu stellen. Die Vorstellung, dass es einen Schwerpunkt, eine Achillesferse gibt, die man treffen muss, ist ein wesentlicher Beitrag seiner Theorie. Man spürt Clausewitz' Bedauern darüber, dass dieses Aufeinandertreffen nicht zustande kam: Ein Angriff auf Blücher wäre ein Angriff auf Preußen gewesen. Diese Kombination aus Napoleonismus und Preußentum fasst den gesamten Clausewitz zusammen. Die Nachahmung des Gegners und das Phänomen der Entdifferenzierung laufen hier auf Hochtouren.

> »3. Weil die Verluste, die Blücher erlitten hatte, einer Niederlage gleichzuachten und dadurch ein solches Übergewicht Bonapartes über ihn entstanden war, daß der Rückzug bis an den Rhein kaum zweifelhaft sein konnte, weil sich auf dieser Linie keine namhaften Verstärkungen befanden.
>
> 4. Weil kein anderer möglicher Erfolg sich so furchtbar ausgenommen, sich der Phantasie in einer solchen Riesengestalt gezeigt haben würde, dies aber bei einem unentschlossenen, zaghaf-

ten Armeekommando, wie das Schwarzenbergsche notorisch war, als eine große Hauptsache angesehen werden mußte.«[168]

Der Erfolg wäre total gewesen. Im von Clausewitz überarbeiteten und korrigierten Frankreichfeldzug triumphiert Napoleon. Auf dem Papier macht Clausewitz am Ende jene militärische Karriere, die ihm im wahren Leben versagt geblieben ist. Wer weiß schon, was er über seine Vorgesetzten dachte? Wir sollten stets die Situation im Hinterkopf behalten, in der sich der Schreibende befand. Als er seine Abhandlung verfasste, befand sich Clausewitz nicht in der Situation eines Siegers, sondern eines Besiegten. Seine Kollegen haben ihm vermutlich niemals verziehen, dass er *vom preußischen Standpunkt aus betrachtet* recht daran getan hatte, die preußische Armee und den mit Napoleon verbündeten König Preußens im Stich zu lassen und sich der Armee des Zaren anzuschließen. Seine aufmüpfige und napoleonische Seite rührte nicht zuletzt von der Tatsache her, dass er aus den falschen Gründen im Exil lebte – *wie Napoleon*. Letztendlich erleidet Clausewitz also das gleiche Schicksal wie sein Modell. In diesem Fall ist die Nachahmung total, während sie eigentlich nur ein Spiel sein sollte, eine vorläufige Identifikation. Clausewitz spielt nicht, er *glaubt* an diesen »Kriegsgott« und findet sich am Ende in einer Situation wieder, die derjenigen Napoleons entspricht. *Vom Kriege* ist in mancher Hinsicht so etwas wie Clausewitz' *Tagebuch von Sankt Helena*, ein im Exil gereifter Text. Der Käfig ist zwar golden, aber doch ein Gefängnis für den Mann, der sein Land reformieren wollte.

Clausewitz hat einen Eintrag in die Geschichtsbücher verpasst, weil er seine Sache zu gut gemacht hat. Das ist ungefähr so wie in den Institutionen, in denen sich stets alle darin einig sind, die Besten am Aufstieg zu hindern. Nur wenige Offiziere taten, was Clausewitz getan hat: sein Land verlassen, um sich den Russen anzuschließen. Fast alle seiner Kollegen sind bei ihrem König geblieben. Und so mussten sie ihm sein Verhalten zwangsläufig äußerst übel nehmen. Wäre er gescheitert, hätte Napoleon den Russlandfeldzug gewonnen, hätten sie sich wie großmütige Sieger verhalten. Aber im Grunde war ihnen bewusst, dass Clausewitz von Anfang an recht gehabt hatte. Und eine solche Hellsicht wird selten verziehen. Natürlich hat man behauptet, dass des Preußenkönigs Strategie – das heißt Napoleon zur Eroberung Russlands zu ermutigen und ihn durch die gewährte Unterstützung zu dieser Entscheidung zu bewegen – darauf ausgerichtet war, den Kaiser in ein Himmelfahrtskommando zu treiben. Aber dieser Rechtfertigungsversuch ist wenig überzeugend. Die Reaktionen von Clausewitz' Kollegen, die Kälte, mit der man ihn nach seiner Rückkehr aus Russland mutmaßlich empfing, müssen ihn demoralisiert haben. Man hielt ihn für einen Verräter. Hier sehen wir den engstirnigen Korpsgeist, der in meinen Augen einer der Gründe für Clausewitz' Melancholie war.

Auch wenn Leute wie Scharnhorst oder Gneisenau ihn als einen der Ihren betrachteten, besaßen sie vermutlich doch nicht die Macht, ihn gegenüber ihren feindseligen Untergebenen in Schutz zu nehmen. Clausewitz umgab eine Sündenbockaura, die für ein »normales« militärisches Umfeld sehr verführerisch ist. Deshalb muss er sehr diskret gewesen sein: sein Pflichtgefühl war so ausgeprägt, dass er die Demütigungen durch seine Kollegen hinunterschluckte. Die Bevölkerung von Berlin hat die Dinge offensichtlich wie Clausewitz gesehen und nicht wie die Armee, die auf ihrem Groll sitzen blieb. Germaine de Staël hat den Graben zwischen der preußischen Armee und dem restlichen Land sehr schön beschrieben. Die mit der Schließung dieses Grabens verbundenen Gefahren hat sie indes nicht erkannt: die Politik der preußischen Reaktionäre, die die von Clausewitz, Scharnhorst oder Gneisenau getragenen Reformbestrebungen zunichte machen sollten. Um dieses Phänomen zu begreifen, muss man an den Algerienkrieg denken, an den Unterschied zwischen jenen Militärs, die bereit waren, den Rückzug zu akzeptieren, und jenen, die dazu nicht bereit waren.

Wir haben es hier mit einer Identifikation zu tun, die in Nachahmung regrediert. Daher die seltsam magnetisierende Wirkung von Clausewitz' Text und das einzigartige Vergnügen, das die Lektüre von Sätzen wie den folgenden in uns auslöst: »Weil die Verluste, die Blücher erlitten hatte, einer Niederlage gleichzuachten und dadurch ein solches Übergewicht Bonapartes über ihn entstanden war, daß der Rückzug bis an den Rhein kaum zweifelhaft sein konnte [...].« Wer spricht hier: Bonaparte oder Clausewitz? Beide, denn *die Nachahmung ist hier absolut*, während sie, um gut zu funktionieren und vom einen zum anderen Vorbild überzugehen, relativ sein sollte. Napoleons Wiederauferstehung im Text seines Kritikers ist für uns folgenlos. Dennoch besitzt Clausewitz' gleichbleibende Identifikation mit einem einzigen Modell eine fesselnde Anziehungskraft und wird Clausewitz' unvollendeter Text immer faszinierender. Ein unbedarfter Leser könnte sich sehr gut sagen, dass wenn Napoleon in jenem Augenblick an den Rhein zurückgekehrt wäre ...

B.C.: Die Engländer hätten aber niemals aufgegeben!

R.G.: Die Engländer sind nicht von Napoleon fasziniert. Darin liegt in der Tat ihre Stärke. Englands Insellage begünstigt nicht nur den Handel, sondern bremst auch die mimetische Ansteckung. Der maritime Imperialismus ist hier gegenüber dem kontinentalen Imperialismus im Vorteil. Niemand hat Clausewitz' überaus romaneske Leidenschaft für sein Modell thematisiert. Es ist die gleiche, die man im französischen Napoleonismus findet, aber in Frankreich wird sie vollständig ausagiert und ist nicht mit Komplexen belastet, denn Napoleon ist schließlich unser Held. Liddell Hart hingegen will von Clausewitz' Faszination nichts wissen. Das ist sehr englisch, ihre vernünftige und langweilige Art eben. Julien Green äußert sich hierzu auf bewundernswerte Weise, weil er England sehr bewunderte, gleichzeitig sagt er aber auch, dass es nichts Langweiligeres als die Engländer gibt, weil sie nicht einen Funken Leidenschaft im Leib haben. Deshalb erkennen sie auf politischer

Ebene luzide den Mimetismus der anderen, an dem sie nicht teilhaben. Erinnern Sie sich nur an Churchill: »Herr de Gaulle, wenn wir zwischen Europa und der offenen See entscheiden müssen, so wählen wir immer die offene See.«[169] Die romaneske Leidenschaft Clausewitz' hingegen ist ein wunderbares Beispiel für die Mimetik. Deshalb zeugt sein Text nicht nur vom Umschlagen der Faszination in Feindseligkeit: Clausewitz gelangt dahin, seinen Rivalen zu bewundern. Jeder Lehnstuhlstratege ist ein wenig so.

B.C.: Clausewitz ist kein Romancier. Er hat also nie diese innere Befreiung erfahren, die Sie »romaneske Konversion« nennen, obgleich er, wie wir gesehen haben, sich in exzellenter Weise bestimmter literarischer Verfahrensweisen bedient. Wenn das mimetische Modell sein Denken so sehr dominiert, kann man dann diesbezüglich überhaupt noch von einem rationalen Modell sprechen?

R.G.: Ich glaube ja. Ich halte Clausewitz weiterhin für einen gewandten, tiefgründigen Schriftsteller, selbst wenn er durch seinen Enthusiasmus beständig gefährdet ist. Ein rationales Vorbild nachzuahmen, ist nicht unmöglich. Ich glaube sogar, eine solche Nachahmung kann sehr real und aufrichtig sein. Zu behaupten, Clausewitz »glaubt nicht« an sein Vorbild Friedrich II., wäre nicht besonders aufschlussreich; das wäre eine Art psychoanalytisches Vorgehen. Ganz im Gegenteil hängt Clausewitz mit ganzer Seele an Friedrich II., und diese beiden Seelen in seiner Brust widersprechen einander nicht wirklich. Die eine ist gewissermaßen nur die Zuspitzung der anderen. Clausewitz getraut sich nicht zu sagen: »Wären Friedrich II. und Napoleon doch nur ein einziger Mann ...«. Das ist nicht möglich, er ist der Realität verhaftet. Er mutmaßt lediglich, dass es unter den gegebenen Umständen manchmal besser ist, wie Napoleon vorzugehen, um eine Schlacht zu gewinnen. Frankreich bleibt für diesen Preußen ein unüberwindbares Modell. Man muss also sagen, dass ihn sein rationales Modell fatalerweise zu seinem mimetischen Modell hinführt. Diese Bewegung verläuft beinahe unbewusst und zeigt, wie schwierig es ist, dieser Art von Neurose zu entkommen. Clausewitz weiß ganz genau, dass Frankreich kurz davor stand, den Aufbau einer einheitlichen Armee zu vollenden, womit Preußen gerade erst begonnen hatte. Letztlich hat die allgemeine Wehrpflicht Frankreich geeint. In Clausewitz' Augen hatte bereits der Zentralismus der französischen Könige diese Einigung vollbracht. Mit Blick auf die Zukunft kann Tocqueville hierin nur Negatives erkennen, und er hatte damit vollkommen recht. Clausewitz bewertete mehr die unmittelbare Stärke, die Napoleon daraus erwächst: Das französische System lieferte ihm, wie auf einem Präsentierteller, eine Armee, die die vierfache Schlagkraft jeder anderen Armee der Welt besaß. Er war in der Lage, ganz Europa zu erobern.

Man muss die »wunderliche Dreifaltigkeit« folglich als eine Verbindung der beiden Modelle betrachten, nicht als ihre Synthese. Bisweilen *begreift* Clausewitz diese Formel als rationales Modell, bisweilen *erlebt* er sie als mimetisches Modell. Auch wenn er stets mehr einer Seite zuneigt, heißt das trotzdem nicht, dass die andere Seite gar nicht existiert. Clausewitz wird von Napoleon verfolgt, Friedrich II. verfolgt ihn dagegen nicht. Der Preußenkönig ist, wenn Sie so wollen, das schwere Geschütz, das er gegen den Kaiser auffährt. Friedrich II. hat für Clausewitz eine machtvolle Präsenz, aber doch eine geringere als der Kaiser, selbst als dieser geschlagen ist. Wir verstehen jetzt also, dass Clausewitz Bonaparte vorwirft, ein Abenteurer gewesen zu sein, weil er selbst gerne einer gewesen wäre. Clausewitz' Leben war nicht romanesk, und so versuchte er, sich Napoleons Leben anzueignen.

Wir müssen den Umstand betonen, dass Clausewitz *es niemals wirklich gelang, sein Buch zu schreiben*. Hätte er Napoleon nicht in so hohem Maße nachgeahmt, hätte er ihn auf Distanz halten und ihn mit anderen vergleichen können. Clausewitz' Leben muss hart gewesen sein. Schriebe man einen Roman über ihn, um seine Napoleon-Faszination zu erklären, würde man sicher die Zeit verwerten, die er im Alter von 12 Jahren als Fahnenträger in der Armee verbrachte. Falls er in Valmy dabei war, muss er unglaubliche Dinge mitangesehen haben! Auch Goethe hat Valmy miterlebt; von ihm stammt der berühmte Satz: »Von hier und heute geht eine neue Epoche der Weltgeschichte aus, und ihr könnt sagen, ihr seid dabei gewesen.«[170] Clausewitz hat eine epochale Wende miterlebt. Man sollte unserem Autor also nicht jegliche Gefühlsbetontheit absprechen. Jene Ereignisse müssen für ein zwölfjähriges, das Militär bereits bewunderndes Kind höchst aufregend gewesen sein. Hier hat er sich wohl dieses Übel zugezogen. Wir haben es mit einem großen Schriftsteller des Ressentiments zu tun, vielleicht mit einem der ersten modernen Schriftsteller überhaupt. Weil das Ganze aus der Perspektive des Gegners geschrieben ist, ist sein Bericht über den Frankreichfeldzug getreuer als viele andere: das Ressentiment liefert oft realistischere Analysen als die vorgebliche »historische Objektivität«.

Die Passagen, in denen Clausewitz über den Hass spricht, sollten wir wegen der Bedeutung – und hierin war er Pionier –, die er diesem im Krieg weitverbreiteten Gefühl zumaß, genau unter die Lupe nehmen. Was im Bauernlümmel vorging, kümmerte Clausewitz herzlich wenig. Und doch nimmt dieser verspätete Aristokrat genau diese Perspektive, die Perspektive des Bauernlümmels ein. Das militärische Genie absorbiert und kanalisiert die Energien des Volkes. In der Sprache meiner Theorie ist das die Perspektive der sich gegen einen Dritten zusammenrottenden Menge. Es ist sehr schwierig, diese Haltung zu rekonstruieren, wenn man es mit Mythen zu tun hat. Clausewitz' Text lässt in dieser Hinsicht nichts zu wünschen übrig, denn er förderte diese sehr alten Mechanismen genau zu jener Zeit zu Tage, in der die Institution des Krieges sich auflöst. Clausewitz betonte mithin das Fundamentalereignis der Revolution: die allgemeine Wehrpflicht. Sein Ressentiment gestattete es ihm, sein Gedankengebäude zu errichten und zum Vorschein zu bringen, was die Militärtheoretiker nicht sahen: den Umstand, dass die Aristokratie nicht länger existierte, dass der moderne Krieg nicht länger Kunst noch Spiel war, sondern sich anschickte, eine Religion zu werden. So beschreibt Clausewitz die Phänomene des reziproken Handelns, meilenweit entfernt vom lyrischen Heroismus seiner Zeitgenossen Hegel, Fichte oder Schlegel. Seine Nachahmung Napoleons war stark genug, Analysen diesen Typs zu generieren.

Stellen Sie sich für einen Augenblick diesen kleinen Korsen bei seinem Eintritt in jene Offiziersschulen vor, wo man ihn nicht kleinhalten konnte, weil er zuviel Talent besaß. Er muss schreckliche Erfahrungen gemacht haben, über die er niemals sprach. Aus der Sicht des Adels war Clausewitz – wie Napoleon – ein Bastard. Seine adlige Herkunft ließ sich nicht nachweisen. Am Ende seines Lebens erkannte man ihn dann aufgrund seiner ausgezeichneten Karriere als adlig an, aber das hatte etwas Gezwungenes. Ein Grund mehr für seine Kollegen, ihn als »nicht wirklich preußisch« zu behandeln, genauso wie Napoleon »nicht wirklich französisch« war. Nach seinem Leben und dem Buch zu urteilen, das er unvollendet hinterließ, muss Clausewitz jedoch ein Einzelgänger gewesen sein. Wahrscheinlich hatte er zu große Skrupel.

VII. FRANKREICH UND DEUTSCHLAND

Die Reise der Madame de Staël

Benoît Chantre: Im Verlauf unserer Gespräche hat sich gezeigt, dass Clausewitz ein Schriftsteller ist, der die Grenzen seiner Disziplin überschreitet. Seine Abhandlung geht über das militärische Fachgebiet zuweilen so weit hinaus, dass sie an die Literatur und die Anthropologie grenzt. Die Tatsache, dass *Vom Kriege* die Figur Napoleon ganz in den Mittelpunkt rückt, führt uns ins Zentrum des europäischen Problems, führt uns zu den deutsch-französischen Beziehungen. Fragen des Stils, die Clausewitz, wie wir gesehen haben, durchaus interessierten, bewahrten ihn gleichwohl nicht davor, sich in die von Ihnen so betitelte »romantische Lüge« zu verstricken, das heißt in die uneingestandene Nachahmung eines einzigen Vorbilds. Und so haben wir das Phänomen Clausewitz in eine Geschichte des Begehrens eingeordnet, der Intensivierung der Mimetik als treibender Kraft menschlichen Verhaltens. Diese stets weiter wachsende Gefahr ist gleichbedeutend mit dem, was wir in einem umfassenderen Sinne Steigerung bis zum Äußersten nennen. Angesichts dieser Gefahr wurde deutlich, wie dringend notwendig der Widerstand gegen die Mimetik ist. Auf diesem Umweg haben Sie das Projekt näher erläutert, das Ihrem Werk seit Beginn zugrunde liegt.

Bereits das 1961 publizierte Buch *Figuren des Begehrens* enthält im Ansatz Ihre gesamte Theorie und zeugt von einer doppelten Konversion, der Konversion zur romanesken Wahrheit auf der einen und zur christlichen Wahrheit auf der anderen Seite. Das romaneske Genie wird dort gerade in Abgrenzung zur »romantischen Lüge« definiert, die sich auf die Vorstellung der Autonomie unserer Begehren gründet. Allein das romaneske Genie sei in der Lage, die verborgenen Mittler dieser Begehren aufzuscheuchen und ans Licht zu bringen, dass wir ein Objekt nur begehren, weil ein anderer es begehrt oder begehren *könnte*. Ist dieser andere zeitlich und räumlich weit entfernt (womöglich geht er gar in der Kultur auf), ist unser Begehren friedlich, fast »natürlich«. Ist dieser andere hingegen in der Nähe, wird er zu einem realen oder möglichen Rivalen, steigert sich unser Begehren bis zur Raserei und wir werden uns dann krampfhaft an unsere Differenz klammern. Die Institutionen, die keine andere Funktion haben, als die Gewalt einzudämmen, wurzeln im Zweikampf. Die Geschichte zeigt jedoch, wie diese »menschliche Natur« erodiert: Die ihr eigenes Geheimnis preisgebende mythologische Lüge verwandelte sich im Lauf der Jahrhunderte in die »romantische Lüge«, indem sie das Ressentiment in Erscheinung treten ließ. Dies ist die große Entdeckung des 19. Jahrhunderts. Clausewitz gehört jener Epoche an, in der sich der Gründungsmechanismus jeglicher Kultur in seiner ganzen Gewalt offenbart.

Im Lauf unserer Diskussion haben Sie dargelegt, in welch hohem Maße Sie von der romantischen Empfindsamkeit eingenommen waren. Wie Sie rundweg eingestanden, haben Sie *Vom Kriege* allein aus Liebe zu Chopin gelesen. Nicht zuletzt dieser rauschhaften Epoche verdanken Sie die Aufdeckung dessen, »was seit der Grundlegung der Welt verborgen ist«.[171] Das Paradoxe Ihrer Position liegt in dieser gleichzeitigen Anziehung und Verwerfung. Inmitten einer äußerst instabilen Welt halten Sie nach der Gelegenheit Ausschau, den Augenblick einer »innersten Vermittlung« beim Schopf zu packen: den Augenblick einer Umwendung der Gewalt in Versöhnung. Wir müssen uns daher der Romantik als historischer Bewegung und nicht länger als Metapher des mimetischen Begehrens zuwenden. Für Sie ist die Romantik gleichbedeutend mit der Ambivalenz, die Frankreichs Beziehungen zu Deutschland kennzeichnet. Diese Ambivalenz wird Anfang des 19. Jahrhunderts von einer außergewöhnlichen Frau verkörpert: Germaine de Staël. Ihr 1813 erschienener Essai *Über Deutschland* trägt nicht nur dazu bei, der Romantik in Frankreich den Weg zu bahnen, sondern auch die Vorstellung zu befördern, dass allein der deutsch-französische Dialog das durch die napoleonischen Abenteuer gespaltene Europa retten kann.

René Girard: Das erste Jahrzehnt des 19. Jahrhunderts ist faszinierend. Alle zukünftigen Entwicklungen sind hier im Keim bereits angelegt, nämlich der Zerfall Europas im Rahmen der deutsch-französischen Verwicklung. Warum ging Hölderlin nach Bordeaux? Weil er den Provinzialismus Deutschlands stärker spürte als irgendjemand sonst. Dennoch brachte er nichts aus Frankreich zurück. Er, der so naiv war, an die Französische Revolution zu glauben, litt stark unter dem mangelnden Dialog beider Länder. Er kehrte schnell nach Tübingen zurück, wo Madame de Staël ihn 1806 hätte treffen können, als sie im Zuge der dokumentarischen Vorarbeiten zu ihrem Buch unter anderem Goethe, Fichte und Schiller besuchte. Doch gerade diese Begegnung, an der ihr hätte gelegen sein sollen, fand nie statt.

Von Napoleon ins Exil verbannt reiste Germaine de Staël nach Deutschland, um Kräfte für einen literarischen und politischen Krieg zu mobilisieren. Aber sie nimmt Hölderlin nicht wahr, der es aus Gründen, die wir zu beleuchten versucht haben, vorzog zu schweigen. Und so nimmt das Missverständnis seinen Lauf. Es steht fest, dass *Über Deutschland* der Romantik in Frankreich den Weg bahnte. Aber hätte dieses Buch auch einen echten deutsch-französischen Dialog etablieren können? Hölderlins Schweigen gibt Anlass zum Zweifel. Germaine de Staël wollte über die von Napoleon in Europa angerichteten Verwüstungen hinauskommen, und sie spürte, dass diese Verwüstungen in Deutschland die schlimmsten Folgen zeitigen würden. Tatsächlich jedoch entfachte sie den Hass erneut, indem sie die großen deutschen Autoren gegen den französischen Klassizismus ausspielte. Vergessen Sie nicht, dass Napoleon versuchte, den Klassizismus aus rein politischen Gründen aufrechtzuerhalten. Wir müssen uns also in der Tat näher mit Germaine de Staël auseinandersetzen, um zu erkunden, wie sich die Beziehungen zwischen den beiden Ländern gestalteten, die im Zentrum jener Steigerung bis zum Äußersten standen, die Europa zerstören sollte.

Ich habe nie über Germaine de Staël geschrieben. Sie hat ja wirklich unglaublich schlechte Romane veröffentlicht! Aber durch Robert Doran entdeckte ich ihre Talente als Literaturkritikerin. Sie scheint die Literatur tatsächlich in sehr mimetischer Weise aufgefasst zu haben. So habe ich also etwas genauer hingesehen und bin in ihrem Werk *Von der Literatur* auf in dieser Hinsicht ganz und gar außergewöhnliche Sätze gestoßen. Zunächst gilt es sich ins Gedächtnis zu rufen, dass es Germaine de Staël war, die den literarischen und sozialen *Essay* erfunden hat. Sie versuchte, Europas Leiden in einer besonders schwierigen Epoche der europäischen Geschichte zu diagnostizieren. Mit ihr hält die Literatur Einzug in die kulturelle, politische und soziale Debatte. Kurz, sie ist die Erfinderin der Komparatistik und des interdisziplinären Ansatzes. Diese Freiheit im Ton und in der Gedankenführung führte über die Reziprozität der menschlichen Haltungen offensichtlich zur Entdeckung des Nacheiferns.

Ihre Herangehensweise an Völker und Kulturen birgt eine Vielzahl tiefgründiger Intuitionen. Was sie beispielsweise hinsichtlich der grundlegenden Funktion des Religiösen ahnte, war sehr neu. Wenn der französische Klassizismus der deutschen Romantik gegenübersteht, wenn es einen Gegensatz zwischen nördlicher und südlicher Literatur gibt, muss man über diese Differenzen auch nachdenken. Jenseits der deutsch-französischen Reziprozität versuchte Germaine de Staël, eine Beziehung zwischen den beiden Kulturen zu entwerfen und jene Brücke zu bauen, die Hölderlin und seine Landsleute nicht zuwege brachten. Sie vereint in sich das Beste Montesquieus: die einzigartige Manier, das in den nationalen Klischees enthaltene Körnchen Wahrheit zu erkennen. Sie ahnte, dass die Essenz Europas im deutsch-französischen Verhältnis verdichtet war: Für die Versöhnung der beiden Länder zu kämpfen, würde bedeuten, Europa vor der Selbstverleugnung, sogar der Selbstzerstörung zu retten. Germaine de Staël sprach beide Sprachen, besaß eine intime Kenntnis beider Länder. Wenn es vor Baudelaire irgendjemanden gab, der den Katholizismus als kulturelles Phänomen auffasste, dann sie.

Germaine de Staël war die Tochter Jacques Neckers und lebte in Genf, dem kontinentalen Refugium der durch die europäischen Konflikte Bedrohten. Sie befand sich mithin in der privilegierten Position, die Europa spaltenden Ereignisse aus der Distanz beobachten zu können. Sie konzentrierte ihre Aufmerksamkeit vor allem auf die unmittelbar bevorstehende Antwort Deutschlands auf Frankreich, bewegte sich also auf sehr sensiblem Terrain. Napoleon verspürte ihr gegenüber wohl eine Art mimetischer Gereiztheit. Er wollte sich nicht von ihr verführen lassen; auf dieser Ebene teilte er Benjamin Constants Schwäche nicht! Gut möglich, dass Germaine de Staël *Über Deutschland* einzig und allein als Angriff auf den Kaiser geschrieben hat; ein Angriff, der durchaus etwas von modernen, das heißt von publizistischen, propagandistischen Reaktionsformen an sich hatte. Denn Napoleon war sich in der Tat darüber im Klaren, dass die Sympathie des Kaiserreiches auf Seiten des Klassizismus lag, im Gegensatz zur deutschen und englischen Romantik, jenen beiden Modellen, für die sich die Franzosen nach dem Wiener Kongress entscheiden sollten. Wir bekommen es dann bald mit den »gothic novels« zu tun! Aus diesem Grund ermutigte Napoleon all diese alten, armseligen Klassikliebhaber, die noch immer Voltaire-Tragödien lasen. Sie sind die typischen Vertreter der Intellektuellenkaste in der Ära Napoleon. Der Kaiser hatte erkannt, dass Frankreich dem Klassizismus in Opposition zur Romantik Gestalt verlieh. Die Intellektuellen hatten davon nicht die geringste Ahnung, folgten ihm aber bereitwillig: Sie erhielten gute Stellungen und wurden fürstlich bezahlt. Auf diese Weise war der Klassizismus gut geschützt.

Schon die Publikationsgeschichte von *Über Deutschland* ist vielsagend. Die französische Version des Buchs erschien im Juli 1813, ein Jahr vor Napoleons Abdankung und Germaine de Staëls Rückkehr aus London nach Paris. Ihre Jahre im Exil waren entscheidend, und dies nicht nur für die französische Literatur. Germaine de Staël war tatsächlich mit den herausragenden Persönlichkeiten Deutschlands zusammengetroffen. Sie kehrte nach Paris zurück, wo sie eine beeindruckende Zahl politischer, ja sogar militärischer Führungspersonen empfing; so zählte beispielsweise Jean-Baptiste Bernadotte zu den Gästen ihres Salons. Sie schrieb und agierte *gegen Napoleon*. Ihr wurde daher besondere Aufmerksamkeit seitens des Kaisers zuteil, wie all die gegen sie verhängten polizeilichen Maßnahmen sowie das forcierte Exil belegen. Diese überaus romaneske Gestalt ängstigte Napoleon, lieferte sich zahlreiche Szenen mit Benjamin Constant und hatte von verschiedenen Männern Kinder. Dass man sie stets als hässlich und männlich beschreibt, lässt mich unweigerlich an die Fantasien denken, die man auf Marie-Antoinette projizierte. Mit seinem Romanfragment *Cécile*, in dem er sich für ihre Dominanz rächte, hat Benjamin Constant ihr übel mitgespielt. Zum Schluss zog sie reinste Verfolgungsstereotype auf sich: Ihr freizügiges Sexualleben wird ins Monströse gesteigert, und ihre große Intelligenz macht sie zu einer Art androgynem Wesen. Die Pariser Salons hielten sie für eine in den Diensten des Feindes stehende Verräterin, eine neue »Österreicherin«, wie man Marie-Antoinette in Frankreich nannte. Diese Umstände fielen bei ihrem Hass gegen Napoleon vermutlich ins Gewicht.

Ich reihe Germaine de Staël also in die große feministische Ahnengalerie ein, die für mich bis zu Molières Célimène und seiner Intellektuellensatire zurückreicht. Was Molière geahnt hatte, wird Germaine de Staël verkörpern. *Der Misanthrop* bzw. *Menschenfeind* ist die schlagkräftigste Kritik zur Zeit des gerade aufkeimenden französischen Intellektualismus; Molière definiert den Intellektuellen als reinen Widerspruchsgeist, der nur davon träumt, sich abzuheben. Tatsächlich löst der Widerspruchsgeist in Frankreich eine Erregtheit aus, die den Gipfel der »Kreativität« und »Innovation« zu bilden scheint. Was Molière in seinem Stück verewigte, war der Zerfall einer bestimmten intellektuellen Lebensform, die bald »Klassizismus« oder »Geist des Salons« heißen sollte. Das negative Denken war im 17. Jahrhundert bereits auf dem Vormarsch, und Alceste war einer seiner Vorläufer. Bei Hegel sahen wir diese Negativität am Werke, und wir sahen auch, dass die »Negation der Negation« nicht zum *happy end* unserer alten Filme führte. Die Dekonstruktion – mit ihrer Leugnung des Referenten oder der Wirklichkeit im Axiom »Alles ist Sprache« – wird der letzte Avatar dieses Geistes gewesen sein.

In der Nachfolge Célimènes hat Germaine de Staël die Wahrheit über den Intellektuellen herausgefunden, die nichts anderes ist als die Wahrheit des Salons. La Rochefoucaulds *Maximen* sind die Bibel des Menschenfeinds, und *Die Prinzessin von Clèves* ist ein großer Roman des Misanthropismus. In Molières Stück findet ein entscheidender Zweikampf statt zwischen derjenigen, der es gelungen ist, sich abzuheben, und demjenigen, dem dies misslang – zwischen derjenigen, die die Gesetze der Gesellschaft begriffen hat und demjenigen, der vorgibt, ihr Opfer zu sein. Célimène hütet Alcestes Geheimnis und wird das am Ende des Stückes teuer bezahlen. Das Wesentliche ihrer Lektion ist in wenigen Versen zusammengefasst:

»Wann wär' es uns bei Herrn Alcest geglückt,
Daß er ein herrschend Urteil anerkennt,
Und daß er jemals unterdrückt
Sein angebornes Widerspruchstalent?
Was andre denken, das gefällt ihm schlecht;
Er unternimmt, das Gegenteil zu meinen,
Und würde sich als Dutzendmensch erscheinen,
Gäb' er nur einmal jemand recht.
So übermächtig reizt ihn die Verneinung,
Daß er zuweilen gegen sich ergrimmt

Und Fehde führt mit seiner eignen Meinung,
Sobald er sie aus fremdem Mund vernimmt.«[172]

So sah die Innovationsobsession aus, die in Frankreich bereits zu Zeiten Molières grassierte. Weil Alceste sich nicht von den anderen abzuheben vermag, gibt er vor, ihre Gesellschaft zu verachten. Die Salons waren die Schlimmsten. Célimène ist die Einzige, die auf Alcestes Ressentiment hinweist. Mehr als ein Jahrhundert vor Germaine de Staëls Angriff gegen den französischen Klassizismus beschreibt *Der Menschenfeind* bereits den Zerfall eines Salons, dessen Konsequenzen Célimène zu tragen hat, wenn sie im Kloster endet. Die Lösung des Konflikts stellt buchstäblich einen Lynchmord dar. Weil sie die Spirituellste ist, bezahlt Célimène den Preis dieser sich auf die Spitze treibenden Welt der Konversation, in der eine Bitterkeit herrscht, die eine Begleiterscheinung der zunehmenden Gewalt in der Gesellschaft ist. Sobald sie aufhört, oberflächlich zu sein, entlädt sich die Konversation in Gewalt. Alceste ist kein Sündenbock: Er ist daran gescheitert, sich abzuheben, will das aber nicht eingestehen. Er ist bereits vollständig dem Ressentiment verfallen. Germaine de Staël sollte zur Célimène der napoleonischen Salons werden. Was sie als den französischen Nachahmungsgeist und als Misstrauen dieses Klassizismus gegen jegliche Form der Distinktion beschrieb, deckt sich mit dem Phänomen der Einmütigkeit, das ein Vorspiel zu ihrem Exil gebildet haben muss. Allein die Herrin eines Salons, die die Spielregeln kennt, *weil sie deren Opfer gewesen ist*, konnte den Salon so klar als mimetisches System beschreiben und erkennen, dass aus der Mitte der schlussendlich als solcher erkannten Nachahmung etwas Neues entstehen kann.

Deshalb wird Germaine de Staël, als sie nach Napoleons Fall nach Frankreich zurückkehrt, als Allererstes einen neuen Salon gründen. Sehnsuchtsvoll hängt sie der Aufklärung nach, den letzten Lichtern des Konversationsgeistes. Sie hoffte ganz einfach, dass dieses Vergnügen an der Imitation nicht länger eine Verkennung von Ausnahmepersönlichkeiten sein würde, sondern vielmehr die

Bedingung für die Hervorbringung neuer Ideen. In diesem Geiste versuchte sie, einen echten Dialog zwischen Franzosen und Deutschen, zwischen dem Geist der Nachahmung und dem der Erneuerung, ins Leben zu rufen: eine Allianz zwischen dem Besten der Aufklärung und dem Besten der Romantik. Dieses stellvertretende Opfer des französischen Geistes versuchte im post-napoleonischen Frankreich den Weg zu einer *katholischen Moderne* frei zu machen: derjenigen des Dialogs zwischen Frankreich und Deutschland. Und was sie im Innersten dieses Dialogs erspähte, war die endlich ermessene Differenz zwischen dem Christlichen und dem Archaischen, zu welcher der Katholizismus den Schlüssel besitzt. Wir werden in Kürze auf Baudelaire und seine Bewunderung für Wagner zu sprechen kommen. Interessanterweise treten diese Gestalten genau zu der Zeit auf den Plan, in der das Heilige Römische Reich Deutscher Nation mit Napoleon und Bismarck endgültig zu Grabe getragen wird.

B.C.: Jeder wird das ungeschminkte Porträt zu schätzen wissen, das Sie soeben von den französischen Intellektuellen gezeichnet haben! Wir werden auf die Frage des Religiösen sowie den grundlegenden Unterschied, den Sie zwischen dem Christlichen und dem Archaischen ausmachen, zurückkommen müssen. Im Augenblick möchte ich unsere Aufmerksamkeit gerne auf diesen deutsch-französischen Dialog konzentrieren. Könnten Sie den komparativen Ansatz, den Germaine de Staël in Bezug auf diese beiden Kulturen praktizierte, etwas näher beschreiben?

R.G.: Sie definierte die französische Literatur als gesellige Literatur im Gegensatz zur deutschen Literatur, die, wie sie herausfand, eine Literatur einsamer Individuen war. Hölderlins Rückzug bestätigt sie nur. Man muss sein Exil, das in dieselbe Zeit fällt wie das von Germaine de Staël, als eine Art Heraustreten aus dem Manichäismus auffassen. Genau deshalb halte ich den Katholizismus inmitten aller für die romantische Epoche charakteristischen Oszillationen für einen Pol der Stabilität. Er beinhaltet ja weit mehr als eine strenge Bindung an eine bestimmte Konfession. Wir werden sehen, dass Germaine de Staëls Werk in diese Richtung weist und dass eben hierin seine Einzigartigkeit liegt.

Im Jahre 1796 veröffentlichte sie in Lausanne eine Abhandlung mit dem Titel *Vom Einfluß der Leidenschaften*. Solche Titel kann ich unmöglich links liegen lassen. Schlagen Sie *Über Deutschland* auf, und Sie werden feststellen, wie klar diese Autorin erfasste, dass die Leidenschaften ihrem Wesen nach mimetisch sind. Weil Germaine de Staël die Gesetze dessen begreift, was man den deutschen Konformismus und den französischen Mimetismus nennen könnte, ist sie im Zentrum des Zweikampfs, der Europa zerstören sollte. Frankreich ahmte alte Modelle nach, und die Deutschen glaubten, Frankreich nachahmen zu müssen. Die Franzosen klammern sich an ihren überkommenen Klassizismus, und die Deutschen werden durch das napoleonische Kaiserreich gedemütigt. Germaine de Staël wollte dies natürlich verhindern, und ihr gesamtes Buch ist von der Spannung der *deutsch-französischen* Beziehung geprägt, die sie hinter der kriegerischen *Reziprozität* beider Länder neu zu knüpfen versuchte. Nach Paris zurückkehrt wurde ihr jedoch sehr schnell klar, dass Deutschlands Rache, die sie sich in ihrem Ressentiment gegen den Kaiser herbeigesehnt hatte, nun im Gegenzug Frankreich demütigte.

Im Grunde nahm sich Germaine de Staël zunächst den Voltairismus vor: die für den französischen Geist charakteristische Ironie, Eleganz und Schnelligkeit, die die Preußen, Sachsen oder Bayern mit ihrer Biederkeit und der Umständlichkeit ihres Satzbaus *vergeblich imitierten*. Diese Kritik trifft zunächst Friedrich II., von dem sie ein wenig schmeichelhaftes Porträt zeichnete, das Voltaire voll und ganz hätte unterschreiben können:

»Wer Preußen kennenlernen will, muß den Charakter Friedrichs II. studieren. Ein Mann ist der Schöpfer dieses Reichs, für welches die Natur wenig getan hatte, und welches sich zur Macht erhob, weil es von einem Krieger beherrscht ward. Es waren in Friedrich II. zwei ganz verschiedene Menschen, ein Deutscher von Natur, ein Franzose von Erziehung. Alles, was der Deutsche in dem deutschen Königreich getan, hat dauerhafte Spuren hinterlassen; alles, was der Franzose darin versucht hat, ist nicht fruchtbar und gesegnet aufgegangen.«[173]

Man sieht, wie unterschiedlich das Porträt ein und desselben Mannes ausfallen kann, je nachdem, ob es von einer Schweizer Romanautorin oder einem preußischen General gezeichnet wird! Der Mann, der für Clausewitz das Muster heroischer Weisheit sowie eines den kriegerischen Wagemut zügelnden Staatsmannes ist, wird bei Germaine de Staël ein zur Verleugnung seiner eigenen Natur gezwungener Nachahmer. Friedrich II. wurde von Voltaire beherrscht, so wie die Preußen von Napoleon beherrscht wurden. Ohne Frage ist die explizit mimetische Analyse Germaine de Staëls zutreffender als die von Clausewitz. Die Romanautorin kreiert keinen Mythos, sie beschreibt eine gespaltene Seele. Warum auch sollte man diese Franzosen nachahmen, deren »Geist des Altertums« im Widerspruch steht zum »natürlich-alte[n] Urgeist«[174] der Deutschen, die vom Mittelalter und dem Rittergeist bezaubert sind und nicht vom griechischen oder römischen Klassizismus? Die französische *Nachahmung* antiker Vorbilder steht in absolutem Widerspruch zur deutschen *Innovation*, beziehungsweise zum Innovationsdrang einiger weniger Individuen, die sich von einem Volk abheben, das allzu rasch gehorcht oder sich unterwirft.

Trotzdem verträgt sich Germaine de Staëls distanzierter Blickwinkel mit Clausewitz' brachialem Nationalismus, was beweist, dass Meinungen niemals unschuldig sind. Diese beiden Ausnahmeschriftsteller bereiteten eine deutsche *Antwort* auf den arroganten Triumph des Voltairismus vor. Germaine de Staël war so in diese Angelegenheit verstrickt, so in ihrem Hass auf Napoleon befangen, dass sie die dem deutschen Erwachen innewohnende Gefahr nicht erkannte. Was wir bei Clausewitz flüchtig zu sehen bekamen, zeigt sich bei ihr implizit in sehr scharfsinnigen Bemerkungen, deren Konsequenzen die Autorin nicht einen Augenblick für möglich hält – so auch in einem Kapitel mit dem Titel: »Von der deutschen Sprache in ihren Beziehungen mit dem Geiste der Unterhaltung«[175]:

> »Die Deutschen finden in dem glänzenden Ausdruck eine Art von Marktschreierei und halten sich an den abstrakten Ausdruck, weil er gewissenhafter ist und dem Wesen des Wahren sich mehr nähert: aber Unterhaltung darf keine Mühe kosten, weder für das Verstehen noch für das Sprechen. Sobald sich die Unterhaltung nicht mehr auf die allgemeinen Angelegenheiten des Lebens bezieht, und man in den Kreis der Ideen eintritt, wird sie in Deutschland allzu metaphysisch; es gibt kein Mittelgut zwischen dem Gemeinen und dem Erhabenen, und doch ist es gerade dies Mittelgut, worin sich die Kunst zu schwatzen zeigt.«[176]

Germaine de Staëls These bringt es in wenigen Worten auf den Punkt: Einerseits betont sie das komplexbehaftete Misstrauen der Deutschen gegenüber dem französischen Geist, das schnell *Ähnlichkeiten* anstrebt und diejenigen, die davon abweichen, argwöhnisch beäugt; andererseits hebt sie die Fähigkeit der deutschen Sprache zur Abstraktion hervor, die angesichts des Konformismus dieses Volkes geradezu paradox ist. Beachten Sie auch die fehlende Vermittlung »zwischen dem Gemeinen und dem Erhabenen« innerhalb der deutschen Kultur. Germaine de Staël sollte ihren Irrtum sehr schnell erkennen, als sie sich nach dem Fall Napoleons mit dem glühenden Patriotismus ihres Freundes Schlegel konfrontiert sah. Was sollte zehn Jahre später diese unmögliche Synthese aus Gemeinem und Erhabenem verwirklichen, wenn nicht jenen aggressiven Individualismus, dessen Züge wir im Heldentum skizziert sahen, so wie es Clausewitz in *Vom Kriege* dargestellt hatte? Das Militär und Preußen werden die Rolle der Französischen Revolution übernehmen und dort Einheit herstellen, wo noch Teilung herrscht. Unbewusst erahnte Germaine de Staël die Gefahren dieses militärischen Hegelianismus, wenn sie schreibt, dass »Preußen mit einem Januskopf verglichen werden konnte, mit einem militärischen und einem philosophischen Gesichte«.[177] Aber ihre Intuition lässt sie im Stich, wenn sie, einige Seiten später, die Hoffnung äußert, der »preußische Kriegsgeist« möge »Nationalcharakter«[178] annehmen. Dieser Punkt ist von absolut fundamentaler Bedeutung. Sehen Sie dazu auch ihre Definition des kriegerischen Mutes der Franzosen:

> »Aus diesem gesellschaftlichen Bedürfnisse, wie alle übrigen zu denken, kann man sich den Gegensatz des Muts im Kriege zur Feigheit in der bürgerlichen Laufbahn während der Revolution erklären. Über den militärischen Mut gibt es nur eine Ansicht; aber in Beziehung auf das Betragen in politischen Angelegenheiten kann die öffentliche Meinung irregeleitet werden. Der Tadel unserer Umgebung, die Vereinzelung und die Verlassenheit bedrohen uns, wenn wir nicht der herrschenden Partei folgen, während man bei den Armeen nur die Wahl zwischen Tod und glücklichem Erfolg hat: eine herrliche Lage für Franzosen, welche jenen nicht fürchten und diesen über alles lieben. Macht die Gefahr zur Mode, d. h. wendet ihr allen Beifall zu, und ihr werdet sehen, wie der Franzose ihr unter allen Gestalten trotzt. [...] Denn in einem Lande, wo das Schwatzen so großen Einfluß hat, betäubt der Lärm der Worte oft die Stimme des Gewissens.«[179]

Hier prangert Germaine de Staël die Mischung aus Konversation und Mut, Imitation und Kühnheit an, die Frankreichs *rhetorische Macht* begründete. Gekonnt vereinigte diese Rhetorik Voltaire und Napoleon, die Ironie mit der Macht und ließ die französische Kultur zum erdrückenden Vorbild der Deutschen werden, die gezwungen sind, ihren Unterdrücker nachzuahmen. Wir haben Clausewitz' Ausführungen bereits zitiert, in denen seine Furcht vor einem Wiedererstarken Frankreichs zum Ausdruck kommt, da dieses »ein sehr homogenes, ungeteiltes, wohlgelegenes, gutbegrenztes, reiches, kriegerisches und geistreiches Volk«[180] ist. Halten wir fest, dass die Franzosen bald das Gleiche über die Deutschen sagen werden. Der Nationalismus ist seinem Wesen nach mimetisch: Das, was er beim anderen verurteilt, betrifft auch ihn selbst, sodass er sich selbst verurteilt. Der Nationalstolz ist stets ein Hort derartiger Komplexe. Wir müssen ihn als etwas auffassen, was nationale Rivalitäten offenbart, bei denen die Prahlerei das sicherste Symptom eines Selbsthasses ist. Auch hier stoßen wir wieder auf die Bipolarität, jenes für eine instabile Welt charakteristische Oszillieren, und das Wesen der romantischen Lüge. Das auf Frankreich bezogene »sehr homogen« ist also ziemlich außergewöhnlich, weil es ein Kompliment von Clausewitz an die Revolution darstellt. Nach Clausewitz hat es die Revolution ermöglicht, besser Krieg zu führen, indem sie alles homogen werden ließ. Jedermann ins Regiment! Die Erfindung der Wehrpflicht ist einfach unerhört!

Und gleichzeitig hat sich Clausewitz getäuscht: Napoleon laugte Frankreich aus, das von da an einen Abstieg erlebte, ganz besonders auf demografischer Ebene. Clausewitz mangelte es an Hellsichtigkeit, weil sein Hass das Vertrauen in die Überlegenheit des Widersachers nährte. Man hält den Feind stets für mächtiger, als er in Wirklichkeit ist. Clausewitz erkannte nicht, dass die Dinge sich unvermeidlich nach Osten zu verlagern begannen, weil Europa expandierte, größer und immer bevölkerungsreicher wurde. Dies erkannte er nicht, und er erkannte auch nicht, dass es da etwas Abgestandenes gab, das sich napoleonischer Klassizismus nennt. Er erkannte nicht, dass das ängstliche Sich-Klammern an den Klassizismus, das heißt an die Vergangenheit, eine zuvor kaschierte Schwäche der kulturellen Oberhoheit Frankreichs offenbarte. Zu Recht schrieb er Ludwig XIV. und Napoleon imperiale Zielsetzungen zu. Es gibt sogar eine Passage, in der er Rom und Frankreich militärisch explizit auf die gleiche Stufe stellt! Diese Sorge nährt das Ressentiment seiner letzten Jahre.

Die Deutschen, die zu der Zeit, als Germaine de Staël über sie schrieb, dabei waren wieder zu erstarken, verfielen tatsächlich einer nationalen Leidenschaft, die derjenigen der nach 1815 romantisch gewordenen Franzosen vollkommen gleicht. Anderthalb Jahrhunderte später mündete dies in derselben Auszehrung. Auch Deutschland erfährt heute eine demografische Erschütterung. Germaine de Staël erkannte nicht, dass Deutschlands gewaltige Kultur durch den erwachenden Nationalismus bedroht war. Handelte es sich wirklich, wie man formuliert hat, um einen Kampf der deutschen »Kultur« gegen die französische »Zivilisation«? Davon bin ich nicht überzeugt. Vielmehr sehe ich hier erneut die »Wechselwirkung« heraufziehen, das heißt eine Triebfeder der Entdifferenzierung, den Gegensatz zweier großer Kulturen, die diesem Gegensatz beinahe selbst zum Opfer gefallen, in ihm beinahe untergegangen wären. Der Dialog, von dem Madame de Staël träumte, muss vollständig neu konzipiert werden.

Ihre einzigartige Mission bestand also in Folgendem: Anstatt im schönsten Geist der Aufklärung an der Etablierung eines deutsch-französischen Dialogs mitzuwirken, lieferte sie dem Geist der Vergeltung Argumente und Thesen. Diese Frau, die gegen den französischen Klassizismus zu Felde zog, wurde wie Clausewitz vom »Kriegsgott« überwältigt, dessen Erscheinen sie unwissentlich beschleunigte. Es verwundert mithin nicht, dass das durch den Wiener Kongress gedemütigte Frankreich in jene Bresche sprang, die *Über Deutschland* geschlagen hatte. Lieben kann sich nur derjenige, der sich verabscheut, und im Grundsatz sind die Romantiker – ob Franzosen oder Deutsche – Menschen, die sich nicht länger lieben. Warum spricht man dies niemals aus? Germaine de Staëls Sieg über den Klassizismus war vernichtend. Und dennoch war sie weiterhin verbittert. So deute ich die Melancholie ihrer letzten Jahre und ihre ziemlich halbherzige Unterstützung der Restauration. Dennoch hat sie die Möglichkeit eines Dialoges zwischen den beiden Ländern eröffnet. Sie hatte sehr großen Einfluss, ganz besonders auf die französischen Schriftsteller. Die Erneuerung der katholischen Idee resultierte meiner Meinung nach aus diesem Widerstand gegen nationale Hassgefühle. Zu dieser Erneuerung trugen all jene bei, die verstanden hatten, dass die Essenz Europas in diesem Dialog liegt.

B.C.: Glauben Sie, dass Germaine de Staëls Intuitionen Ihren eigenen nahekommen?

R.G.: Das müsste man genauer untersuchen. Denn schon das Auffinden »mimetischer« Intuitionen in ihrem Werk würde meine Theorie ja entkräften! Schließlich habe ich doch stets behauptet, dass nur die großen Romanciers begreifen, was bei der Nachahmung auf dem Spiel steht, und dass das Verständnis der Mimetik für die romaneske Schöpfung notwendige Voraussetzung ist. Nun war Germaine de Staël aber eher eine Theoretikerin denn eine Romanautorin. Sie muss die Nachahmung, die in den europäischen Salons am Werk war, zwar intuitiv erfasst haben, stellte sie jedoch in den Dienst der Vergeltung. Eben darin besteht die Ambivalenz aller Polemiker, die ihre Einsichten am Ende stets dazu einsetzen, »ihrer« Wahrheit zum Sieg zu verhelfen. Auf einige ihrer Gedanken hinsichtlich des Religiösen, die mir mit Madame de Staëls Bewusstsein für die Mimetik verbunden zu sein scheinen, werden wir jedoch zurückkommen müssen. In dieser Hinsicht verspüre ich selbstverständlich eine große Nähe zu ihren Analysen. Für mich kündigt sie die Humanwissenschaften an. Was sie zum Beispiel über das vom Hof ganz und gar in Bann gezogene Frankreich sagt, gilt für alle menschlichen Gesellschaften:

> »In Frankreich scheint der Nachahmungsgeist ein Gesellschaftsband zu sein; alles würde in Unordnung geraten, wenn dieses Band nicht das Ergänzungsmittel wandelbarer Institutionen wäre.«[181]

Diese beinahe *en passant* geäußerte Bemerkung ist von seltener Tiefe. Man könnte meinen, sie stamme von Tocqueville. Sie steht mit unseren, auf die anthropologischen Forschungen des ausgehenden 19. Jahrhunderts gestützten Ausführungen zum grundlegenden

Charakter der Nachahmung vollkommen in Einklang. Germaine de Staël ist ihrer Zeit also weit voraus. Ihr zufolge ist die Konversation in einer Zeit, in der alle andern Institutionen bereits verfallen sind, die letzte Institution: gleichsam die Institution des Endes der Institutionen. Zwar sah sie, dass der Konversation etwas Lächerliches eignet, aber zugleich sah sie auch deren Wirksamkeit. Die Nachahmung ist die Grundlage der Innovation. Tatsächlich ist die Konversation die Ausdrucksweise einer Welt der internen Vermittlung, wo Ruhm nicht von Dauer ist, sondern lediglich einen Augenblick lang aufblitzt, um sogleich wieder zu verschwinden, wo kein Heldenmodell Bestand hat, da jedes Sich-Abheben, jede *Distinktion* suspekt wird. Célimène behält gegenüber dem Menschenfeind und den kleinen Fürsten recht. Die »Kunst zu schwatzen« ist, als Institution verstanden, Germaine de Staël zufolge das, was in Frankreich zwischen dem Gemeinen und dem Erhabenen liegt.

Was sollen wir hieraus anderes schließen, als dass die für die interne Vermittlung typische Konversation flexibel und wachsam genug ist, den französischen Geist davon abzuhalten, in den heroischen Individualismus zu verfallen, der von da an überholt war? Der Mimetismus der Franzosen ist umfassend: Er hätte also einen außergewöhnlichen Schutz gegen die blockierten Identifikationen liefern können, die den Mythos, das Ressentiment und das »heroische Verhalten« hervorbringen. Germaine de Staël spricht offenbar über die Franzosen vor Napoleon, sie blickt sehnsuchtsvoll auf das 18. Jahrhundert, in dem die Waffen schwiegen, in dem der Kabinettskrieg eine »bewaffnete Konversation« war, wie Clausewitz sagt. Das von ihr konstruierte Modell ist gleichwohl überaus aufschlussreich. Danach charakterisiert gerade das Fehlen dieser Institution, vielleicht der letzten Institution überhaupt, die Deutschen, die laut Germaine de Staël unfähig waren, zwischen dem Erhabenen und dem Gemeinen zu vermitteln. Diese nichtvorhandene Vermittlung ist die Folge einer nichtvorhandenen parlamentarischen Kultur. Wenn die Preußen nicht gerade Krieg führten, so trieben sie Handel; wenn sie keine »erhabenen« Interessen verteidigten, zögen sie sich auf private Beschäftigungen zurück, selbst wenn diese »gemein« im Sinne von »gewöhnlich« sind. Wie wir sahen, gab der Handel für Clausewitz ein Gesellschaftsmodell ab. Der von ihm verkörperte Preuße ist versunken in den Tausch und die Reziprozität, die ein und dasselbe sind und sich lediglich graduell unterscheiden. Zwischen dem Tausch von Gütern und dem Austausch von Schlägen hat der Ideenaustausch keinen Platz. Wir müssen uns vergegenwärtigen, dass Clausewitz seine Abhandlung in der allergrößten Abgeschiedenheit reifen ließ. Der posthume und unvollendete Charakter dieses Werkes ist bezeichnend. Clausewitz hat nicht sehr viel Zeit in den Salons verbracht. Dies ist die dunkle Seite seines Rückzugs, der ansonsten – ganz im Gegensatz zu demjenigen Hölderlins – voller Wut und Getöse ist.

Nach 1815 stellte sich das Problem des Fehlens eines Vermittlungsstadiums zwischen dem Erhabenen und dem Gemeinen für Germaine de Staël nicht mehr. Das geht aus einer der französischen Ausgabe hinzugefügten Anmerkung hervor:

> »Ich bitte zu beachten, daß dieses Kapitel wie auch der ganze Rest des Werkes in einer Zeit verfaßt wurde, als Deutschland vollständig unterworfen war. Seither haben die germanischen Völker, die durch die Unterdrückung erwacht sind, ihren Regierungen die Kraft gegeben, die ihnen fehlte, um der Macht der französischen Armeen zu widerstehen, und man hat durch das heroische Verhalten der Herrscher und Völker gesehen, was die Meinung über das Schicksal der Welt vermag.«[182]

Gewiss, man kann in dieser Anmerkung ein authentisches Bekenntnis zum demokratischen Glauben sehen. Aber das, was Germaine de Staël das »heroische Verhalten der Herrscher und Völker« nennt, umfasst auch alle Elemente der von Clausewitz für Preußen erstrebten Reform: eine militärische Meritokratie, die fähig wäre, das zwischen seinem französischen Ideal und seinem Nationalgeist hin- und hergerissene Land zu einen. Diese Reform verlangt die Etablierung eines Heldenmodells, worum es, wie wir sahen, in *Vom Kriege* geht. Wir haben überdies gesehen, dass dieses Modell unvorhergesehene Kräfte freisetzen konnte. Heute sind wir vor derartigen Träumereien gewarnt.

Germaine de Staël gleicht den übrigen Romantikern, die sich, weil sie die Zukunft anbeten, als unfähig erweisen, etwas vorauszusehen. All diese Leute spielen mit dem Ressentiment, wie man mit dem Feuer spielt. Jeder auf seine Weise zeugen sie von der extremen Schwierigkeit, aus dem Innern der Mimetik heraus zu denken, aus dem Inneren mittlerweile äußerst instabil gewordener Vermittlungen heraus. Wie Sie wissen, glaube ich, dass in diesen Irrwegen – so großartig sie manchmal auch sein mögen – im Grunde eine ungeheure Frage steckt, auf die allein das Religiöse eine Antwort zu geben vermag. Den Nachahmungsinstinkt hat Germaine de Staël sehr genau erfasst; andererseits beförderte sie aber auch den grenzenlosen romantischen Individualismus und all seine Innovationen. Ihr abschließender Aufruf zum deutschen »Enthusiasmus« gegen die Rigidität des französischen Verstandes setzt die mimetische Intuition aufs Spiel. Der Übergang vom Sakralen zur Heiligkeit beispielsweise hat mit diesem Enthusiasmus nichts zu tun. Unser Konzept der »innersten Vermittlung« legt etwas viel Unaufdringlicheres und zugleich Realeres nahe: eine Distanz, der die Romanciers viel näher sind als die Essayisten oder Theoretiker, die zu schnell der Illusion der Autonomie aufsitzen. Niemals hätte ein Stendhal, der Napoleon ebenfalls sehr kritisch gegenüberstand, zum »nationalen Erwachen« Deutschlands aufgerufen!

Das Europäische Konzert

B.C.: Die Romanciers sind selbstloser als die Polemiker. Gerade ihr Engagement lässt Letztere jedoch Wesentliches ahnen. Germaine de Staël beging politische Irrtümer. Aber worin bestand Ihrer Meinung nach ihre wesentliche Intuition?

R.G.: Wie ich bereits sagte: in einer bestimmten Vorstellung vom Katholizismus. Wir rühren hier an die Ambivalenz des romantischen Geistes, an seine dunkle und an seine helle Seite. Auf der einen Seite steht die Verherrlichung der Individualität, auf der anderen ein gesteigertes Gespür für den sozialen Stellenwert des Religiösen. Das Ausnahmeindividuum begreift, was dem Gesellschaftsvertrag fehlt. Es erkennt, dass sich der Gesellschaftsvertrag nur durch ein neues Verständnis des Religiösen retten lässt. Vielleicht ist Germaine de Staël wirklich genau dort am überzeugendsten, wo sie Deutschlands Gespaltenheit zwischen Protestantismus und Katholizismus aufrichtig bedauert. Sie spürte, dass die beiden Traditionen, die man *grosso modo* mit der Vernunft und dem Glauben assoziierte, gerade in diesem Land die größte Aussicht auf Versöhnung hatten. Deutschland, schreibt sie, ist nicht das Land der Religionskriege, sondern das Land, in dem sich die religiösen Differenzen in gemeinsamer Achtung vor der Vernunft begegnen können. Germaine de Staël bekräftigt alles, was wir bisher gesagt haben, wenn sie schreibt:

> »[...] aber wenn der Mensch aus der Forschung religiöser hervortritt, als er vorher war, nur dann wird die Religion auf eine unveränderliche Weise begründet, dann ist Friede zwischen ihr und der Aufklärung, dann dienen sie sich gegenseitig.«[183]

Sie erkennt in der freien Forschung der Protestanten nicht nur die Quelle von Deutschlands intellektueller Kraft, sondern auch der wissenschaftlichen Erkenntnis des Religiösen: »und während in Frankreich der philosophische Geist über das Christentum spöttelte, war es in Deutschland ein Gegenstand der Gelehrsamkeit«,[184] schreibt sie. Sicher, die historisch-kritischen Methoden sind im weiteren Verlauf an ihre Grenzen gestoßen, gleichwohl bildeten sie den Auftakt zur Geburt der Humanwissenschaften.

Das dem Katholizismus gewidmete Kapitel ist in dieser Hinsicht sehr erhellend. Zunächst einmal, weil laut Germaine de Staël

»in Deutschland die katholische Religion viel duldsamer [ist] als in jedem anderen Lande«.[185] Dort konnte sie keine Spuren der französischen Glaubenskämpfe ausmachen. Des Weiteren, weil »das Bedürfnis zu glauben«[186] und »das Bedürfnis nachzuprüfen«[187] in manchen vom Protestantismus zum Katholizismus konvertierten Katholiken eine friedliche Verbindung eingehen. So auch bei dem Grafen Friedrich Stolberg, der, wie sie schreibt, »eine Geschichte der Religion Jesu Christi veröffentlicht [hat], welche die Billigung aller christlichen Gemeinden zu finden verdient«.[188] Ich kenne dieses Werk nicht, aber was Germaine de Staël darüber sagt, klingt in meinen Ohren außerordentlich interessant:

> »Man findet in diesem Buche eine vollkommene Kenntnis der heiligen Schriften und sehr interessante Untersuchungen über verschiedene Religionen Asiens in ihrer Beziehung zum Christentum. [...] Der Graf von Stolberg schreibt dem Alten Testamente in seinem Werke einen weit größeren Wert zu, als die protestantischen Schriftsteller gewöhnlich tun. Er betrachtet das Opfer als die Grundlage aller Religion und den Tod Abels als den ersten Typus dieses Opfers, das das Christentum begründet. Wie man auch über diese Meinung urteilen möge: sie gibt viel zu denken. Die meisten alten Religionen haben Menschenopfer eingeführt. Auch in dieser Barbarei war etwas Merkwürdiges; nämlich das Bedürfnis einer feierlichen Sühnung. Nichts vermag, in der Tat, aus der Seele die Überzeugung zu tilgen, daß in dem Blute des Unschuldigen etwas Geheimnisreiches ist und daß Himmel und Erde davon bewegt werden. Immer haben die Menschen geglaubt, daß, in diesem Leben sowohl als im zukünftigen, die Gerechten den Missetätern Verzeihung verschaffen könnten. Es gibt im menschlichen Geschlechte ursprüngliche Ideen, die bei allen Völkern und in allen Zeiten mehr oder weniger verunstaltet zum Vorschein treten. Über diese Ideen nachzudenken kann man deshalb nicht ermüden, weil sie sicher einige verlorne Ansprüche des menschlichen Geschlechts in sich schließen.«[189]

Es scheint für Germaine de Staël eine unstrittige und höchst ehrwürdige Tatsache darzustellen, dass solche »Gefühle«[190] bei den »Glaubenswahrheiten«[191] zur Anwendung kommen. Sie müssen zugeben, dass das beachtlich ist! Und vergessen Sie nicht, dass sich Madame de Staël für diese Themen zur selben Zeit interessiert, zu der Joseph de Maistre seinen 1810 erschienenen Essay *Über das Opfer* verfaßt.[192] Gewiss, die Anthropologie, die sich dort abzeichnet, findet noch keinen klaren Ausdruck. Sie ist nicht in der Lage, die offenbarende Umkehrung zu erfassen, die ich in *Das Ende der Gewalt* entfaltet habe. In De Maistres Werk findet sich eine abgebrochene Meditation über die Opferung des anderen und das Selbstopfer: Die Opfer sind unschuldig, aber gleichzeitig müssen die Opferungen eine Sühnefunktion haben. Trotzdem entstand die Anthropologie auf diesem romantischen Nährboden, der auch eine Wissenschaft des Religiösen jenseits theologischer Spekulationen ermöglicht hat.

Germaine de Staël ist zwar nicht die Einzige in ihrer Zeit, aber doch so etwas wie ein genauer Seismograf des 19. Jahrhunderts. Überaus bezeichnend ist ferner, dass ihre mimetischen Intuitionen inmitten der deutsch-französischen Verwicklung(en), einem der virulentesten Entdifferenzierungsherde in der europäischen Geschichte, entstanden sind. Dass diese Rivalität am Ende zu einer monströsen sakrifiziellen Katastrophe führte, zur Vernichtung der Juden – zu einem kalt geplanten und organisierten Staatsverbrechen, das den Wesenskern der europäischen Idee besudelte –, müssen wir stets vor Augen haben. Gerade weil Hegel nicht erkannte, dass die *Aufhebung* ein Avatar der *Katharsis* ist, ging er so leicht von der Dialektik zur Versöhnung über. Die Dialektik ist ein Konflikt von Gegensätzen, der sich nach Clausewitz zwangsläufig bis zum Äußersten steigert. Germaine de Staël muss auf ihre Weise gespürt haben, dass diese ansteckende Nachahmung nur in der Opferung enden konnte. Auf eher diffuse Weise spürte sie jedoch auch, dass die Opferungen nicht länger zweckdienlich waren, da *die Geopferten immer unschuldig sind* und stets für die anderen bezahlen.

In den das Religiöse betreffenden Intuitionen gelangt Germaine de Staël über die deutsch-französische Verwicklung hinaus, in der sie an anderen Stellen gefangen bleibt. Im Hinblick auf das Religiöse war die Öffnung echt und vom Katholizismus bestimmt. Allerdings weniger dort, wo die Autorin vom Enthusiasmus handelt, als dort, wo sie die notwendige Versöhnung von Wissen und Glauben thematisiert. Hier geht sie einen Schritt weiter als Hegel und Clausewitz. Diese Einsicht beweist, dass Germaine de Staël hinter ihrem Krieg gegen Napoleon aufrichtig versuchte, sich *eine europäische Kultur auszumalen*. Die Idee, dass der deutsche Katholizismus der toleranteste seiner Zeit war, interessiert mich sehr, zumal sie in einer leidenschaftlichen und erklärten Hochachtung sowohl vor der deutschen als auch vor der französischen Aufklärung wurzelt. *Hier* geht es wirklich um Europa, anders als in den nationalen Kriegen, die Napoleon entfachte. Das ist für mich das besonders Stimulierende daran. Dieses Hinter-sich-Lassen aller Religionskriege, aller Religionen, die Kriege sind, überzeugt mich voll und ganz. Der von der Autorin zu Beginn des Buches zitierte napoleonische Zensor, der beteuert, »mit uns ist es aber noch nicht so weit gekommen, daß wir Vorbilder unter den Völkern suchen sollten, die Sie bewundern«,[193] erkannte nicht, dass dieses deutsch-katholische Vorbild das subversivste von allen war. Germaine de Staël übrigens auch nicht. Sie war viel zu sehr in ihren Feldzug gegen Napoleon verstrickt, um das von ihr konstruierte Vorbild zu überschauen. Ausschlaggebend ist jedoch, dass sie diese grundlegende Intuition hatte und das Bedürfnis verspürte, dieses Vorbild zu einer Zeit zu entwickeln, da Österreich nicht länger zählte und das Heilige Römische Reich endgültig unterging.

B.C.: Könnten Sie andere Beispiele für das geben, was Sie das »deutsch-katholische Vorbild« nennen, die sich mit den Bereichen überschneiden, die Germaine de Staël abzudecken versuchte?

R.G.: Dieser Frage müsste man sehr viel tiefer auf den Grund gehen, als wir das hier tun können. Wir können jedoch einige Zugänge aufzeigen. Das rationale Vorbild, von dem wir sprechen, ist sehr komplex. In der von Germaine de Staël vorgeschlagenen Version scheint es zwei Feinde miteinander versöhnen zu wollen: die Katholiken und die Protestanten einerseits, die Deutschen und Franzosen andererseits. Es ist politisch, literarisch und spirituell. Zwei Begegnungen kommen mir spontan in den Sinn. Die erste fand zwischen Baudelaire und Wagner statt, die zweite zwischen de Gaulle und Adenauer. Diese Begegnungen bewegen sich ganz im Kielwasser Germaine de Staëls und dem von ihr eröffneten Raum. Die erste Begegnung spielt sich auf ästhetischer und literarischer Ebene ab, die zweite auf politischer. Das dritte Beispiel, das ich gerne anführen möchte, ist noch aktueller und fügt sich nahtlos in das soeben gelesene Kapitel ein: Ich meine den – sowohl für die Geschichte Europas als auch für die Geschichte der Welt – überaus bedeutsamen Umstand, dass ein Deutscher zum Papst gewählt wurde. Denn wie sein Vorgänger ist auch Benedikt XVI. zweifellos ein Verfechter der europäischen Idee. Diese drei Beispiele passen sehr gut zu dem, was man Germaine de Staëls »Katholizismus« nennen könnte, ein Begriff, den sie eher im kulturellen denn im streng konfessionellen Sinn verwendet. Im Hinblick auf die drei Ordnungen, zu denen sie gehören, stellen sie eine logische Abfolge dar.

Beginnen wir mit dem politischen Beispiel. Die Begegnung zwischen de Gaulle und Adenauer in Colombey-les-Deux-Églises im Jahre 1958 hatte etwas Großartiges, das darin lag, dass beide die Notwendigkeit erkannten, Europa dort zu verzeihen, wo es gesündigt hatte. Nach dem beispiellosen Aufruhr des Zweiten Weltkrieges begegneten sie sich auf den Ruinen zweier Länder, die einander zu sehr nachgeahmt hatten und deren verschärfte Nachahmung das Schlimmste bewirkt hatte. Das war ein außergewöhnlicher Augenblick. Ich erinnere mich nicht mehr genau, wo ich mich zur Zeit des *Te Deum* von Reims am 8. Juli 1962 befand, aber ich erinnere mich gut daran, dass es mich sehr bewegt hat. Konrad Adenauer, der sich am Abend zuvor zu Ehren der so nah am Rheinland gelegenen Champagne die besten Tropfen von Bollinger und Heidsieck hatte servieren lassen und am darauf folgenden Tag neben dem General ganz in sein Messbuch vertieft ist! Und all dies in der Kathedrale, in der Karl VII. 1429 im Beisein Jeanne d'Arcs zum König gekrönt wurde und auf die 1914 dreihundert deutsche Granaten niedergingen. Durch die Ausrichtung der Messe segnete die Kirche den gegenseitigen Willen beider Länder, einander zu vergeben und den Weg der Versöhnung zu beschreiten: Der deutsch-französische Freundschaftsvertrag wurde wenige Monate später, am 22. Januar 1963, unterzeichnet. In seiner Rede im Hôtel de Ville hob de Gaulle ausdrücklich hervor, es sei »grundlegend gewesen, dass die Volksseele auf dieser Seite des Rheins ihre Zustimmung zum Ausdruck brachte«. Adenauer sprach zwar prosaischer, aber nicht weniger zutreffend, von einer Überbrückung des Grabens zwischen beiden Ländern.

Dieser Begegnung ging eine lange Vorgeschichte voraus. Bevor sie sich in Colombey treffen konnten, mussten beide Männer erst zahlreiche Vorurteile aufgeben. Adenauer fürchtete die Begegnung mit de Gaulle damals sehr. Man hatte ihm den General als einen fanatischen Nationalisten dargestellt. Richtig ist, dass de Gaulle der deutschen Wiederbewaffnung ablehnend gegenüberstand. Ich glaube, er wollte den Streitpunkt Militär vor allem deshalb neutralisieren, um sein Vorhaben in der Champagne zum Erfolg zu führen: Das war vielleicht subtiler, als man annimmt. Ich erinnere mich daran, dass ihr Dolmetscher von einem echten »Mann gegen Mann« zwischen den Beiden sprach und von »Funken«, die bei jeder ihrer Begegnungen sprühten. Dass diese Zusammentreffen großartige politische Heldentaten waren, ermessen wir heute nicht mehr, ebenso wenig wie die heroische Anstrengung, die diese *Aufhebung* verlangte. Deutsche und französische Streitkräfte defilierten in der Stadt, in der Chlodwig I. im Jahre 496 getauft wurde. Warum kam der Papst Johannes Paul II. gerade nach Reims, um dem eintausendfünfhundertsten Jahrestag dieser Taufe zu gedenken?

Doch nicht, um das archaische Christentum zu preisen! Niemand hat wirklich über diese Angelegenheit nachgedacht. Alle haben gegen den Papst gewettert, wie immer. Man wollte nicht begreifen, dass Johannes Paul II. Europa, und insbesondere Frankreich, als ein symbolisches und spirituelles Schachbrett behandelte, auf dem er seine Bauern sehr überlegt bewegte. Dass er sich für die Stadt entschied, die von den beiden Ländern zum Ort der Versöhnung erwählt worden war, hat man vielleicht noch nicht hinreichend bedacht. Als hätte sich die Erbsünde Europas, das zu behandelnde Böse, an der Grenze des alten Lothringen ereignet: gleichermaßen Fundament und Ort des Scheiterns. In Clausewitz' Text haben wir diesen Zweikampf wiederkehren sehen. Mit eben diesem Konflikt ringt das Papsttum seit Karl dem Großen und Leo III. Die wahre Auseinandersetzung, der wahre Krieg spielt sich hier ab.

Ich komme nun zu meinem zweiten Beispiel, das aus dem Bereich der Kunst stammt und somit der Ordnung des Geistes angehört. Wie gesehen war Germaine de Staëls Denken frei genug, sich über den kleinlichen Vergeltungsgeist zu erheben. Sie bahnt den Weg für Leute wie Fustel de Coulanges, Hugo oder Tocqueville, für die »Moderne«, und das heißt für Baudelaire. Meiner Meinung nach setzt Baudelaires *L'Art romantique*, das im unmittelbaren Kielwasser von *Über Deutschland* segelt, Germaine de Staëls Werk in großartiger Weise fort. Mit Baudelaire lässt Germaine de Staëls Ansatz, der eine vergleichende Literaturbetrachtung und ein europäisches Konzert ermöglichte, seine kriegerische Bedeutung hinter sich und nimmt einen musikalischen Sinn an, wodurch er eine großartige Bestätigung findet. Natürlich kommt es in der Folge zur vulgären Vereinnahmung des Wagnerismus durch Hitler und lässt sich auch nicht leugnen, dass eine neue Form des Neo-Heidentums hier ihren Nährboden fand. Dennoch schien mir Baudelaire in dieser Frage stets viel überzeugender als Nietzsche, dessen Widerstand gegen Wagner zu stark vom Ressentiment geprägt war. Baudelaire ist von Wagner nicht fasziniert, er bewundert ihn. Einer der Gründe für diese Distanz rührt vielleicht daher, dass er Wagners Genie bei den Bistrokonzerten entdeckte, auf denen Wagner in Frankreich gespielt wurde! Baudelaire sieht klarer als Nietzsche, weil er Wagners Kunst als einen Dialog zwischen dem Archaischen und dem Christlichen interpretiert und nicht als eine Rückkehr des Dionysischen. So lenkt er Wagners Einfluss unleugbar in die Bahnen der anthropologischen und religiösen Vermittlung.

Aus dieser Perspektive sollten die beiden Texte, die Wagner zum Gegenstand haben – ein Brief an den Komponisten vom 17. Februar 1860 und der berühmte Essay »Richard Wagner und der *Tannhäuser* in Paris«, der am 1. April 1861 in der *Revue européenne* erschien –, noch einmal neu gelesen werden. Baudelaire dankt es dem Komponisten, sein Kunstschaffen sogleich an Griechenland ausgerichtet zu haben. Allerdings geht die »Auferstehung« von Aischylos und Sophokles aus der Auseinandersetzung mit dem Christentum hervor:

> »Und ob Wagners Dichtungen auch ein aufrichtiges Wohlgefallen an der klassischen Schönheit und ein echtes Verständnis für sie verraten, tragen sie dennoch, und zwar in hohem Grade, das Gepräge der Romantik. Wenn sie uns mit der Erhabenheit eines Sophokles und eines Aischylos anrühren, nötigen sie den Geist gleichzeitig, der allerkatholischsten Gestaltenwelt der Mysterienspiele zu gedenken. Sie gleichen jenen großartigen Visionen, mit denen das Mittelalter die Wände seiner Kirchen bedeckte oder die es auf seinen prächtigen Tapisserien darstellte.«[194]

Baudelaire spürte sofort, dass Wagners Genie am Dialog zwischen dem Drama und der Musik, dem Archaischen und dem Christlichen teilhat. Es sei Wagner unmöglich gewesen, schreibt er,

> »anders als auf doppelte Weise, dichterisch und musikalisch, zu denken und jede Idee gleichzeitig in zweierlei Gestalt zu erschauen, wobei die eine der beiden Künste sich zu entfalten begann, wenn die andere an ihre Grenzen stieß.«[195]

Diese formale Dualität steht im Dienste eines grundlegenderen Dialogs, des grundsätzlichen Kampfes, der das Christentum, wie wir gesehen haben, strukturierte:

> »*Tannhäuser* stellt den Kampf der beiden Prinzipien dar, die das menschliche Herz zu ihrem vornehmsten Schlachtfeld erkoren haben, wo das Fleisch wider den Geist, die Hölle wider den Himmel, Satan wider Gott streitet. [...] Sanftes Schmachten, von Fiebern durchschauerte, von Ängsten zerrissene Wonnen, unablässige Umkehr zu einer Wollust, die den Durst zu löschen verheißt und doch niemals löscht; wütende Zuckungen des Herzens und der Sinne, herrische Befehle des Fleisches, das ganze Diktionär der Onomatopöen der Liebe macht sich hier vernehmlich. Endlich gewinnt das fromme Thema nach und nach wieder die Oberhand, langsam, stufenweise, und saugt das andere in einem friedlichen, strahlenden Sieg auf, einem Sieg, wie dem des unwiderstehlichen Wesens über das kränkliche und zügellose Wesen, des heiligen Michael über Luzifer.«[196]

Diese perfekte Definition des romantischen Begehrens und seiner Absorption im Licht der Offenbarung hat nichts von einem manichäischen Kampf oder irgendeiner Form des Gnostizismus an sich. Der heilige Michael »saugt« Luzifer auf, er schlägt ihn nicht nieder: es ist ein »friedlicher Sieg«, kein Triumph. In gleicher Weise erhellt und offenbart das Christentum das Archaische. Alle Gedichte in den *Blumen des Bösen* müssten in diesem Licht neu gelesen werden. Wie kann man verkennen, dass sich Baudelaire in der zitierten Stelle zwar vollkommen mit Wagner identifiziert, aber ihn gerade nicht nachahmt? Er stand dem Komponisten nicht so nahe wie Nietzsche. Wagner mußte von Letzterem genervt sein, geradeso wie Goethe von Hölderlin erschreckt war. Nietzsche war unleugbar auf Rache aus. Hölderlin dagegen entschied sich für das Schweigen. Sein Wunsch, »katholisch zu werden«, wurde, wie bereits gesehen, vom Bewusstsein einer wesentlichen Kontinuität *und* einer nicht weniger wesentlichen Diskontinuität zwischen Jesus Christus und den griechischen Göttern begleitet. Ein Text wie Baudelaires »Mein entblößtes Herz«[197] müsste einmal im Hinblick auf seine Hölderlinsche Dimension hin untersucht werden.

Baudelaire bekräftigt den intellektuellen und spirituellen Katholizismus von Hölderlin und Germaine de Staël, dieses Unterpfand einer wahren europäischen Kultur. Wagner war so wütend auf die Pariser Oper, dass er Baudelaire nicht gesehen hat! Sein Antisemitismus geht zum Teil übrigens auf seinen Hass gegen die musikalischen Kreise in Paris zurück. All das tut der Größe, wie sie in Baudelaires *Distanz* zum Ausdruck kommt, keinen Abbruch. Als er Wagner hörte, begriff er, dass das Archaische, sofern man es richtig versteht, durch das Christliche gerechtfertigt ist. Die Verbindung, die das Christliche mit dem Archaischen unterhält, enthüllt, dass es ohne das Letztere keine Humanitas gegeben hätte. Baudelaire tappt nicht in die Falle der Selbstverleugnung. Er weist die Vorstellung, das Abendland müsse seinen Originalitätsanspruch herunterschrauben und sich vor den im Vergleich so kindlich wirkenden Griechen verbeugen, entschieden zurück. Die europäische Zivilisation ist die erste Kultur, die sich an die ganze Welt richtet. Der in ihr inkarnierte »Kampf der beiden Prinzipien« wertet die Gegenwart in einer Weise auf, wie es keine andere Zivilisation zuvor je getan hat, selbst wenn dies inmitten der größten Bedrohung geschieht.

Baudelaire ist also wirklich ein apokalyptischer Dichter, der in Wagner die außerordentliche Spannung seiner Zeit heraufziehen sieht. Man muss seinen offenen Brief an den Komponisten lesen und dabei im Hinterkopf behalten, dass auch bei diesem Dichter das Rettende mit der Gefahr wächst:

> »Um dies zu erläutern, möchte ich der Malerei ein Gleichnis entlehnen. Ich stelle mir ein Gemälde vor, und auf diesem eine weite Fläche von düsterem Rot. Wenn dieses Rot die Leidenschaft darstellt, so sehe ich, wie es sich stufenweise, durch alle Übergänge des

Roten und Rosigen, zur Weißglut eines Schmelzofens steigert. Es schiene schwierig, ja unmöglich, etwas noch Glühenderes zu erreichen; und doch zieht eine letzte Rakete eine noch weißere Spur durch das Weiß, das ihr als Untergrund dient. Das ist dann, wenn Sie wollen, der letzte Aufschrei der Seele, wenn ihre Verzückung sich aufs äußerste verschärft hat.«[198]

Wie mir scheint, ist hier unsere gesamte Diskussion zusammengefasst. Damit gelange ich wie von selbst zu meinem dritten Beispiel, das zu der Idee passt, dass es in der europäischen Kultur einen grundlegenden Katholizismus gibt. Ich denke an den ersten deutschen Papst und die Regensburger Vorlesung vom September 2006, in der man eine Kriegserklärung Benedikts XVI. an den Islam und die Protestanten gesehen hat … Entschuldigen Sie mal! Ich sehe in ihr zunächst einmal ein Plädoyer für die Vernunft. Alle haben sie sich auf den Papst gestürzt, und jeder aus anderen Gründen – aus Gründen, die im Zusammenhang mit angeblichen Differenzen stehen. Dieser als reaktionär geltende Papst verhielt sich wie ein Verteidiger der Vernunft. Ich finde es erstaunlich, dass einige glauben, dies sei paradox: als ob der Katholizismus nicht essenziell rational wäre! Ich stelle mir gerne vor, dass Germaine de Staël unwissentlich eine Figur antizipierte, die eine womöglich schwer zu greifende, aber in jedem Falle überaus wichtige symbolische Rolle in Europa und der Welt spielen sollte. Es heißt, Benedikt XVI. sei der »letzte europäische Papst«. Ich stelle fest, dass er zu einer Zeit gewählt wurde, als der »deutsch-französische Motor«, der vor allem ökonomischer Natur ist, spektakulär ins Stottern geriet. Dass Joseph Ratzinger sich diesen Papstnamen ausgesucht hat, ist in dieser Hinsicht aussagekräftig. Benedikt XVI., der erste deutsche Papst, nahm den Vornamen des Patrons von Europa, Benedikt von Nursia, an und entschied sich für eine Reise nach Auschwitz. Diese Zeichen verdienen es, ausführlich bedacht zu werden.

Denken Sie auch an seinen Namensvorgänger Benedikt XV., den er aus der Versenkung holte: Benedikt XV. wurde 1914 zum

Papst gewählt und setzte sich mit all seiner Kraft gegen einen Krieg ein, den er für absurd hielt. Am 1. August 1917 scheiterte er mit seinen Friedensvorschlägen, wurde von Deutschland und Frankreich gleichermaßen gehasst, von Ersteren als »Anti-Deutscher«, von letzteren als »Anti-Franzose« gebrandmarkt (Clemenceau hat ihn bekanntlich mit dem Schimpfwort »Boche« bedacht) und von seinen eigenen italienischen Landsleuten gar von der Friedenskonferenz ausgeschlossen. Benedikt XV. war ein Papst, der sein Amt im Schatten eines schrecklichen Krieges zweier nationaler Idolatrien ausüben musste. Wenn Sie nun einen Papst weiter zurückgehen und sich an Benedikt XIV. erinnern, der von 1740 bis 1758 im Amt war, dann sind Sie bei dem Papst, der die Versöhnung zwischen Spanien, den beiden Sizilien und Portugal zuwege brachte, das preußische Königreich anerkannte, den Fortschritt der Geschichts- und Naturwissenschaften verteidigte, den Index überprüfen ließ und mit den größten Wissenschaftlern seiner Zeit korrespondierte, wodurch er sich die Wertschätzung und Freundschaft der Protestanten erwarb. Wird Joseph Ratzingers Entscheidung, sich Benedikt XVI. zu nennen, nun nicht ein wenig besser verständlich? Ein Jahr vor dem Scheitern des französischen Referendums zu Europa trat er auf den Balkon in Rom. Was wollte sein Segen *urbi et orbi* anderes besagen, als dass Europa sich in gemeinsamer Abscheu vor der Selbstzerstörung, die das 20. Jahrhundert war, dringend einen muss? Dass es also noch eine Hoffnung gibt und nicht alles verloren ist.

Vor diesem Hintergrund gewinnt die sogenannte Regensburger Vorlesung ihren vollen Sinn. In ihr redete der Papst der griechischen Vernunft das Wort gegen die Gefahren der »Enthellenisierung«. In einem Atemzug sowohl die griechische Differenz als auch die jüdisch-christliche Identität zu nennen, ist eine grundlegende philosophische und theologische Position. Wir werden darauf zurückkommen müssen. Auch Hölderlin hat in Gedichten wie *Patmos* oder *Der Vatikan* eine flüchtige Ahnung davon. Das Papsttum ist von immenser Bedeutung. Man kann in ihm ein herausragendes Beispiel friedlicher *Mimesis* sehen, einer Mimesis, die durch die Geschichte der beiden letzten Jahrhunderte hindurch – nicht zuletzt gegen die sterile Rivalität von Fundamentalisten und Progressiven – die Achtung vor einer sich auf die *Imitatio Christi* gründenden Tradition bewahrt hat. Erklärte man den Menschen das Dogma von der päpstlichen Unfehlbarkeit in mimetischen Begriffen, würden sie sich weniger aufregen. Stets gilt es nach der anthropologischen Realität zu fahnden, die sich hinter dem Dogma verbirgt. Das Christentum gründet sich von Anfang an auf die Erschließung mimetischer Mechanismen. In diesem Sinn tun wir nichts anderes, als christliche Intuitionen in Theorie zu überführen. Katholisch sein heißt, sich mit dieser Figur der Einzigartigkeit zu identifizieren, mit diesem singulären Allgemeinen, das ein Papst ist. Aber die Identifikation, von der wir hier sprechen, ist kein bloßes Gedankenspiel, sie ist Teil eines schrecklichen Krieges, der seit über eintausend Jahren gegen das Reich geführt wird. Germaine de Staël wusste nur teilweise, was sie tat, als sie ihr Loblied auf den Fürsten von Stolberg anstimmte, und dennoch antizipierte sie eine Realität, die zur unseren geworden ist. Was, wenn der deutsch-französische »Motor« dabei wäre, theologisch, global und vernünftig zu werden? Sie müssen zugeben, dass dies eine einzigartige Ironie der Geschichte wäre.

B.C.: Die Romantik ist für Sie also weit mehr als eine bloße »Lüge«; sie steht vielmehr für die Ambivalenz eines instabilen Zeitalters, in der das Schlimmste und das Beste, das Sakrale und das Heilige, der Subjektivismus und die Transzendenz aneinander grenzen. Ist die romantische Individualität, weil sie in höherem Maße mimetisch ist als andere Formen der Individualität, näher am Religiösen und zugleich besser dazu imstande, dasjenige zu erfassen, was Germaine de Staël die »verlorne[n] Ansprüche des menschlichen Geschlechts«[199] nannte?

R.G.: Die romantische Individualität ist in dem Sinn »modern«, dass sie sowohl die Genese des Religiösen als auch die Art und Weise des Ausgangs aus dem Religiösen besser zu begreifen in der Lage ist. Schellings Intuitionen in Bezug auf die Mythologie waren glänzend. Diejenigen Nietzsches ebenfalls. Aber sie haben nicht erkannt oder wollten nicht erkennen, dass die Passion dieses Sakrale vollständig transformiert hat. Das ist die Bedeutung des Aphorismus 125 der *Fröhlichen Wissenschaft*. Die Romantik hat in die sich auftuenden Abgründe des Gründungsvorganges geblickt, in jenes Magma der entdifferenzierten Menge, das alle Mythologien verbergen. Sie ist daher erhaben und entsetzlich zugleich. Europa versank in den Gründungs-Delirien, zu denen die Französische Revolution den Anstoß gab. Napoleon setzte diesen Weg fort und überzog den europäischen Kontinent mit einer beispiellosen Gewalt, als handelte es sich um ein zu lösendes Problem. Er teilte, zerstückelte und inthronisierte, während die Dinge ihren Lauf nahmen. All das ist natürlich faszinierend, aber die Reichsidee, so alt wie Karl der Große, war plötzlich dahin.

Ich sage nicht, dass man bei Karl V. hätte stehen bleiben sollen! Aber wir müssen die Veränderung bedenken, die während dieser beiden Jahrhunderte stattgefunden hat. Ich gehe, um es geradeheraus zu sagen, davon aus, dass die europäische Idee sich in den Vatikan geflüchtet hat, eher als nach Paris, Berlin, Wien oder Moskau. Im Kampf zwischen Papsttum und Reich hat das Papsttum den Sieg davongetragen. Und da es sich seit Johannes Paul II. zu einem globalen Phänomen entwickelt hat, breitet sich die europäische Idee künftig überallhin aus. Darum hat Johannes Paul II. zur gleichen Zeit die Menschenrechte geheiligt, zu der er in Yad Vashem Buße tat. Die europäische Idee, in der Form, in der sie die Päpste heute beharrlich verteidigen, meint die Gleichheit aller Menschen. Aber Vorsicht: Es ist eine Gleichheit, die durch eine Vernunft wiedererlangt wird, die wiederum in der Lage sein muss, das *Göttliche* zu integrieren, *das diese Gleichheit voraussetzt*. Uns bleibt zu hoffen, dass die Kirche den beschrittenen Weg in der Zukunft fortsetzt.

Aber erinnern Sie sich daran, dass Napoleon, der viele Dinge verstand, Papst Pius VII. als Geisel nahm. Von diesem Augenblick an haben die Katholiken ihn als Antichristen behandelt. In gewisser Weise war er dies schon lange vorher, und wir wissen jetzt auch warum. Aber die alte Debatte bei Dante zwischen Guelfen und Ghibellinen, zwischen den Parteigängern des Papstes und denen des Kaisers, stieg zu jener Zeit wieder an die Oberfläche. Dies ist die Akte, die wir aus dem Archiv hervorkramen müssen. Dieses Trauma wurde vergessen. Es ist scheinbar belanglos, während es in Wirklichkeit doch absolut wesentlich ist.

Das Beispiel der Comtesse de Ségur ist in diesem Zusammenhang sehr interessant. Sie war eine russische Aristokratin, die 1817 von Sankt Petersburg nach Frankreich übersiedelte, französische Schriftstellerin wurde und partout wollte, dass Napoleon III. den Kirchenstaat garantiert. Ihr war nicht klar, dass die Zerschlagung seiner weltlichen Macht das Beste war, was dem Papsttum widerfahren konnte. Nicht allein, dass Napoleon III. den Kirchenstaat nicht garantierte, vielmehr wurde der Papst 1870, nachdem Frankreich seine Schutztruppen im Zuge des Krieges gegen Preußen aus Rom abgezogen hatte, erneut als Geisel genommen, diesmal von der italienischen Regierung. Diese Auseinandersetzungen mit den päpstlichen Zuaven, in deren Dienst die französischen Aristokratensöhne eintraten, faszinierte sie ungemein. Sophie Rostopchine, die Comtesse de Ségur, erlebte die Erlangung der weltlichen Macht über den Papst als echte Katastrophe.

Ich glaube, es ließen sich noch viele weitere Beispiele für diese Art von Paradox finden. Warum, glauben Sie, hat man 1981 versucht, Johannes Paul II. zu ermorden? Auch die Sowjetunion hatte ihre Vorstellungen von Europa. Das Gegen-Reich, das sie errichtet hatte, bröckelte an allen Ecken und Enden. Es ist also nicht erstaunlich, dass das Papsttum gerade zu diesem Zeitpunkt eine derartige Bedeutung erlangte. Aus welcher Richtung die Schüsse in dieser merkwürdigen Affäre auch immer abgefeuert wurden, lässt sich die Möglichkeit doch nicht ausschließen, dass sie aus dem Osten kamen. Der Untergang der Reichsidee in Europa, die durch eine Jahrhunderte währende Rivalität zwischen den verschiedenen Parteigängern des Papstes sowie des Kaisers, dann zwischen den verschiedenen Anwärtern auf das Kaiserreich und schließlich zwischen Deutschland und Frankreich unterminiert worden war – dieser endgültige Zusammenbruch jeder imperialen Anwandlung im Zuge der Steigerung bis zum Äußersten hat das Papsttum paradoxerweise befreit. Diese Befreiung rief ein fürchterliches Ressentiment hervor. Dabei handelt es sich um ein grundlegendes Phänomen und ein Phänomen neuen Datums. Aber wer stellt es in Rechnung? Offen gestanden überzeugt mich ein deutscher und zugleich europäischer Papst, der für die Vernunft eintritt und sich am Ende nach Ankara begibt, mehr als der in Jena unter Hegels Fenstern vorbeiziehende »Weltgeist«.

Deshalb ist es von Interesse, über die beiden Jahrhunderte nachzudenken, während derer diese Umwälzungen stattfanden, genauso wie über die deutsch-französischen Beziehungen, die diese Ambivalenz von Krieg und Frieden, Ordnung und Chaos teilweise strukturierten. Dies ist der Preis für eine Erneuerung der europäischen Idee. Dafür muss man kämpfen. Es gibt in Frankreich mächtige Tabus und viele Themen, die ein Ärgernis darstellen und über die man nicht sprechen will. Die Krise des militärischen Heldentums, für die die Dreyfus-Affäre in meinen Augen das klarste Symptom war, haben wir bereits genannt. Wer würde denn zu behaupten wagen, dass Napoleons Grabmal im Invalidendom an Lenins Mausoleum erinnert? Niemand. Napoleon wurde buchstäblich vergöttlicht, genau wie Julius Cäsar. Aber sein Tod hat nichts gegründet. Das französische Kaiserreich ist mit ihm gestorben. Sein Großneffe ließ Paris neu gestalten, um dies vergessen zu machen: Jena, Wagram, Austerlitz, Caulaincourt lassen uns doch eher an Avenuen, Bahnhöfe oder Straßen denken als an die Schlachten und Generäle, die Frankreich in den Ruin geführt haben. Es ist noch nicht allzu lange her, dass wir an den Mythos von der »Größe Frankreichs« glaubten, an Ludwig XIV. und Napoleon. De Gaulle verkörperte diesen Mythos in eigener Weise. Aber jetzt befinden wir uns in einer neuen Ära. Und das ist vermutlich gut so. Es weist auf einen Ausgang aus der Nationalreligion hin. Die Fortführung des Besten am Gaullismus wird es erforderlich machen, gewissen gaullistischen Mythen abzuschwören, unter anderem einem zu engstirnigen Nationalismus.

»Die seltsame Niederlage« von 1940

B.C.: Alles, was Sie soeben ausgeführt haben, passt zu den Hoffnungen, die Germaine de Staël Anfang des 19. Jahrhunderts hegte. Sie haben auf die entscheidenden Knotenpunkte im deutsch-französischen Dialog hingewiesen, die im Zentrum der Steigerung bis zum Äußersten stehen. Im Referendum von 2005 erteilten die Franzosen Europa jedoch eine Absage. War das ein letztes Aufbäumen des Nationalstolzes?

R.G.: Vielleicht. Ich würde es gerne glauben, denn dieser Stolz verheißt nichts Gutes. Aber ich werde nicht in den Chor der Klageweiber einstimmen. Man darf an Frankreich nicht verzweifeln. Die Franzosen müssen an Europa glauben, und dafür endlich mit Napoleon abrechnen. Nicht in der beschämenden Weise, in der wir auf die Gedenkfeier anlässlich des 200. Jahrestages der Schlacht bei Austerlitz verzichteten, während wir der Schlacht von Trafalgar mit Glanz und Gloria gedachten! Wir müssen so schnell wie möglich diesen Selbsthass überwinden, auf den wir uns so großartig verstehen. Clausewitz kann uns in gewisser Weise dabei helfen. Wir sollten in der Tat lernen, unsere Geschichte mit deutschen Augen zu betrachten. Die Deutschen reflektieren diese Dinge intensiver, als wir das tun. Man hat mir von einer Fernsehsendung auf *Arte* erzählt, die sich damit auseinandersetzte, wie Napoleon seinerzeit wahrgenommen wurde. Das ist sehr interessant. Anfang des 19. Jahrhunderts hatten die Deutschen sehr stark das Gefühl, dass der Kaiser den Lauf der Geschichte beschleunigte. Natürlich gibt es eine Vorgeschichte, zu der zum Beispiel die politischen Irrtümer Ludwigs XIV. gehören, jenes Königs, der »den Krieg zu sehr liebte«. Insofern war das plötzliche Auftauchen des Vorbilds Napoleon nicht unvorhersehbar, aber im Alltag kümmert sich jeder um seine Angelegenheiten. So war Napoleon ein wenig »der Unruhestifter, der uns stören kommt, uns gute Deutsche, die wir friedlich und friedliebend sind«. Ein allgemein feindseliges Klima existierte jedoch noch nicht, aus dem einfachen Grund, dass Deutschland noch nicht vereinigt war. Dadurch konnte es die Schocks, die es erlebte, besser verarbeiten und reagierte noch nicht allzu mimetisch. In Preußen ahmte man Frankreich krampfhaft nach, nicht aber in Bayern oder Sachsen.

Ganz anders sollten sich die deutsch-französischen Beziehungen dagegen nach dem Krieg von 1870 entwickeln. Interessanterweise wollen wir das nicht erkennen und nicht daran erinnert werden. Frankreich hat den Konflikt, der es zwei Jahrhunderte lang so eng mit Deutschland verband, noch immer nicht verarbeitet. Der letzte »Poilu«[200] wird mit großem Pomp beerdigt werden. Man möchte diese namenlosen Soldaten auch weiterhin zu Helden machen können. Folglich sieht man Deutschland weiterhin mit französischen Augen, während man die Franzosen doch gerade mit deutschen Augen sehen sollte. Frankreich müsste sich in diesem Spiegel ohne Scham betrachten können. Dies ist der Preis einer mimetischen Geschichte. Man müsste die Texte, die von den Anfängen dieser unglaublichen Konfrontation handeln, also einer erneuten und detaillierten Analyse unterziehen, allerdings ohne dabei in eine nationalistische oder unilaterale Perspektive zu verfallen.

B.C.: Péguy hat dieses Klima vor dem Ersten Weltkrieg sehr gut beschrieben, diesen kontrollierten Hass, als die beiden Länder sich beobachteten und man noch in der Lage war, das »feindselige Gefühl« in eine bloße »feindselige Absicht« zurückzuverwandeln, um mit Clausewitz zu sprechen. Das ist die Zeit des in Frankreich so genannten »Coup de Tanger« im Jahre 1905, als Wilhelm II. in Marokko paradierte, um Frankreich mit seiner Rede zur Souveränität Marokkos zu provozieren:

> »[...] die beiden Völker schreckten sogar dann noch vor dem Ereignis zurück, als sie schon dabei waren, sich in es hineinzustürzen. Es ging nicht länger darum, eine Berufsarmee gegen eine nationale Armee ins Feld zu schicken; es ging darum, sich selbst zu bekämpfen. Der Militärdienst war auf beiden Seiten zur allgemeinen Wehrpflicht geworden. Würden sich also zwei nationale Armeen, zwei Völker in Waffen aufeinander stürzen? In Wahrheit wichen beide langsam zurück. Dieselbe Angst, die den kaiserlichen Vorstoß beschleunigt hatte, drängte ihn in der Folge wieder zurück. Dieselben Gefühle, die die deutschen Streitkräfte nach vorn getrieben hatten, führten schließlich zu deren Rückzug. Dieses formidable Abenteuer hätte einen schlimmen Ausgang nehmen können; ein Zufall, eine Wendung des Schicksals und der ganze Sieg wäre dahin gewesen [...] mehr noch: der ganze Vorteil des früheren Sieges hätte sich in einem absoluten Desaster in Luft auflösen können.«[201]

Hier haben wir eine präzise Analyse der letzten Widerstände, wie sie die Politik der unmittelbar bevorstehenden Steigerung bis zum Äußersten entgegensetzt. Péguy schreibt, dass Deutschland »nach und nach von einem Gegen-Vergeltungskrieg absah«, und zwar zur selben Zeit, in der Frankreich »nach und nach von einem Vergeltungskrieg absah«. Péguys Text ist weder nationalistisch noch einseitig.

R.G.: Er ist im Gegenteil ein Beispiel für ein einwandfreies mimetisches Räsonnement, das zeigt, dass Péguy die Wechselwirkung haargenau verstanden hat. Der Rückzug der einen Armee zieht den Rückzug der anderen nach sich, und zwar aufgrund des reziproken Wechselspiels. Aber weit entfernt, Anlass zur Hoffnung auf ein

Nachlassen des Konflikts zu geben, lässt der Aufschub der Feindberührung ahnen, was sich in der Zukunft ereignen wird: der Schrecken von Verdun, der auf die Spitze getriebene Stellungskampf. Die Geschichte Europas müsste im Lichte solcher Art Einsichten analysiert werden. Wir dürfen die Doppelgänger und Spiegeleffekte, die uns eine zutreffendere Sicht der Geschichte vermitteln, niemals aus den Augen verlieren. Das von Ihnen angeführte Zitat ist für ein Verständnis der Beziehungen zwischen den beiden Ländern nach dem Krieg von 1870 wesentlich. Diese unglaubliche Spannung machte die Menschen auf beiden Seiten des Rheins verrückt und gab in Deutschland Anstoß zu einer stark pervertierten Konzeption von Heldentum, gegen die sich Péguy mit aller Macht stemmte. Man kann durchaus sagen, dass Deutschlands preußische Gewalt in der Verachtung des internationalen Rechts wurzelt. Das ist die Position von Denkern wie Bergson oder Durkheim. Man hat ihnen überzogenen Patriotismus vorgeworfen; dabei erkannten sie nur dasselbe wie Péguy: das clausewitzsche Ressentiment, das Preußen in eine Brutstätte des Pangermanismus verwandeln sollte. Nach Verdun, und vor allem nach dem Versailler Vertrag – mit dem der *kydos* ins französische Lager gewechselt ist – verschärfte sich dieses deutsche Ressentiment gegenüber Frankreich noch weiter. Die französische Armee besetzte, wie Sie sich sicher erinnern, im Jahre 1923 die Bergwerke an der Ruhr, um die Deutschen zu zwingen, die Bestimmungen des Versailler Vertrages zu erfüllen. Es kam zu äußerst gewaltsamen Zusammenstößen zwischen französischen Soldaten und den von ihrer Regierung unterstützten deutschen Arbeitern. All das ist bekannt. Zu schnell wird jedoch vergessen, dass sich gerade wegen des Desasters von 1914–1918 niemand zu regen wagte, als Hitler 1936 das entmilitarisierte Rheinland besetzte. Hitler, der damals noch fast so etwas wie ein Niemand war, aber nur kurze Zeit später von all seinen Offizieren verlangen sollte, ein Exemplar von *Vom Kriege* bei sich zu tragen.

Frankreich befand sich nach dem Ersten Weltkrieg in einer unmöglichen Situation. Will man verstehen, was Marc Bloch die

»seltsame Niederlage« von 1940 nannte, muss man sich diese Fakten in Erinnerung rufen. Als Deutschland 1936 das Rheinland wiederbewaffnete, verstand der Präsident des Ministerrates, Albert Sarraut, ein Radikalsozialist, sehr genau, worum es ging. Wäre er zu diesem Zeitpunkt mit den französischen Truppen, so wie sie waren, nach Deutschland einmarschiert, so wäre er ohne Weiteres siegreich gewesen, da die Deutschen ja vollkommen unvorbereitet waren. Manche hatten nicht einmal ein Gewehr dabei! Bei einem französischen Einmarsch in das Rheinland hätten sie den sofortigen Rückzug angetreten. Mit anderen Worten, Hitler ging mit seiner Wiederbewaffnung der Region aufs Ganze. Er setzte darauf, dass die Franzosen nicht einmarschieren würden, und sie sind nicht einmarschiert. Sarraut telefonierte mit England, und England telefonierte mit Amerika. Die Antwort war offenkundig *Nein*, ein sehr entschiedenes Nein. Ein Einmarsch französischer Truppen in Deutschland wäre als Verletzung des Briand-Kellogg-Pakts vom 27. August 1928 gewertet worden, in dem siebenundfünfzig Staaten den Krieg geächtet hatten. Es hätte niemals einen Hitler gegeben, aber niemand hätte das jemals gewusst.

Sarraut erkannte aber, dass die Engländer und Amerikaner, von denen Frankreich abhängig war, ihm einen solchen Akt niemals verziehen hätten. Man muss bedenken, dass die Kapitalisten damals viel in Deutschland investierten. In den Augen der übrigen Welt wäre Frankreich das Land gewesen, das nicht aufhören wollte, Krieg zu führen. Sarraut, der beinahe nach Deutschland einmarschiert wäre und den Lauf der Ereignisse umgekehrt hätte, hatte dies verstanden. Er hatte größere Angst vor der Zukunft und wusste ganz genau, dass es hier um die Zukunft ging. Sollte man den Zeitpunkt angeben, an dem alles kippte, würde ich sagen: als Hitler beinahe unbewaffnet ins Rheinland einmarschierte und niemand sich rührte. Das versetzte dem Versailler Vertrag den entscheidenden Schlag. Unmittelbar nach dem *Anschluss* wurde er dann gegenstandslos. Hitler nutzte aus, dass die Deutschen als Opfer betrachtet wurden, genauso wie das seine Landsleute im Jahre 1810 getan hatten. Er machte den Demokraten zweifellos Angst. Gleichwohl hielt man seine anti-jüdische Rhetorik für angestaubt und altbekannt. Man wollte die Katastrophe nicht kommen sehen.

Dieses Beispiel bestätigt unsere Leserart der »wunderlichen Dreifaltigkeit«, mit der die Dimension der Zeit in den Zweikampf Einzug hält[202] und dadurch die Antwort, weil sie aufgeschoben wird, um so verheerender ausfällt. Durch eine sofortige Intervention hätte der Krieg vermieden werden können. Aber eine solche Intervention war wegen des Kräftespiels der Bündnisse unmöglich. Die Steigerung bis zum Äußersten scheint sich daher schicksalshaft zu entfalten. In diesem Sinn sind Bellizismus und Pazifismus mimetische Doppelgänger: Sie ergänzen einander sehr gut. Wollen die beiden Gegner gleichzeitig den Krieg, können sie sich neutralisieren, wie es etwa bei der atomaren Abschreckung der Fall ist. Wenn einer der beiden den Krieg jedoch *mehr will als der andere*, kann der andere auch dazu neigen, ihn *noch stärker abzulehnen*. Das haben wir mit Clausewitz begriffen, selbst wenn diese Phänomene unvorhersehbar sind und sich unseren rationalen Denkgebäuden entziehen.

Der Vorrang der Defensive gegenüber der Offensive liefert uns also einen Schlüssel zum Ereignis. Der Verteidiger will den Krieg. Und der Angreifer will den Frieden. Im vorliegenden Fall wollten die Franzosen 1923 bewahren, was sie durch den Sieg im Ersten Weltkrieg errungen hatten: einen prekären Frieden, den sie um jeden Preis zu verteidigen bereit waren und für den sie in Deutschland einmarschieren würden. Ihre Bevölkerung ging bereits zurück und sie wurden durch ihren Pazifismus zu Bellizisten! Hitler war dann in der stärkeren Position, weil er als Erster überfallen wurde. Durch die Wiederbewaffnung des Rheinlands »überfiel« er Frankreich nicht, sondern »antwortete« auf den gegen sein Land verübten Angriff: Die Wiederbewaffnung des Rheinlandes war sein erster Gegenangriff. Er sollte sich als entscheidend erweisen.

Gerade der *Friedenswille* der Franzosen rief also diese erneute Eskalation hervor. Ohne sich darüber im Klaren zu sein, setzten sie die Absurdität von Verdun fort. Sie errichteten ihren Toten weiterhin Denkmäler, ohne wirklich darüber nachzudenken, was eben erst stattgefunden hatte: Ihre Arroganz kleiner Sieger musste den Gegner reizen. *Frankreich gebärdete sich also weiterhin wie Napoleon*, der in Deutschland eingefallen war, um den Frieden aufrechtzuerhalten. Es hatte nichts begriffen. Hitler hatte ebenfalls nichts begriffen, als er, nach dem Blitzsieg gegen Frankreich, seine Offensive nach Osten verlagerte, und beging den gleichen Fehler wie Napoleon. Dies ist ein perfektes Beispiel für das, was ich *Verkennung* nenne. Je mehr ich den Frieden will, je mehr ich also erobern will, desto mehr versuche ich, meine Differenz geltend zu machen, und desto stärker bereite ich einen Krieg vor, den nicht ich beherrschen werde, sondern der mich beherrschen wird. Auf diese Weise breitet sich die Entdifferenzierung weltweit aus, nimmt die mimetische Gewalt hinter dem Rücken ihrer Akteure zu. Das ist sehr viel realer als die Hegelsche »List der Vernunft« und sehr viel weniger abstrakt als das »Ge-stell« als das »Wesen der Technik« bei Heidegger. Durch Clausewitz können wir dies verstehen.

Die mimetische Hypothese hilft uns, diese Phänomene, die man nicht sehen will, zu begreifen. Ich finde es wirklich frappierend, dass in Frankreich bis heute keine Reflexion über den Ersten Weltkrieg stattgefunden hat. Der Krieg war zu teuer, der Sieg zu kostbar, zu zerbrechlich, als dass wir an ihn rühren könnten. In den Fußstapfen seines Vaters machte Admiral Philippe de Gaulle eine interessante Beobachtung: Die Deutschen waren während des Ersten Weltkrieges sehr viel besser organisiert. Sie hatten nur 900 000 Opfer zu beklagen, während es bei den Franzosen 1 300 000 waren und bei den Engländern fast 600 000. So schlossen die Deutschen Frieden, obwohl sie sich als sichere Sieger fühlen konnten. Sie hatten lediglich Versorgungsprobleme und mussten den Rückzug antreten, ohne auf dem Schlachtfeld geschlagen worden zu sein. Deshalb sind die Franzosen nach der von den Engländern und Amerikanern missbilligten Besetzung des Ruhrgebietes in eine ausweglose politische Sackgasse geraten. Wie hätten sie sich daraus wieder herausmanövrieren können? Wenn sie 1936 in Deutschland einmarschiert wären, hätten die Engländer und Amerikaner nach ein oder zwei Jahren schließlich mit den Deutschen geliebäugelt. Und von diesem Zeitpunkt an wäre Frankreich, im Fall eines Zweiten Weltkriegs, geschlagen gewesen. An dieses politische Dilemma erinnern sich nur wenige. Die Franzosen konnten nicht länger auf das antworten, was zu einem einfachen Gegen-Angriff Hitlers geworden war. Der Erste Weltkrieg war erneut ausgebrochen, indes weitaus gewaltsamer, denn Frankreich hatte 1936 nicht das Recht, Hitler entgegenzutreten. Und indem es dies nicht tat, manövrierte es sich in eine noch viel unmöglichere Situation. *So haben sich die Franzosen dafür verantwortlich gefühlt, den Krieg nicht verhindert zu haben*, Hitler nicht aufgehalten zu haben, als noch Zeit dazu war. Sie haben sich heimlich dafür geschämt, 1923 so gehandelt zu haben wie einst Napoleon: in eine Falle gelockt worden zu sein, die sie dann am Handeln hinderte.

Der Prozess von Riom im Jahr 1942, in dem man die angeblichen Verantwortlichen für die im Westfeldzug von 1940 erlittene Niederlage verurteilen wollte, war eine gewöhnliche Propaganda-Aktion der Vichy-Regierung: Es hatte alles bereits im Jahr 1923 begonnen. Deshalb ging die »seltsame Niederlage« von 1940 nicht auf die *Front populaire* zurück, sondern auf einen fatalen Irrtum, *die Verkennung der Wechselwirkung*. Wenn Hitler 1936 verloren hätte, hätte er all sein Prestige eingebüßt. Das ist ein ganz besonders interessanter Fall: ein einziger Mann, Albert Sarraut, hätte auf entscheidende Weise eingreifen können. Aber man hat ihn daran gehindert. Das ist natürlich eine sehr hypothetische Sichtweise, dessen bin ich mir bewusst. Selbstverständlich hätten andere »Zufälle« auftreten, und der Weltbrand hätte sich auf andere Weise ereignen können. Aber so sah jedenfalls die verzwickte Lage Frankreichs aus. Darum wurde es unmöglich, darüber zu sprechen. Und deshalb insistiere ich so auf diesem Punkt. Die Franzosen müssen die Fessel dieses tragischen Augenblicks ihrer Geschichte abstreifen. Es ist eine Ironie des Schicksals, dass meine erste Qualifikationsarbeit an der

Universität von Indiana dieses Thema zum Gegenstand hatte – genauer, die Niederlage von 1940 im Spiegel der amerikanischen öffentlichen Meinung.[203] Sie ermöglichen mir also, den Kreis meiner Arbeit zu schließen! Aber natürlich verstehe ich erst heute, worum es wirklich geht.

Es gibt in dieser »seltsamen Niederlage« auch ein Trägheitsphänomen, das buchstäblich von einer sozialen Physik zeugt, also von mimetischen Mechanismen, die man viel genauer untersuchen müsste, als ich das gerade tue. Clausewitz ist hier wieder einmal ganz entscheidend. Man findet in seiner Abhandlung tatsächlich verblüffende Vorwegnahmen der Ereignisse von 1940, dieses großen Augenblicks nationaler Lähmung, die jeden Einzelnen befiel. Wir haben uns mit dieser Passage bereits zu Beginn unseres Gespräches beschäftigt, müssen aber jetzt noch einmal darauf zurückkommen:

> »So wird also der politische Zweck [...] das Maß [...] in *Beziehung auf die beiderseitigen Staaten* sein. Ein und derselbe politische Zweck kann bei verschiedenen Völkern oder selbst bei ein und demselben Volk zu verschiedenen Zeiten ganz *verschiedene* Wirkungen hervorbringen. Wir können also den politischen Zweck nur so als das Maß gelten lassen, indem wir uns ihn in *Einwirkungen auf die Massen denken, die er bewegen soll*, so daß also die Natur dieser Massen in Betrachtung kömmt. Daß dadurch das Resultat ein ganz anderes werden kann, je nachdem sich in den Massen Verstärkungs- oder Schwächungs-Prinzipe für die Handlung finden, ist leicht einzusehen. Es können in zwei Völkern und Staaten sich solche Spannungen, eine solche Summe feindseliger Elemente finden, daß ein an sich sehr geringes politisches Motiv des Krieges eine weit über seine Natur hinausgehende Wirkung, eine wahre Explosion hervorbringen kann. [...] Ist nun das Ziel des kriegerischen Aktes ein Äquivalent für den politischen Zweck, so wird er im allgemeinen mit diesem heruntergehen, und zwar um so mehr, je mehr dieser Zweck vorherrscht, und so erklärt es sich, wie ohne

> innern Widerspruch es Kriege mit allen Graden von Wichtigkeit und Energie geben kann, von dem Vernichtungskriege hinab bis zur bloßen bewaffneten Beobachtung.«[204]

Hier haben wir einen Text vor uns, den man parallel zu demjenigen Péguys untersuchen müßte. Er unterrichtet uns über die mögliche Explosion des Krieges, aber auch über die mögliche Verspätung dieser Explosion, ohne dass die Politik viel dagegen tun könnte. Was sich bis zum Äußersten, bis zum Vernichtungskrieg steigern kann, kann auch zur bloßen bewaffneten Beobachtung heruntergehen. Es handelt sich um eine seltsame und faszinierende Pendelbewegung, die sich jeder Vernunft entzieht. »Wir können also den politischen Zweck nur so als das Maß gelten lassen, indem wir uns ihn in *Einwirkungen auf die Massen denken, die er bewegen soll*, so daß also die Natur dieser Massen in Betrachtung kömmt.« Das ist ein beeindruckender Satz. Die »Natur« der jeweiligen Massen bestimmt, wie der Konflikt aussehen wird. Wenn der Zweck (oder das politische Motiv) schwach ist, wird auch der kriegerische Akt schwach sein; wenn der Zweck stark ist, wird auch der entsprechende Akt stark sein. *Aber es ist die »Natur der Massen«, die die Wichtigkeit des Zwecks bestimmt.*

Der »politische Zweck« ist lediglich das »relative Maß«, das heißt die Beziehung zwischen diesen Massen. Nicht der politische Zweck beeinflusst also die Massen, sondern die Natur der Massen beeinflusst den politischen Zweck. Das politische »Motiv« entscheidet also nicht über den Ausgang des Konflikts, sondern kann ihn ganz plötzlich auslösen, geradeso wie ein Funke das Pulverfass in die Luft jagt. Sind die Massen indifferent, dann ist der politische Faktor entscheidend, sind sie dies nicht mehr, ist er belanglos. Dies ist, wie deutlich zu sehen, nicht länger das Räsonnement des 18. Jahrhunderts. Clausewitz nimmt hier Durkheim und die Soziologie vorweg. Wenn also die Gesetze im Inneren der einander gegenüberstehenden Massen eine von diesen Massen dazu veranlassen, nicht zu handeln, veranlassen sie die andere entweder zum

Handeln (Steigerung bis zum Äußersten) oder zum Nicht-Handeln (bewaffnete Beobachtung). Weil die Franzosen diese Wechselwirkung verkannten, wollten sie das direkte Wechselspiel zwischen dem, was sie taten, und dem, was Hitler darauf tat, zwischen ihrem Pazifismus und seinem Bellizismus nicht erkennen. *Sie wollten nicht erkennen, dass Deutschland, was die Propaganda anging, am längeren Hebel saß.* Sie waren von dem sehr tiefsitzenden Gefühl beherrscht, den unwahrscheinlichen Sieg von 1918 um jeden Preis bewahren und den Rückfall ins Chaos vermeiden zu müssen. Diese Trägheit rief eine Gegenkraft hervor, was beweist, dass sich das Gesetz der Steigerung bis zum Äußersten stets durchsetzt. Weil man Verdun um jeden Preis vermeiden wollte, hat man es noch einmal herbeigeführt. Hitlers Parade am Eiffelturm beweist, dass es ihm nur darum ging, Frankreich niederzuwerfen, dass er durch und durch ein Mann von 1914 war.

Was Clausewitz »die bewaffnete Beobachtung« nennt, ist eine treffende Beschreibung dessen, was man in Frankreich »drôle de guerre« und in Deutschland »Sitzkrieg« nannte. Es gibt eine ganze Reihe von Übereinstimmungen: insbesondere alle Symptome der Kriegsverweigerung, der »schwächeren Form« des Krieges, wie sie die Franzosen anstrebten. Es ließe sich also zeigen, dass Clausewitz bereits alles gesagt, dass er die französische Niederlage von 1940 angekündigt hat. Die Passagen über die »schwächere Form« des Krieges legen einen Begriff nahe, der im Text zwar nirgends auftaucht, sich aber aufdrängt: Trägheit. Allerdings lässt sich dieser Begriff in widersprüchlicher Weise gebrauchen. Anders formuliert: dort wo man Handlung erwarten würde, herrscht Nichthandeln, wirkt mithin eine Kraft, die sich – seltsamerweise – dem Krieg widersetzt. Dies ist ja geradezu die Definition der »Trägheit«. Denise Naville, die *Vom Kriege* ins Französische übersetzt hat, benutzt den Begriff »Trägheit« an keiner Stelle, sondern bedient sich verschiedener anderer Wendungen wie zum Beispiel »moderierendes Prinzip«. Nun hat der Ausdruck »Trägheit« zwar eine einfach zu definierende physikalische Bedeutung, aber auf psychologischer Ebene verdeckt er eine Art Widerspruch, die interessant ist. Je weniger ein Volk den Krieg will, desto mehr verstärkt es seine »bewaffnete Beobachtung«, seine Beobachtungsmittel, seine Befestigungen und Eindämmungsmaßnahmen, die in Wirklichkeit gar nicht funktionieren und den Konflikt nur heraufbeschwören.

Der auf diese Weise bekräftigte politische Zweck, zusammen mit dem enormen Aufwand, den das erfordern kann, wird so zu jenem Funken, der das Schlimmste auslöst: Im gleichen Augenblick, in dem er eine sehr tiefgreifende Bewegung übermittelt, diejenige eines Volkes, das den Krieg nicht mehr will, löst er beim gegnerischen Volk eine ebenso tiefgreifende, aber entgegengesetzte Bewegung aus. Die Weigerung des einen ruft den Willen des anderen auf den Plan. Die bewaffnete Beobachtung bewirkt daher keineswegs eine Eindämmung der kriegerischen Gewalt, sondern wird diese auf unkalkulierbare Weise auslösen. Die Weigerung zu kämpfen besänftigt die andere Partei nur in den seltenen Fällen, in denen »die Massen gleichgültig sind«.

Wir haben dieses Phänomen bereits erfasst, als wir über die Aggression sprachen: Es gibt eine Art, nicht auf den anderen zu antworten, die an sich schon aggressiv ist. Den Frieden zu befestigen, heißt, den Krieg auszulösen. Mit Clausewitz gesprochen, hieße das, dass die bloß politische »feindselige Absicht« das »feindselige Gefühl« auslöst, das von der Masse ausgeht, im vorliegenden Fall einer von der Propaganda elektrisierten Nation. In dieser Hinsicht beeinflusst die politische Zielsetzung die Massen tatsächlich, allerdings nicht in dem Sinn, in dem Raymond Aron es wollte. Die feindselige Absicht, das ist der General Gamelin; das feindselige Gefühl, das ist Hitler. Dieser Mann kanalisierte, gerade weil er kein Aristokrat im Sinne Corneilles war, die mimetischen Energien seines Volkes und wendete diese mit der abscheulichen Parole vom »Lebensraum« gegen Frankreich zurück.

Die Verschiedenheit der Kontexte im Jahre 1905 und 1939 wird so besser verständlich. Was Péguy noch als ein Zurückfluten beschrieb, als einen Kollateralrückzug beider Mächte, war 1939 nicht länger möglich. Und zwar aus einem sehr einfachen Grund: Vor dem Kataklysmus von Verdun hatte die Politik die Ereignisse tatsächlich noch relativ gut in der Hand. Aber selbst im Jahre 1905 ging es weniger um Politik als um das, was Clausewitz ein »Heruntergehen zur bewaffneten Beobachtung« nennt, einen Zustand relativer Gleichgültigkeit der einander gegenüberstehenden Massen:

> »[A]llein die Möglichkeit einer spätern Entscheidung macht, daß der menschliche Geist sich in seiner Scheu vor allzu großen Anstrengungen da hinein flüchtet, also bei der ersten Entscheidung die Kräfte nicht in dem Maß sammelt und anstrengt, wie sonst geschehen sein würde. Was jeder der beiden Gegner aus Schwäche unterläßt, wird für den andern ein wahrer *objektiver* Grund der Ermäßigung, und so wird durch diese Wechselwirkung wieder das Streben nach dem Äußersten auf ein bestimmtes Maß der Anstrengung zurückgeführt.«[205]

1939 ist alles anders. Es hatte die Ruhrkrise gegeben und die Besetzung des Rheinlands. Gegen de Gaulles Empfehlungen setzte sich im französischen Generalstab eine strategische Auffassung durch: diejenige von Gamelin sowie der unsichtbaren Maginot-Linie und schließlich jenes endlose Abwarten. Gamelins Trägheit hatte also nicht die Trägheit der Deutschen zur Folge, ganz im Gegenteil. Ich würde sagen, das Zögern des Ersteren zog den Leichtsinn der Letzteren nach sich. Mit Clausewitz' Abhandlung lassen sich diese Phänomen besser verstehen – ein Beweis dafür, dass *Vom Kriege* einen der Schlüssel zum Verständnis des deutsch-französischen Konfliktes liefert. Nach Art der hier skizzierten Überlegungen könnte man versuchen, die Symmetrie der Verhaltensweisen über einen größeren Zeitraum auf beiden Seiten des Rheins nachzuvollziehen. So trug die preußische Kapitulation von 1806 unbestreitbar zur Wiederbelebung der Steigerung bis zum Äußersten bei, indem sie Napoleon gestattete, in Russland einzumarschieren. Ebenso eröffnete die französische Kapitulation der 1930er Jahren

Hitler den Weg nach Moskau, wodurch die Spannungen verschärft wurden, die Europa seit mehr als einem Jahrhundert unterminierten. Weit entfernt davon, der Gewalt einen Widerstand entgegenzusetzen, brachte die »Trägheit« die Gewalt also gerade umgekehrt wieder in Gang. Die Überraschung derjenigen, die kapitulieren, ist umso größer: Was sie nicht gewollt hatten, realisiert sich umso gewaltsamer, je mehr sie geglaubt hatten, den Konflikt aufschieben zu können. Einseitige Perspektiven führen stets zum Schlimmsten. Sich eine mimetische Denkweise anzueignen, hieße also, der alten deutsch-französischen Logik zu entrinnen und Europa – möglicherweise – endlich wiederzufinden.

B. C.: Was haben Sie von dieser Zeit in Erinnerung behalten?

R. G.: Ich erinnere mich an die kleinen weißen Blätter der teilweisen Mobilmachung, die 1937, 1938 und 1939 in die absolute Stille fielen. Ich war noch ein Kind, aber die Aussicht auf den Krieg hatte etwas Verführerisches, weil er so geheimnisvoll war. Ich glaubte, die Politik würde mich faszinieren, aber zugleich spürte ich genau, dass etwas sehr Bizarres, Kafkaeskes vor sich ging. Mein Vater war sehr hellsichtig. Ich werde mich stets an jenen Morgen erinnern, an dem er zu mir sagte: »Wir werden geschlagen werden.« Das wagten damals nur sehr wenige Menschen zu denken. »Es gibt gar keinen Zweifel. Frankreich wird geschlagen werden, es ist nicht möglich, noch einmal anzufangen«, sagte er zu mir. »Frankreich ist das schwächste Glied in diesem englisch-amerikanisch-französischen Bündnis.« Er hatte recht. Frankreich wurde durch seine Verbündeten ausgeschaltet. Man darf ihre Politik nicht verurteilen: Wir hätten an ihrer Stelle das Gleiche getan. Diese Unfähigkeit, Hitler zu antworten, rührte daher, dass man nicht mehr zu den Bedingungen von 1916 zurückkehren wollte. 1914 eskalierte der moderne Krieg in jeder Hinsicht und Frankreich war das erste Opfer – militärisch, politisch, psychologisch und spirituell. Aus diesem Grund sprach die Generation meines Vaters niemals über den Krieg. Er war ein Tabuthema. 1939 befand man sich beinahe am gleichen Punkt wie 1919. Und dieses 1919 hatte man 1923 aufrechterhalten wollen. Der Pazifismus und die schlechten militärischen Entscheidungen, die folgten, resultierten aus dem Umstand, dass *die Franzosen den Frieden ebenso sehr wollten, wie Hitler den Krieg wollte*. Sie hatten zwischenzeitlich jedoch jegliche Handlungsmöglichkeit eingebüßt. Man sagte nichts, man nahm das tägliche Leben wieder auf, als sei nichts geschehen. Man war der Sieger und hatte dem Krieg ein Ende bereitet. Man wollte nichts mehr davon hören. Dann kam er um vieles heftiger wieder, mit einer Woge der Gewalt, die man nicht vorhergesehen hatte. In diesem Sinn ist die Niederlage von 1940 etwas, das es noch zu durchdringen gilt. Dieser Zusammenbruch war unvorstellbar: Jena in der *n*-ten Potenz! Ich war noch ein Kind, aber ich habe es auf meine Weise verstanden.

Ich erinnere mich, wie in jenem kleinen Dorf in der Auvergne, wo ich meine Ferien verbrachte, die Pferde bereitgestellt wurden, so wie schon 1914. Es wirkte wie eine Mischung aus Unzeitgemäßem und Katastrophalem: Man erlebte ein finsteres Déjà-vu und zugleich eine Unfähigkeit, die notwendigen politischen Mittel zu ersinnen. Die Amerikaner wollten offenbar, dass Frankreich wiederholte, was es in Verdun getan hatte: den Vorstoß der deutschen Armee auffangen, ohne in die Knie zu gehen. Sie konnten einfach nicht begreifen, dass wir dazu nicht noch einmal in der Lage waren. Die einzige radikale historische Kriegserfahrung der Amerikaner war immer noch der Sezessionskrieg, der in ihren Köpfen sehr viel präsenter war als der Erste Weltkrieg, der für sie lediglich eine politische Affäre darstellte. Sie glaubten, ihnen bliebe noch Zeit. Das war unmöglich. Es lag auf der Hand, dass Stalingrad sich nicht in Verdun ereignen würde. Stalingrad war das Verdun des Zweiten Weltkrieges. Die Franzosen wussten, dass sie einem deutschen Angriff nicht standhalten würden. Es war vorbei. Frankreich war aus dem Spiel. Die ganze defensive Strategie der französischen Armee, die de Gaulle mutig zurückgewiesen hatte, gründete auf den gewaltigen Verlusten von 1914.

War de Gaulles These, dass eine Politik der Panzer alles geändert hätte, zutreffend?[206] Wäre der Krieg wieder zu einem ritterlichen, edlen Krieg geworden? De Gaulles Gründe waren menschliche und zugleich strategische. Aber in Wahrheit existierte dieser alte Kriegsgeist überhaupt nicht mehr. Die Geschichte war unerbittlich geworden. Die Franzosen glaubten ja, der deutsche Geist sei wesentlich auf den Krieg ausgerichtet; sie glaubten, dass dieses Kriegsbegehren von nun an die deutsche Kultur ausmachte und gerade diese Energie die Massenarbeitslosigkeit besiegt hatte. Aber es war ganz und gar nicht mehr die Kultur der Franzosen. Wir müssen diese Situation als eine genaue Umkehrung der Situation von 1806 begreifen, die Clausewitz und Germaine de Staël zu der Annahme verleitete, die Franzosen seien par excellence kriegerisch. 1940 bemerkten die Franzosen jedoch, dass die Jahrhunderte der französischen Vormachtstellung hinter ihnen lagen und sie nun der Rückkehr der Germanen und des Reiches beiwohnen würden. Wenn die Kriegskultur das Lager wechselt, ändert sich auch die Sichtweise der Geschichte. Clausewitz hat uns die zunehmende Gewalt des französischen Militarismus als solche zu verstehen gestattet. Er erkannte jedoch nicht, dass Revolution und Kaiserreich der Kriegsmoral seiner Gegner endgültig den Garaus gemacht hatten.

Wir wiederum wollten nicht erkennen, dass die Niederlage von 1870 die Niederlage unserer zusammengebrochenen Kriegsmoral war, dieser erloschenen Flamme. Deshalb ist das Frankreich des Zweiten Kaiserreiches und vor allem das der III. Republik auf einem napoleonischen Mythos erstanden, der es ganz wörtlich auszehrte, indem er Frankreich zwang, über seine Verhältnisse zu leben. Das Ausmaß unserer Realitätsverleugnung wuchs in eben dem Maße, in dem das deutsche Ressentiment anstieg. Aber es ist stets die abnehmende Macht, die über ihre Verhältnisse lebt. 1806 war das Preußen; 1940 war es Frankreich. Die Proportionen waren jedoch ganz offenkundig nicht vergleichbar, denn die Steigerung bis zum Äußersten war weiter fortgeschritten. Deutschland und Russland gingen nach Stalingrad gleichfalls ihres Kriegsgeistes verlustig. Die Russen verausgaben sich in Tschetschenien, wie sie sich in Afghanistan verausgabten. Auch dort ist es vorbei, ist etwas zerbrochen. Der Reihe nach wurden alle europäischen Länder durch diesen Tornado zerstört. Amerika kann das nicht recht verstehen. Ich muss den Amerikanern immer wieder sagen: »Ihr versteht nichts von der aktuellen Situation in Europa, nach zwei Weltkriegen, den gigantischsten und schrecklichsten, die die Geschichte zu bieten hat.« In gewisser Weise hat auch Clausewitz das für seine Zeit nicht erkannt. Im Grunde wussten die Franzosen sehr genau, dass sie die Apokalypse nicht aufhalten würden, aber sie wollten nicht mehr aktiv daran teilhaben.

B.C.: Führt Ihre Argumentation der »großen Massen«, die Sie die Geschichte in einer Langzeit- und apokalyptischen Perspektive zu betrachten zwingt, nicht zu einer Schmälerung der Ethik der Résistance, die für die Wiederbelebung der europäischen Idee doch wesentlich war?

R.G.: Ich schmälere diese Form des Heroismus keineswegs, umso mehr als sie während unserer gesamten Diskussion beständig mitschwang. Ich bewundere de Gaulle dafür, dass er sich diesem resignativen Geist glorreich entzogen hat. Was ihm die französische Rechte vorwarf, war, dass er die Trennung von Kirche und Staat vollkommen akzeptierte. Er hatte mit dem Comte de Paris aus dem Hause Orléans über Frankreichs Zukunft gesprochen, und dieser hatte begriffen, dass er für eine Regentschaft nicht infrage kam. Unmittelbar nach seiner Rückkehr nach Frankreich wies de Gaulle darauf hin, dass die monarchistische und rechtsextreme *Action Française* im Grunde ganz und gar zur III. Republik gehörte und Teil des allgemeinen Verfalls des Landes war. Auf der anderen Seite sagte de Gaulle jedoch selbst, dass Frankreich der Résistance nicht gefolgt sei bzw. dass es der Résistance nicht gelungen sei, die Franzosen zu vereinen.

Man darf nicht vergessen, dass Leute wie Jacques Maritain in ihm einen aufstrebenden Diktator sahen. Maritain hat sich das später selbst so verübelt, dass er sich verpflichtet fühlte, den Botschafterposten im Vatikan anzunehmen. Es ist klar, dass de Gaulle Hintergedanken bezüglich eines katholischen Frankreichs hatte, als er ihn zum Papst sandte. Maritain verkörperte damals das Beste des französischen Katholizismus. Trotzdem hatte er viele Katholiken gegen sich, die ihn für einen Linken hielten. Dies waren die Vorboten für das, was das Zweite Vatikanische Konzil werden sollte. 1926 schlug sich Maritain gegen die *Action Française* auf die Seite des Papstes. In dieser Zeit wurde er zum Demokraten. In Princeton hat man ihn in hervorragender Erinnerung. Wenn es Momente gibt, an denen die katholische Kultur europäisch ist, dann in solchen Augenblicken, die frei von jeglicher Ambiguität sind, sowohl im Bezug auf den rechten Nationalismus à la Maurras, als auch hinsichtlich des linken Progressismus. Daher schmälere ich das, was Sie die »Ethik der Résistance« nennen, in keiner Weise. Hier, mag das seinen Verleumdern auch noch so sehr missfallen, triumphiert Péguy über all das Antiquierte und Abgestandene der *Action Française*. Eben deshalb taten die Leute von Vichy alles dafür, ihn für sich zu reklamieren.

De Gaulle machte sich keinerlei Illusionen über die Résistance, die aufgrund interner Unstimmigkeiten nicht gerade schlagkräftig war. Stattdessen machte er sich eine »erhabene Vorstellung von Frankreich« und lud Konrad Adenauer nach Colombey ein. Er wollte so tun, als könne der europäische Motor wieder in Gang kommen, als sei es möglich, die beiden Weltkriege rückgängig zu machen und von vorne zu beginnen. Seine Entschlossenheit war wirklich außerordentlich: er entschied, dass man die gleichen Fehler nicht noch einmal machen, dass man Napoleon nicht länger nachahmen würde. Durch die Wiederaufnahme des Dialogs mit Deutschland brachte er Innovationen hervor und hatte dort Erfolg, wo Germaine de Staël gescheitert war! Vierzig Jahre lang haben wir von jener Hoffnung, die aus der Begegnung in Reims resultierte, gezehrt.

Aber die Demografie ist leider ein sicherer Indikator. Frankreich, das das am dichtesten bevölkerte Land Europas war, ist nach der Niederlage von 1870 zusammengebrochen. Unter Ludwig XIV. zählte Frankreich 25 Millionen Einwohner, England nur vier Millionen. Napoleon forderte jedoch eine Million Tote. Seine Äußerung »Eine Nacht in Paris wird das wieder richten« war widerlich und alles anderes als wahr. Warum hat man niemals wirklich über diese Fragen nachgedacht? De Gaulle war tatsächlich derjenige, der dem am nächsten kam, aber er zog es vor, dies zu verschweigen. Er setzte auf einen Neuanfang und alles dafür ein. Die Stärke seiner Position resultierte aus dieser extremen Spannung, aus dieser gewaltigen Willenskraft, die am Ende zum Erfolg führte, sowohl auf persönlicher Ebene als auch auf nationaler und internationaler Ebene, und dies mindestens fünfundzwanzig Jahre lang. Verglichen mit der wahren Größe Frankreichs waren die politischen Erfolge de Gaulles jedoch zu groß, und die Franzosen haben die beinahe wundersamen Erfolge dieser Politik nicht verstanden. Sie hatten nicht länger die Mittel dazu.

Ich denke nicht, dass de Gaulle durch und durch clausewitzsch war. Er war viel mehr Politiker denn Soldat, obwohl er während des Ersten Weltkrieges unzweifelhaft ein großer Soldat war. Aber dies hat ihn nicht gehindert, sein ganzes Leben lang Politik zu machen. Selbst in der Zeit, in der er sich ausschließlich auf die Armee konzentrierte, machte er bereits Politik. Er sah das militärische Desaster Frankreichs voraus, glaubte aber noch an den Vorrang des Politischen über das Militärische. Genau darin liegt die Utopie der Résistance, deren Größe ich aber keineswegs schmälern will. Im Übrigen hat de Gaulle genau aus diesem Grund gegen Paul Reynaud gewonnen, der sich sofort für de Gaulles strategische und militärische Schriften interessierte: *Le Fil de l'épée* (*Die Schneide des Schwertes*) (1932) und *Vers l'armée de métier* (*Für eine Berufsarmee*) (1934). De Gaulle glaubte damals noch, Deutschland schlagen zu können! Über seine schwierige Beziehung zu Pétain, der zu Anfang einen Schützling in ihm sah und sich plötzlich darüber klar wurde, dass de Gaulle dies ganz und gar nicht war, weiß man Bescheid. Über seine Beziehungen zum französischen Stab bin ich hingegen schlecht unterrichtet. An der *École de guerre* lehnte man ihn als einen Abenteurer ab. De Gaulle war der Überzeugung, man müsse umso kühner sein, je weniger man zu verlieren habe. Frankreich war 1870 nach der vernichtenden Schlacht von Sedan in sich zusammengebrochen. Hätte man auf ihn gehört, hätten sich die Dinge vielleicht ganz anders entwickelt. Wer weiß, ob dann nicht die Schwäche des Nationalsozialismus ans Licht gekommen wäre? Der Zufall spielt hier eine nicht zu unterschätzende Rolle. Aber Generäle wie Gamelin hörten nicht auf ihn. Er predigte in der Wüste. Sein einziger echter Leser war der deutsche General Heinz Guderian, Erfinder der *Panzertruppe*, auf der die Offensivkraft der Wehrmacht 1939 hauptsächlich beruhte. Außerdem führte Guderian 1940 in den Ardennen das Kommando. Die beiden Männer hatten die Werke des jeweils anderen gelesen. Sie teilten die Idee motorisierter und gepanzerter Truppen. Es war die gleiche Doktrin, daran besteht kein Zweifel.

Im Übrigen gingen die seltenen französischen Gegenoffensiven, in Montcornet und Abbeville im Mai 1940, von de Gaulle aus, der die Vierte Panzerdivision befehligte. Das darf man nicht vergessen. Diese kriegerischen Großtaten haben ihm seine Stellung als Unterstaatsekretär für Nationale Verteidigung eingebracht. Seine Panzer waren zwar aus hervorragendem Material, aber zu schwer und nicht schnell genug. Den Deutschen erging es nicht viel besser: Ein Großteil ihrer Armee war nicht wirklich motorisiert. So war es Reynaud, der die Karriere von de Gaulle zimmerte. Hätte er ihn nicht am 6. Juni 1940, vier Tage vor dem Waffenstillstand, in die Nationale Verteidigung berufen lassen, so hätte es keinen de Gaulle gegeben. Der General besaß damit die politischen Mittel, um für eine Fortsetzung des Krieges einzutreten. Er konnte sich den Verfechtern des Waffenstillstands entgegenstellen und seinen Kampf in London fortsetzen. So viel hat es zumindest bedurft, dank dieses dünnen Fadens konnte die Ansprache vom 18. Juni etwas Bedeutsames darstellen, anstatt überhaupt nichts zu bedeuten – selbst wenn niemand auf diesen Appell gehört hat. Reynaud hat einen Staatsmann aus de Gaulle gemacht. De Gaulle konnte seinen Aufruf am 18. Juni verbreiten, weil Reynaud am 16. Juni zurückgetreten war, um Pétain Platz zu machen. Hier liegen die Anfänge der Legitimität des Generals. Er durchschaute als Erster die Lage. In gewisser Weise war er ein Mann des Krieges, aber er hatte keine Truppen und keine Front und konnte sich auch nicht dorthin begeben, wo gekämpft wurde, weil Roosevelt ihn daran hinderte. Sein Hauch von Macht genügte ihm jedoch, um aus Frankreich wieder eine der fünf großen Nationen zu machen. Die Behauptung, de Gaulle hätte Frankreich allein durch das Wort wieder aufgerichtet, ist also ein verdeckter pétainistischer Mythos: London war für ihn eine vernünftige Wahl und keineswegs Wahnsinn oder Literatur.

Seine Vorliebe für Literatur hingegen war eine persönliche und politische Entscheidung: Sie war das Einzige, was in Frankreich nicht schwach geworden war! De Gaulle hegte eine tiefe Liebe für die Literatur, die er als eine Institution betrachtete. Das erste Abendessen, das er nach seiner Rückkehr nach Paris gab, war eines mit François Mauriac. Er wollte unbedingt, dass Mauriac mit ihm im Kriegsministerium speiste. Und dann gab es die Begegnung mit Georges Bernanos im Jahre 1948 in Colombey. Wenn man seine ehrgeizigen Ziele nicht mehr erreichen kann, wird die Politik zu dem, was Péguy – eines der Vorbilder de Gaulles – in ihr sehen wollte: zu Literatur. Paradoxerweise machte gerade das vollkommene Fehlen militärischer Macht de Gaulle zu dem Helden, der er war. Wenn der Heroismus literarisch oder philosophisch ist, macht er mir keine Angst mehr. Marc Bloch war unzweifelhaft ein Held, und Jean Cavaillès auch. In gewisser Weise ist der Heroismus eine Angelegenheit von Intellektuellen. Das sind Schriftsteller, die sich weigern, der Macht zu dienen, die aber die Lage der Dinge dazu bringen kann, zu Propheten zu werden. Erinnern wir uns an Pascals Wut: »Da man der Gerechtigkeit nicht Gewalt verleihen kann, hat man die Gewalt gerechtfertigt […].«[207] Diese Wut zeugt von einer echten Weigerung zu kollaborieren. Die Waffen dürfen lediglich ein Mittel sein, um »der Gerechtigkeit Gewalt zu verleihen«, und zwar gegen jene, die »die Gewalt rechtfertigen«. So lautet die heroische Formel, und eine andere gibt es nicht. Hier treffen wir erneut auf die wechselseitige Intensivierung von Gewalt und Wahrheit: eine Wahrheit, die eine Gewalt verstärkt, die umgekehrt nichts gegen die Wahrheit vermag. Eine andere Definition des Widerstandes gibt es meiner Meinung nach nicht. Sie gilt heute für einen jeden von uns.

Deshalb verfolgte de Gaulle den Versuch der *Forces Françaises Libres* in Dakar mit so großem Misstrauen. Diese Idee stammte nicht von ihm, sondern von Churchill. Er war sehr zurückhaltend, weil er wusste, dass die Menschen in Dakar nicht von Pétain ablassen würden. Diese Zeit war für ihn eine der schrecklichsten. Er sah das Scheitern voraus, konnte sich der Operation aber nicht entgegenstellen, weil Churchill nach Mers El-Kébir etwas für die *Free French* tun wollte. Dies erwies sich als eine Katastrophe. Das Freie Frankreich hing zu der Zeit, zu der der Gaullismus nur noch aus Radio London bestand, an einem seidenen Faden. Wenn Simone Weil von »Rundfunkerziehung« spricht, hat sie dabei die Ansprachen Maurice Schumanns in der BBC im Sinn. Ein gutes Drittel Frankreichs hörte Schumann, die Stimme des Freien Frankreich! Auch ich selbst war einer seiner glühenden Hörer, und als wir einander später begegnet sind, war ich sehr bewegt.

Man muss also damit aufhören zu behaupten, alle Franzosen seien Anhänger Pétains gewesen. Natürlich war Frankreich nicht reiner Widerstand, aber das Gegenteil zu behaupten, wie man es seit *Le chagrin et la pitié*[208] getan hat, ist noch unangemessener. Die Geschichtsschreibung hat sich von dieser Strömung zu sehr beeinflussen lassen und hat jenen Selbsthass genährt, der in Frankreich fortbesteht. Alle Ideologien, die daran gescheitert sind, Frankreich zu verkörpern, haben es de Gaulle immer sehr übel genommen, dass es ihm gelungen ist. Alles, was den Riesen kleiner macht, lässt die Zwerge größer erscheinen, und nichts ist mimetischer als diese Eifersüchteleien. Es wäre weitaus angemessener zu sagen, dass es sehr viele Leute gab, die passive Gaullisten waren, die hofften. Denkt man in den Begriffen der Résistance und Kollaboration, so verbleibt man in den mythischen Kategorien, klammert man sich an Differenzen, die viel verschwommener waren, als man gemeinhin annimmt. In Frankreich gab es feige Leute und gab es mutige Leute – wie anderswo auch. Der Heroismus, ich sage es noch einmal, lässt sich nicht verordnen. Niemand kann den Anspruch erheben, den Sinn der Geschichte gepachtet zu haben. Von daher schätze ich es sehr, dass man am 18. Januar 2007 die französischen »Gerechten der Nationen« im Pantheon geehrt hat – all diejenigen, die ihr Leben und das ihrer Kinder aufs Spiel gesetzt haben, um Juden zu retten. Hören Sie denjenigen zu, die noch am Leben sind, und Sie werden feststellen, dass diese ganz und gar keinen Anspruch auf das Heldentum erheben. Sie sagen, sie hätten getan, was getan werden musste. Punkt.

VIII. DER PAPST UND DER KAISER

Die letzte Internationale

Benoît Chantre: Im Reich der kontingenten Kriege, in das wir eingetaucht sind, herrscht also ein grundlegender Krieg: der Krieg der Wahrheit gegen die Gewalt. Ihnen zufolge hat die Wahrheit die Gewalt aufgescheucht. Hegel mit Clausewitz und Clausewitz mit Hegel zu kritisieren, heißt, sich der apokalyptischen Vernunft zu nähern und zu erkennen, dass die Figur, deren »Siegeslaufbahn« es zu verfolgen gilt, eine andere ist als geglaubt – weder der »Kriegsgott« noch der in Jena bewunderte »Weltgeist«, sondern eine weiße, von des Kaiserreichs Schwärze zeitweilig verdunkelte Gestalt. Ich denke selbstredend an Michel Serres' wundervolles Buch *Rome: Le livre des fondations*,[209] seine – in Reaktion auf Ihre Ideen verfasste – Neuinterpretation von Titus Livius. In Serres' Relektüre wird das weiße Alba vom schwarzen Rom vernichtet, das Opfer vertuscht und durch eine erlogene Geschichte entehrt. Was in dieser Deutung eine bloße Möglichkeit ist, erfüllt sich heute in besonderer Weise. Gerade eben haben Sie eine andere weiße Figur aufgerufen, die im Herzen Roms einen Sitz hat, eine Figur des Einzigen, die von der Französischen Revolution verdunkelt, von Napoleon gedemütigt, von Verdun zum Schweigen gebracht wurde – eine hartnäckige und wiederkehrende Figur, die nicht unter den vermutlich im Osten abgefeuerten Kugeln gefallen ist und Ihnen zufolge die mit der Gewalt im Krieg liegende Wahrheit verkörpert. Sie sprechen in Ihren Büchern nicht vom Papst, und dennoch sind Sie zutiefst katholisch, was den Vertretern der Wissenschaft und des Glaubens durchgängig zu schaffen macht.

René Girard: Für die lobenden Worte, die Sie für Michel Serres' Buch gefunden haben, bin ich sehr empfänglich. Was das Übrige angeht, so bin ich es ein wenig müde, stets hin- und herzupendeln zwischen denjenigen, die an den Himmel glauben, und denjenigen, die nicht an ihn glauben, als müsste jeder in seiner Ecke bleiben und dürfte unter keinen Umständen in einen Dialog mit dem anderen treten. Alle meine Bücher wurden aus einer christlichen Perspektive heraus geschrieben. Meine Bekehrung brachte mich auf die Fährte des Mimetismus, und die Entdeckung des mimetischen Prinzips bekehrte mich. Zu behaupten, meine ersten beiden Bücher bildeten eine Einheit – weil ich die christliche Offenbarung dort relativ dezent thematisiere –, und alle übrigen wären besser in der Schublade verschwunden, ist schon ein starkes Stück! Dennoch sind solche Behauptungen recht häufig anzutreffen.

Selbst meine wohlwollenden Leser folgen mir noch immer nicht in meiner Überzeugung, dass allein das Jüdisch-Christliche und die Prophetentradition Rechenschaft ablegen können von der Welt, in der wir heute leben. Es existiert eine mimetische Weisheit – ich behaupte nicht, sie zu verkörpern –, und das Christentum ist der Ort, an dem wir sie suchen müssen. Es spielt keine große Rolle, ob wir das wissen oder nicht. Die Kreuzigung führt uns den Opfermechanismus vor Augen führt und macht die Geschichte begreiflich. Da heute alle »Zeichen der Zeit« konvergieren, können wir nicht länger auf dem Wahnsinn – nationaler, ideologischer oder religiöser – mimetischer Rivalitäten beharren. Jesus Christus hat gesagt, das Reich Gottes sei nicht von dieser Welt. Dies erklärt die Endzeiterwartung der ersten Christen, von der die beiden Thessalonicherbriefe zeugen. Wir müssen also die Idee akzeptieren, dass die Geschichte ihrem Wesen nach endlich ist. Allein diese eschatologische Perspektive gibt der Zeit ihren wahren Wert zurück.

B.C.: Welche Bedeutung messen Sie der Kirche bei dieser Offenbarung bei?

R.G.: Eine grundlegende und zugleich begrenzte Bedeutung. Die Kirche ist die Wächterin einer fundamentalen Wahrheit, aber gleichzeitig ist sie eine Institution, und wie alle Institutionen somit der Zeit und den Irrtümern unterworfen. Die Kirche wurde errichtet, dann hat sie sich geteilt, verästelt und gewandelt. Am stärksten hat sie sich im Katholizismus bestätigt, in erster Linie dem Katholizismus des Konzils von Trient, das an der Wiederherstellung der päpstlichen Macht arbeitete, die nach den Affären von Avignon, Florenz und Rom ziemlich beschädigt war. In dieser Hinsicht war das Genie der Jesuiten immens. Gott weiß, ob die Nöte, in die man sie gestürzt hat, etwas mit dem Ressentiment zu tun hatte, mit dem man dem Papsttum in Europa begegnete.

Sie schneiden dieses Thema also völlig zu Recht an. Die allmähliche Heraufkunft des Papsttums im Kampf gegen das Kaiserreich zeigt, wie der Heilige Geist das Geschichtsganze durchwirkt, auch hier wieder ohne das Wissen ihrer Akteure. Hegel hat dies mit seiner Dialektik nachgeäfft. Seit zweitausend Jahren löst sich die Kirche auf und erneuert sie sich, aber sie wiederholt nicht die gleichen Irrtümer. Ich habe gerade das Konzil von Trient genannt, aber auch der Katholizismus des 19. Jahrhunderts bringt einen entscheidenden Umbruch, und wir haben uns bereits mit einigen der beteiligten Akteure beschäftigt. Der Vorzug des Katholiken gegenüber dem Protestanten bestehe in seinem Nicht-Zweifel, schrieb Joseph de Maistre! Hierin drückt sich ein einzigartiger Glaube an die Geschichte aus, der nichts Hegelianisches an sich hat.

De Maistre muss an dieser Stelle unbedingt genannt werden. Er war Diplomat in Sankt Petersburg, wo er als unbeugsamer Katholik den Anfeindungen der orthodoxen Kirche ausgesetzt war; er erlebte den Zusammenbruch des Kaiserreiches und die Zersplitterung Europas in heterogene Mächte: Protestanten (England und Preußen), Orthodoxe (Russland) und Katholiken (Österreich); ganz zu schweigen von Frankreich, das, aus Revolution und Empire erschüttert hervorgegangen, der Gegenstand seiner kummervollen »Betrachtungen« ist. Als betroffener Beobachter des Kriegsgrauens, das er – weil in seinem Ausmaß unverständlich – für »göttlich« erachtete, hatte de Maistre den Eindruck, die Kirche würde sich von diesen historischen Schlägen nicht erholen und der Heilige Stuhl würde überall kritisiert. Deshalb beschloss er, »den Papst der Welt zu zeigen«, indem er ein im Jahre 1819 – sowohl für die orthodoxen Kreise, in denen er sich bewegte, als auch für den gallikanischen Klerus – skandalöses Buch publizierte: *Vom Papst*. Darin verteidigte er die päpstliche Unfehlbarkeit, ohne das geringste Ressentiment und dennoch auf das Heftigste!

Dieses Insistieren auf dem Fortbestand des Papsttums inmitten der politischen Unruhen Europas ist für einen politischen Theoretiker grundlegend, umso mehr als das Argument für den Fortbestand der Kirche mit dem der »Unfehlbarkeit« seines Oberhauptes verknüpft ist. Letztere sollte erst (und ausschließlich für doktrinale Fragen) Ende des Jahrhunderts proklamiert werden. Diese Proklamation der päpstlichen Unfehlbarkeit markiert ein wesentliches Datum der Kirchengeschichte, insofern die Kirche von da an von jeglichem Zugeständnis an die weltliche Macht befreit ist. Die Intuitionen de Maistres oder Baudelaires, die affirmative Kraft Claudels hängen, auf die eine oder andere Weise, mit der Emergenz des Papsttums zusammen. Wie wir sahen, hatte auch Hölderlin Intuitionen bezüglich dieser Stabilität. Und es gäbe da noch weitere Persönlichkeiten, die an der Wende vom 18. zum 19. Jahrhundert lebten und mit denen man sich auseinandersetzen sollte. Sie alle würden beweisen, dass »allgemeine Singularitäten« möglich sind, von Ressentiment frei sein können und sich der radikalen Wahrheit bewusst sind, die inmitten der um sich greifenden Kopflosigkeit aufscheint. Die Aufklärung war der Triumph einer bestimmten Spielart der Vernunft, der Katholizismus nach der Revolution beförderte eine andere. Die vor Kurzem in Regensburg gehaltene Rede Papst Benedikts XVI. ist der eindeutige Höhepunkt dieser Bewegung. Die mimetische Theorie zielt allein darauf, diese Rationalität noch eine Stufe höher zu treiben.

B.C.: Und das heißt?

R.G.: Um es noch einmal zu sagen: Meiner Ansicht nach ist die Welt in einer Steigerung bis zum Äußersten gefangen. Aber es wird nicht erkannt, dass sie sich heute stoppen lässt. Ein Papst kann so etwas nicht sagen. Seine »Unfehlbarkeit« und seine politische Stellung verbieten ihm das. Er kann in Fragen der Doktrin intervenieren und den Dialog dort anmahnen, wo er abgebrochen ist. Aber schon seine Zuhörerschaft allein verweist darauf, dass derzeit eine grundlegende Botschaft verbreitet wird: die Botschaft von der absoluten *Dringlichkeit* der Versöhnung. Diese Dringlichkeit ist eschatologischer Natur, auch wenn der Papst dies nicht so offen sagen kann, wie wir dies im Verlauf unserer Gespräche getan haben. Denn er ist das Kirchenoberhaupt und zudem ein Staatsoberhaupt.

B.C.: Inwiefern ist die Idee der Apokalypse etwas Neues hier in Europa und in der Welt?

R.G.: Insofern die Wahrheit den Menschen nur allmählich durch einen Lügenschleier hindurch erscheinen kann. Die Dringlichkeit der christlichen Botschaft wurde durch die Desintegration der Mächte und Gewalten, mit anderen Worten durch den Zusammenbruch der imperialen Idee deutlich. Gleichwohl hielt gerade das Imperium, das Kaiserreich den Anstieg der Gewalt tendenziell zurück: Der Angreifer *will den Frieden*, das haben wir gesehen. Er will beherrschen, das heißt befrieden: *pax romana*, *pax sovietica*, *pax americana* … Die Wahrheit wird erst dann erscheinen, wenn diese Lüge ihre letzten Ausflüchte aufgezehrt hat.

Die christliche Religion deckt die zentrale Bedeutung des Religiösen bei der Kulturgenese auf. Das Christentum ist die wahre Entmystifizierung des Religiösen, weil es den Irrtum enthüllt, auf den sich das archaisch Religiöse gründet: die Wirksamkeit des vergöttlichten Sündenbocks. Die Offenbarung *beraubt* die Menschen des Religiösen, und genau dies wird um uns herum immer deutlicher sichtbar – in Gestalt der naiven Illusion, wir wären fertig mit ihm. Diejenigen, die an das Fiasko des Religiösen glauben, sehen es heute gerade als Werk ihrer Entmystifizierung wieder auftauchen. Allerdings handelt es sich dabei um ein durch die Offenbarung, deren Gegenstand es war, beflecktes, entwertetes und eingeschüchtertes Werk. Gerade der Verlust des Opferkultes – des einzigen Systems, das die Gewalt zu zügeln vermag – holt die Gewalt wieder in unsere Mitte. Die gegenwärtige Anti-Religion ist eine derartige Ansammlung an Irrtümern und Unsinnigkeiten über das Religiöse, dass sie schon kaum mehr zur Satire taugt. Sie dient der Sache, der sie schaden will, und verteidigt insgeheim die Irrtümer, mit denen sie aufzuräumen glaubt, indem sie das Religiöse in Aufruhr versetzt, ohne dass es ihr gelänge, es zu beherrschen. Mit ihrem Versuch, das Opfer zu entmystifizieren, leistet die gegenwärtige Entmystifizierung weitaus schlechtere Arbeit als das Christentum, das sie anzugreifen glaubt, weil sie es noch immer mit dem archaisch Religiösen verwechselt.

Für ein bisschen Frieden müssen die Menschen also in die Lüge verstrickt sein. Diese Abmachung zwischen der Lüge und dem Frieden ist grundlegend. Wenn die Leidensgeschichte Jesu Christi den Krieg bringt, so deshalb, weil sie die Wahrheit über die Menschen sagt, weil sie sie jeglicher Opfermechanismen beraubt. Das gemeine, Götter hervorbringende Religiöse ist im Besitz von Sündenböcken. Sowie die Passion die Menschen jedoch lehrt, dass die Geopferten unschuldig sind, gehen sie aufeinander los. Genau daran hatten sie die stellvertretenden Opfer gehindert. *Ist das Opfer verschwunden, bleibt nur noch die mimetische Rivalität, und diese eskaliert bis zum Äußersten*. In gewisser Weise führt die Passion zur Wasserstoffbombe: Zum Schluss wird sie die Mächte und Gewalten hochgehen lassen. Die Apokalypse ist nichts anderes als die Inkarnation des Christentums in der Geschichte, die die Mutter vom Sohn trennt. In den Evangelien verursachen selbst die Wunder Streitereien! Denken Sie doch an die großen apokalyptischen Szenen in Dostojewskis *Böse Geister*: Sie finden dort alles, nur keine zuckersüße Versöhnung.

Wenn das Reich Gottes der absolute Friede ist, so wird der relative Friede immer weniger möglich sein, denn das Reich der Gewalt dehnt sich weiter aus. Der Mensch kann seiner Wahrheit nicht ohne die Lüge gegenübertreten: dies ist die unerbittliche Wahrheit des Christentums. Diese Wahrheit ist jetzt im Kommen, und sie zerschlägt alles, indem sie uns unserer Feinde beraubt. Es wird keinen guten Streit mehr geben. Es wird keine bösen Deutschen mehr geben. Der totale Verlust des Opfers wird zwangsläufig eine Explosion auslösen. Denn das Opfer bildet das uns erhaltende politisch-religiöse Gerüst: Die Menschheit dieses elementaren Friedens und aller mit ihm einhergehenden Rechtfertigungen zu berauben, heißt, sie in die Apokalypse führen.

B.C.: Wenn Sie diese Steigerung bis zum Äußersten für unabwendbar halten, welche Rolle kommt dann in Ihren Augen der katholischen Kirche zu?

R.G.: Weil er auf einen polnischen Papst folgt, beweist Ratzinger, dass das Papsttum »internationalisiert« wurde. Der Katholizismus ist den Kinderschuhen entwachsen und jetzt die letzte Internationale! Auch wenn er die abendländische Vernunft des Aristoteles und des Heiligen Thomas verteidigt, erneuert Benedikt XVI. den Kampf des Papsttums für Europa und gegen das Imperium. Aber inzwischen wissen wir, dass diesem Kampf nichts mehr von jenem Aneignungskampf eignet, der er jahrhundertelang gewesen war. Der Kampf des Papsttums gegen das Imperium hat sich in einen Kampf der Gewalt gegen ihre eigene Wahrheit verwandelt, die anzuerkennen sie sich nur um den Preis einer Apokalypse wird weigern können. Das wird der Papst niemals aussprechen. Er kann uns nur vor den Gefahren unseres engstirnigen Rationalismus warnen, indem er bekräftigt, dass der Kampf der Vernunft gegen den Glauben uns der Rückkehr eines gegen die Vernunft gerichteten Glaubens aussetzt, die noch beunruhigender ist.

Dass ein Papst für eine »Ausweitung unseres Vernunftbegriffs«

eintritt und die von einer »Enthellenisierung« unserer Kultur ausgehenden Gefahren anprangert, noch dazu in einer Stadt wie Regensburg, in der Hölderlin Gedichte wie »Der Einzige« oder »Patmos« ersann – das ist für mich wirklich ein Zeichen der Zeit. Die abendländische Vernunft setzt durch die Amputation, die sie sich aus einem unerfindlichen Masochismus auferlegt hat, ja alles aufs Spiel. Sie muss das Göttliche als ihre wesentliche Dimension dringend wiederherstellen. Nur diese Form von Rationalität kann einer der Vernunft Gewalt antuenden Wiederkehr des irregeleiteten Sakralen begegnen. Wir müssen den Zusammenhang von Vernunft und Glauben dringend überdenken. Wenn das Zweite Vatikanische Konzil etwas Wesentliches geleistet hat, dann war das die Bekräftigung der Religionsfreiheit, denn wenn es irgendetwas gibt, das das Christentum nicht verletzen darf, ist dies die Freiheit, die Offenbarung zurückzuweisen.

B.C.: Sie verorten das Irrationale also auf der Seite des Imperiums und die Vernunft auf der Seite der Kirche?

R.G.: Wir werden aktuell tatsächlich Zeuge dieses Paradoxons. Das Imperium, das Reich will den Frieden, das heißt die Herrschaft. Es gründet sich also auf die Ausschließung. Dank Clausewitz wissen wir aber, dass diese Position eine schwache Position ist: derjenige, der den Krieg will, wird ihn auch gewinnen. Die Päpste *wollten* daher *den Krieg* gegen das Imperium, und wir müssen anerkennen, dass sie im Rahmen ihrer Ordnung zur Stunde gewonnen haben. Aber der Kampf geht weiter und wird noch gewalttätiger werden. Denn das Imperium ist heute nicht länger das Heilige Reich oder Europa, die Vereinigten Staaten, Russland oder sogar das Lateinische Reich, das Kojève 1945 in seiner *Esquisse d'une doctrine de la politique française* beschreibt.[210] Es ist das Reich einer aufgescheuchten Gewalt, die umso panischer wird, je mehr sich die christliche Wahrheit zwingend aufdrängt.

Gewiss, wir erleben seit ein paar Jahrzehnten eine Rückkehr des

Papsttums auf die Weltbühne. Aber der Papst ist nicht Jesus Christus, er ist lediglich Nachfolger Petri. Die Rückkehr Jesus Christi bedeutet etwas ganz anderes, das haben wir bereits gesehen. Deshalb sind die gesunden apokalyptischen Positionen jenseits der doktrinären Entwicklungen angesiedelt. Wir müssen die im Gang befindliche große Zerrüttung zu verstehen versuchen. Der Triumph des von jeder zeitlichen Verankerung befreiten Papsttums ist eines ihrer Zeichen. Wir dürfen keine Angst haben, diese Zeichen zu deuten. Die mimetische Theorie ist eine dieser Deutungen. Da sie die Prozesse der Hominisation erhellt, wie sie sich möglicherweise am Menschheitsbeginn abgespielt haben, bedenkt sie auch die »Vollendung« dieser Menschwerdung und entdeckt, dass sie katastrophisch ist.

Man könnte auch sagen, dass der Triumph des Papsttums das europäische Wesen in genau dem Augenblick wiederbelebt hat, in dem Europa womöglich in Auflösung begriffen ist. Aus dieser Perspektive ist die Geschichte der Kirche aussagekräftig. Rückblickend wird verständlich, warum die Kaiser seit Karl dem Großen und Otto I. fortwährend mit dem Papsttum um die Vorherrschaft in Europa kämpften und wie dieser Kampf den Päpsten schließlich die spirituelle Bedeutung verlieh, die sie heute besitzen. Was im Weströmischen Reich geschah, geschah im Byzantinischen Reich nicht, denn dort war es der weltlichen Macht aus tiefgreifenden und komplexen Gründen gelungen, sich die geistliche Macht unterzuordnen. Im Gegensatz zu den orthodoxen Patriarchen haben die abendländischen Päpste dem Kaiserreich stets widerstanden. Gleichzeitig würde ich aber auch sagen, dass es das Kaiserreich verstanden hat, den Päpsten zu widerstehen! Gleichwohl ist dieser Krieg mit dem Phänomen des weltumspannenden Papsttums von Johannes Paul II. zu Ende gegangen.

Es bedurfte einer mehr als tausendjährigen Reibung, um das imperiale Modell abzutragen und die Universalität der christlichen Wahrheit zu etablieren. Das Schuldbekenntnis von Johannes Paul II. ist ein unerhörtes und absolut unvorhersehbares Ereignis, und war möglicherweise eine teilweise gegen die römische Kurie gerichtete Handlung. Wie wir heute wissen, tat dieser Papst nur das, was ihm in den Kram passte! Schon dieses Schuldbekenntnis allein erneuerte die Idee der päpstlichen Unfehlbarkeit in Europa, denn sie verwandelte den Papst in einen unverhofften Repräsentanten der europäischen Idee. Wer hätte das im Jahr 1945 gedacht? Kojève hatte es geahnt, und die drei Katholiken Konrad Adenauer, Robert Schuman und Charles de Gaulle erfanden Europa neu. Vergessen wir nicht, dass gerade Schuman Frankreich zur Aufgabe der Kontrolle an der Ruhr bewegte und so den Weg ebnete für das zehn Jahre später stattfindende Treffen in Reims.

B.C.: Das ändert nichts daran, dass die Kämpfe zwischen dem Papst und dem Kaiserreich Kriege wie alle anderen waren.

R.G.: Die Offenheit der letzten Päpste gegenüber der Welt sollte uns die Natur des Kriegs, den das Papsttum seit dem 9. Jahrhundert gegen die Mächte und Gewalten führte, in der Tat nicht vergessen lassen. Selbstverständlich war dieser Krieg nicht immer ruhmreich, und natürlich spielten weltliche Interessen darin eine Rolle. Dennoch müssen wir ihn mit Blick auf die Geste Johannes Pauls II. verstehen, die das zweite Jahrtausend der christlichen Ära beschließt. Wenn ich sage, dass das Papsttum gewonnen hat, denke ich unmittelbar an dieses Schuldbekenntnis, mit dem das Papsttum über sich selbst triumphierte und sich eine weltweite Zuhörerschaft erwarb. Vor unseren Augen treibt es sämtliche imperialen Vorstellungen erfolgreich aus, und zwar genau zu der Zeit, in der seine weltliche Macht schwindet. Es handelte sich mithin tatsächlich um einen Kampf, in dem beiden Seiten alle zur Verfügung stehenden Kräfte aufboten. Das Imperium hat verloren. Die aktuelle »Erweiterung« Europas, ohne irgendwelche imperialen Prätentionen, inauguriert also einen neuen Zeitabschnitt, der den einzigen glaubhaften, wenn auch prekären Horizont für uns darstellt. So sieht das neue Gesicht dieses Kontinents aus: zerbrechlich und stark zugleich. Die gegenwärtig in Europa und allen Ländern, in denen sie sich ausbreitet, erprobte Idee ist die Idee einer Gleichheit aller Menschen. Als der Papst diese Idee aufgriff, erinnerte er uns unablässig und beharrlich an die göttliche Natur dieser Gleichheit.

Ein Krieg von tausend Jahren

B.C.: Als Absolvent der *École nationale des chartes* sollten Sie Ihre Leser über die gänzlich in Vergessenheit geratenen mittelalterlichen Kämpfe aufklären. Denn wie Sie gerade eben erst herausgestellt haben, ist dies eine Möglichkeit, die Kehrseite der Steigerung bis zum Äußersten aufzuzeigen. Könnten Sie uns ein paar Schlüsseldaten des Krieges nennen, den das Papsttum – Ihnen zufolge ja zum Vorteil der europäischen Idee – gegen das Kaiserreich führte?

R.G.: Wenn Sie möchten, gerne, auch wenn mir dabei einige Fehler unterlaufen könnten! Zwischen den Päpsten und dem Kaiserreich fand in der Tat »ein langwieriger und seltsamer Krieg« statt. Im Byzantinischen Reich, das ist festzuhalten, kam es zu keinem solchen Krieg. Es handelt sich um einen typisch westlichen Krieg. Die Rivalität der beiden Mächte beginnt mit Karl dem Großen, der beschließt, Europa zu christianisieren und das Christentum zu »imperialisieren«. Karl der Große wurde also von Papst Leo III. im Jahre 800 in Rom gekrönt. Aber anstatt das byzantinische Ritual zu befolgen und sich vor dem Kaiser niederzuknien, setzte der Papst Karl dem Großen die Krone auf und sorgte so dafür, dass er als Schöpfer des Kaisers erschien! Vermutlich hat das eigentümliche Ressentiment des Kaiserreiches gegenüber dem Papsttum hier seinen Ursprung. Am anderen Ende dieser Geschichte steht dann Napoleon, der die Geste Leos III. absichtlich umkehrt und sich vor dem zur Machtlosigkeit verdammten Pius VII. selbst die Krone aufsetzt. Eben haben wir gesehen, wie sehr es die Kirche verstand, Nutzen aus ihrer Ohnmacht zu ziehen. Zwischen diesen beiden

Krönungszeremonien – derjenigen eines erniedrigten Kaisers und derjenigen eines selbsternannten Kaisers – liegen tausend Jahre europäischer Geschichte. Tausend Jahre Streitigkeiten, im Zuge derer die Kaiser die Päpste dazu zwangen, sie zu krönen, und die Päpste die Kaiser exkommunizierten.

Karl der Große wird zum Kaiser des Abendlandes gekrönt, um an das nach dem Einfall der Barbaren zerstörte Römische Reich anzuknüpfen. Nach seinem Tod wird das Reich 843 durch den Vertrag von Verdun zwischen seinen drei Enkeln aufgeteilt: Karl dem Kahlen fiel das Westfrankenreich zu, das unter Philipp August dann zum Königreich Frankreich wurde; Ludwig der Deutsche erhielt das Ostfrankenreich bzw. spätere Deutschland, Herzstück des künftigen Heiligen Römischen Reiches Deutscher Nation, und Lothar I. erhielt das mittlere Frankenreich bzw. spätere Lothringen, das von Friesland bis Italien reichte und die beiden Reichshauptstädte, Aix und Rom, vereinte. Durch die Primogenitur wurde Lothar zum machtlosen Kaiser eines Reiches, um dessen Übernahme sich seine beiden Brüder in der Folge dann stritten. Die Straßburger Eide aus dem Jahr 842 – die ersten, die auf Altfranzösisch und Althochdeutsch urkundlich belegt sind – besiegelten das gegen die kaiserlichen Rechte Lothars I. gerichtete Bündnis zwischen Ludwig dem Deutschen und Karl dem Kahlen. Natürlich sollte man diesen von der Logik des Vasallentums bestimmten Teilungen nicht zu schnell ein nationales Raster überstülpen (wie es die Historiker des 19. Jahrhunderts, allen voran Michelet, gerne taten). Dennoch müssen diese Eide als Ursprungsherd der brudermörderischen Rivalität gelten, die Europa zerfetzen sollte. Der deutsch-französische Zweikampf um die Einnahme Lothringens (dessen Name sich von Lotharingien, das heißt »Reich des Lothar« ableitet) hat hier unbestreitbar seinen frühesten Ursprung.

Lothars Dynastie erlosch bald. Erst mit der Krönung Ottos des Großen, des Fürsten von Sachsen und Königs von Deutschland, im Jahre 962 erstand nach Karl dem Großen wieder ein Heiliges Reich, das Germanien, Lothringen und das Königreich von Italien umfasste. Der Kaiser ernannte die Bischöfe, die eine wesentliche Rolle im Kaiserreich spielten, von nun an selbst. Als die Zeit des Heiligen Römischen Reiches Deutscher Nation gekommen war, trat jeder von den deutschen Kurfürsten neu gewählte König den Weg nach Rom an, um sich dort zum Kaiser krönen zu lassen. Die Päpste hatten nicht wirklich die Wahl. Sie wurden vor vollendete Tatsachen gestellt und instrumentalisiert, so wie Napoleon noch Pius VII. instrumentalisierte. Die Thronprätendenten benutzten die Päpste gegen andere Thronprätendenten. All dies ist vorbildlich mimetisch und hätte es verdient, im Einzelnen in der von uns eröffneten Perspektive untersucht zu werden. Man würde dann erkennen, dass der Konflikt zwischen dem Papst und dem Kaiserreich vielleicht einer der wesentlichen Brennpunkte sowie Entstehungsherd der meisten politischen Rivalitäten in Europa ist.

Aufgrund seiner spirituellen Überlegenheit bildete das Papsttum stets eine Art kontinentaleuropäische Insel. Mal unterstützte es den einen, mal den anderen, aber nie hat es irgendjemandem angehört. Allein die anthropologische Perspektive gestattet es, dieses komplexe Zusammenspiel zu begreifen. Der Papst und England haben immer die Rolle des unparteiischen Dritten zwischen den verschiedenen Kaiserthronprätendenten gespielt. Dennoch bleibt der Status des Papstes in der Geschichte Europas einzigartig. Diese Unantastbarkeit, die in dem Maße zunahm, in dem die weltliche Herrschaft des Papstes schwand – bis zur Begrenzung des pontifikalen Territoriums auf den Vatikan –, erklärt allein schon, warum man immer stärker versucht, sich den Papst anzueignen, ja sogar, ihn zu ermorden, wie im Jahre 1981. Der Grund für diesen wachsenden Hass ist im Mimetismus zu suchen, denn die *Autonomie* des Papstes ist dabei, sich zu vollenden. Das konnte bereits Napoleon nicht ertragen. Der Papst ist – selbst als Schwächling wie Pius VII. – skandalös, weil er autonom ist. In der Folge wird er, in dem Maße, in dem er die europäische Idee zunehmend stärker verteidigt und sich dabei den letzten Verfechtern des Imperiums entzieht, immer noch begehrenswerter.

Heute sind nur noch wenige Länder *nicht* darauf aus, den Papst bei sich zu empfangen. Wer glaubt, sich angeeignet zu haben, was sich nicht aneignen lässt, hat einen politischen Vorteil: Sehen Sie doch, wie die Türken die Reden Benedikts XVI. in Istanbul vereinnahmt haben. Natürlich waren auch die weltlichen Versuchungen des Papsttums mimetisch. Das Papsttum versuchte stets, die Autorität über die christliche Welt wiederzuerlangen, und hat dafür auf höchst politische Mittel zurückgegriffen. Aber wir müssen diese Politik als erbitterten Widerstand gegen die imperiale Herrschaft betrachten, woher auch immer sie rührt. Der Mimetismus des Papsttums hat sich mithin nach und nach verfeinert und im Feuer unablässiger Kämpfe geläutert. Heute stellt er uns ein Modell zur Verfügung, mit dem wir uns gefahrlos identifizieren können. Erinnern Sie sich daran, was ich zu Beginn unserer Gespräche über den biblischen Propheten sagte: Das prophetische Wort wurzelt in der Wahrheit des freiwilligen Opfers, aber es erhebt nicht den Anspruch, diese Wahrheit zu inkarnieren. Das Gleiche gilt für den Papst. Das gebietet jeder Papstidolatrie Einhalt.

B.C.: Gibt es einen Wendepunkt in diesem Kampf, der einer der Zentralnerven der abendländischen Geschichte war?

R.G.: Es muss mehrere gegeben haben. Dennoch lässt sich der Zeitpunkt ausmachen, in dem das Kaiserreich an Boden zu verlieren begann. Im Jahr 1076 griff Papst Gregor VII. die Autorität, die sich die deutschen Könige erworben hatten, scharf an und verlangte für die Amtseinsetzung jedes gewählten Königs, Bischofs und Abts die Zustimmung Roms. Dieser »Investiturstreit« führte zur Absetzung des Papstes durch den Deutschen Heinrich IV. und im Gegenzug zur Exkommunikation des weltlichen Herrschers Heinrichs IV. Es folgte des Kaisers »Gang nach Canossa« (eine Festung in den Apenninen, wo Gregor VII. Zuflucht gefunden hatte), um den Papst im Büßergewand um Verzeihung zu bitten. Dass dieser Ausdruck als geflügeltes Wort in unsere Alltagssprache einging, beweist, wie tief dieser Kampf zwischen den beiden Mächten im europäischen Gedächtnis verankert ist. Der Kaiser wurde trotzdem exkommuniziert. Das Wormser Konkordat, das 1122 eine Einigung über die Bischofswahl bewirkte, erkannte schließlich den Vorrang der kirchlichen Autorität gegenüber der weltlichen an. Dies ist der Beginn des imperialen Rückzugs; das Kaiserreich wird zu einer rein staatlichen Entität, derart geschwächt, dass es ihm niemals gelingt, die Einheit Deutschlands zu verwirklichen.

Ich werde die bedeutenden Ereignisse dieses mehr als tausend Jahre währenden Krieges nicht einzeln herunterbeten. Ich muss das 14. Jahrhundert und das Avignonesische Papsttum überspringen. Die Krise der kaiserlichen Legitimität, verbunden mit den Religionskriegen, die das Heilige Römische Reich Deutscher Nation dazu zwangen, innerhalb seiner Grenzen Staaten unterschiedlicher Konfession zu akzeptieren, zwang den Kaiser nach dem Westfälischen Frieden von 1648 zum Rückzug auf österreichisches Territorium; Franz II. musste unter dem Druck Napoleons im Jahre 1806 den Titel des Kaisers des Heiligen Römischen Reiches dann niederlegen. Wie es Napoleon selbst erging, nachdem er den Papst gefangen gesetzt hatte, sahen wir bereits.

Die französische Malaise wird sich mehr und mehr der österreichischen angleichen, wenn wir nicht aufpassen! Napoleon weiterhin zu einem Fetisch zu machen, ohne die Gründe für den Kult um ihn wirklich zu analysieren, heißt Frankreich dazu zu verdammen, ein zweites Österreich zu werden, seinen Blick gleichermaßen auf interne Streitereien zu verengen. Die berüchtigte »französische Arroganz« ist nichts anderes als eine Verleugnung der Realität. Allein Europa kann Frankreich zur Umkehr aus dieser Sackgasse veranlassen und endlich der 1980 von Johannes Paul II. in Le Bourget gestellten Frage Gehör verschaffen: »Frankreich, du älteste Tochter der Kirche, bist du deinem Taufversprechen treu?« Die krankhaften Gegner des Katholizismus haben in dieser Frage des Papstes den Beginn eines Rückeroberungsfeldzuges gesehen, während es sich tatsächlich um einen neuen Schlag gegen das napoleonische Modell handelte. Andere Schläge sollten folgen. Das Übel scheint tief verwurzelt gewesen zu sein. Nur wenige haben damals verstanden, worum es hier ging. Ich hätte es nicht so ausgedrückt, wie ich es heute ausdrücke, wenn ich nicht selbst Zeuge dieser Vorgänge geworden wäre, wie andere auch.

B.C.: Kommen wir kurz auf das 14. Jahrhundert zurück, das Sie eben übersprungen haben. Dante kann uns helfen, die Erkenntnisse unserer Diskussion zusammenzufassen. Wenige wissen, dass Sie sich bereits zu Beginn Ihrer Arbeit mit dem Autor der *Göttlichen Komödie* auseinandergesetzt haben. Wir haben niemals gemeinsam über *De Monarchia* gesprochen, das politische Traktat, das der Dichter wohl 1311, also zehn Jahre vor seinem Tod, verfasste. Es ist die Zeit, in der der deutsche Kaiser Heinrich VII. nach Italien zieht und Florenz besetzt. Dante, der im Exil Papst Bonifazius VIII. feindlich gesinnten Weißen Guelfen und Ghibellinen begegnet war, setzte auf das Kaiserreich und gegen die weltliche Macht des Papsttums. Ist dies nicht auch ein wesentlicher Moment im Krieg zwischen diesen beiden um Europa wetteifernden Mächten?

R.G.: In jedem Fall war es ein Moment, der intensiv genug war, das großartigste Gedicht des gesamten Katholizismus entstehen zu lassen. Wir müssen in der Tat auf Dante zurückgehen, um eine Vorstellung davon zu bekommen, was ein Papst verkörpern sollte. Wenn ich in *Figuren des Begehrens* von der »metaphysischen Hölle« spreche, dann offensichtlich mit Bezug auf *Die Göttliche Komödie*. 1963, zwei Jahre nach diesem Buch, publizierte ich einen Artikel, auf den ich noch immer stolz bin: »De *La Divine comédie* à la sociologie du roman«.[211] Wir kamen bereits darauf zu sprechen. In diesem Artikel versuchte ich anhand von Paolos und Francescas Leiden an ihrer unbewussten Identifizierung mit dem Modell Lancelot und Guinevere zu zeigen, dass die ganze Hölle des Begehrens gerade in unserer Weigerung liegt, die Nachahmung anzuerkennen. Der Abstieg des Dichters von einem Kreis zum nächsten besteht tatsächlich darin, eine Veränderung zu beschreiben, die sich inmitten des Mimetismus selbst vollzieht. Wir müssen unsere mimetische Natur anerkennen, wenn es uns gelingen soll, uns von ihr zu befreien. Abschließend stellte ich fest, dass die Struktur der *Göttlichen Komödie* identisch mit der romanesken Wahrheit ist. Wir haben diese Vermittlung im Lauf unseres Gesprächs »innerste« genannt, um anzudeuten, dass sie den Mimetismus transformiert und die Tür öffnet, durch die man zur der Gewalt abgewandten Seite gelangt.

Weil er von Papst Bonifazius VIII. exiliert worden war, ergriff Dante Partei für das Kaiserreich und unterstützte ghibellinische Positionen. Über die heutzutage realisierte Autonomie des Papsttums, die mit der Proklamation seiner Unfehlbarkeit geweiht wurde, wäre er indes entzückt! Dante trennte fortwährend das Weltliche vom Geistlichen, um sie wieder besser miteinander verknüpfen zu können. Er verteidigte sowohl den Papst (weil er Guelfe war) als auch das Kaiserreich (weil er ein weißer und kein schwarzer Guelfe war). Er war jedoch kein Ghibelline im engen Sinne. Seiner Vorstellung nach ist das Kaiserreich lediglich eine provisorische Konstruktion, die Konstruktion einer irdischen menschlichen Natur, in der sich die Gnade ausdrücken *könnte*. Die Päpste besitzen für ihn lediglich die Macht der Segnung, was keineswegs nichts ist. Sie müssen bezeugen, dass die Offenbarung ihren Lauf nimmt und die Menschen sich ihrer Gewalt mehr und mehr bewusst werden. Die tatsächliche Versöhnung der Menschen ist eine Voraussetzung für die Verwirklichung des Reiches Gottes. Daher die Bedeutung der Idee des Kaiserreiches bei Dante.

Dante spürte, dass Rom ein geschichtliches Ende erreicht hatte und den Kriegen künftig keine Gründungsfunktion mehr zukam. Genauso naiv wie Hegel ging er davon aus, die Menschen müssten darüber übereinkommen, einander nicht länger zu bekämpfen und nicht länger nach Vorherrschaft zu streben. In diesem Sinn war Heinrich VII. der Erbe Cäsars. Rom gewann auf legitime Weise. Das ist die Stärke, aber zugleich auch die Begrenztheit der Vorstellung des Kaiserreiches bei Dante. Dieser große Europäer erkannte das Prekäre seiner Vorstellung nicht. Wie Hegel mangelte es ihm an der Hellsichtigkeit für die verheerenden Wirkungen, die die Gewalt zeitigen kann. Seine philosophische und politische Theorie kann die Kämpfe der Thronprätendenten nicht wirklich erklären. Dafür bräuchte es eine viel radikalere anthropologische Analyse, wie sie Clausewitz gegen Hegel ins Feld führt. Dante hoffte, die Geschichte möge stillstehen, denn er war überzeugt davon, dass Prätendenten nur das Schlimmste auslösen können. Aber die Geschichte ging weiter. Der gefürchtete Zweikampf fand statt und hat schließlich zur Zerstörung Europas im 20. Jahrhundert geführt.

B.C.: Das Paradies ist heute also nicht mehr vorstellbar?

R.G.: Das Paradies ist, wie das Reich Gottes auch, das Gegenstück zur Steigerung bis zum Äußersten: das Rettende dort, wo aber Gefahr ist. Der Gott, hat Heidegger gesagt, erscheint im Untergang.[212] Wir müssen den Mut aufbringen, dem Archaischen ins Auge zu sehen, ein wenig so, wie das Papsttum einst dem Kaiserreich die Stirn bot. Allerdings ist der Kampf mittlerweile viel gewalttätiger – und sehr viel entscheidender.

Die Regensburger Vorlesung

B.C.: Anders als manche französische Katholiken sind Sie also nicht der Meinung, dass Benedikt XVI. in Regensburg einen Bock geschossen hat?

R.G.: Benedikt XVI. hat gesagt, was ein Papst sagen muss, und er war mutig dabei. Er hat gesagt, dass auf den Krieg der Vernunft gegen die Religion derjenige der Religion gegen die Vernunft folgen würde, wenn wir uns nicht vorsehen. Warum sollte man solchen Worten nicht laut Beifall spenden? Man muss die Regensburger

Vorlesung noch einmal neu hören, gleichsam mit einem anderen Ohr. Sie wurde von einem deutschen Papst gehalten, der die unantastbaren Werte Europas vor seiner Istanbulreise neu definierte. Was teilt er uns im Wesentlichen mit? Dass die zwischen Glauben und Vernunft errichtete Trennung, die den Glauben auf die praktische Vernunft reduziert, uns den »Pathologien der Religion und der Vernunft« ausliefert, »die notwendig ausbrechen müssen, wo die *Vernunft so verengt* wird, dass ihr die Fragen der Religion und des Ethos nicht mehr zugehören«.[213]

Die christliche Wahrheit sieht sich heute zwei Religionen gegenüber, die umso schrecklicher sind, als sie sich gegeneinander auflehnen: dem Rationalismus und dem Fideismus. Das ähnelt dem Defätismus-Bellizismus-Paar, über das wir im Zusammenhang mit der Situation von 1940 gesprochen haben. Die Schwächung der Rationalität ist laut Benedikt XVI. das Resultat einer dreifachen Selbstbeschränkung der allgemeinen Vernunft und damit einer Verkürzung des Menschen selbst: Die Beschränkung der Vernunft auf ihre rein praktische Seite; ihre Beschränkung auf eine empirisch-mathematische Wissenschaftskonzeption; und schließlich die Enthellenisierung der Evangelien zugunsten ihrer ausschließlich hebräischen Elemente. Diese von der historisch-kritischen Exegese, die das Griechische stets verdächtigte, das Hebräische zu verstellen, betriebene Enthellenisierung habe die abendländische Vernunft geschwächt. Sehen Sie doch, wie nahe wir hier bei Hölderlin sind. Benedikt XVI., der deutsche katholische Papst, warnt Europa vor dem Verlust der griechischen Kultur. Denn nur eine rationale Theologie, eine »Ausweitung unseres Vernunftbegriffes«, ist imstande, das Göttliche zu integrieren, befähigt uns »zum wirklichen Dialog der Kulturen und Religionen […], dessen wir so dringend bedürfen«.[214]

Ich persönlich denke, dass dieser »Dialog der Kulturen und Religionen« nur dann sinnvoll ist, wenn er dem Christentum das archaisch Religiöse als Ganzes gegenüberstellt. Es ist weniger die Vernunft, die dem Religiösen ins Auge sehen muss, als vielmehr eine

Form des Religiösen, die sich einer anderen Form des Religiösen stellen muss. Dennoch pflichte ich dem Papst, der sich wünscht, dass der Dialog zwischen der Vernunft und dem Glauben ein rationaler Dialog sein möge, vollkommen bei. Das theologische Denken, auf das er hofft, muss den Rationalismus und den Fideismus entmystifizieren. *Dies* ist der sich anbahnende Krieg, auf den die Christen sich vorbereiten müssen. Niemand hat diese »seltsame Niederlage« der Vernunft kommen sehen.

Der Papst macht uns darauf aufmerksam, dass die griechische Vernunft im Schwinden begriffen ist und dieses Verschwinden einem blindwütigen Irrationalen das Feld überlässt. Er rührt hier an einen ganz wesentlichen Punkt. Die Verachtung, die der Rationalismus der Religion entgegenbringt, verwandelt die Vernunft nicht allein in eine Religion, sondern bereitet den Boden für ein korrumpiertes Religiöses. Wir wissen um den Krieg, den die Vernunft gegen den Glauben führte, und wir haben gesehen, dass sie nicht triumphiert hat, dass der Glaube weiterhin Widerstand leistet. Allerdings kennen wir nur die Vorboten der »Pathologie der Religion«, die gewalttätigen Antworten des »durch das Schwert« gepredigten Glaubens. Die Auseinandersetzung mit dem Islam kann daher nur auf einer zugleich theologischen als auch anthropologischen Grundlage stattfinden. Der einzige Weg, nicht in einen wie auch immer gearteten Kreuzzug zurückzufallen, der gewalttätigen Reziprozität zwischen diesen beiden Welten, die alles vereint und zugleich entzweit, zu entrinnen, besteht darin, einer bestimmten Form von Rationalität nicht nachzugeben. In seiner Vorlesung zitierte der Papst die Worte des byzantinischen Kaisers Manuels II.:

> »›Gott hat kein Gefallen am Blut [...], und nicht vernunftgemäß – nicht ›συν λογω‹ zu handeln, ist dem Wesen Gottes zuwider. Der Glaube ist Frucht der Seele, nicht des Körpers. Wer also jemanden zum Glauben führen will, braucht die Fähigkeit zur guten Rede und ein rechtes Denken, nicht aber Gewalt und Drohung ... Um eine vernünftige Seele zu überzeugen, braucht man nicht seinen

> Arm, nicht Schlagwerkzeuge noch sonst eines der Mittel, durch die man jemanden mit dem Tod bedrohen kann …«[215]

Der Papst lobte die *Septuaginta* und die alexandrinischen Gelehrten aus dem 2. und 3. Jahrhundert v. Chr., die mit ihrer Übersetzung der Bibel ins Griechische eine »Begegnung zwischen Glauben und Vernunft, zwischen rechter Aufklärung und Religion«[216] ermöglichten. Anschließend betonte er die bleibende Analogie zwischen menschlicher und göttlicher Vernunft:

> »[…] der wahrhaft göttliche Gott ist der Gott, der sich als Logos gezeigt und als Logos liebend für uns gehandelt hat«.[217]

Benedikt XVI. kommt hier auf die griechische und die jüdische Tradition, den zugleich rationalen und monotheistischen Ursprung des Christentums zurück. Er betont, dass es dringlich ist, den drei Wellen des Enthellenisierungsprogramms entgegenzuwirken, die ihm zufolge die Grundlagen dieser ursprüngliche Einheit erschütterten: der Welle der Reformation bis hin zu Kant, der den Glauben auf die praktische Vernunft beschränkt hat; der Welle der liberalen Theologie des 19. und 20. Jahrhunderts, die das empirische Modell bevorzugte und Jesus als »Vater einer menschenfreundlichen moralischen Botschaft«[218] darstellte; und der derzeitigen Welle, die versucht, hinter »diese [griechische] Inkulturation zurückzugehen auf die einfache Botschaft des Neuen Testaments«.[219] Und doch: »Das Neue Testament ist griechisch geschrieben und trägt in sich selber die Berührung mit dem griechischen Geist, die in der vorangegangenen Entwicklung des Alten Testaments gereift war.«[220] Hier liegt die fundamental europäische Dimension dieser Vorlesung, die man nicht hat hören wollen. Es war mithin absolut notwendig, sie einige Monate vor dem Papst-Besuch in Istanbul zu halten. Es sieht ganz danach aus, als hätte Benedikt XVI. damit die einzigen möglichen Zugangsschlüssel zu Europa an die Hand geben wollen:

»Wenn man diese Begegnung [zwischen biblischem Glauben und griechischem philosophischem Fragen] sieht, ist es nicht verwunderlich, dass das Christentum trotz seines Ursprungs und wichtiger Entfaltungen im Orient schließlich seine geschichtlich entscheidende Prägung in Europa gefunden hat. Wir können auch umgekehrt sagen: Diese Begegnung, zu der dann noch das Erbe Roms hinzutritt, hat Europa geschaffen und bleibt die Grundlage dessen, was man mit Recht Europa nennen kann.«[221]

Europa ist aus eben dieser Transformation des griechischen Erbes durch das Christentum hervorgegangen. Dies erhellt auch den Beginn seiner Vorlesung, der solchen Anstoß erregte, weil viele Menschen eine Abweisung des Islams darin erkennen wollten. Der Papst behandelt dort einen Dialog, »den der gelehrte byzantinische Kaiser Manuel II. Palaeologos wohl 1391 im Winterlager zu Ankara mit einem gebildeten Perser über Christentum und Islam und beider Wahrheit führte«.[222] Dieser Dialog wurde während der Belagerung Konstantinopels zwischen 1394 und 1402 aufgezeichnet. Der Papst betont, in welch »erstaunlich schroffer, für uns unannehmbar schroffer Form«[223] sich der Kaiser an seinen persischen Gesprächspartner wendet:

»Er sagt: ›Zeig mir doch, was Mohammed Neues gebracht hat, und da wirst du nur Schlechtes und Inhumanes finden wie dies, dass er vorgeschrieben hat, den Glauben, den er predigte, durch das Schwert zu verbreiten.‹«[224]

Halten wir zwei Dinge fest: Zum einen handelt es sich um einen Dialog zwischen einem Christen und einem Muslim, einen Dialog, dessen absolute Notwendigkeit Benedikt XVI. betont; zum zweiten wird der »schroffe« und »unannehmbare« Charakter der Äußerung des Kaisers deutlich kritisiert. Vielleicht wollte Benedikt XVI. sich hier von der byzantinischen Neigung, das Geistliche allzuschnell mit dem Weltlichen zu vermengen, eine Theokratie einer anderen entgegenzustellen, distanzieren. Es ist also ein zugleich respektvoller und entschlossener Dialog mit dem Islam, der hier propagiert wird. Der Papst widersetzt sich jedem »Zwang in Glaubenssachen«[225] und pflichtet dem byzantinischen Kaiser bei:

> »›Gott hat kein Gefallen am Blut [...], und nicht vernunftgemäß – nicht ›συν λογω‹ zu handeln, ist dem Wesen Gottes zuwider.‹«[226]

Zurückweisung des Opfers und eine radikal neue Herangehensweise an das Religiöse – habe ich je etwas anderes behauptet? Ich heiße diese Rede also vorbehaltlos gut. Und ich stelle auch ihren umfassenden Charakter fest. Es ist ein spiritueller Kampf, den der Papst hier führt, und er hat den islamistischen Terrorismus im Visier, also eine ganz neue Gestalt der Gewalt. Benedikt XVI. unterscheidet Ordnungen, um sie anschließend mittels der »Weite der Vernunft«[227] wieder zusammenzuführen. Er ist ein Gegner der »Pathologien der Religion und der Vernunft«, das heißt der Situation, die entsteht, wenn ihrer beider Kräfte durch eine dauerhafte Trennung aus dem Gleichgewicht gebracht werden. Man darf die Ordnungen weder vermischen noch trennen, man muss sie *verstehen*.

B.C.: Für Sie gehört der islamistische Terror also in den Gesamtzusammenhang unserer Clausewitz-Interpretation?

R.G.: Haben unserer Gespräche uns nicht gerade gezeigt, dass auch Clausewitz' *militärische Religion*, die die ideologischen Kriege ermöglichte, mit einer Vermischung der Ordnungen einhergeht? Wir haben kritisiert, dass er die menschlichen Beziehungen stets als potenziell kriegerisch denkt. Wir haben gesehen, dass die Nachahmung des napoleonischen Vorbilds das verborgene Strukturmoment dieser Theorie bildet. Die Konsequenzen dieser Vermischung, über die Clausewitz' Abhandlung uns unterrichtet, ließen nicht lange auf sich warten, jene Woge der Gewalt, die Europa zerstört hat.

Man muss *Vom Kriege* tatsächlich zu Ende denken, um zu erkennen, wohin dieses Buch führt. Es ist ein faszinierender Spiegel seiner Zeit. Realistischer als Hegel legt Clausewitz Zeugnis ab von der grundsätzlichen Machtlosigkeit der Politik gegenüber der Steigerung bis zum Äußersten. Die ideologischen Kriege, diese monströsen Rechtfertigungen der Gewalt, haben die Menschheit in jenes Jenseits des Krieges geführt, in dem wir uns heute befinden. Das Abendland wird sich verausgaben im Kampf gegen den islamistischen Terror, den die abendländische Arroganz unbestreitbar geschürt hat. Clausewitz glaubte noch, die Gewalt würde sich innerhalb der zwischenstaatlichen Konflikte des 19. Jahrhunderts entladen. Die Nationen existierten, um die revolutionäre Ansteckung einzudämmen. 1815 setzte der Wiener Kongress dem Sechsten Koalitionskrieg immerhin noch ein Ende. Diese Ära ist heute endgültig vorbei. Die Gewalt lässt sich nicht mehr im Geringsten zügeln. So gesehen kann man sagen, dass die Apokalypse begonnen hat.

EPILOG

Wenn aber Gefahr ist

Wenn wir unseren bisherigen Gedankengang vollenden, wenn wir unsere Analyse einer inzwischen weltumspannenden Steigerung bis zum Äußersten konsequent zu Ende führen, müssen wir die vollständig neue Lage ermessen, in der wir uns seit dem 11. September 2001 befinden. Der Terrorismus hat die Gewaltspirale noch mehr beschleunigt. Dabei handelt es sich um ein mimetisches Phänomen, das zwei Kreuzzüge, zwei Arten des Fundamentalismus einander gegenüberstellt. George W. Bushs »gerechter Krieg« hat denjenigen Mohammeds wiederbelebt. Dieser ist schlagkräftiger, weil er seinem Wesen nach religiös ist. Der Islamismus ist jedoch nur *ein* Symptom eines Gewaltanstiegs globalen Ausmaßes. Dieser Gewaltzuwachs geht nicht so sehr vom Süden als vielmehr vom Abendland selbst aus, da er die Form einer Antwort der Armen auf die Wohlhabenden annimmt. Er ist eine der letzten Metastasen des Krebsgeschwürs, das die abendländische Welt befallen hat. Der Terrorismus ist die Vorhut einer allgemeinen Revanche gegen den Reichtum des Abendlandes. Es handelt sich um eine sehr gewalttätige und unvorhergesehene Wiederholung früherer Eroberungsfeldzüge, die umso verheerender ist, als sie auf ihrem Weg auf Amerika gestoßen ist. Die Stärke des Islamismus rührt unter anderem daher, dass er eine Antwort auf die Unterdrückung der gesamten Dritten Welt darstellt. Die wechselseitige Theologisierung des Krieges (»der Große Satan« gegen »die Kräfte des Bösen«) bildet eine neue Phase der Steigerung bis zum Äußersten.

In diesem Sinne weiß jeder, dass sich die Zukunft der europäischen Idee, und folglich auch der sie durchziehenden christlichen Wahrheit, ebensogut in Südamerika, Indien und China wie in Europa entscheiden wird. Europa hat eine Rolle gespielt, die derjenigen Italiens in den kriegerischen Auseinandersetzungen des 16. Jahrhunderts vergleichbar ist; nur war sie verheerender: Es war das Schlachtfeld der gesamten Welt. Europa ist ein ermatteter Kontinent, der dem Terrorismus nicht mehr viel Widerstand entgegensetzt. Daher rührt auch der blitzartige Charakter dieser Angriffe, die oft von Leuten »aus dem Inneren« ausgeführt werden. Sich dagegen zu wehren, ist umso schwieriger, als die Terroristen uns nahe stehen, neben uns stehen. Ihre Aktionen sind vollkommen unberechenbar. Bereits die Vorstellung von »Schläferzellen« bekräftigt alles, was wir über die interne Vermittlung gesagt haben, die Identität der Menschen untereinander, die plötzlich ins Schlimmste umschlagen kann.

Ich habe kein Buch über Atta gelesen, den Anführer der Täter des 11. Septembers, der eines der beiden Flugzeuge geflogen hat. Er war der Spross einer bürgerlichen Familie aus Ägypten. Die Vorstellung, dass er während der letzten drei Tage vor dem Attentat die Nächte mit seinen Komplizen in Bars verbrachte, ist erstaunlich. Hierin liegt etwas Mysteriöses und Faszinierendes. Wer beschäftigt sich mit den Seelen dieser Männer? Wer fragt danach, wer diese Männer waren, was ihre Beweggründe waren? Was bedeutete der Islam für sie? Was bedeutet es, sich für diese Sache zu töten? Die wachsende Zahl der Attentate im Irak ist beeindruckend. Ich finde es befremdlich, dass diese Phänomene, die die Welt beherrschen, wie sie einst der Kalte Krieg beherrschte, so wenig Interesse hervorrufen. Seit wann? Genau vermag das niemand zu sagen. Es war nicht vorhersehbar, dass wir uns kaum zwanzig Jahre nach dem Berliner Mauerfall in einer solchen Situation befinden würden. Dies erschüttert unsere Sicht der Geschichte, die sich noch immer vom Amerikanischen Unabhängigkeitskrieg und der Französischen Revolution herschreibt, ohne dem Umstand Rechnung zu tragen, dass das gesamte Abendland *dadurch* herausgefordert und bedroht ist. Wir müssen »dadurch« sagen, weil man nicht genau weiß, was damit bezeichnet ist. Die islamistische Revolution wurde während der Präsidentschaft Bill Clintons mittels zweier Anschläge gegen amerikanische Botschaften in Afrika wiederbelebt. Man hat gründlich nachgeforscht, aber nichts gefunden. Genausowenig wissen wir, ob sich hinter Bin Laden eine reale Person verbirgt. Ist den Leuten wirklich klar, in welche Geschichte sie hineingeraten sind und welche Geschichte sie hinter sich gelassen haben? Von hier an habe ich nicht mehr viel zu sagen, weil diese Realität zu unbekannt ist und unsere Reflexion hier an ihre Grenzen stößt.

In Anbetracht dessen fühle ich mich ein wenig wie Hölderlin, der in den Abgrund blickte, der ihn von der Französischen Revolution trennte. Sogar Ende des 19. Jahrhunderts wäre offensichtlich gewesen, dass etwas Außergewöhnliches im Gange war. Wir wohnen einem neuem Stadium der Steigerung bis zum Äußersten bei. Die Terroristen haben die Botschaft übermittelt, dass sie alle Zeit der Welt, dass sie einen anderen Zeitbegriff als wir haben. Das ist ein deutliches Zeichen für eine Rückkehr zum Archaischen, eine Rückkehr in den Zeitraum vom 7. bis zum 9. Jahrhundert, die an sich schon aussagekräftig ist. Aber wer kümmert sich um diese Aussagekraft, wer schätzt sie ab? Fällt das ins Ressort der Außenpolitik? Für die Zukunft müssen wir mit viel Unvorhergesehenem rechnen. Wir werden Dinge erleben, die gewiss noch schlimmer sind. Und trotzdem werden die Menschen sich weiter taub stellen.

Die Ereignisse des 11. Septembers riefen eine Erschütterung hervor. Aber diese flaute schnell wieder ab. Es fand eine Art blitzartiges Bewusstwerden statt, das nur ein paar Sekundenbruchteile währte. Man spürte, dass etwas geschah. Und dann wurde der Mantel des Schweigens über diesen Knacks in unserem Sicherheitsgefühl gehüllt. Der abendländische Rationalismus operiert wie ein Mythos. Wir versteifen uns weiterhin darauf, die Katastrophe nicht sehen zu wollen. Weder können noch wollen wir die Gewalt in ihrer wahren Gestalt erkennen. Gleichwohl werden wir der terroristischen Herausforderung nur antworten können, wenn wir unsere Denkweisen radikal ändern. Je deutlicher wird, was sich abspielt, desto heftiger unsere Weigerung, uns dessen bewusst zu werden. Diese historische Konfiguration ist so neu, dass wir nicht wissen, wie wir mit ihr umgehen sollen. Sie ist ja gerade eine Modalität des von Pascal Erkannten: des Kriegs zwischen der Gewalt und der Wahrheit. Lasst uns der Unzulänglichkeit jener Avantgarden gewahr werden, die uns das Verschwinden des Realen predigten!

Wir müssen die Zeit in einer Weise bedenken, dass uns die Schlacht von Poitiers oder die Kreuzzüge näher sind als die Französische Revolution und die Industrialisierung im Zweiten Kaiserreich. Die abendländischen Perspektiven sind für die Islamisten allenfalls bedeutungsloses Dekor. Aus ihrer Sicht stellt sich die abendländische Welt als etwas dar, das es so schnell wie möglich zu islamisieren gilt. Beobachter neigen zu der Aussage, hierbei handele es sich um die Haltung isolierter Minderheiten, ohne Bezug zur realen Situation in ihren Heimatländern. Auf der Ebene des Handelns mag das stimmen, aber stimmt es auch auf der Ebene des Denkens? Enthält dieses Denken nicht trotz allem etwas wesentlich Islamistisches? Zu dieser Frage muss man den Mut aufbringen, auch wenn der Terrorismus anerkanntermaßen eine brutale Gegebenheit ist, die das Religiöse zu ihren Gunsten missbraucht. Er hätte jedoch niemals eine solche Wirksamkeit in den Köpfen der Menschen entfalten können, wenn er nicht etwas aktualisiert hätte, das im Islam immer schon präsent war. Zur großen Überraschung unserer weltlichen Republikaner ist das religiöse Denken im Islam immer noch sehr lebendig. Es lässt sich nicht leugnen, dass gewisse Thesen Mohammeds heute wieder ihre Wirkung entfalten.

Was wir derzeit mit dem Islamismus erleben, ist jedoch sehr viel mehr als eine bloße Rückkehr des Eroberungsdenkens; wir wohnen dem bei, *was sich steigert, seit die Revolution sich steigert*, nach der Epoche des Kommunismus, der als Übergangsstadium fungierte. Der Leninismus enthielt in der Tat bereits einige dieser Elemente. Ihm fehlte jedoch das Religiöse. Die Steigerung bis zum Äußersten ist also fähig, sich aller Elemente zu bedienen: Kultur, Mode, politische Theorie, Theologie, Ideologie, Religion. Die treibende Kraft der Geschichte liegt nicht dort, wo die abendländischen Rationalisten sie vermuten. In der unwahrscheinlichen gegenwärtigen Gemengelage ist meiner Meinung nach der Mimetismus die wahre Antriebskraft.

Hätte man den Leuten in den 1980er Jahren gesagt, dass der Islam die Rolle spielen würde, die er heute spielt, wäre man für verrückt erklärt worden. Aber bereits die stalinistische Ideologie enthielt parareligiöse Elemente, die im Lauf der Zeit immer ansteckender zu werden versprachen. Zu Zeiten Napoleons war Europa weniger formbar. Nach dem Kommunismus ist es wieder genauso verwundbar wie ein dem Angriff der Wikinger ausgesetztes mittelalterliches Dorf. Die arabische Eroberung verlief blitzschnell, während die Ausbreitung der Französischen Revolution durch den Nationalismus, den sie in ganz Europa hervorrief, gebremst wurde. Bei seinem ersten historischen Aufmarsch setzte der Islam im Namen der Religion zu seinen Eroberungen an. Das machte seine Stärke aus. Und deshalb ist er auch so fest verwurzelt. Der durch die napoleonische Heldensaga beschleunigte revolutionäre Elan wurde durch das Gleichgewicht der Nationen in Schach gehalten. Aber im Gegenzug fingen die Nationen Feuer und zerstörten so die einzig mögliche Bremse gegen heraufziehende Revolutionen.

Aus diesem Grund müssen wir unsere Denkweisen radikal ändern und dieses Ereignis vorurteilslos und unter Zuhilfenahme aller Mittel, die uns die Islamwissenschaft an die Hand gibt, zu verstehen versuchen. Wir stehen vor einem immensen Berg an Arbeit. Ich persönlich habe den Eindruck, dass diese Religion Anleihen bei der Bibel macht, um eine archaische Religion wiederherzustellen, die mächtiger ist als alle übrigen. Sie droht ein apokalyptisches Instrument zu werden, das neue Gesicht der Steigerung bis zum Äußersten. Obgleich es keine archaische Religion mehr gibt, sieht es ganz so aus, als sei auf den Schultern des Biblischen, eines geringfügig transformierten Biblischen, eine neue erstanden.

Es handelte sich dabei um eine archaische, durch biblische und christliche Züge gestärkte Religion. Denn das archaische Religiöse wurde angesichts der jüdisch-christlichen Offenbarung ohnmächtig. Der Islam hat sich jedoch behauptet. Während das Christentum das Opfer überall da, wo es Fuß fasst, eliminiert, scheint der Islam in vielerlei Hinsicht in die Zeit vor dieser Zurückweisung zurückzustreben.

Gewiss, seine Haltung gegenüber dem Jüdisch-Christlichen und dem Abendland ist nicht frei von Ressentiment. Aber es handelt sich beim Islam auch um eine neue Religion, das lässt sich nicht leugnen. Es ist Aufgabe der Religionshistoriker, ja sogar der Anthropologen, zu zeigen, wie und warum sie entstanden ist. Denn einige Seiten dieser Religion weisen einen Bezug zur Gewalt auf, den wir nicht verstehen und der deshalb umso beunruhigender ist. Die Bereitschaft, mit seinem eigenen Leben für das Vergnügen zu bezahlen, den anderen sterben zu sehen, ergibt für uns keinen Sinn. Wir wissen nicht, ob diese Phänomene von einer besonderen Psychologie zeugen oder nicht. Wir versagen also völlig vor diesem Phänomen, können nicht darüber sprechen. Und wir können auch keine Dokumente zurate ziehen, denn beim Terrorismus handelt es sich um etwas völlig Neues. Er instrumentalisiert zwar die islamischen Kodizes, fällt aber keineswegs in den Bereich der klassischen Islamwissenschaft. Sogar aus islamischem Blickwinkel ist der gegenwärtige Terrorismus neu. Er stellt einen modernen Versuch dar, dem mächtigsten und höchstentwickelten Instrument der abendländischen Welt entgegenzuwirken: ihrer Technologie. Er tut dies in einer Weise, die wir nicht verstehen und die womöglich auch der klassische Islam nicht versteht.

Es reicht daher nicht, die Attentate lediglich zu verurteilen. Das defensive Denken, mit dem wir diesem Phänomen begegnen, ist nicht zwangsläufig gleichbedeutend mit dem Wunsch, zu verstehen. Oft ist es sogar der Wunsch, nicht zu verstehen, oder der Wille zur Selbstvergewisserung. Clausewitz lässt sich leichter in eine historische Entwicklung einordnen. Er gibt uns die gedanklichen

Werkzeuge an die Hand, die gewalttätige Eskalation zu verstehen. Aber wo findet man solche Ideen im Islamismus? Das moderne Ressentiment geht in der Tat niemals bis zum Selbstmord. Wir können diesem Phänomen also nicht mithilfe von Analogiebildungen auf den Grund kommen. Ich sage nicht, dass sie unmöglich sind, dass sie sich nicht einstellen werden, aber ich gestehe mein Unvermögen, sie zu erfassen. Deshalb gehören die von uns gegebenen Erklärungen oft in das Reich einer unlauteren Propaganda gegen die Muslime.

Wir sind unwissend, wir haben keinen inneren, spirituellen oder phänomenologischen Kontakt zu dieser Realität. Der Terrorismus ist eine höhere Form der Gewalt, und diese Gewalt beteuert, dass sie triumphieren wird. Aber das heißt keineswegs, dass die zur Befreiung des Korans von seinen Karikaturen noch zu leistende Arbeit irgendeinen Einfluss auf das Phänomen des Terrorismus selbst haben wird, das sowohl mit dem Islam verknüpft als auch verschieden von ihm ist. Man kann daher die sehr vorläufige Hypothese in den Raum stellen, dass sich die Steigerung bis zum Äußersten heute des Islam bedient, wie sie sich gestern noch des Napoleonismus oder des Pangermanismus bediente. Der Terrorismus ist in dem Maße verheerend, in dem er – außerhalb aller militärischen Institutionen – die tödlichsten Technologien zu nutzen versteht. Der clausewitzsche Krieg ist eine Analogie, die den Terrorismus nur unvollkommen sinnfällig macht, ihn jedoch unleugbar ankündigt.

In *Das Heilige und die Gewalt* habe ich dem Koran die Idee entliehen, dass der Widder, der Isaak davor rettete, geopfert zu werden, der gleiche ist, der Abel gesandt wurde, auf dass er seinen Bruder nicht töte: ein Beleg, dass das Opfer auch im Islam als ein Mittel zur Bekämpfung von Gewalt gedeutet wird. Man kann daraus schließen, dass der Koran Dinge begriffen hat, die die säkulare Mentalität nicht begreift, nämlich, dass das Opfer die Vergeltung verhindert. Dennoch ist das Wissen um diese Problematik im Islam ebenso abhanden gekommen wie im Abendland. Das Paradox, mit dem wir uns auseinandersetzen müssen, besteht folglich darin, dass der Islam uns heute näher ist als die Welt Homers. Was wir bei Clausewitz die *kriegerische Religion* nannten, ließ uns das erahnen. In ihr sahen wir etwas ganz Neues und zugleich sehr Urtümliches aufkommen. Desgleichen ist auch der Islamismus eine Art Ereignis, das der Entwicklung der Technik inhärent ist. Wir müssen den Islamismus *und* die Steigerung bis zum Äußersten gleichzeitig zu denken verstehen, wir müssen die komplexen Beziehungen zwischen diesen beiden Wirklichkeiten durchdringen.

Die Einheit des Christentums im Mittelalter hat die vom Papsttum gebilligten Kreuzzüge hervorgebracht. Aber die Kreuzzüge besitzen nicht die Bedeutung, die der Islam ihnen beimisst. Sie waren eine archaische Regression ohne Auswirkungen auf das Wesen des Christentums. Jesus ist überall und für die ganze Welt gestorben. Die Juden und Christen als Verfälscher anzusehen, ist hingegen das Allerschlimmste. Es gestattet den Muslimen, jede ernsthafte Auseinandersetzung, jeden Vergleich dieser drei Religionen zu unterdrücken. Dies läuft darauf hinaus, nicht erkennen zu wollen, was in der prophetischen Tradition auf dem Spiel steht. Warum war die christliche Offenbarung Jahrhunderte lang der denkbar feindseligsten und unbarmherzigsten Kritik ausgesetzt, der Islam hingegen nie? Hier kapituliert die Vernunft. In mancher Hinsicht ähnelt dies den Aporien des Pazifismus, die, wie wir sahen, den Bellizismus stark beförden können. Es würde dem Koran daher zum Vorteil gereichen, wenn man sich auf die gleiche Weise mit ihm beschäftigte, wie man es mit den jüdischen und christlichen Texten getan hat. Eine vergleichende Herangehensweise würde meiner Meinung nach offenbaren, dass es im Koran kein wirkliches Bewusstsein für den kollektiven Mord gibt.

Ein christliches Bewusstsein für diesen Mord existiert hingegen. Die beiden großen Bekehrungen, die von Petrus und die von Paulus, sind analog: Sie gehen einher mit dem Bewusstsein, an einem kollektiven Mord beteiligt gewesen zu sein. Paulus war dabei, als man den Heiligen Stefan steinigte. Der Aufbruch nach Damaskus schließt sich unmittelbar an diesen Lynchmord an, der ihn furchtbar erschreckt und verängstigt haben muss. Die Christen begreifen, dass die Passion Christi den kollektiven Mord wirkungslos gemacht hat. Deshalb verringert die Passion die Gewalt nicht im mindesten, sondern verstärkt sie noch. Der Islamismus hat das scheinbar sehr schnell begriffen, allerdings im Sinne des *Dschihad*.

So gibt es also Formen der Geschichtsbeschleunigung, die sich selbst erhalten. Man hat den Eindruck, der gegenwärtige Terrorismus sei auf irgendeine Weise Erbe der Totalitarismen, als bestünden hier gemeinsame Denkformen und eingeschliffene Gewohnheiten. Wir sind einem der möglichen Fäden dieser Kontinuität gefolgt, als wir das napoleonische Vorbild eines preußischen Generals rekonstruiert haben. Dieses Modell wurde später von Lenin und Mao Tse-tung wieder aufgegriffen, auf den sich, wie es heißt, auch El Kaida bezieht. Das Genie von Clausewitz besteht darin, unwissentlich ein Gesetz antizipiert zu haben, das planetarische Geltung erlangt hat. Wir befinden uns nicht mehr im Kalten Krieg, sondern in einem sehr heißen Krieg, denkt man an die täglich Hunderte, bald womöglich sogar Tausende von Opfern im Nahen Osten.

Die Erderwärmung und die Steigerung bis zum Äußersten sind zwei unauflöslich miteinander verbundene Phänomene. Ich habe immer wieder auf jener Vermischung des Natürlichen und Künstlichen insistiert, die vielleicht das Herausragendste der apokalyptischen Texte ist. Die Liebe ist »erkaltet«. Gewiss, es lässt sich nicht abstreiten, dass sie in der Welt wie noch nie am Werk ist, dass sich das Bewusstsein für die Unschuld aller Opfer weiter fortentwickelt hat. Aber die Nächstenliebe ist heute der weltweiten Herrschaft der Gewalt gewichen. Im Gegensatz zu vielen anderen beharre ich darauf, dass die Geschichte einen Sinn hat, der in genau dem besteht, worüber wir unaufhörlich sprachen. Diese Steigerung zur Apokalypse ist die höchste Verwirklichung der Menschheit. Je wahrscheinlicher dieses Ende wird, desto weniger spricht man darüber.

Ich bin in dieser Sache an einem entscheidenden Punkt angelangt: Es geht um ein Glaubensbekenntnis und nicht so sehr um eine strategische Abhandlung – es sei denn, das eine fiele in diesem wesentlichen Krieg, den die Wahrheit der Gewalt liefert, in undurchsichtiger Weise mit dem anderen zusammen. Ich war stets fest davon überzeugt, dass die Gewalt Teil eines korrumpierten Sakralen ist, das durch Jesus Christus, der gekommen ist, um sich im Herzen des sakrifiziellen Systems zu platzieren, nur verstärkt wurde. Satan ist der andere Name für die Steigerung bis zum Äußersten. Aber wie Hölderlin sah, hat die Passion auch die archaische Welt radikal verändert. Die satanische Gewalt hat sich lange Zeit gegen diese Heiligkeit gerichtet, die eine grundlegende Metamorphose des alten Religiösen ist.

Weil Gott selbst sich in seinem Sohn offenbarte, wurde das Religiöse ein für allemal bestätigt und änderte dadurch den Lauf der menschlichen Geschichte. Die Steigerung bis zum Äußersten offenbart im Herunterzählen der Zeit die Macht dieser göttlichen Intervention. Das Göttliche ist erschienen und ist verlässlicher als alle vorherigen Theophanien, aber die Menschen wollen es nicht erkennen. Mehr denn je arbeiten sie an ihrem eigenen Untergang, denn sie sind fähig geworden, ihre Welt zu zerstören. Vom Christentum aus gesehen, handelt es sich hierbei nicht einfach nur um eine gewöhnliche moralische Verurteilung, sondern um eine unausweichliche anthropologische Feststellung. Deshalb müssen wir unser eingeschlafenes Bewusstsein wachrütteln. Beschwichtigen heißt: zum Schlimmsten beitragen.

Juli 2007

CLAUSEWITZ UND GIRARD IM ZENTRUM DES ZWEIKAMPFS[1]

Nachwort

Als mir René Girard im Frühling 2006 vorschlug, nach Stanford zu kommen und mit ihm ein Buch über Clausewitz zu schreiben, ahnten wir bereits, welche Wellen dieses Buch schlagen würde. Nach seiner Veröffentlichung im Oktober 2007 erfuhr *Im Angesicht der Apokalypse* (*Achever Clausewitz*) dann in der Tat eine Aufnahme, wie sie angesichts der Wucht, mit der in diesem Buch Stellung bezogen wird, keineswegs zu erwarten war. Diese ganz bewusst apokalyptischen Gespräche über die Zerstörung Europas, das »Scheitern« des historischen Christentums und den Niedergang des Abendlandes mündeten in ein Plädoyer für die deutsch-französischen Beziehungen und für die »katholischen« Persönlichkeiten, die sie nach der Französischen Revolution verkörpert hatten: von Hölderlin und Baudelaire bis zu Charles de Gaulle und Konrad Adenauer. Die Überraschung war der Sache angemessen: Tatsächlich rechnete auf diesem Gebiet niemand mit einem Autor, den man mehr mit den Ursprüngen der Menschheit als mit der Endzeit des Okzidents beschäftigt wähnte. Doch für René Girard ging es gerade darum zu beweisen, dass seine Theorie auch auf unsere Zeit anwendbar ist.

Zunächst die These des Buches: Nach einer genauen Lektüre der Clausewitzschen Abhandlung zeigt Girard, dass die Auffas-

1 Eine erste Fassung dieses Textes wurde im Februar 2010 auf der von Harald Wydra organisierten Konferenz »Understanding new wars« am Centre for Research in the Arts, Social Sciences and Humanities der Universität Cambridge in Vortragsform präsentiert.

sung des Kriegs als »Zweikampf« durch die aktuellen Konflikte ganz und gar nicht obsolet geworden ist, sondern möglicherweise den überzeugendsten Erklärungsansatz für sie bietet. Clausewitz' Begriff des Kriegs offenbart allerdings das Paradox, dass er just in dem Moment seinen Gegenstand erkennt, in dem dieser sich der Vernunft entzieht. Statt als Denker der »Entscheidungsschlacht« erschien uns Clausewitz in unseren Gesprächen vielmehr zunehmend als der Denker der *Entfesselung* des Kriegs. In diesem Sinne denkt René Girard hier Clausewitz »zu Ende«, indem er diesen neuen Begriff mit Inhalt füllt: Nur das Ressentiment kann vermöge der ihm innewohnenden *Wechselwirkung* die ungeheure geschichtliche Tendenz der »Steigerung bis zum Äußersten« verständlich machen. Durch die mimetische Lektüre der Abhandlung *Vom Kriege* erkennt Girard in Clausewitz den Strategen, der als erster den »entgrenzten« Krieg erfasst hat, in dem beide Parteien unermüdlich die andere Seite bezichtigen, angefangen zu haben. Sind denn die heutigen Kriege etwas anderes als Konflikte, die auf einem verschärften Defensivprinzip beruhen? *Im Namen der Opfer selbst* häufen wir umso mehr unschuldige Opfer auf. Und indem Angreifer und Angegriffene gleichermaßen in die Opferrolle schlüpfen, verlieren diese Begriffe zudem ihre Konturen. Es ist ein Teufelskreis gegenseitiger Gewalt, dem wir nur durch die komplizierte und schmerzliche Logik der Versöhnung entrinnen können.[2]

---

2 Siehe die Veröffentlichungen des von der Association Recherches Mimétiques (www.arm.asso.fr) zum Abschluss des René-Girard-Jahres 2009 am Collège des Bernardins organisierten Symposiums »La relation franco-allemande depuis 1945« (Paris, Parole et Silence, Lethielleux: 2010). Mit Gewinn lässt sich auch das Buch von Benoît Durieux *Clausewitz en France. Deux siècles de réflexion sur la guerre (1807–2007)* (Paris, Economica: 2008) hinzuziehen, insbesondere das Kapitel über *Achever Clausewitz*, »René Girard et l'incertitude eschatologique« (S. 749–752). Unter den Studien, die bereits auf die Rezeption des Buchs eingehen, lässt sich zudem auf Peter Sloterdijk: *Theorie der Nachkriegszeiten. Bemerkungen zu den deutsch-französischen Beziehungen seit 1945* (Frankfurt am Main, Suhrkamp: 2008) sowie auf den von Charles Ramond koordinierten Sammelband *René Girard. La théorie mimétique: de l'apprentissage à l'apocalypse* (mit Beiträgen von Benoît Chantre, Domingo Gonzales, Christian Lazzeri, Charles Ramond und Stéphane Vinolo – Paris, PUF: 2010) verweisen.

Achever Clausewitz knüpft somit, im Abstand von fünfzig Jahren, an die grundlegende Einsicht aus René Girards erstem Buch an, das sich mit dem dort noch als »trianguläres Begehren« bezeichneten »mimetischen Begehren« auseinandersetzt. Zunächst werde ich mich mit dieser rückblickenden Klärung beschäftigen. Nachdem ich die Analyse des Ressentiments, die in der mimetischen Theorie impliziert ist, vergegenwärtigt und gezeigt habe, wie sich dieser Gedanke in den Clausewitzschen Begriff des Kriegs »einfügt«, möchte ich genauer meine These ausführen, dass ein Neudenken der moralischen Beziehung, zu dem René Girard uns den Anstoß gibt, auch *eine Transformation des Heldentums* einschließt. Das hierarchischen Gesellschaften angemessene Heldenmodell ist in einer Zeit »demokratisch« genannter Kriege obsolet geworden. Nur weil wir über keine alternativen Vorbilder verfügen, ist heute die Nostalgie nach Heldenfiguren so groß. Entscheidend ist einzusehen, dass der von der mimetischen Theorie aufgedeckte Verfall der zwischenmenschlichen Beziehungen nicht mehr rückgängig zu machen ist. Der Übergang von einer Epoche »externer Vermittlung« zu einer Epoche »interner Vermittlung« bedeutet Girard zufolge, dass eine Rückkehr zu jener ersten ausgeschlossen ist.

Während das Duell noch eine auf Ehrenkodex und »Edelmut« gegründete Institution war, brachte die Herausbildung des Staates, der sich nach einem Ausdruck Max Webers das »Monopol legitimer Gewaltsamkeit«[3] aneignet, eine Neuregulierung der Gewaltverhältnisse zwischen den Gesellschaftsgliedern mit sich. Die individuellen Werte traten zunehmend hinter nationale Werte zurück. Clausewitz gehört wie Hegel dieser Epoche des nationalen Heldentums an: Durch sein interesseloses Opfer fügt sich das Individuum in die »sittliche Totalität« der Nation ein. Sobald die Vorbilder nicht mehr transzendent, sondern immanent, nicht mehr »aristokratisch«, sondern »demokratisch« sind, wird der Krieg zu einer Angelegenheit der Massen. Und was für die Beziehun-

3 Siehe Paul Dumouchel: *Le Sacrifice inutile. Essai sur la violence politique*, Paris, Flammarion: 2011.

gen zwischen den Individuen gilt, gilt auch für die Beziehungen zwischen den Nationen. Asymmetrie der Beziehungen und Vermassung der Konflikte gehören also zusammen. Die mimetische Theorie erhellt, kraft ihrer Einsicht in die durch das »metaphysische Begehren« zerstörten menschlichen Beziehungen, auf überraschende Weise das unvorhersehbare Verhalten der einander gegenüberstehenden Massen, wie Clausewitz sie nennt. Dies ist die wachsende Gefahr, die auf unserer Welt lastet, in der die traditionellen Konflikte weniger geworden sind, aber die Auswirkungen des Ressentiments eine neue Dimension angenommen haben.

Die Spiele der Liebe und die Spiele des Kriegs

Warum hat René Girard Clausewitz als Einsatzpunkt für seine Gedanken über unsere Zeit gewählt? In erster Linie, weil der preußische Militärstratege sich seinen Begriff vom Krieg in einer entscheidenden Phase unserer Epoche machte, einer Phase, mit der sich Girard bereits ausgiebig in Teilen seines ersten Buchs, *Figuren des Begehrens*, auseinandergesetzt hatte. Aber auch aus zwei weiteren Gründen: Der Clausewitzsche Begriff des Kriegs, auf den ich später noch detaillierter eingehen werde, liefert zum einen entscheidende Hinweise zum Verständnis der Gewalt in der Moderne; zum anderen bietet er einen direkten Zugang zu Girards Denken! Dabei handelt es sich nicht um einen Zufall, und viel weniger noch um eine fragwürdige Konstruktion, sondern um eine Notwendigkeit, die der Logik dieses Werks selbst innewohnt. Girards Reflexionen über Clausewitz schließen in der Tat ganz natürlich an die Forschungen seines Erstlingswerks an, das von der Entstehung der Moderne und genauer von den Beziehungen zwischen Gewalt und Begehren handelt. *Figuren des Begehrens* widmet sich also nur dem Anschein nach der Literatur. In einer philosophischen Sprache verfasst, bedient es sich der Literatur gegen das vorherrschende Denken seiner Zeit, das vom Existentialismus (das berüchtigte »Die

Hölle, das sind die anderen« von Jean-Paul Sartre) und dem letzten Aufflackern des Hegelianismus geprägt war. Im Jahr 1961 Stendhal gegen Hegel zu setzen, »Rot und Schwarz« gegen »Herr und Knecht«, die »romaneske Dialektik« gegen die »Hegelsche Dialektik«, das war eine Geste des unbedingten Bruchs, den wir dank des Überblicks über sein gesamtes Œuvre heute besser verstehen.

Wenn es stimmt, was René Girard am Ende von *Figuren des Begehrens* schreibt, nämlich dass »jeder romaneske Schluss ein Anfang« ist, dann stellt sich die Frage, wie sich *Achever Clausewitz* zu diesem fünfzig Jahre älteren Buch verhält. Die Antwort ist einfach. Girards erstes Buch antwortete auf Nietzsches *Genealogie der Moral* im Fahrwasser von Max Schelers *Das Ressentiment im Aufbau der Moralen*, das als Epigraph in *Figuren des Begehrens* zitiert wird.[4] Und es antwortete auf Schelers Buch, allerdings im Sinne einer noch expliziteren Verteidigung des Christentums: Nietzsche saß dem Irrtum auf, die christliche Moral der bürgerlichen Moral anzugleichen, doch nur diese zweite kann als eine Moral des Ressentiments, als »Sklavenmoral« angesehen werden, derzufolge der Andere ein Idol ist, vor dem ich mich, weil ich ihn nicht besiegen kann, masochistisch erniedrige. Girard fügt der Axiologie Schelers eine wesentliche Entdeckung hinzu: »die metaphysische Struktur des triangulären Begehrens«. An ihr lässt sich erkennen, dass sich das Ressentiment auf die Wechselwirkung der Mimesis gründet: In einer Welt, in der wir zugleich uns Unterwerfende und Vorbilder sind, gibt es keine Bewunderung, die nicht sogleich in Rivalität umschlägt.

Man kann in wenigen Etappen den Fortschritt dieses »Übels« zusammenfassen, das sich, weil es die Gesamtheit der menschlichen Beziehungen betrifft, im Maßstab ganzer Gesellschaften entwickelt: 1. Ich begehre ein *Objekt* nur, weil ein Anderer es an meiner Stelle begehrt (oder begehren könnte). 2. Ich begehre weniger das Objekt als das *Begehren* dieses Anderen. 3. Es ist die vorgespiel-

---

4 *»Der Mensch glaubt entweder an Gott, oder er glaubt an einen Götzen«, Vom Ewigen im Menschen*, Vierte durchgesehene Auflage, hrsg. von Maria Scheler, Bern, Francke-Verlag: 1954, S. 399.

te *Autonomie* dieses zu einem Rivalen gewordenen Anderen, die ich schließlich bewundere. Nachdem ich ausgezogen war, mir das Objekt eines Anderen anzueignen, gerate ich am Ende in die »metaphysische« Abhängigkeit eines Modells: Dieser Andere, der mir den Zugang zum Objekt verstellt, der meiner Aneignung Widerstand entgegenbringt, beherrscht die Beziehung.

Doch was das Subjekt, »das vor seinem Mittler in die Knie geht«, nicht versteht, ist, dass dieser Mittler, um ein solcher zu werden, selbst bereits zu Füßen des Subjekts niederknien musste... Auf dem Gebiet des Begehrens und der Gewalt gibt es nicht einfach den Herrn und den Knecht. Sondern es gibt Knechte, die gerne Herren wären. Damit ich mich dem Anderen unterwerfen kann, muss der Andere mir bereits unterworfen sein. Diese Unterwerfung kann auch die Maske der Autonomie oder Gleichgültigkeit aufsetzen. Doch letztere sind stets Symptome einer noch grundsätzlicheren Unterordnung. Die Beispiele von Koketterie oder Indifferenz zeigen uns tatsächlich nur Sieger auf Zeit: Individuen, die sich selbst anhimmeln, um angehimmelt zu werden. Die Kokette und der Indifferente sind vom Blick des Anderen besessen; sie schlüpfen gewissermaßen in dessen Rolle, indem sie sich selbst lieben. Sie begehren sich selbst, weil die Anderen sie begehren; die Anderen begehren sie, weil sie sich durch den Blick der Anderen bereits selbst begehren. Das Begehren bleibt also von beiden Seiten triangulär. Die scheinbare Autonomie des faszinierenden Anderen, diese absolute Freiheit, die ich ihm zuschreibe, sind nichts als Folgen seiner Unterwerfung. Der Knecht reizt den Knecht in einem Kampf, in dem beide immer begieriger beweisen wollen, dass sie Herr sind: Gerade die Wechselwirkung und die Asymmetrie in der Beziehung führen dazu, dass diese sich *bis zum Äußersten steigert*. Die trianguläre Struktur des Begehrens zeigt uns, dass es keine Sieger gibt, mit Ausnahme des Begehrens selbst, sprich der Gewalt.

Was heißt das anderes, als dass die Vorbilder oder Modelle von gestern nicht mehr funktionieren? Während sie einst Abstand zum Subjekt hielten und mit der Kultur selbst verschmolzen, sind sie heute so nah, dass sie kaum noch zu erkennen sind. Die Krise der modernen Welt, wie die mimetische Psychologie sie definiert, ist eine Krise unserer Bewunderungsfähigkeit. Die aristokratische Kultur, die groß darin war, *exempla* zu liefern, hat einem Universum Platz gemacht, in dem es sehr schwer geworden ist, nicht zu hassen. Weshalb? Weil der Egalitarismus jeden von uns zu einem möglichen Rivalen für den Anderen macht. Aus der Perspektive des Vorbilds (das sich dem Subjekt nähert) ist aus der »externen« Vermittlung eine »interne« geworden, und aus der Perspektive des Subjekts (das neidisch wird) ist aus der Bewunderung für das Vorbild Rivalität geworden. Diese Doppelbewegung charakterisiert eben den Verfall, wie er mit dem »metaphysischen Begehren« einhergeht, jener aggressiven Säure, die unsere Beziehung zum Anderen zerstört. Die Welt nach Jena (1806) ist eine Welt, in der wir Herren und Knechte zugleich sind und in der jegliches Lehr-Verhältnis unheilbare Schäden davongetragen hat, eine Welt, in der wir uns gegenseitig immer zu nah oder zu fern sind, immer gleichgültig oder »besessen«, aber niemals in jener *angemessenen Distanz*, wie sie einst in einer Kastengesellschaft möglich war. Die Kultur, die Bewunderung erlaubte, ist immer weniger in der Lage, den Hass zu unterbinden.

Sicher, wir begehren niemals ganz autonom: Das wurde einst durch unsere Hochachtung vor den Vorbildern bezeugt. Doch da diese Modelle mit der Kultur im Allgemeinen verschmolzen, nahm niemand Anstoß an dieser Wahrheit. René Girard fällt mit der Tür ins Haus, wenn er uns unterbreitet, dass es die christliche Offenbarung war, die eben jene Wahrheit zu einem Stein des Anstoßes werden ließ:[5] Der zu Erden herabgestiegene Gottessohn hat

---

5 »Don Quijote hat freiwillig das grundlegende Vorrecht des Individuums an Amadis abgetreten: nicht mehr er selbst, sondern Amadis wählt die Objekte seines Begehrens. Der Nachahmende stürzt sich auf die Objekte, die ihm das Vorbild allen Rittertums bezeichnet oder zu bezeichnen scheint. In der Folge werden wir dieses Vorbild den *Mittler* des Begehrens nennen. Und wie die christliche Existenz Nachfolge Christi ist, ist die ritterliche Existenz *Nachahmung* Amadis'.« (*Figuren des Begehrens*, Zweite Auflage, Wien/Berlin/Münster, LIT: 2012, S. 11f.) »Bei Cervantes thront der Mittler in einem unerreichbaren Himmel und verleiht seinem Getreuen etwas von seiner heiteren Gelassenheit. Bei Stendhal ist derselbe Mittler

das Göttliche »in Reichweite« gebracht. Doch sobald der Glaube an die Transzendenz des Einen und Einzigen Mittlers fehlt, werden die Menschen »einander zu Göttern«. So begehre ich dieses Objekt nicht selbstbestimmt, sondern zunehmend deshalb, weil jener Andere es begehrt oder begehren *könnte*. Mein zur Schau gestelltes Begehren »stachelt« also das Begehren dieses Anderen an, der seinerseits beginnt, das Objekt zu begehren: Das »trianguläre Begehren« (Subjekt – Mittler – Objekt) wird wechselseitig und führt zu einer »doppelten Vermittlung«, in der jeder zum »Modell-Hindernis« für sein eigenes Vorbild wird, jeder vor dem Anderen in die Knie geht und seinen eigenen Gott verachtet. Diese »doppelte Vermittlung« liegt der gegenseitigen Gewalt zugrunde. Die zwei Protagonisten ziehen schließlich sogar ihren Streit dem Objekt dieses Streits vor, das zugunsten der Rivalität schnell in den Hintergrund gerät. Die Rivalen gleichen sich also zunehmend an, während sie sich an ihre vermeintlichen Unterschiede klammern. Doch das Begehren – dies ist entscheidend – bleibt triangulär, auch wenn sich nicht mehr als zwei Widersacher gegenüberstehen.

Die Beispiele der Koketten und des Indifferenten erlauben René Girard, die Invarianz der Begehrensstruktur zu zeigen. Im Gegensatz zu dem, was Freud glaubte, steigert sich das Begehren nicht auf der einen Seite, um auf der anderen zu schwinden (seine quantitative Auffassung der *Libido*). »Es steigert sich auf beiden Seiten gleichzeitig«, schreibt René Girard:[6] Je mehr ich die Kokette begehre, desto mehr begehrt sie sich selbst und desto mehr wird sie auch für Dritte begehrenswert. *Die Asymmetrie und Wechselwirkung der Beziehung löst die gewaltsame Ansteckung aus*: Die durch das trianguläre Begehren strukturierte mimetische Spirale reißt immer mehr Individuen in ihre Steigerungsbewegung. Obwohl von einer zunehmenden Masse von »Besessenen« umgeben, triumphieren die Ko-

auf die Erde hinabgestiegen. Diese beiden Typen von Beziehung zwischen Mittler und Subjekt klar zu unterscheiden, heißt, zu begreifen, welch geistige Kluft Don Quijote von den Gemeinsten der Eitlen Stendhals trennt.« (Ebd., S. 17.)

6 Vgl. das Vorwort René Girards zu *La Conversion de l'art*, Paris, Flammarion: 2010.

kette und der Indifferente nur dem Anschein nach, denn je mehr ich mich ihnen unterwerfe, desto mehr unterwerfen sie sich selbst kraft der Vermittelung durch das Begehren der Anderen. Am Ende dieser »Steigerung bis zum Äußersten« muss Célimène aus dem Spiel aussteigen oder Stawrogin sich das Leben nehmen.[7] Doch unterdessen hat diese wechselseitige und asymmetrische Beziehung die Welt, in der sie sich entspinnt, bereits beträchtlich beschädigt und die Bande der Solidarität für immer zerrissen. Tatsächlich braucht dieser »Pseudonarzissmus« nur alltäglich zu werden, und schon beginnen die Institutionen und sozialen Rituale sich aufzulösen. In einer Welt, in der die Selbstverliebtheit herrscht, gibt es keine Selbstliebe mehr, sondern nur noch einen wachsenden Hass auf sich selbst und den Anderen. Diese »Askese um des Begehrens willen«, diese simulierte Gleichgültigkeit, um dem Anderen sein Begehren zu entlocken, ist die schlimmste Form der Knechtschaft. Der Herr ist Knecht seines Knechts, oder schlimmer noch: Knecht seiner selbst. Die Psychologie Girards negiert die *theoretische* Hoffnung Hegels:[8] Aus der Sackgasse der Rivalität gibt es keinen Ausweg mehr. Der zwischen Herr und Knecht ausgetragene »Kampf auf Leben und Tod« führt nicht mehr zur Entstehung eines objek-

---

7 Man erkennt hinter dieser strategischen Gleichgültigkeit sofort den »asketischen« Rückzug des Terroristen, jenes unsichtbaren Kämpfers, der gerade wegen seiner Abwesenheit brutal ins Spiel zurückkehren muss. In diesem Zusammenhang ist auch höchst bemerkenswert, dass Julien Sorel, Meister der vorgespielten Gleichgültigkeit, am Ende gerade ein Attentat auf Madame de Rénal verübt.

8 René Girard radikalisiert die Hegelsche Bewegung: Er bringt die Dialektik von Herr und Knecht buchstäblich *durcheinander, indem er die mimetische Beziehung in eine asymmetrische* (Gegenüberstellung von Herr und Knecht) *und wechselseitige Beziehung* (jeder ist zugleich Herr und Knecht des Anderen) *verwandelt.* Vermöge dessen gelingt es ihm tatsächlich – durch alle Variationen des Dreiecks des Begehrens hindurch –, eine zunehmende Knechtschaft gegenüber dem Anderen zu denken, ein Vorbild oder Modell, das uns in seinen Bann zieht und immer mehr zum Hindernis, *aber auch immer mehr zu seinem eigenen Hindernis wird.* Die Wechselwirkung der mimetischen Beziehung (von Girard »doppelte Vermittlung« genannt) verlangt in der Tat, dass sich der Andere mir nur unterwerfen kann, wenn ich selbst »mir selbst unterworfen«, Knecht meiner selbst geworden bin. Daher die maßgeblichen Aporien der »Koketten« und des »Indifferenten«, jener scheinbaren Sieger der Liebesbeziehung, die in Wirklichkeit paradoxe Helden dieser »Askese um des Begehrens willen« sind.

tiven Wissens, er stellt kein Recht mehr her. Es ist aus und vorbei mit dieser »romantischen Illusion«, die an das Heldentum glauben möchte – in einer Zeit, in der das Heldentum nicht mehr existiert. In diesem Kampf, in dem jeder dem Anderen die Priorität seines eigenen Begehrens zu beweisen sucht, triumphiert keiner der zwei Knechte. Was siegt, ist allein die Gewalt.

Die »Steigerung bis zum Äußersten«

Die Hegelsche Dialektik von Herr und Knecht erscheint im Lichte dieser schonungslosen Analyse des Ressentiments als letzter Versuch, eine ritterliche Moral zu fundieren, nachdem das Trauma von Jena und die Entstehung demokratischer Kriege das Ende der heroischen Werte eingeläutet hatten. Ein aussichtsloser Versuch, wie Girard zeigt, der dazu Clausewitz und dessen Einsicht in die »Steigerung bis zum Äußersten« gegen Hegels Anmaßung der Herrschaft wie auch gegen die Illusion ausspielt, es könne in diesem Kampf auf Leben und Tod noch ein Begehren nach Anerkennung geben. Die Regeln des Kriegs, die darauf beruhten, dass die Gegner sich gegenseitig bewundern und verstehen können, sind in sich zusammengestürzt. Im Zeitalter des totalen Kriegs gibt es keinen aristokratischen Wetteifer zwischen den kriegführenden Parteien mehr, sondern »kämpfende Massen«, die gegeneinander mobilisiert werden müssen. Wenn man versteht, dass die Beziehungen zwischen Nationen ihrem Wesen nach den Beziehungen zwischen Individuen entsprechen, dann erkennt man, dass in einem solchen Niedergang der Diplomatie das nationalstaatliche Prinzip selbst zusammenbricht. Die Ära der Demokratie hat das aristokratische Heldentum, das auf dem Ehrenkodex beruhte, in nationales Heldentum verwandelt.[9] Die Globalisierung der Konflikte nach der

9 So treffen sich Hegel und Clausewitz in einer einträchtigen Heiligsprechung des Staats: das heroische Opfer, das nach Hegel das Individuum von seinen Privatinteressen löst, um es in die »sittliche Totalität« der Nation einzugliedern, steht

Zerstörung Europas im 20. Jahrhundert nimmt viele Formen an, und jede davon hat ihre Besonderheit. Doch sind sie alle gleichwohl »Zustände der Gewalt«,[10] die durch das Freiwerden neuer und massenhafter Formen des Ressentiments möglich wurden.

Mit *Achever Clausewitz* hat der Krieg für René Girard aufgehört, bloß als Metapher zu dienen. Wir sind von der romanesken Psychologie zur Militärstrategie übergegangen. Doch dabei geht es immer um die Klärung einer neuen Etappe der »schlechten Ontologie«, wie Girard es nennt (womit ein Schwanken der Identitäten gemeint ist, eine fundamentale Unsicherheit in der *Existenz* des Individuums). Schließlich legitimiert nur ein gesteigertes Ressentiment den Terrorismus, diese äußerst reduzierte Figur des Militäreinsatzes. In dieser Perspektive haben René Girard und ich das 1976 von Raymond Aron auf den Stand der Zeit gebrachte[11] Werk Clausewitz' neu gelesen. Als ich in Stanford ankam, war ich tatsächlich erfüllt mit »Aronschem« Selbstbewusstsein und der festen Überzeugung, meinem Lehrer und Freund einige Gründe dafür, noch an die Politik zu glauben, abtrotzen zu können. Doch die Angelegenheit war, wie ich einsehen musste, überhaupt nicht mehr eine Frage des Optimismus oder Pessimismus, sondern eine der religiösen Hoffnung. In der Gluthitze des Sommers erwartete mich dort unten eine ätzende und selbstsichere Lektüre von *Vom Kriege*, deren Horizont die Apokalypse selbst bildete. Seit einiger Zeit[12]

---

durchaus im Verhältnis zum »kriegerischen Genius« bei Clausewitz, das Leidenschaften, Berechnung und Einsicht zusammenführt und die Politik als »Intelligenz des personifizierten Staates« begründet. In beiden Fällen begründet das Opfer des Individuums die politische Totalität. Die Eigenheit der »demokratischen« Kriege ist, diese nationale Synthese ermöglicht zu haben, für die in Frankreich typischerweise die Union sacrée steht. Die europäischen Nationalstaaten sind tatsächlich im Krieg entstanden, und zwar durch Bestimmung des Feinds außerhalb und des Freunds innerhalb des nationalen Territoriums (vgl. Paul Dumouchel: *Le Sacrifice inutile*, a.a.O.). Das Monopol der legitimen Gewalt in den Händen des Staats wird durch dieses Phänomen des Nationalheldentums, das durch das Verschwinden des aristokratischen Ethos möglich wurde, noch verstärkt.

10 Frédéric Gros: *Etats de violence. Essai sur la fin de la guerre*, Paris, Gallimard: 2006.

11 Raymond Aron: *Clausewitz, den Krieg denken*, a.a.O.

12 Ich müsste sagen: seit seinem ersten Buch…

schon hat sich Girard auf den faszinierenden und zugleich erschreckenden Begriff der »Steigerung bis zum Äußersten« verlegt. Wir stießen also sehr schnell auf diese Grundintuition im Traktat des preußischen Generals:

> »Mit einem Wort: auch die gebildetsten Völker können gegeneinander leidenschaftlich entbrennen. [...] Wir wiederholen also unseren Satz: der Krieg ist ein Akt der Gewalt, und es gibt in der Anwendung derselben keine Grenzen; so gibt jeder dem anderen das Gesetz, es entsteht eine Wechselwirkung, die dem Begriff nach zum äußersten führen muß. Dies ist *die erste Wechselwirkung* und das *erste Äußerste*, worauf wir stoßen.«[13]

Raymond Aron untermauerte mit diesem Zitat seine Auffassung, dass der absolute Krieg »nur ein Begriff« sei. Darüber bekam er den Abstieg aus diesen apokalyptischen Höhen zur »bewaffneten Beobachtung« zu fassen. Der »Bezugspunkt« des absoluten Kriegs erlaubte, die Beschränkung des Kriegs durch die politische Vernunft in allen ihren Modalitäten zu klassifizieren und zu denken. Diese von der Diplomatie behauptete Beherrschung findet ihren prägnantesten Ausdruck in der geradezu beschwörenden Formel: »Der Krieg ist eine bloße Fortsetzung der Politik mit anderen Mitteln«. Dem Clausewitzschen Text, dem Raymond Aron präzise folgt, haftet selbst die falsche Perspektive an. Tatsächlich scheint es, als hätten wir es bei diesem Krieg zwischen den »gebildetsten Völkern« mit einem symmetrischen Konflikt zu tun. Nun beweist aber schon die einfache Tatsache, dass »jeder dem anderen das Gesetz« gibt, dass *die Beziehung nicht mehr symmetrisch ist*, dass sie bereits zur gewaltsamen Wechselwirkung herabgesunken ist. Der Konflikt ist hier asymmetrisch (der Herr diktiert sein Gesetz) und wech-

13 Carl von Clausewitz: *Vom Kriege. Hinterlassenes Werk des Generals Carl von Clausewitz*; vollständige Ausgabe im Urtext; drei Teile in einem Band, hrsg. v. Werner Hahlweg, Bonn, Dümmler: 1991, S. 192ff.

selseitig (jeder zwingt dem Anderen sein Gesetz auf). Das ist der Grund dafür, dass es »zum äußersten führen muß«.

Im Gegensatz zu Aron bekräftigt René Girard den unumkehrbaren Charakter der Clausewitzschen Intuition, die sich mit dem Erscheinen eines reinen Prinzips der Reziprozität in der Geschichte überschneidet. Die Ausdrücke »Zweikampf«, »Wechselwirkung« und »Steigerung bis zum Äußersten« bezeichnen eine asymmetrische Beziehung, die sich allmählich als bestimmende Tendenz der Geschichte durchsetzt. Der preußische Militärstratege sah in seinen einleitenden Definitionen aufscheinen, dass die Politik nunmehr, anstatt die Gewalt in Schranken zu weisen, dem Krieg hinterherlaufen wird, denn das Mittel des Kriegs ist zum Zweck geworden. Der grundsätzliche Vorrang der Verteidigung gegenüber dem Angriff – hier *will* der Verteidiger wirklich den Krieg – hat also diese Idee einer Entfesselung der Kriegsgewalt bestätigt: Es ist tatsächlich viel einfacher, ein ganzes Land zur Verteidigung zu mobilisieren, als es von der Notwendigkeit einer Offensive zu überzeugen. Diese Überlegenheit der Verteidigung gegenüber dem Angriff, des Besitzenden gegenüber demjenigen, der sich etwas anzueignen sucht, oder des Gegenangriffs gegenüber dem Erstschlag, macht die Asymmetrie des Konflikts aus.

Doch die Überlegenheit des Verteidigers, im Liebeszweikampf wie im Krieg, ist nur relativ. Wie wir gesehen haben, beherrscht der Verteidiger nicht so sehr die Beziehung, als dass er vielmehr von ihr beherrscht wird. Dies macht das Wechselseitige des Konflikts aus. Wenn es einfacher ist, für die Verteidigung ein ganzes Volk zu mobilisieren, dann ist die totale Mobilmachung als solche das Symptom eines Verfalls des Kriegsrechts, Symptom einer »Besessenheit« aller Gesellschaftsglieder von einem dämonisierten Widersacher, der verehrt und zugleich gehasst wird. René Girard kann die fundamentale Rolle Napoleons in Clausewitz' Abhandlung aufzeigen: Nicht als »rationales Modell«, sondern als »mimetisches Modell« ist es der Kaiser, gegen den Preußen und bald ganz Deutschland zu neuer Einheit finden, vereint im gemeinsamen Hass gegen Frankreich. *Nur der »Zweikampf« und die »Wechselwirkung« auf der einen Seite und der Vorrang der Verteidigung gegenüber dem Angriff auf der anderen Seite erlauben, in einer mimetischen Perspektive miteinander verbunden, sich einen vollständigen Begriff vom modernen Krieg zu machen.* Der Vorrang der Verteidigung gegenüber dem Angriff, durch den letztlich jede Möglichkeit einer »Entscheidungsschlacht« ausgeschlossen ist, lässt den Zweikampf zurückkehren: »Die Gewalt«, schreibt René Girard, »ist für die Gewalt niemals verloren.« Dies ist eben das Paradox, dass der Krieg sich der Vernunft *in dem Moment* entzieht, als diese sich fähig erweist, einen adäquaten Begriff des Krieges vorzustellen. Der Kontext des Kalten Kriegs, der Raymond Arons Lesart ganz und gar rechtfertigte, wurde abgelöst vom Kontext des 11. Septembers, der den Hintergrund für René Girards Clausewitzlektüre von 2007 bildet.

Ich musste mit ansehen, wie meine Überzeugungen unter dem Eindruck einer Evidenz, die Clausewitz' Text täglich von Neuem bestätigte, dahinschwanden: Nicht mehr das »politische Ziel« gibt der Strategie und Taktik ihre Zwecke vor, sondern das »relative Maß«, das Verhältnis der streitenden Massen. Nicht das politische Ziel beeinflusst die Massen, sondern die »Natur der Massen« das politische Ziel. Sind sie »gleichgültig«, gehen wir zur »militärischen Beobachtung« zurück; sollten sie wieder feindselig werden, *kann* das die Explosion *bedeuten*. Clausewitz nahm damit bestimmte Intuitionen Durkheims voraus, die natürlich mehr an einer sozialen Physik als an einer Politikwissenschaft orientiert waren. René Girard entdeckte darin seinerseits eine mimetische Deutung der »seltsamen Niederlage« von 1940, in deren Schatten seine intellektuelle Laufbahn begonnen hatte.[14] Das »Verhältnis der Massen« untereinander lässt jede politische Vision oder Absicht zweifelhaft werden und gehorcht einem Mechanismus, dessen Unvorhersehbarkeit seine Unerbittlichkeit noch um einiges übertrifft. So kann der Pazifismus einer der Kriegsparteien, das »Nachgeben« oder die

14 Vgl. René Girard: *American Opinion of France, 1940–1943*, a.a.O.

wachsende »Trägheitskraft« eines ganzen Volks, durchaus den bellizistischen Zorn des Widersachers provozieren: Asymmetrie und Wechselwirkung der Beziehung rufen die Eskalation hervor.

Die der politischen Freiheit eigene Unbestimmtheit wird damit zu etwas höchst Prekärem, wie sich deutlich an der unmöglichen Synthese zeigt, wie sie Clausewitz im Ausdruck »wunderliche Dreifaltigkeit« anstrebt, in welchem er die »Leidenschaften« des Volks, die »freie Seelentätigkeit« des Feldherrn und den »Verstand« des Staatsdieners zusammenführt, um einen streng rationalen Begriff des Kriegs aufzustellen. Girard zufolge misslingt dieser Versuch. In *Vom Kriege* sehen wir das »rationale Modell« unter dem Druck des »mimetischen Modells« zusammenbrechen: Die Rivalität zu Napoleon siegt jedes Mal über die Bewunderung für Friedrich II. Clausewitz' Illusion ist, zu glauben, dass man zu externen Modellen zurückkehren kann: Die von ihm vorgeschlagene »heroische« Synthese, in der immer die Leidenschaft den Sieg davonträgt, ließe sich als »romantisch« beschreiben. In der Tat ist sie die Formel eines durch das Ressentiment strukturierten Nationalheldentums. *Die »heroische Versuchung« leugnet, dass der Übergang von der externen zur internen Vermittlung nicht mehr rückgängig zu machen ist.* Die damit einhergehende Gefahr ist gewaltig. Sicher sind auf diesem Feld Wunder möglich, und General de Gaulle war für René Girard ein solches Wunder. Doch auch diese »große Politik«, wie er sagt, war nicht in der Lage – obwohl sie die Mittel dazu besaß –, der Steigerung bis zum Äußersten zu widerstehen. Als sich der General entschied, den Weg des atomaren Wettrüstens mitzugehen, bedeutete dies keineswegs die Gewährleistung der Sicherheit Europas, sondern die Schaffung eines Modells für viele der heutigen »Schurkenstaaten«.[15] Das Motiv der »nationalen Unabhängigkeit« ist also ambivalent, denn es birgt in sich immer eine heroische Versuchung.[16]

---

15 Diskussion mit dem Autor im August 2009 im Hinblik auf eine mögliche Fortsetzung von *Achever Clausewitz*.

16 Dieser Argwohn gegen das Heldentum macht für Kritiker wie Pierre Manent die

Es bleiben einige letzte Schlussfolgerungen zu ziehen. Wenn sich die Gewalt in der Moderne bis zum Äußersten steigert, dann, weil sie kein anderes Ventil findet als einen *immer* schwieriger zu definierenden Gegner. Das »feindselige Gefühl«, das die einfache und politische »feindselige Absicht« mehr und mehr unterwandert, entzieht den Krieg zunehmend dem Zugriff der Vernunft und lässt das Kriegsrecht oder den »Grundsatz der Beherrschung« schließlich unter den Stößen eines reinen »Effizienzprinzips« zerbrechen. Zwei Jahrhunderte – von den spanischen Guerillakämpfern von 1808[17] bis zu den »erfinderischen Aufständischen« im heutigen Irak und Afghanistan – haben genügt, um eine vollständige Deregulierung des Militärischen zu bewirken.[18] Die neuen Kriege sind asymmet-

---

»Gefahr« von René Girards Denken aus, das aufgrund seiner Grundidee einer zunehmenden »Entdifferenzierung« zwischen den Gegnern nicht in der Lage sei, eine Politik zu begründen (vgl. Pierre Manent, »Guerre et politique«, in: *La relation franco-allemande depuis 1945*, vgl. a.a.O., S. 181–188; vgl. auch *Le Regard politique*, Paris: Flammarion, 2010, S. 100–104). Die gegen die apokalyptische Perspektive René Girards vorgebrachten Einwände entspringen häufig einer Weigerung, seine Prämissen anzuerkennen. Berücksichtigt man aber, was die *mimetische* Analyse des Ressentiments der Egalitarismusanalyse Tocquevilles hinzufügt, lässt sich immerhin jene Antriebskraft der modernen Welt verstehen, die Bergson »Streben nach Luxus« nannte, den mimetischen Wahn des Besitzergreifens. Es ist deshalb wichtig, gerade *in* dieser Bewegung, und nicht einfach nur *gegen* sie, einen Ausweg aus der Mimesis der Gewalt zu denken. In dieser Perspektive müsste man verschiedene Modalitäten der Mimesis unterscheiden, nach Bergsons Terminologie insbesondere die »geschlossene Mimesis« von der »offenen«.

17 In *Achever Clausewitz* folgt René Girard der in *Figuren des Begehrens* erwähnten »Verschärfung des ontologischen Bösen« auf eine höhere Stufe, wenn er im Anschluss an die Dostojewskische »Besessenheit« die Figur des Terroristen erwähnt. So betont er, dass im Spanischen Unabhängigkeitskrieg 1808 reguläre und irreguläre Truppen parallel auf den Plan traten. Das »Volk unter Waffen« bedeutete ebenso die Macht Napoleons wie die der Guerilla, die ihn bekämpfte. Die Vermassung der Konflikte geht mit dem verschärften Individualismus der Partisanen und später der Terroristen einher. Hier sieht man, dass es Asymmetrie und Wechselwirkung (in einem Wort: der mimetische Charakter) der modernen Konflikte sind, die dazu berechtigen, diese Konflikte als Kriege des Ressentiments zu bezeichnen.

18 Wir sind, um die Worte eines bedeutenden Aufsatzes von 1989 aufzugreifen, von der ersten zur »vierten Generation des Krieges« vorangeschritten. Am Anfang, in den Napoleonischen Kriegen, war die Masse der Kämpfenden entscheidend; in Verdun dann die Feuerkraft; danach mit General Guderian der schnelle Vorstoß hinter die feindlichen Linien; und schließlich der *andauernde Aufschub dieser Potenz*: mit anderen Worten das unbegrenzte Anhalten des Konflikts. (William

rische Konflikte, in denen auf beiden Seiten ein verschärftes Defensivprinzip herrscht. Die Eskalation der Gewalt entspringt hier der Tatsache, dass sich jeder als Opfer des Anderen ausgibt, den er nur in Reaktion auf dessen angebliche Offensive angreift.[19] Weil beide Widersacher die Position des Verteidigers einnehmen wollen, gibt es keinen Verteidiger und keinen Angreifer mehr, sondern einen nicht mehr endenden Konflikt zwischen zwei angeblichen »Verteidigern«, einen Zweikampf, der sich in die Länge zieht, und zwar als Krieg des Ressentiments (oder als Kampf der Knechte), in dem sich Asymmetrie und Wechselwirkung dieser neuen Konflikte entzünden. Auf dem durch die veränderte Beziehung zwischen den Kriegsparteien vollkommen verminten Terrain hat die nukleare Gefahr, die durch die kaltblütige Politik der Sowjetunion und der USA im Zaum gehalten worden war, ein erschreckendes Ausmaß angenommen. Tatsächlich kann der *politische Wille* des Schwächsten dem des Stärksten überlegen sein und sich am Ende mit seiner Entschlossenheit auch durchsetzen, wenn er die Kräfte des Anderen zu seinen eigenen Gunsten umlenkt. Das ist der »entgrenzte« Krieg, wie er mit seinen Grundsätzen Clausewitz die »Wechselwirkung« und den Vorrang der Verteidigung offenbarte und Girard das umfassende *mimetische* Prinzip. Dieser moderne Krieg ist insofern kein wahrhafter Krieg mehr, als die Kriegsparteien von ihrem Überbietungsdiskurs fortgerissen werden, in dem jede zu beweisen versucht, dass sie »mehr Opfer« ist als die andere, um die Gegenseite als Aggressor an den Pranger zu stellen.[20] Der Clausewitzsche

---

S. Lind, Colonel Keith Nightengale (US Army), Captain John F. Schmitt (USMC), Colonel Joseph W. Sutton (US Army), Lieutenant Colonel Gary I. Wilson (USMCR): *The Changing Face of War: Into the Fourth Generation,* Marine Corps Gazette, October 1989, S. 22–26, zit. in Arnaud de la Grange u. Jean-Marc Balencie: *Les Guerres bâtardes. Comment l'Occident perd les batailles du XXIe siècle*, Paris, Perrin: 2008.

19 Dazu ist zu bemerken, dass der Vorrang der Verteidigung durch das Völkerrecht institutionalisiert wurde, in dem heute jeder Angriffskrieg als rechtswidrig erklärt wird. Daher die Verrenkungen, die die USA 2002 machen mussten, um den Einmarsch in den Irak als Verteidigungskrieg darstellen zu können. (Ich danke Paul Dumouchel für diesen Hinweis.)

20 Man könnte argumentieren, dass Kriege immer schon Kriege des Ressentiments

Begriff des Kriegs erhält hier seine volle Relevanz und Aktualität zurück, denn er deckt sich mit der entscheidenden Intuition René Girards: dass *es niemals einen Aggressor gibt*, es sei denn *mich selbst*.

Heldendämmerung

Wie können wir aus diesem Teufelskreis ausbrechen? An welche Regeln können wir uns halten angesichts des unmittelbaren Zusammenhangs zwischen unserem individuellen Handeln und der Gefahr, die unsere Erde zunehmend bedroht? René Girard gibt keine Antwort und bescheidet sich mit der Beschreibung eines Mechanismus: des Mechanismus des Sakralen, der früher durch Rituale, Verbote und Institutionen getragen war und heute im planetarischen Maßstab wiederersteht. Die Atombombe, die Gefahren einer Pandemie und unvorhersehbare Klimakatastrophen sind unser Sakrales geworden. Besteht der einzige Ausweg darin, diesen neuen Gott nicht zu sehr zu »reizen«, in der Hoffnung, er werde uns schließlich vergessen, wie Jean-Pierre Dupuy *a minima* vorschlägt?[21] Eine solche Haltung, die darauf abzielt, aus dem Schicksal einen zugleich notwendigen und unwahrscheinlichen

---

gewesen seien und dass die Idee eines vornehmen Kriegs ein bequemer Mythos sei. Diesem gewichtigen Einwand lässt sich jedoch entgegenhalten, dass es gerade das Ressentiment ist, welches das Kriegsrecht sowohl hervorbringt als auch zerstört. Diese zyklische Logik ähnelt verblüffend der von René Girard in seinem zweiten Buch *La Violence et le Sacré* (1972) beschriebenen Logik. So entsteht das Kriegsrecht nach und nach in Reaktion auf die Gemetzel, die das Ressentiment des Kriegs hinterlässt. Ebenso hat die Militärtechnik ein solches Recht zunehmend notwendig werden lassen, um zu jenem labilen Gleichgewicht der europäischen Konflikte des 18. Jahrhunderts zu gelangen. Girard zufolge ist in dieser Perspektive Clausewitz der wichtigste Zeuge einer Rückkehr des nun an Heftigkeit noch gesteigerten Ressentiments.

21 Der »aufgeklärte Katastrophismus [...] ist wie eine metaphysische List, die darin besteht, einen Teil der Verantwortung für das Übel von sich abzuwälzen, indem sie es zum Schicksal wandelt, in eine Übernatur, in eine weltliche Transzendenz, in eine Entität, die zwar nicht bösartig, jedoch äußerst gefährlich ist, uns aber in Frieden lassen kann, solange wir sie nicht herausfordern.« (Jean-Pierre Dupuy: *Petite métaphysique des tsunamis*, a.a.O., S. 27).

Mythos zu machen, und die uns zwischen Faszination und Gleichgültigkeit genau in die richtige Distanz zu dieser Fiktion setzt, wie logisch und überzeugend sie auch sein mag, lässt uns eher dem Schlimmsten ausweichen als auf das Bessere hinarbeiten. Sie verleiht unserem Glauben (an das Schlimmste) wieder einen logischen Status, aber sie hilft uns nicht, das Vertrauen (in den Anderen) zu denken, das allein der Vernunft Hoffnung zurückgeben kann – und der Hoffnung Vernunft. Es ist also richtig, sich nicht mit diesem »Fixpunkt« zu bescheiden, selbst wenn er ein wichtiger Versuch ist, die Katastrophe in unser Denken mit einzubeziehen.

Ich wage im Folgenden – aus diesem Blickwinkel und gleichsam als Erkundung – eine Analyse, die in den Gesprächen mit René Girard nicht zur Sprache kam, aber durch dieses Buch und durch die Diskussionen und Debatten, die es angestoßen hat, gerechtfertigt ist. Wenn wir die mimetische Lektüre Clausewitz' zu Ende führen, wird sichtbar, dass die *Zurückweisung der christlichen Offenbarung* die Ursache für diesen Wettlauf um den Opferstatus ist, mit dem sich der Vorrang der Verteidigung begründet und verschärft. Weil das Christentum den Opfermechanismus aushöhlte, so können wir schließen, wenn wir Girard bis zum Ende folgen, nimmt die Gewalt immer mehr zu:[22] Weil die beiden Gegner sich nicht mehr auf Kosten eines Dritten versöhnen können, schieben sie sich umso gewaltsamer die Verantwortung für den Angriff zu. Die Offenbarung der Unschuld aller stellvertretenden Opfer hätte also nach dieser Hypothese die verstärkte Instrumentalisierung der Opfer bewirkt und ihre Zahl immer weiter anwachsen lassen. »Mehr Opfer« zu sein als mein Feind, gibt mir das Recht, ihn auszulöschen. Dies wäre der perverse Effekt der christlichen Parteinahme für das Opfer.

---

22 Die These René Girards in *Das Ende der Gewalt* lautet: Indem die christliche Offenbarung die absolute Unschuld aller stellvertretenden Opfer offenlegte, brachte sie den auf der wesentlichen Verkennung dieser Unschuld fußenden Opfermechanismus irreversibel aus dem Gleichgewicht. Wenn die Übertragung der Schuld aller auf einen Einzigen nicht mehr erfolgen kann, dann ist die einträchtige Gewalt ihres Ventils beraubt und die mimetischen Rivalitäten treten zutage.

Ob das Christentum nun Ursache oder Folge dieses *Ermüdens* des Opfermechanismus ist, es bleibt unbestritten, dass seine Grundaussage (die absolute Unschuld der Sündenböcke) fürchterliche Auswirkungen hatte. Die Verteufelung des Gegners wurde *durch eine Austreibung des Teufels* möglich. Wir kennen die berühmte Formel Girards: »Satan treibt den Satan aus«. Die Selbstregulierung des sakrifiziellen Systems hat nur funktioniert, weil seit den Anfängen eine »negative Transzendenz« im Dunkeln wirkte, die bis an den Gründungsmord heranreichte.[23] Die Verkennung der Unschuld aller stellvertretenden Opfer ermöglichte lange die Versöhnung der Mitglieder der Gruppe. Kommt diese Unschuld jedoch ans Licht, wandelt sich die Verkennung zur *Verneinung*, der zunehmenden Weigerung, mich meiner Verantwortung zu stellen. »Ihrer sakrifiziellen Krücken beraubt«, werden die Menschen immer weniger den Balken im eigenen Auge sehen wollen. Die zunehmende Viktimisation »des Angegriffenen« und die zunehmende Verteufelung »des Angreifers«, die auf einem mimetischen, das heißt wechselseitigen und asymmetrischen Mechanismus beruhen, definieren somit die modernen Kriege und insbesondere die monströse Karikatur des kriegerischen Ethos, wie sie der Terroranschlag darstellt. Denn dieser besteht nicht mehr darin, den eigenen Tod in Kauf zu nehmen, um Leben zu retten, sondern darin, sich das Leben zu nehmen, um den Tod zu vervielfachen.[24]

Wir müssen also den Zweikampf verändern, der dazu verdammt ist, zu einer »sich bis zum Äußersten steigernden« Auseinandersetzung zwischen Knechten zu werden; wir müssen uns über die nihilistische Karikatur der christlich-heroischen Moral, jene Moral des Ressentiments, erheben, um die neue Ethik zu finden, die unsere Zeit erfordert. René Girard stößt uns in *Achever Clausewitz* unablässig darauf: Die Sklavenmoral ist nach dem ritterlichen Ideal

---

23 René Girard: *Das Heilige und die Gewalt*, a.a.O.

24 Vgl. Paul Dumouchel: *Les Attentats-suicides. Aspects militaires et aspects sociaux* (Tagungsbeitrag vom 23. November 2007, Symposium »Les terrorismes contre la guerre« der Association Recherches Mimétiques im Centre Pompidou.) (http://www.all-in-web.fr/offres/file_inline_src/57/57_P_3235_3.pdf).

nur eine weitere Etappe der durch die christliche Offenbarung bewirkten Auflösung des antiken Heldentums: *eine notwendige Zersetzung, aus der eine andere Vermittlung erneut hervorgehen wird*. Wir haben vorgeschlagen, »innerste Vermittlung«[25] jene Beziehung zu nennen, die imstande ist, eine andere Transzendenz hervorzubringen: im Innern der Entdifferenzierung, wie sie von der internen Vermittlung vollzogen wird, die Wiederkehr eines Göttlichen zu bewirken, das nicht mehr Produkt des Opfermechanismus wäre. Nur ein prophetischer Humanismus, oder anders gesagt die Begründung einer bewundernden Menschennatur, wäre in der Lage, diese Transzendenz, die sich unmittelbar hinter der Katastrophe erhebt, zu erkennen. Allein das messianische Denken kann dieser Ankunft des Himmelreichs eine konkrete Gestalt verleihen. Und nur weil diese Transzendenz nicht auf alle anderen Formen des Sakralen zurückgeführt werden kann, lässt sich aus ihr Hoffnung gewinnen. Man mag vor dieser Rückkehr des Sinns inmitten der Katastrophe zurückschrecken und diesem apokalyptischen Akt des Glaubens an die Parusie nicht folgen. Nichtsdestotrotz muss man die philosophische und begriffliche Arbeit anerkennen, die diese Erwartung hervorruft. Zu erkennen, dass der Egalitarismus die Ursache aller unserer Übel ist, ohne deshalb zu heroischen Werten (und der Sackgasse des nationalen Heldentums) zurückzukehren, und anzuerkennen, dass es hohe Werte geben kann, auf die wir nicht notwendigerweise Anspruch erheben können,[26] bedeu-

---

25 Vgl. S. 228f. Die »innerste Vermittlung« erlaubt es, aus dem Inneren der mimetischen Beziehung heraus eine Öffnung dieser Beziehung zu denken. Sie hilft, das wiederzuerlangen, was die christliche Tradition »Nachfolge Christi« nennt: Die Nachahmung eines unsichtbaren Vorbilds oder eines Modells, das sich selbst als Hindernis beseitigt hat. Diese paradoxe Nachahmung zerstört die Nachahmungsfalle. Sie gibt uns Mittel an die Hand, eine Identifikation mit dem Anderen zu denken, die nicht mehr zerstörerisch wäre, sondern im Gegenteil konstitutiv für eine gemeinsame Welt.

26 Aufgrund dieser Ahnung ist der Kerngehalt von Max Schelers Buch *Das Ressentiment im Aufbau der Moralen* (1913) absolut entscheidend, um zu verstehen, was in den Reflexionen René Girards auf dem Spiel steht. Zu dieser Frage der positiven Bewertung des Anderen siehe auch die zeitgenössischen Überlegungen Charles Péguys (1914) zu den »zwei Arten des Krieges«, in denen er gezielt das Helden-

tet, sich der Möglichkeit zu öffnen, bewundern zu können, was der Andere hat und wir niemals erlangen werden.

Wir können also sagen, dass die Bewunderung, verstanden als positive, »offene« Modalität der Nachahmung, der moralischen Beziehung gleichkommt. Die »geschlossene« oder negative Nachahmung imitiert die Weigerung des Anderen, nachzuahmen, seine trügerische Autonomie. In einer mimetischen Beziehung ahme ich jemanden nach, der sich der Nachahmung verweigert oder mich in meiner Weigerung, nachzuahmen, imitiert. In jedem Fall ist es genau diese Verweigerung, die die Steigerung bis zum Äußersten hervorruft. Die Bewunderung als positive Dimension der Nachahmung neu zu denken, bedeutet, das Heldentum von jeder mimetischen Tendenz zu befreien und vom Inneren der internen Vermittlung aus die Triebfedern des Vergleichs wiederzuentdecken, der nicht notwendigerweise einen Aneignungskampf darstellt. So befähigt uns die Bewunderung, der Nachahmung neue Möglichkeiten zu eröffnen.[27] Diese Verwandlung des Hel-

---

modell Corneilles gegen das von Clausewitz ausspielt: »Wenn man die zwei Arten des Krieges vergleicht, jene, die sich vergleicht, und jene, die herrscht, jene, die kämpft, und jene, die siegt; wenn man diese zwei Systeme vergleicht, jenes, das Maß nimmt und sich misst, und jenes, das herrscht [...] dann weiß man, dass die Herrschaft seit langem schon die Freiheit ausgemerzt hat. Und dass die Herrschenden seit langem schon diejenigen beherrschen, die (sich) messen. Und dass die Sieger seit langem schon diejenigen besiegt haben, die kämpfen. Wie könnte es anders sein. Das ist schlicht Mathematik. Die Kraft, die einer verausgabt, um sich zu messen, fehlt ihm zum Herrschen. Die Kraft, die er im Kampf verausgabt, fehlt ihm zum Sieg. Die Kraft, die er für Gerechtigkeit verausgabt, fehlt ihm, um stark zu sein. Er ist mathematisch diminuiert. Und wie sollte der, der für die Ehre kämpft, in einer Welt, in der alle um ihr Leben kämpfen, nicht seit langem schon und seit jeher vom Angesicht der Erde verschwunden sein. [...] Wie könnte der, der seine Zeit und seine Kraft daran verliert, sich nach anderen zu richten, gegen denjenigen bestehen, der nur ans Zuschlagen denkt. Tatsache ist einfach, dass er ausgehalten hat, dass die erste Art des Krieges nie durch die zweite ausgerottet worden ist und dass das erste Weltsystem, das System des Vergleichs, nie vom zweiten System ausgemerzt worden ist, dem System der Ausmerzung.« (Charles Péguy: *Œuvres en prose complètes*, Bd. III, a.a.O., S. 1347f.)

27 René Girard richtet bereits erste Lösungsansätze, diesen Exzess der Nachahmung zu denken, auf die Nachahmung selbst, die nach seiner Auffassung durch die christliche Offenbarung und die *Nachfolge Christi* ermöglicht wurde. Halten wir fest, dass diese »positive Mimesis« (die damit aufhört, »mimetisch« zu sein) sich in Bereichen, in denen die Konkurrenz nicht ausgeschlossen ist, schon erproben

dentums, das nach der von Charles Péguy eingeführten Unterscheidung nun nicht mehr als »Kampf um die Herrschaft«, sondern als »Kampf um des Vergleichs willen« verstanden und gelebt wird, erweist sich als ein entscheidender Schritt auf dem Wege zur Konstitution eines von sich selbst und den Anderen befreiten Subjekts. In der Erfahrung des als »Vergleichssystem« (Péguy) gelebten Zweikampfs erprobt sich die Möglichkeit einer moralischen Beziehung, die ihrerseits die Grundlage für eine gemeinsame Welt bildet. In der so verstandenen moralischen Beziehung wird jeder der zwei Pole durch den anderen »verändert«, wird immer mehr zum anderen und bleibt immer weniger er selbst. In der Tat muss heute, da sich der staatliche Rahmen auflöst, der die Gewalt der Gesellschaftsglieder eine Zeitlang eindämmte, diese Bewertung meiner selbst und des Anderen neu erfunden werden.[28] Wenn das moderne Heldentum eine Karikatur des Corneilleschen Heldentums darstellt und der Vorrang des Siegs eine Karikatur des Vorrangs der Schlacht, dann lädt das Denken Girards zu einer Wiederentdeckung des Zweikampfs ein – unter der Bedingung, dass man nicht versucht, ins verlorene Paradies der externen Vermittlung zurückzugelangen. Man könnte so das Moment des Zweikampfs und des Vergleichs als eine moralische Beziehung denken, die sowohl symmetrisch ist (die Individuen *egalisieren* sich, da sie zu zwei sich gegenüberstehenden Subjekten werden) als auch wechselseitig (die beiden Subjekte setzen sich im Prozess dieser Egalisierung einander *dynamisch* entgegen). Wir befinden uns hier

---

kann. So können wir es auch in René Girards Aufsatz »Innovation und Wiederholung« nachlesen: »›Viele imitieren nur, während sie innovativ zu sein glauben.‹ Das stimmt, doch sollte man ergänzen, dass viele innovativ sind, während sie zu imitieren glauben.« (in: René Girard: *Die verkannte Stimme des Realen. Eine Theorie archaischer und moderner Mythen*, München, Hanser: 2005, S. 213.)

28 »Die meisten Theorien, die in Europa im neunzehnten und zwanzigsten Jahrhundert im Schwange waren, bildeten die philosophische und ästhetische Entsprechung zu der wirtschaftlichen *Autarkie* in der Zeit vor dem Zweiten Weltkrieg und hatten die gleichen verheerenden Wirkungen. Statt einen neuen Blick auf die Imitation zu werfen und ihre konflikthafte Seite zu entdecken, hat die ewige Avantgarde einen rein defensiven und letztlich selbstzerstörerischen Krieg gegen sie geführt.« (René Girard: *Die verkannte Stimme des Realen*, a.a.O., S. 217.)

genau zwischen »dem Sakralen und dem Heiligen«, um Begriffe aufzugreifen, die René Girard und Emmanuel Lévinas teuer sind; wir befinden uns in einem Augenblick der Schwebe, des Widerstands gegen die unwiderstehliche Anziehung, die der Andere auf uns ausübt. Da René Girard seine ganze Aufmerksamkeit darauf verwandte, das Gesetz der »Steigerung bis zum Äußersten« zu verstehen, ist er nicht all diesen Möglichkeiten der moralischen Beziehung nachgegangen. Doch sein Denken befähigt uns, diese Möglichkeiten ins Auge zu fassen.

Wir müssen also jene Seite des Vergleichs wiederentdecken, die uns nicht unweigerlich den Abhang der Selbstverliebtheit hinabzieht. Die zwei Wesen, die sich aneinander messen und bewerten, verlieren letztlich in diesem Vergleich, der nichts Mimetisches (will sagen armselig Besitzergreifendes) mehr an sich hat, ihre trügerische Autonomie. Sie befreien sich gegenseitig von einer illusorischen Göttlichkeit. Der so aufgefasste Zweikampf ist nichts anderes als die positive Identifikation, in welcher der Andere zum *Alter Ego* wird anstatt zum Ebenbild der Gewalt. Die mimetische Beziehung erscheint so als das, was sie ist: als eine Karikatur des aristokratischen *Ethos*, den sie nachäfft, ohne ihm gleichkommen zu können. Hier begegnen wir Max Schelers Idee vom Menschen des Ressentiments wieder: Die bürgerliche Moral ist nicht die christliche Moral. Das Evangelium verkündet vielmehr einen Gott, der zugleich nah und fern ist und der jedes Mal in diesem Nächsten, der zu mir kommt, wiederzuentdecken ist. Dort, wo die Nähe des Anderen den Konflikt akut werden lässt, heißt eine positive Identifikation mit dem *Alter Ego* zu wagen, dem inne zu werden, was an der Gegenwart des Anderen exzessiv sein kann. Diese positive Identifikation hebt eine gewöhnliche Existenz im Horizont des Außergewöhnlichen ab. Das Angebot des Himmelreichs ist in dieser Hinsicht nichts anderes als die Offenlegung einer Ebene der Gleichheit, auf welcher der Andere und ich daran arbeiten, unseren Platz zu finden. Das Corneillesche Heldentum und sein »Kampf um die Ehre« befand sich schon auf der Spur dieser neuen Art der Vermittlung, in der sich das Heldentum (um diese Ausdrücke Péguys, Girards und Lévinas' aufzugreifen) in Heiligkeit verwandelt. Indem sie einen *Glauben* an den Anderen freisetzt, ist die moralische Beziehung eine vollständige Identifikation mit dem Mitmenschen, diesem potenziellen Bruder, der für mich jeder beliebige andere ist. Sie ist eine Erfindung des Menschen.

Was lässt sich anderes daraus folgern, als dass wir die Außergewöhnlichen bewundern, aber nicht nachahmen können, ohne zugleich Gefahr zu laufen, dem Wunsch nach der Aneignung ihres Seins zu erliegen? Die Unumkehrbarkeit der moralischen Beziehung, jenes Dienstes des Dieners, setzt einen Ausgang aus der Wechselwirkung voraus. Wir müssen also die Nachahmung von innen heraus umarbeiten und tiefer in den Sinn der Bewunderung eindringen. Nicht wollen, *was* der Andere besitzt, sondern *dass* er besitzen solle, was er besitzt, lässt uns einen Schritt aus der Wechselwirkung heraustreten. Das ist jenes »einen Fuß vor den andern«, wie Rimbaud schreibt, daran müssen wir uns halten. Sicher, es lässt sich nicht bestreiten, das das Heilige eine Zeitlang durch das Kriegsheldentum repräsentiert wurde und sich durch das Außergewöhnliche verführen ließ (»Mit dummen Prahlereien bietet man dem Himmel nicht die Stirn«, schrieb Claudel über Corneilles Polyeucte). Aber das lag daran, dass es in einer Kultur gelebt wurde, die noch an die Kraft der *exempla* glaubte. Die Selbstzerstörung des Kriegsheldentums, der wir heute in den Terroranschlägen beiwohnen, und in unserem Unvermögen, auf sie anders als mit ihren Mitteln zu reagieren, ist das verlässlichste Merkmal unserer Epoche. Die Askese des Terroristen, dieses Opfern seiner selbst zur Vervielfachung des Todes, zeugt vom Untergang der aristokratischen Werte und zugleich von der Zeit, die wir dadurch vergeuden, dass wir weiterhin an die Wirkungsmacht dieser Werte glauben. Genau deshalb müssen wir die Grundlage jeder Moral nicht in der geschlossenen Nachahmung, sondern in der Bewunderung suchen, in der die Nachahmung über sich selbst hinausgeht.[29] Man zerstört die Götzen nicht, indem man sie umstößt: In diesem Akt bleibt immer noch eine Haltung der Abhängigkeit und des Ressentiments bestehen. Die »heroische« Heiligkeit, wie sich aus diesem Ausdruck schon heraushören lässt, war lange auf ihr Modell fixiert, haftete zu sehr an ihrem Vorbild und war noch nicht »heilig« genug. Doch könnte es nicht sein, dass der sich vor unseren Augen abspielende Niedergang des heroischen Modells nicht die angekündigte Katastrophe ist, sondern das erfreuliche Zeichen einer Transformation? Und der todbringende Selbstmord der Terroristen dem einzigen Selbstopfer Platz machte, das von Wert ist, nämlich dieser neuen Ethik, die wir gerade erst im Begriff wären zu verstehen? Es gibt keinen Ausgang aus dem Opfer, sagt uns René Girard, denn es konstituiert den Menschen. Doch uns fällt die Aufgabe zu, seinen Sinn umzukehren. In einer Zeit, in der die Logik des Ressentiments ihren ungeheuerlichsten

29 Bezüglich dieses Gesichtspunkts ist die Gegenüberstellung von René Girard und Emmanuel Lévinas, dessen Hauptwerk *Totalität und Unendlichkeit* im selben Jahr wie *Figuren des Begehrens* (1961) erschien, äußerst erhellend. Diese zwei Denker des Zweikampfs, die gemeinsam in der Abenddämmerung der Nationalstaaten auf der Bühne erschienen, versuchten beide, den staatlich-rechtlichen Rahmen des Hegelschen Denkens zu verlassen, das zu dieser Zeit in Frankreich noch großes Gewicht hatte, und die Frage der unvorhersehbaren Konfrontation mit dem Anderen anders zu beantworten, als es Hegel getan hatte. Im Zusammenhang dieser beiden exzessiven *Beziehungen*, mit denen die moralische Erfahrung abgesteckt wird, mit der von Girard gedachten asymmetrischen und wechselseitigen »mimetischen Beziehung« einerseits und mit der von Lévinas gedachten asymmetrischen und irreversiblen »ethischen Beziehung« andererseits, kann der Zweikampf (oder die moralische Beziehung) als eine symmetrische und wechselseitige Beziehung neu gedacht werden, als ein Vergleichen auf Augenhöhe, das den Anderen und einen selbst zwingt, der Bewunderung würdig zu werden. Als zentrale Beziehung, als Maß- und Vergleichsbeziehung, in der sich die Nachahmung zahllosen Möglichkeiten öffnet, verbindet diese Politik der Bewunderung zwei Subjekte, die sich egalisieren: nicht Herr und Knecht, nicht ein Anderer und sein Diener, sondern ein Subjekt, das einem anderen Subjekt gegenübersteht. Durch diese doppelte Schätzung meiner selbst und des Anderen lässt sich vermeiden, in eine von zwei Sackgassen, in eine von zwei Formen der Handlungsunfähigkeit zu geraten: einerseits die Lähmung des Subjekts vor seinem Modell-Hindernis und andererseits die Lähmung des Subjekts vor »dem Anderen als Anderem«, bei der immer die Gefahr droht, im Zuhören zu erstarren. Eine Politik der Bewunderung liegt also zwischen zwei Formen der Schwärmerei, der »mimetischen« und der »ethischen«.

Wiedergänger in die Welt setzt, sind wir dazu aufgerufen, das Opfer neu zu definieren: jenes Opfer, das nach seiner frenetischsten Verneinung in Erscheinung tritt.

René Girards »romanesker Dialektik«, die es ermöglicht, den Verfall der westlichen Werte genau zu erfassen, ohne deshalb zur Bildung eines objektiven und abstrakten Wissens Zuflucht zu nehmen, gelingt das Kunststück, Nietzsches Denken noch zu radikalisieren, indem es dieses gegen es selbst wendet. Jede vollständige Analyse des Ressentimens, legt René Girard nahe, verweist indirekt auf die unhintergehbare Wahrheit der christlich-jüdischen Offenbarung. Das Ressentiment, die zunehmende Verknechtung durch den Anderen, wird zur neuen und paradoxen »Figur« der Bewunderung, die der Dienst gegenüber dem Anderen darstellt. Wir werden dieser Verknechtung nur durch eine von jeder Rivalität und jeder Gefahr der Vergötzung gereinigten Bewunderung entgehen können: Die Sklavenmoral wird also wieder zum Dienst des Dieners, die Zerstörung der Welt wieder zur Ankunft des Himmelreichs. Die von René Girard vorgeschlagene Anthropologie der Bekehrung lässt das Heldentum eine entscheidende Wendung erfahren: Der »Tod, der Auslöschung des Geistes ist«, wird in den letzten Kapiteln von *Figuren des Begehrens* wieder zum »Tod, der Geist ist«.[30] Dies wäre also die paradoxe Schlussfolgerung aus *Achever Clausewitz*, die retrospektiv das gesamte Werk Girards beleuchtet: Der Terrorist ist möglicherweise das Gegenmodell, das uns fehlte – das eschatologische Zeichen einer Selbstzerstörung der modernen Heroismen, dieser frenetischen Askesen, die es nicht vermögen, sich auf die Höhe des christlichen Opfers zu heben.

Benoît Chantre

30 *Figuren des Begehrens*, a.a.O., S. 297f.

ANMERKUNGEN

1 Heraklit, zitiert nach: Hermann Diels: *Die Fragmente der Vorsokratiker*, Griechisch und Deutsch, Berlin, Weidmann: 1903, S. 74.

2 A.d.Ü.: Wörtlich stammt diese Formel nicht von Clausewitz, sondern von Raymond Aron. Er prägte sie in seinem Buch über Clausewitz, auf das sich Girard immer wieder bezieht: Raymond Aron: *Clausewitz, den Krieg denken*. Übersetzt von A. Arnsperger, Frankfurt am Main, Propyläen: 1980; frz.: *Penser la guerre, Clausewitz*, Paris, Gallimard: 1976. Vgl. Anm. 8.

3 Carl von Clausewitz: *Vom Kriege. Auswahl*, hrsg. von Ulrich Marwedel, Stuttgart, Reclam: 1991 [1980], S. 26.

4 Vgl. René Girard: *Das Ende der Gewalt. Analyse des Menschheitsverhängnisses. Erkundungen zu Mimesis und Gewalt mit Jean-Michel Oughourlian und Guy Lefort*. Aus dem Französischen von Elisabeth Mainberger-Ruh, Freiburg, Herder: 2009; frz.: *Des choses cachées depuis la fondation du monde. Recherches avec Jean-Michel Oughourlian et Guy Lefort*, Paris, Grasset: 1978.

5 René Girard: *Mensonge romantique et vérité romanesque*, Paris, Grasset: 1961; dt.: *Figuren des Begehrens. Das Selbst und der Andere in der fiktionalen Realität*. Mit einem Nachwort von Wolfgang Palaver. Aus dem Französischen von Elisabeth Mainberger-Ruh, 2. Auflage, Münster, LIT: 2012.

6 1. Kor. 3,2: »Milch gab ich euch zu trinken statt fester Speise; denn diese konntet ihr noch nicht vertragen.«

7 Friedrich Hölderlin: »Patmos«, in: *Sämtliche Werke und Briefe*, Bd. I, hrsg. von Michael Knaupp, München, Hanser: 1992, S. 447.

8 A.d.Ü.: Nach Girards Lesart beruht *Vom Kriege* auf einem nicht offen zum Ausdruck kommenden Spannungsverhältnis: Auf der einen Seite steht die Vorstellung, die Eskalation des kriegerischen Konflikts werde durch »Friktionen« oder den wechselseitigen Rückzug der Antagonisten gebremst bzw. gar wieder rückgängig gemacht; auf der anderen Seite die in Girards Augen schon beinahe apokalyptische Erkenntnis einer zunehmenden Entgrenzung und Unkontrollierbarkeit moderner Kriege. Um die Irreversibilität des sich auf die Spitze treibenden Eskalationsprozesses zu betonen, verwendet das französische Original durchgängig Raymond Arons Formel »montée aux extrêmes«, während Clausewitz selbst Wendungen wie »Bestreben nach dem Äußersten«, »Tendenz zum Äußersten«, »Streben nach dem Äußersten« benutzt. Die deutsche Übersetzung folgt Girard in der durchgängigen Verwendung einer einzigen Formel und übersetzt »montée aux extrêmes« stets als »Steigerung bis zum Äußersten«, lehnt sich dabei aber doch an Clausewitz an, der im Zusammenhang mit seiner Kriegsdefinition schreibt: »so steigern sich beide bis zum Äußersten«.

9 René Girard: *Das Heilige und die Gewalt*. Aus dem Französischen von Elisabeth Mainberger-Ruh, Düsseldorf, Patmos: 2006 (Erstausgabe: Zürich, Benziger: 1987); frz.: *La violence et le sacré*, Paris, Grasset: 1972.

10 Vgl. Carl von Clausewitz: *De la guerre*. Trad. Denise Naville, Paris, éditions de minuit: 1955.
11 Carl von Clausewitz: *Vom Kriege*, a.a.O., S.17.
12 Ebd., S.18.
13 Ebd.
14 Ebd., S.20.
15 Ebd., S.29.
16 Ebd., S.22.
17 Ebd., S.23.
18 Ebd., S.24.
19 Ebd., S.24f.
20 Ebd., S.25.
21 Ebd., S.25f.
22 Ebd., S.26.
23 Ebd., S.27.
24 In *Das Heilige und die Gewalt* wird der Begriff der Entdifferenzierung gebraucht, um den Zustand einer durch eine »mimetische Krise« bedrohten sozialen Gruppe zu beschreiben: Die Gewalt hat sich in der Gruppe derart ausgebreitet, dass alle Differenzen – soziale, familiäre, individuelle – aufgelöst sind.
25 Ebd., S.22.
26 Ebd., S.27.
27 Ebd., S.28.
28 Ebd., S.19.
29 Ebd.
30 Ebd.
31 Ebd., S.28.
32 Ebd., S.28f.
33 Ebd., S.29.
34 Ebd., S.30.
35 Ebd., S.32. – Ein Nullsummenspiel ist dadurch definiert, dass der Sieg des einen und die Niederlage des anderen sich gegenseitig neutralisieren.
36 Ebd., S.9.
37 Ebd., S.296.
38 Die Taktik ist bei Clausewitz *theoretisch* gesehen das Mittel der Strategie, die Strategie hingegen das Mittel der Politik. Die Taktik (die Kunst, eine Schlacht zu führen) implementiert die Strategie (die Kunst, die für die Vorbereitung der Schlacht notwendigen Manöver zu konzipieren). Die Strategie implementiert ihrerseits die Politik: Sie verwendet den durch die Taktik errungenen Sieg als ein Mittel im Dienst eines politischen Zwecks. Die »Steigerung bis zum Äußersten« hat hingegen zur Folge, dass die kriegerischen Mittel sich auf die politischen Zwecke auswirken; sie verkehrt also Clausewitz' berühmte »Formel«, derzufolge der Krieg »eine bloße Fortsetzung der Politik mit andern Mitteln« (*Vom Kriege*, a.a.O., S.39) ist.
39 Clausewitz: *Vom Kriege*, a.a.O., S.31.
40 Vgl. René Girard: *Das Heilige und die Gewalt*, a.a.O., S.223ff.; *La violence et le sacré*, S.225ff.
41 Clausewitz: *Vom Kriege*, a.a.O., S.22.
42 Ebd., S.32.
43 Zit. nach Jacques Bainville: *Napoléon*, Paris, Fayard: 1931, S.425 (Hervorh. René Girard).

44 Clausewitz: *Vom Kriege*, a.a.O., S. 226.

45 Basil H. Lidell Hart, englischer Offizier und Militärstratege, vertritt in seinem Essay *The Ghost of Napoleon* (1935) die These, dass Clausewitz' Napoleon-Interpretation für die Massaker an der Somme und in Flandern verantwortlich sei.

46 Clausewitz: *Vom Kriege*, a.a.O., S. 226.

47 Bainville: *Napoléon*, a.a.O., S. 419f.

48 Ernst Nolte: *Der europäische Bürgerkrieg 1917–1945. Nationalsozialismus und Bolschewismus*, Frankfurt am Main, Propyläen: 1987.

49 François Furet: *Le passé d'une illusion. Essai sur l'idée communiste au vingtième siècle*, Paris, Calmann Lévy et Robert Laffont: 1995; dt.: *Das Ende der Illusion: der Kommunismus im 20. Jahrhundert*, München, Zürich, Piper: 1998.

50 Ernst Nolte, *Der europäische Bürgerkrieg 1917–1945*: »Aber nicht *Deutschland* und *Rußland* traten am 22. Juni in den Krieg, sondern das bolschewistische Rußland und das nationalsozialistische Deutschland, die – auf sehr unterschiedliche Weise – füreinander sowohl Schreckbild wie Vorbild waren.« (S. 334); »Aber sie [die Sowjetunion A.d.Ü.] war doch sein ganzes politisches Leben hindurch sein Schreckbild und zugleich ansatzweise sein Vorbild gewesen« (S. 456); »Der Begriff ›Wechsel der Merkmale‹ darf nicht so verstanden werden, daß der Bolschewismus im Verlauf des Krieges die Gestalt seines Gegners angenommen habe und der Nationalsozialismus umgekehrt diejenige des Bolschewismus. Wohl aber ließen sich in beiden Regimen Entwicklungen und Tendenzen beobachten, die auf eine innere Annäherung an den Feind zielten. Die Feindschaft wurde dadurch jedoch nicht abgeschwächt, sondern eher verstärkt [...]« (S. 517).

51 Blaise Pascal: *Gedanken über die Religion und einige andere Themen*, hrsg. von Jean-Robert Armogathe, übersetzt von Ulrich Kunzmann, Stuttgart, Reclam: 1997, S. 92; frz.: *Pensées*, in: *Œuvres complètes*, Bd. 2, hrsg. von Michel Le Guern, Paris, Gallimard, Bibliothèque de la Pléiade: 2000, S. 582 (122).

52 Vgl. Blaise Pascal: *Drei Abhandlungen über die Stellung der Großen*, in: ders.: *Kleine Schriften zur Religion und Philosophie*, hrsg. von Albert Raffelt, übersetzt von Ulrich Kunzmann, Hamburg, Meiner: 2005, S. 346f.; *Trois discours sur la condition des Grands, II*, in: *Œuvres complètes*, a.a.O., Bd. 2, S. 196f.

53 Vgl. dazu den Brief Hegels an Niethammer vom 13. Oktober 1806, in: *Briefe von und an Hegel*, Bd. 1, hrsg. von Johannes Hoffmeister, 3. Aufl., Hamburg, Meiner: 1969 [1952], S. 120: »Den Kaiser – diese Weltseele – sah ich durch die Stadt zum Rekognoszieren hinausreiten; es ist in der Tat eine wunderbare Empfindung ein solches Individuum zu sehen, das hier auf einen Punkt konzentriert, auf einem Pferde sitzend, über die Welt übergreift und sie beherrscht.«

54 Georg Wilhelm Friedrich Hegel: *Grundlinien der Philosophie des Rechts oder Naturrecht und Staatswissenschaft im Grundrisse*, in: *Werke*, Bd. 7, hrsg. von Eva Moldenhauer und Karl Markus Michel, Frankfurt am Main, Suhrkamp: 1986, S. 24.

55 Georg Wilhelm Friedrich Hegel: *Phänomenologie des Geistes*, in: *Werke*, Bd. 3, a.a.O., S. 591.

56 Vgl. Alexandre Kojève: *Introduction à la lecture de Hegel*, Paris, Gallimard: 1947; dt. Teilübersetzung: *Hegel, eine Vergegenwärtigung seines Denkens. Kommentar zur »Phänomenologie des Geistes«*, hrsg. von Iring Fetscher, Frankfurt am Main, Suhrkamp: 1975.

57 Georg Wilhelm Friedrich Hegel: *Enzyklopädie der philosophischen Wissenschaften I*, in: *Werke*, Bd. 8, a.a.O., § 94, S. 199f.

58 Hegel: *Phänomenologie des Geistes*, a.a.O., S. 392.

59 Vgl. Hegel: *Phänomenologie des Geistes*, a.a.O., S. 145ff.

60 Alexandre Kojève, in: *Hegel, eine Vergegenwärtigung seines Denkens*, a.a.O., S. 24.
61 Georg Friedrich Wilhelm Hegel: *Über die wissenschaftlichen Behandlungsarten des Naturrechts, seine Stelle in der praktischen Philosophie und sein Verhältnis zu den positiven Rechtswissenschaften*, in: Werke, Bd. 1, a.a.O., S. 481.
62 Clausewitz: *Vom Kriege*, a.a.O., S. 41.
63 Ebd., S. 296.
64 Vgl. dazu Georg Wilhelm Friedrich Hegel: *Vorlesungen über die Geschichte der Philosophie* I, in: *Werke*, Bd. 18, a.a.O., S. 26ff.
65 Johann Gottlieb Fichte: *Reden an die deutsche Nation*, Berlin, Realschulbuchhandlung: 1808.
66 Martin Heidegger: »Die Frage nach der Technik« (1953), in: ders.: *Gesamtausgabe*, Bd. 7, *Vorträge und Aufsätze*, hrsg. von Friedrich Wilhelm von Hermann, Frankfurt am Main, Vittorio Klostermann: 2000, S. 5–36.
67 Hegel: *Grundlinien der Philosophie des Rechts*, a.a.O., § 358, S. 511.
68 Zit. nach Jacques Bainville: *Napoléon*, a.a.O., S. 312.
69 Ebd., S. 309.
70 Clausewitz: *Vom Kriege*, a.a.O., S. 36.
71 Henri Bergson: *Die beiden Quellen der Moral und der Religion*, aus dem Französischen von Eugen Lerch, Olten, Walter: 1980 [1933], S. 157; frz.: *Les deux sources de la morale et de la réligion*, in: *Œuvres*, hrsg. von André Robinet, Paris, PUF: 1991 [1932], S. 110f.
72 Clausewitz: *Vom Kriege*, S. 38f.
73 Ebd., S. 39f. – Hervorhebung eins und zwei René Girard, letzte Hervorhebung im Original.
74 Ebd., S. 40.
75 Hinweis darauf, dass es sich hierbei um die Formel für die königliche Erhabenheit handelt, die die Französische Revolution zwar abgeschafft hat, die aber Bestandteil des Mitgliedseides der Action française ist und Maurras zugeschrieben wird?
76 Vgl. hier Clausewitz: *Vom Kriege*, a.a.O., S. 40: »Wir müssen aber hier, damit der Leser nicht falsche Vorstellungen unterlege, bemerken, daß mit dieser *natürlichen Tendenz* des Krieges nur die philosophische, die eigentlich *logische* gemeint ist und keineswegs die Tendenz der wirklich im Konflikt begriffenen Kräfte, so daß man sich z.B. darunter alle Gemütskräfte und Leidenschaften der Kämpfenden denken sollte. Zwar könnten in manchen Fällen auch diese in solchem Maße angeregt sein, daß sie mit Mühe in dem politischen Wege zurückgehalten werden könnten; in den meisten Fällen aber wird solcher Widerspruch nicht entstehen, weil durch das Dasein so starker Bestrebungen auch ein großartiger, damit zusammenstimmender Plan bedingt sein wird.«
77 Samuel Huntington: *Der Kampf der Kulturen. Die Neugestaltung der Weltpolitik im 21. Jahrhundert*, München/Wien, Europa-Verlag: 1996; engl.: *The Clash of Civilizations and the Remaking of World Order*, New York, Simon & Schuster: 1996.
78 Vgl. Jean-Paul Sartre: *Kritik der dialektischen Vernunft*, Reinbek, Rowohlt: 1967, Bd. I, S. 382ff.; frz.: *Critique de la raison dialectique*, Paris, Gallimard: 1960, Bd. I, S. 461ff.
79 Mt 10, 34–36; Lk 12, 49–53: »Ich bin nicht gekommen, um Frieden zu bringen, sondern das Schwert.«
80 Clausewitz: *Vom Kriege*, a.a.O., S. 42.
81 Ebd., S. 330.
82 Vgl. Kapitel VII: Frankreich und Deutschland, S. 262ff.
83 Clausewitz: *Vom Kriege*, a.a.O., S. 57.

84 Ebd., S. 61, 62.

85 Ebd., S. 56f.

86 Vgl. Mark Rogin Anspach: *À charge en revanche. Figures élémentaires de la réciprocité*, Paris, Édition du Seuil: 2002.

87 Lucien Goldmann: *Soziologie des modernen Romans*, aus dem Französischen von Ingeborg Fleischhauer, Neuwied, Berlin, Luchterhand: 1970, S. 27; frz. *Pour une sociologie du roman*, Paris, Gallimard: 1964, S. 25.

88 Clausewitz: *Vom Kriege*, a. a. O., S. 43.

89 Vgl. Jean-Pierre Dupuy: *Pour un catastrophisme éclairé*, Paris, Le Seuil: 2002; ders.: *Petite métaphysique des tsunamis*, Paris, Le Seuil: 2005.

90 Charles Péguy: *Œuvres en prose complètes*, Bd. 2., Paris, Gallimard, Bibliothèque de la Pléiade: 1988, S. 126.

91 Clausewitz: *Vom Kriege*, a. a. O., S. 215.

92 Vgl. Frédéric Gros: *États de violence. Essai sur la fin de la guerre*, Paris, Gallimard: 2006.

93 Vgl. Carl Schmitt: *Theorie des Partisanen. Zwischenbemerkung zum Begriff des Politischen*, Berlin, Duncker & Humblot: 1963.

94 Ebd., S. 12.

95 Vgl. Carl Schmitt: *Staatsgefüge und Zusammenbruch des zweiten Reiches. Der Sieg des Bürgers über den Soldaten*, Berlin, Duncker & Humblot: 2011 [1934].

96 Brief vom 5. Oktober 1807, zit. nach Raymond Aron: *Clausewitz. Den Krieg denken*, a. a. O., S. 44; frz.: *Penser la guerre*, a. a. O., S. 41.

97 Clausewitz: *Vom Kriege*, a. a. O., S. 296.

98 Emmanuel Lévinas: *Totalität und Unendlichkeit. Versuch über die Exteriorität*, übersetzt von Wolfgang Nikolaus Krewani, Freiburg, München, Alber: 1987; frz.: *Totalité et infini*, La Haye, Nijhoff: 1961.

99 Henri Bergson: *Die beiden Quellen der Moral und der Religion*, a. a. O., S. 296–300, 302, 308 (Hervorhebung Benoît Chantre); frz.: *Les deux sources de la morale*, S. 316–329.

100 Henri Bergson: *Die beiden Quellen der Moral und der Religion*, übersetzt von Eugen Lerch, Frankfurt am Main, Fischer Taschenbuch Verlag: 1992, S. 40.

101 Charles Péguy: *Œuvres en prose complètes*, Bd. 3, Paris 1993, S. 1342f.

102 Vgl. Paul Dumouchel: »Génocides et mimétisme«, in: *René Girard* (Cahiers de l'Herne), hrsg. von Mark R. Anspach, Paris, L'Herne: 2008, S. 247–254.

103 Vgl. 1. Kor 15, 45ff.

104 Blaise Pascal: *Gedanken über die Religion und einige andere Themen*, a. a. O., S. 92; frz.: *Pensées*, a. a. O., S. 582.

105 Blaise Pascal: *Briefe in die Provinz* (12. Brief), in: *Werke*, Bd. 3, hrsg. von Karl August Ott, übersetzt, eingeleitet und kommentiert von Karl August Ott, Heidelberg, Lambert Schneider: 1990, S. 249; frz.: *Les Provinciales (Douzième lettre)*, in: *Œuvres complètes*, Bd. 1, hrsg. von Michel Le Guern, Paris, Gallimard, Bibliothèque de la Pléiade: 1998, S. 722.

106 Ebd.

107 Pascal: *Gedanken über die Religion und einige andere Themen*, a. a. O., S. 223 (413/162); frz.: *Pensées*, a. a. O., S. 675 (392).

108 Joseph de Maistre: *Die Abende von St. Petersburg oder Gespräche über das zeitliche Walten der Vorsehung*, hrsg. von Jean-Jacques Langendorf und Peter Weiß. Überarb. Übers. aus dem Franz. von Moritz Lieber, Wien/Leipzig, Karolinger: 2008; frz.: *Les Soirées de Saint-Pétersbourg ou entretiens sur le gouvernement temporel de la Providence*, 2 Bde., Anvers, Janssens et Van Merlen: 1821.

109 Vgl. Clausewitz: *Vom Kriege*, a.a.O., S. 74.
110 Ebd.
111 Ebd., S. 66, 67.
112 Ebd., S. 65, 298.
113 Ebd., S. 95.
114 Ebd., S. 98.
115 Ebd., S. 72.
116 Zit. nach Raymond Aron: *Clausewitz. Den Krieg denken*, a.a.O., S. 62; frz.: *Penser la guerre, Clausewitz*, Bd. 1, S. 62.
117 Ebd., S. 71 f.
118 Ebd., S. 72 f. (Hervorhebung René Girard).
119 Ebd., S. 98.
120 A.d.Ü.: Girard zitiert hier einen Vers aus Victor Hugos Gedicht »L'expiation«, das in seinem Werk *Les Châtiments* (1853 – Die Züchtigungen) zu finden ist.
121 A.d.Ü.: I.O. »la violence et le sacré«. Vgl. René Girard: *La violence et le sacré*, a.a.O. Wir übersetzen wörtlich.
122 Clausewitz: *Vom Kriege*, S. 99.
123 Ebd., S. 99.
124 Ebd., S. 88.
125 Ebd., S. 72.
126 Friedrich Nietzsche: *Die fröhliche Wissenschaft*, in: *Werke*, Bd. 3, hrsg. von Giorgio Colli und Mazzino Montinari, München, Berlin, De Gruyter: 1980, S. 481 (Nr. 125: »Der tolle Mensch«, Hervorhebung René Girard).
127 Ebd.
128 Ebd.
129 Emmanuel Lévinas: *Totalität und Unendlichkeit*, a.a.O., S. 20; *Totalité et Infini*, a.a.O., p. IX.
130 Ebd., S. 322 f.; 197.
131 Charles Péguy: *Œuvres en prose complètes*, a.a.O., S. 124.
132 Vgl. hier René Girard: *Ich sah den Satan vom Himmel fallen wie einen Blitz. Eine kritische Apologie des Christentums*, aus dem Französischen von Elisabeth Mainberger-Ruh, München, Hanser: 2002; frz.: *Je vois Satan tomber comme l'éclair*, Paris, Grasset: 1999.
133 Brief an die Kolosser 2, 15.
134 Blaise Pascal: *Briefe in die Provinz*, a.a.O., S. 249; frz.: *Les Provinciales (Douzième lettre)*, a.a.O., S. 722.
135 Vgl. Martin Heidegger : »Die Frage nach der Technik«, a.a.O.
136 Friedrich Hölderlin: »Patmos«, a.a.O., S. 447.
137 Ebd., S. 450.
138 Spiegel-Gespräch mit Martin Heidegger vom 23. September 1966, in: Martin Heidegger: *Gesamtausgabe*, Bd. 16, *Reden und andere Zeugnisse eines Lebensweges, 1910–1976*, hrsg. von Hermann Heidegger, Frankfurt am Main, Vittorio Klostermann: 2000, S. 671.
139 Vgl. Friedrich Hölderlin: *Œuvres*. Édition sous la direction de Philippe Jaccottet. Traducteurs: Michel Deguy, André Du Bouchet, François Fédier, Philippe Jaccottet, Denise Naville, Gustave Roud, Robert Rovini, Jean Tardieu, Paris, Gallimard, Bibliothèque de la Pléiade: 1967.
140 Friedrich Hölderlin: »Hyperion«, in: *Sämtliche Werke und Briefe*, a. a. O., S. 646.
141 Zitiert nach: Friedrich Hölderlin: *Sämtliche Werke*, hrsg. von Friedrich Beißner, Frankfurt am Main, Insel: 1961, S. 1015 (2. Hervorhebung René Girard).

142 Friedrich Wilhelm Joseph von Schelling: *Philosophie der Kunst*, in: *Sämmtliche Werke*, Erste Abtheilung, Fünfter Band, Stuttgart und Augsburg, Cotta: 1859, S.449.

143 Friedrich Hölderlin: »Der Einzige« (Erste Fassung), in: *Sämtliche Werke und Briefe*, Bd. I, a.a.O., S.388f.

144 Euripides: *Bakchen* (Vers 302–304), aus dem Griechischen neu übertragen von Kurt Steinmann, Frankfurt am Main, Insel: 1999, S.37.

145 Friedrich Hölderlin: »Der Einzige« (Dritte Fassung), in: *Sämtliche Werke und Briefe*, Bd. I, a.a.O., S.468f.

146 Ebd., S.469.

147 Zitiert nach Pierre Jean Jouve: *Poèmes de la folie de Hölderlin*, Paris, Gallimard: 1963, S.130. Hölderlins Wort wird auch in einem sehr schönen Aufsatz von Jean-Michel Garrigues zitiert: »Du ›Dieu présent‹ au ›Dieu plus médiat d'un Apôtre‹«, in: *Hölderlin*, Cahiers de l'Herne, hrsg. von Jean-François Courtine, Paris, L'Herne: 1989, S.370–398, hier S.373. Teile der hier vorgetragenen Überlegungen wurden von diesem Artikel angeregt.
A.d.Ü.: Überliefert ist Hölderlins Ausspruch durch Wilhelm Waiblinger, der ihn in der Schilderung seines ersten Besuchs bei Hölderlin am 3. Juli 1822 erwähnt. Vgl. W.W.: *Tagebücher 1821–1826*, hrsg. von Hans Königer, Bd.1 Stuttgart, Cotta: 1993, S.665. Vgl. auch Friedrich Hölderlin: *Sämtliche Werke und Briefe*, Bd. III, a.a.O., S.665.

148 »Wie bei den Bildern, die man aus zu großer oder zu kleiner Entfernung betrachtet. Und es gibt nur einen unteilbaren Punkt, der die richtige Stelle ist. Die übrigen sind zu nahe, zu fern, zu hoch, oder zu niedrig. Die Perspektive bestimmt ihn in der Malerkunst, wer aber bestimmt ihn in bei der Wahrheit und bei der Moral?« (Blaise Pascal, *Gedanken über die Religion und einige andere Themen*, a.a.O., S.42 (21/381); frz.: *Pensées*, a.a.O., S.547 [19]). Vgl. zu diesem Punkt Michel Serres: *Le système de Leibniz et ses modèles mathématiques*, Paris, PUF: 1968, Abschnitt »Le point fixe« im dritten Teil.

149 Zit. nach Raymond Aron: *Clausewitz. Den Krieg denken*, a.a.O., S.20; frz.: *Penser la guerre, Clausewitz*, Bd.1., a.a.O., S.13.

150 Vgl. Emmanuel Terray: *Clausewitz*, Paris, Fayard: 1999.

151 Vgl. Clausewitz: *Vom Kriege*, a.a.O., S.165.

152 Ebd., S.162.

153 Ebd.

154 Ebd., S.163.

155 Ebd., S.164.

156 Ebd., S.166.

157 Ebd., S.164.

158 Ebd., S.165.

159 Ebd., S.165.

160 Ebd., S.162.

161 Ebd., S.159f.

162 Ebd., S.162.

163 Ebd.

164 Ebd., S.165.

165 Ebd., S.156.

166 Ebd., S.157.

167 Ebd., S.157f.

168 Ebd., S.158.

169 Alain Peyrefitte: *C'etait de Gaulle*, t. 2, Paris, Éditions de Fallois Fayard: 1997, S. 84f.

170 Johann Wolfgang von Goethe: *Campagne in Frankreich*, in: *Werke*, Bd. 10, hrsg. von Erich Trunz (Hamburger Ausgabe), 6. Aufl., München, Beck: 1976, S. 235.

171 A.d.Ü.: I.O. »des choses cachées depuis la fondation du monde«. Vgl. René Girard: *Des choses cachées depuis la fondation du monde. Recherches avec Jean-Michel Oughourlian et Guy Lefort*, a.a.O. Wir übersetzen hier wörtlich diesen Titel, der als *Das Ende der Gewalt. Analyse des Menschheitsverhängnisses. Erkundungen zu Mimesis und Gewalt mit Jean-Michel Oughourlian und Guy Lefort* (a.a.O.) auf Deutsch erschienen ist.

172 Molière: *Der Misanthrop*, in: *Dramen in drei Bänden*, hrsg. von Kurt Port, übertragen von Ludwig Fulda, Bd. 1, Urach, Port: 1947, S. 118 (Vers 669–680).

173 Germaine de Staël: *Über Deutschland*, Frankfurt am Main, Insel: 1985, S. 100.

174 Ebd., S. 18.

175 Ebd., S. 86.

176 Ebd., S. 88.

177 Ebd., S. 104.

178 Ebd., S. 110.

179 Ebd., S. 81f.

180 Raymond Aron: *Clausewitz. Den Krieg denken*, a.a.O., S. 72; frz.: *Penser la guerre, Clausewitz*, a.a.O., S. 73.

181 Germaine de Staël: *Über Deutschland*, a.a.O., S. 79.

182 Germaine de Staël: *De l'Allemagne*, Bd. 1, Paris, Flammarion: 1968.

183 Germaine de Stael: *Über Deutschland*, a.a.O., S. 665.

184 Ebd., S. 669.

185 Ebd., S. 676.

186 Ebd., S. 680.

187 Ebd.

188 Ebd., S. 681.

189 Ebd., S. 681f.

190 Ebd., S. 682.

191 Ebd.

192 Joseph de Maistre: *Über das Opfer*. Aus dem Franz. übers. von Cornelia Langendorf, Wien, Karolinger: 1997.

193 Clausewitz: *Vom Kriege*, a.a.O., S. 11.

194 Charles Baudelaire: »Richard Wagner und der *Tannhäuser* in Paris«, in: *Sämtliche Werke/Briefe*, hrsg. von Friedhelm Kemp und Claude Pichois in Zusammenarbeit mit Wolfgang Drost, Bd. 7, München/Wien, Hanser: 1992, S. 89–134, hier: S. 104.

195 Ebd., S. 101.

196 Ebd., S. 108f.

197 Charles Baudelaire: *Sämtliche Werke/Briefe*, a.a.O., Bd. 6, München/Wien, Hanser: 1991, S. 222–258.

198 Charles Baudelaire: Brief an Richard Wagner vom 17. 2. 1860, in: *Sämtliche Werke/Briefe*, Bd. 7, a.a.O., S. 8–11, hier: S. 10.

199 Germaine de Staël, *Über Deutschland*, a.a.O., S. 682.

200 A.d.Ü.: Frontsoldat im Ersten Weltkrieg.

201 Charles Péguy: *Œuvres en prose complètes*, Bd. 2, a.a.O., S. 121f.

202 Vgl. Kapitel III (*Der Zweikampf und die Reziprozität*).

203 René Girard: *American Opinion of France 1940–1943*, Submitted to the Faculty of the Graduate School in partial fulfillment of the requirements for the degree, Doctor of Philosophy, in the Departement of History, Indiana University, June 1950.

204 Clausewitz: *Vom Kriege*, a.a.O., S. 27f.

205 Ebd., S. 25f.

206 A.d.Ü.: 1940 verfasste Charles de Gaulle ein Memorandum mit dem Titel *L'Avènement de la force mécanique*, in dem er argumentierte, dass der kombinierte Einsatz von Panzern und Flugzeugen unter den Bedingungen des modernen Krieges für eine erfolgreiche Kriegführung unabdingbar sei.

207 Blaise Pascal: *Gedanken über die Religion und einige andere Themen*, a.a.O., S. 69 (81/299); frz.: *Pensées*, a.a.O., S. 565 (76).

208 A.d.Ü.: Dokumentarfilm von Marcel Ophüls; deutscher Titel: *Das Haus nebenan – Chronik einer französischen Stadt im Kriege* (1969).

209 Michel Serres: *Rome: Le livre des fondations*, Paris, Grasset: 1983.

210 Alexandre Kojève: »Das lateinische Reich. Skizze einer Doktrin der französischen Politik« (27. August 1945), in: *Tumult*, Nr. 15, *Franzosen*, Wien: Turia+Kant 1991, S. 92–122.

211 In: *Revue de l'Institut de Sociologie*, Université Libre de Bruxelles, 1963, Nr. 2, S. 263–269.

212 »Die einzige Möglichkeit einer Rettung sehe ich darin, im Denken und Dichten eine Bereitschaft vorzubereiten für die Erscheinung des Gottes oder für die Abwesenheit des Gottes im Untergang; daß wir nicht grob gesagt ›verrecken‹, sondern wenn wir untergehen, im Angesicht des abwesenden Gottes untergehen«, so Heidegger im »Spiegel-Gespräch. Vgl. Martin Heidegger: *Gesamtausgabe*, Bd. 16, *Reden und andere Zeugnisse eines Lebensweges. 1910–1976*, hrsg. von Hermann Heidegger, S. 652–683, hier S. 671.

213 Benedikt XVI.: *Glaube und Vernunft. Die Regensburger Vorlesung*, vollständige Ausgabe, kommentiert von Gesine Schwan, Adel Theodor Khoury, Karl Kardinal Lehmann, Freiburg, Basel, Wien, Herder: 2006, S. 27f. – Hervorhebung René Girard.

214 Ebd., S. 30.

215 Ebd., S. 16.

216 Ebd., S. 20.

217 Ebd., S. 21f.

218 Ebd., S. 25.

219 Ebd., S. 28.

220 Ebd.

221 Ebd., S. 22.

222 Ebd., S. 13f.

223 Ebd., S. 15.

224 Ebd., S. 15f.

225 Ebd., S. 15.

226 Siehe oben, Anm. 215.

227 Ebd., S. 31, 32.

Matthes & Seitz Berlin · Paperback · 057

Erste Auflage dieser Ausgabe 2024

MSB Matthes & Seitz Verlagsgesellschaft mbH
Großbeerenstr. 57A, 10965 Berlin
info@matthes-seitz-berlin.de

Umschlaggestaltung: Pauline Altmann, Palingen
Satz: Hermann Zanier, Berlin
Druck und Bindung: GGP Media GmbH, Pößneck
ISBN 978-3-7518-4508-3
www.matthes-seitz-berlin.de

René Girard, Wolfgang Palaver (Hg.)

Gewalt und Religion

Gespräche mit Wolfgang Palaver

103 Seiten, Klappenbroschur
Übersetzt von Heide Lipecky
ISBN 978-3-88221-632-5

René Girard spricht mit Wolfgang Palaver über ›mimetisches Begehren‹, Apokalypse und die Unterscheidung der Religion in rituelle Praxis und Glaubenssätze. Ein Gespräch über die bewegenden Themen unserer Zeit: aktuell, geistreich und anregend. Gleichzeitig eine Einführung in die Gedankenwelt eines der wichtigsten Denker der Gegenwart.

»Im Gespräch mit dem österreichischen Philosophen Wolfgang Palaver reflektiert der französische Kulturanthropologe seine berühmte mimetische Theorie: Wie sehr speist sich Gewalt aus Nachahmung? Warum brauchen religiöse Erzählungen stets Sündenböcke?«
– *ZEIT*

Simone Weil, Charlotte Bohn (Hg.)

Das Unglück und die Gottesliebe

224 Seiten, gebunden
Aus dem Französischen von Friedhelm Kemp
ISBN 978-3-7518-6503-6

Sie ist erst 33 Jahre alt und wird ein Jahr später sterben, als sie im April und Mai 1942 ihren wichtigsten spirituellen Text verfasst. *Das Unglück und die Gottesliebe* erschien posthum mit einem Vorwort von T. S. Eliot. Das Unglück – in Form von physischem oder seelischem Schmerz, aber auch sozialer Erniedrigung – entwurzelt den Menschen so sehr, dass der von ihm Betroffene das Ganze seines Lebens nicht mehr einzuordnen vermag und es als sinnlos empfindet. Um nicht vollständig vom Unglück zerrissen zu werden, muss der Mensch das, was ihm auferlegt ist, annehmen und ihm zustimmen. Dies gelingt ihm jedoch nur dann, wenn er sich etwas Größerem unterordnet. Das kann nur Gott sein, bzw. übernatürliche Liebe. So ist das Mysterium des Unglücks das Erleben einer religiösen Erfahrung und ein mystischer Weg in die Gottesliebe, die ihm verwehrt bliebe, wenn er von sich aus danach strebte, denn das Tor zu Gott ist unmöglich zu öffnen – es sei denn, es wird von innen geöffnet. So braucht es Geduld, um die Erfahrung der Liebe Gottes zu machen, die einem geschenkt oder vorenthalten wird, aber auf keinen Fall zu erwerben ist. Voraussetzung ist das Aufmerken, aufmerksam sein, anderen gegenüber, der Natur, den Armen, den Verstoßenen gegenüber. Aufmerksamkeit ist ein Kraftfeld, in dem das Ich kleiner wird und das Du immer größer. Aufmerksamkeit ist der Weg zu Gott.

»Alles Entsetzliche, das in dieser Welt geschieht, ist wie Wellengekräusel, das die Schwerkraft verursacht. Deshalb liegt Schönheit darin.«
– SIMONE WEIL

Panajotis Kondylis

Konservativismus

Geschichtlicher Gehalt und Untergang

869 Seiten, gebunden in Leinen
ISBN 978-3-7518-0360-1

Der Philosoph und Ideenhistoriker Panajotis Kondylis wendet sich in dieser lange Zeit vergriffenen, noch immer neuartigen und verblüffenden Interpretation gegen die Auffassung vom Konservativismus als Reaktion auf die Französische Revolution. In brillanten Gedankengängen, die ihn von Bonald und Burke über Carlyle und Chateaubriand zu Fénelon, de Maistre und Schlegel führen, weist er nach, dass der Konservativismus als soziale und politische Kraft bereits seit dem Mittelalter existierte, wo der Adel und sein Ständesystem aufkommende egalitäre Interpretationen des Rechts bekämpften. Doch Kondylis geht noch einen Schritt weiter und zeigt, wie der Konservativismus sich an die jeweilige Realität des ohne ihn nicht denkbaren modernen souveränen Staates anpasste, und analysiert ihn als politische Kraft, die in überraschenden Formen immer wieder auftaucht. So gelingt es ihm etwa aufzuzeigen, wie sich die zentralen Themen der sozialistischen Kapitalismuskritik im ideologischen Bereich der Gegenrevolution herausbildeten und bis heute idealisierte Bilder einer vorkapitalistischen Realität in Umlauf brachten. Konservativismus ist der nötige Beitrag, um die politischen und kulturellen Debatten unserer Zeit besser zu verstehen.

»Für eine geschichts- und politikwissenschaftliche Forschung, die den Konservatismus als (historischen) Gegenstand gerade wiederentdeckt, hat dieses Buch einiges zu bieten«
– *POLITIK & ÖKONOMIE*

Matthes & Seitz Berlin

Georges Bataille

Die innere Erfahrung

282 Seiten, gebunden mit Schutzumschlag
Aus dem Französischen von Gerd Bergfleth
ISBN 978-3-95757-354-4

In seinem wohl wichtigsten Buch, das hier in einer Neuauflage erscheint, versucht Georges Bataille – geschult an Kierkegaard, Nietzsche und Hegel, die christlichen Mystiker dabei immer im Sinn – das Unausdrückbare auszudrücken, bis an die Grenzen der Selbstentblößung zu gehen, um in das Innere des Selbst vorzudringen. In unendlich erhellenden Gedankenblitzen, fragmentarisch und jegliche Systematisierung verweigernd, versucht er eine tiefere Erkenntnis ›erfahrbarer‹ zu machen, als jede Philosophie es könnte. Dieses unklassifizierbare Buch zwischen Bekenntnis und Reflexion, Poesie und Wissenschaft ist ein exzessives Abenteuer. »Ich verstehe unter innerer Erfahrung das, was man gewöhnlich mystische Erfahrung nennt: die Zustände der Ekstase, der Verzückung oder wenigstens einer meditativen Gemütsbewegung. Aber ich denke weniger an die glaubensmäßige Erfahrung, an die man sich bisher halten musste, als an eine entblößte Erfahrung, die selbst ihrer Herkunft nach von Bindungen an einen beliebigen Glauben frei ist.«

»*Die innere Erfahrung* ist Dokument eines (scheinbar) radikal aufrichtigen Denkens, das in seiner Bewegung präsentiert wird und das in seiner Dynamik und Reichhaltigkeit stärkeren Eingang in den gegenwärtigen Kultur- und Wissenschaftsbetrieb finden sollte, der in all seinen turns durch die Überbetonung der kollektiven Konstitution des Seins die ›innere Erfahrung‹ marginalisiert.«
– SWEN SCHULTE EICKHOLT, *LITERATURKRITIK.DE*

Sebastian Kleinschmidt

Gegenüberglück

264 Seiten, gebunden mit Schutzumschlag
ISBN 978-3-88221-721-6

»Gegenüberglück« – das ist für Sebastian Kleinschmidt eine Art Wechselrede des Geistes, lebendige Formel für das Zwiegespräch des Lesens, Signatur des Staunens und der Freude des Erkennens. Im Laufe seiner 18jährigen Tätigkeit als Chefredakteur der legendären Zeitschrift »Sinn und Form« ist Sebastian Kleinschmidt vielen großen Namen des literarischen und philosophischen Lebens begegnet. Warum es gerade Hans-Georg Gadamer, Georg Lukács, Ernst Jünger, Elias Canetti, Bertolt Brecht, George Steiner, Gerhard Nebel, René Girard, Vladimir Jankélévitch, Peter Huchel, Hartmut Lange, Thomas Hürlimann und Botho Strauß waren, mit denen er eine »Stunde der wahren Empfindung « (Handke) teilte, wird man aus den Texten selbst erfahren. Auch wenn sie der Form nach den reinen Essay und das klassische Gespräch verkörpern, gelingt Kleinschmidt in beidem etwas sehr Eigenes, fast Paradoxes: Strenge übt sich in Vorsicht, Offenheit kennt ihre Begrenztheit und Urteilskraft ihr Suchtpotential.

»Vor jeder Begegnung, die beglückt, weil sie etwas befreit, das unerkannt in uns gefangen ist, liegen die Zufallswege, die zu ihr führen.«
– SEBASTIAN KLEINSCHMIDT

Matthes & Seitz Berlin

Daniel Defoe, Helge Meves (Hg.)

Libertalia

Die utopische Piratenrepublik

236 Seiten, Broschur
Aus dem Englischen von David Meienreis, Arne Braun
ISBN 978-3-7518-0115-7

Jeder kennt die Welt der Piraten als abenteuerliches Universum aus Holzbein, Säbelkampf und Totenkopfflagge. Doch nur wenige wissen, dass viele Seeräuber ihre Beute teilten, demokratische Versammlungen abhielten und Frauen und entlaufene Sklaven aufnahmen. Die fortschrittlichen Gemeinschaften der Freibeuter spiegeln sich auch in Daniel Defoes 1728 erschienenem Bericht über die Piratenrepublik Libertalia wider, der hier zum ersten Mal auf Deutsch erscheint. Defoe schildert die Geschichte des abenteuerlustigen Edelmanns Mission und des desillusionierten Priesters Caraccioli, die auf Madagaskar eine auf Toleranz, gerechter Verteilung von Besitz und radikaler Demokratie beruhende Piratenbruderschaft gründen, um Sklaven aus der Gefangenschaft zu befreien. Während die Republik in Defoes Geschichte schließlich niedergeschlagen wird, lebt Libertalia als herrschaftsfreie Utopie bis heute weiter. Ergänzt um historische Piratensatzungen und Reiseberichte erläutert ein ausführlicher Kommentar die politischen Ideen der Piraten.

»Mit grossem Gewinn lesen sich der ausführliche Kommentar und die weiterführenden Anmerkungen von Helge Meves zum Entstehungskontext und zur breiten Rezeptionsgeschichte der Libertalia-Erzählung bis in die Gegenwart.«

– *NZZ*

Matthes & Seitz Berlin

Nick Land, Dietmar Dath (Hg.), Philipp Theisohn (Hg.)

Okkultes Denken

431 Seiten, gebunden mit Schutzumschlag
Aus dem Englischen von Dirk Höfer
ISBN 978-3-7518-0361-8

Nick Land, einer der Köpfe des antidemokratischen neoreactionary movement, Prophet der Beschleunigung und bekennender »Hyper-Racist«, gehört zu den rücksichtslosesten Denkern unserer Zeit. Mit halluzinatorischem Furor lässt er Ungeheuer, Nietzsche-Zombies oder theoriegesättigte Abjekte Amok laufen und schleift Cthulhu-beschwörend Fiktion zu Realität. Ungebremst prescht Land in die tragenden Pfeiler der Aufklärung, in deren Ruinen eine dunkle, irrationale Welt zum Vorschein kommt, worin das Subjekt des abendländischen Denkens endgültig ausgedient hat. Weshalb ihm die ästhetischen und technikphilosophischen Diskurse, über eigenen Skrupel hinwegrasend, dennoch folgen? – Das fragen die Herausgeber Dietmar Dath und Philipp Theisohn gleichermaßen fasziniert in ihrem begleitenden E-Mail-Wechsel und kommen zu dem Schluss: »Weil er etwas extrem Seltenes in der Geschichte der letzten 250 Jahre ist: ein Mensch, der denkt und argumentiert, wie das Allerschlimmste und Allerfalscheste denken und argumentieren würde, wenn es überhaupt denken und argumentieren könnte.« Denken, so zeigt dieser Band mit Nick Lands erstmals ins Deutsche übersetzten Theorie-Fiktionen, ist eine Gewalt, die die Fantasie dazu zwingt, sich als Wirklichkeit zu enthüllen.

»Auch wenn die Lektüre immer wieder Faschismusalarm auslöst, lohnt sich das Eintauchen in Lands dunkle Aufklärung.«
– *FALTER*

Knut Ebeling

Der Krieg im Kopf

Meditieren mit Bataille

365 Seiten, gebunden
ISBN 978-3-7518-6500-5

In einem regnerischen und grauen September begibt sich Knut Ebeling auf eine Vipassana-Meditation. Er will Ruhe finden, den Gedankenstrom anhalten, eine Depression überwinden. Es ist nicht seine erste Meditation, und wie die anderen ist sie bestimmt von Schweigen, Atemübungen und vollkommener Enthaltsamkeit gegenüber der Schrift. Doch schon bald beginnt er, sich Notizen zu machen, mit dem Einzigen, was ihm zur Verfügung steht, einem tropfenden Kugelschreiber und Toilettenpapier, und legt damit seine Erfahrung über eine andere: Gut neunzig Jahre vor ihm hat auch Georges Bataille meditiert. So kam der Philosoph durch die Kriegsjahre und veröffentlichte 1947 die *Methode der Meditation*, einen Band, der bisher kaum rezipiert worden ist – in dem grenzensprengenden Werk von Bataille eine scheinbar esoterische Verirrung. Und doch wird darin die radikale Erfahrung von einem In-der-Welt-Sein zur Methode, und zwar des Denkens.

»Das Hin und Her zwischen hier und dort, zwischen Meditation und Reflexion, Tagebuch und Theorie, aber auch zwischen Körper und Geist, Leben und Philosophie, Immanenz und Transzendenz, wird dieses Buch bestimmen. Es ist kein Zufall, dass eine Kultur, die gerade auf ihren Schmerz stößt wie auf einen faulen Zahn, gleichzeitig den Boom einer (Meditations-)Praxis erlebt, in deren Zentrum ebenfalls der Schmerz und die Schmerzbewältigung steht.«

Matthes & Seitz Berlin